教育部哲学社会科学发展报告建设(培育)项目(11JBGP050)
山东大学、文化部民族民间文艺发展中心资助

Report on Development of China's Folk Culture 2014

中国民俗文化发展报告2014

张士闪 主编

山东大学出版社

图书在版编目(CIP)数据

中国民俗文化发展报告.2014/张士闪主编.
—济南:山东大学出版社,2015.12
ISBN 978-7-5607-5454-3

Ⅰ.①中… Ⅱ.①张… Ⅲ.①风俗习惯—研究报告—中国—2014 Ⅳ.①K892

中国版本图书馆 CIP 数据核字(2015)第 307953 号

责任编辑:陈海军
封面设计:张　荔

出版发行:山东大学出版社
社　址　山东省济南市山大南路 20 号
邮　编　250100
电　话　市场部(0531)88364466
经　销:山东省新华书店
印　刷:济南华林彩印有限公司
规　格:720 毫米×1000 毫米　1/16
22.25 印张　409 千字
版　次:2015 年 12 月第 1 版
印　次:2015 年 12 月第 1 次印刷
定　价:60.00 元

《中国民俗文化发展报告 2014》
编委会

主　任：

李　松　文化部民族民间文艺发展中心主任

委　员：

李文亮　国务院参事室中国国学研究与交流中心副主任

赵世瑜　北京大学历史系教授、博士生导师

刘铁梁　山东大学文化遗产研究院教授、博士生导师

张　刚　文化部民族民间文艺发展中心副主任

刘德龙　山东省社会科学界联合会副主席

周　星　日本爱知大学教授

目　录

总报告

2013 年度中国民俗文化发展总报告

张士闪　李海云*

在全球一体化进程加速、地缘政治波诡云谲的当今世界，立足本土传统，走中国特色的现代化道路，是中华崛起的必然选择。凭借三十多年经济改革的积累，近年来，由国家自上而下推行的政治改革波澜骤起，并持续地向社会生活落实，已逐渐成为一种“新常态”。以此为背景，文化的引领作用就必然会得以凸显，传统的智慧也将受到空前地重视。2013 年我国“民俗热”趋于深化，并以多种方式参与社会发展进程，自在情理之中。2013 年的民俗文化发展，其主要特征是国家治理下社会多阶层的民俗运用。这一主要特征的显现，既是中华民族国家治理传统的借鉴与延续，又以当代社会语境中国家、知识分子与民众的自觉活用而别具意味。因此，2013 年中国民俗文化的年度发展态势，既需要对“礼俗互动”的中国社会的传统特色予以追溯，又需要在当代社会的总体发展中考察，重点关注民俗传统在国家整体建设中的重要作用，以及多社会阶层与“民俗”相关的生活建构与文化创造。

综观一部中华文明传承发展史，可以发现，国家意识形态的提倡和国家层面的顶层设计与宏观管理，很大程度上要在向民间社会生活的贯彻中才能真正得到落实，即“顶层”向“基层”落实、“基层”又涵化“顶层”的必然逻辑。国家治理与民俗传统有着深刻的互补互益关系，两者密切的互动协作是中国社会长治久安的重要保障。

基于此，本年度报告的撰写在沿袭已有模式的“三个注重”①的基础上，将“多主体的民俗运用”作为 2013 年度中国民俗文化发展的界别特征，以此为线索发现问题，建言献策。

---

* 张士闪，山东大学文化遗产研究院副院长，儒学高等研究院民俗学研究所所长，教授，博士生导师；李海云，山东大学儒学高等研究院民俗学研究所博士生。

① “三个注重”包括：一是注重考察年度民俗活动的现场性与创生性特征；二是注重把握年度民俗活动的“节点”事件，通过对“节点”事件的深入阐释，连“点”成“线”、连“线”成“片”，呈现年度民俗文化发展的内在“纹理”与发展“脉络”；三是注重树立“大民俗”观念，不仅考察年度民俗发展中传统民俗在当代文化语境中的创生以及现代性活动中的新生民俗，更要关注民俗传统在当代中国社会发展宏大格局中的“再嵌入”问题。

一、2013：多主体的民俗运用与中国社会发展

（一）国家主流话语中的民俗运用

在我国，民俗政策自古以来就与国家善治传统联系在一起，官方与民间的“礼俗互动”有着悠久的历史，而且越到后来越受重视。这从中国历代对“民俗”“风俗”“习俗”等语词的使用中，可以直观地感受到。“风俗”一词因被赋予更多的政治色彩，在传统社会中使用最频繁。① 不过在进入民国以后，由于受到五四新文化运动所提倡的民主思想影响，特别是西方现代民俗学“folklore”一词翻译后的巨大影响，“民俗”一词的地位逐渐上升，而“风俗”一词的地位则有所沉降，其原有的教化之意逐渐淡化。综观整个 20 世纪，中国社会的“民俗观”发生了戏剧性的变化，对于民俗的认知大致经历了“应铲除的封建迷信”——“应区别对待的民间文化”——“珍贵的非物质文化遗产”的转变。与此相对应的是，民俗学科在现代学术版图中的地位呈上升趋势，并被赋予理解国情和济世致用的社会责任。这一趋势，在 2013 年国家政治与民俗学术的密切互动中有明显表现，并以现代国家治理向民俗传统的自觉贴近为显著特征。

2013 年，是国家政治改革有选择地向社会生活层面落实的一年，传统文化以其寓含历史智慧、联通民心、蕴具国际影响力的特质，受到国家政府的高度重视。传统文化大受重视，其实质是利用传统智慧推进国家社会建设，而作为群体生活规范与文化认同的民俗文化，在这一过程中的作用几乎是无可取代的。在 2013 年国家主席习近平的讲话和中央文件的主流话语中，大量运用民俗语词，多处涉及民俗范畴，也就并非偶然。

1.“照镜子、正衣冠、洗洗澡、治治病”

2013 年 6 月 18 日，习近平在党的群众路线教育实践活动工作会议中指出，教育实践活动要着眼于自我净化、自我完善、自我革新、自我提高，以“照镜子、正衣冠、洗洗澡、治治病”为总要求。照镜子，主要是以党章为镜，对照党的纪律、群众期盼、先进典型，对照改进作风要求，在宗旨意识、工作作风、廉洁自律上摆问题、找差距、明方向。正衣冠，主要是按照为民务实清廉的要求，勇于正视缺点和

① 相关表述如：“故君民者，彰好以示民俗”（《礼记·缁衣》），“故古有采诗之官，王者所以观风俗，知得失，自考正也”（《汉书·艺文志》）等。传统社会中与“风俗”相关的政治意识主要体现在两个方面：第一，风俗被视为时政的镜鉴，对巩固国家政权有重要价值；第二，风俗包含教化含义，与国家政治对于社会治理的目标是一致的。相形之下，“习俗”“民俗”的表述主要是指称作为一种客观存在的民间生活现象，其所具有的“载舟”“覆舟”力量虽也时或被意识到，但更多时候是强调其与上层文化相对的“下层”性质。

不足，严明党的纪律特别是政治纪律，敢于触及思想，正视矛盾和问题，从自己做起，从现在改起，端正行为，自觉把党性修养正一正，把党员义务理一理，把党纪国法紧一紧，保持共产党人的良好形象。洗洗澡，主要是以整风的精神开展批评和自我批评，深入分析发生问题的原因，清洗思想和行为上的灰尘，保持共产党人的政治本色。治治病，主要是坚持惩前毖后、治病救人方针，区别情况，对症下药，对作风方面存在问题的党员、干部进行教育提醒，对问题严重的进行查处，对不正之风和突出问题进行专项治理。

“照镜子、正衣冠、洗洗澡、治治病”，本为日常生活用语，此时作为治党制度的形象化说法，通俗易懂，极具张力。显然，共产党的这次群众路线教育实践活动，是作为实现党的十八大确定的奋斗目标的保障而展开的，可以引导和促进广大党员干部端正思想、增强党性、表里如一、改进作风、提高本领。这一要求既然是面向全党而提出的，非通俗易懂不具感染力，不深蕴张力不能鞭辟入里。这一看似寻常的治党要求，在随后的工作中得到了严格落实，成为国家政治改革向社会生活层面深度落实的年度亮点。

2.“让居民望得见山，看得见水，记得住乡愁”

2013年12月12～13日，中央召开了城镇化工作会议，讨论《国家新型城镇化规划》，提出：“城镇建设，要实事求是地确定城市定位、科学规划和务实行动，避免走弯路；要依托现有山水脉络等独特风光，让城市融入大自然，让居民望得见山、看得见水、记得住乡愁；要融入现代元素，更要保护和弘扬传统优秀文化，延续城市历史文脉；要融入让群众生活更舒适的理念，体现在每一个细节中。”这段表述感性而诗意，与传统的官方语体颇有差异，一出台即引起诸多观察人士的关注，也触动了众多知识分子对于近年来趋于凋敝的农耕文明的乡土情结。察其前后语境，“乡愁”出现在对生态文明的提倡中，并与生态文明的人文价值指向合拍，也包含了对中国城乡关系的一种定位。

新型城镇化建设作为新一届中央政府大力推行的主体改革内容，其核心乃是人的城镇化，其目标在于打破传统的城乡二元结构，通过深入的地权改革与社会保障体系建设，引导中国“农民”向“市民”转变，最终使中国农民在地权流转中虽然去家离土，但在合法权益获得保障的前提下，仍能获得稳定的立身资本与身份认同，唯有如此，才能使其在未来的生存竞争中保持资源，维持其生存尊严。唯有保障农民这份生存尊严，才能唤起其“地方”认同的价值升华，由此价值升华作引导，才能使这些在新型城镇化中离土离乡的农民，在对故乡的回头一望中产生“乡愁”体验。中央新型城镇化决策中提出“乡愁”，旨在强调自然山水和民俗传统应该成为城镇化生活中不可或缺的地方认同和文化意象。可以说，中央决策文件提及“乡愁”本身，就是在当今已成汹涌之势的城镇化建设大潮中，及时投放的一味祛火猛剂，是对正在走进城镇化生活中的人的情感价值的凸现，是对“人的城镇化”战略的细化。“乡愁”这样的字眼出现在政府会议公报中，表明国家已在政策层面上将人的情感需求和满足纳入到城镇化建设的任务和目标之中，这是新一届中央领导集体决心下大力气扭转“物的城镇化”而建设“人的城镇化”的恰当体现。

3.“严禁用公款送月饼送节礼”“严禁公款购买印制寄送贺年卡”

2013 年 9 月 3 日，中共中央纪委和中央党的群众路线教育实践活动领导小组发出《关于落实中央八项规定精神坚决刹住中秋国庆期间公款送礼等不正之风的通知》，提倡“过一个风清气正的中秋节、国庆节”，明确要求“节日期间，严禁用公款送月饼送节礼；严禁用公款大吃大喝或安排与公务无关的宴请；严禁用公款安排旅游、健身和高消费娱乐活动；严禁以各种名义突击花钱和滥发津贴、补贴、奖金、实物”。

10 月 31 日，中共中央纪委又发出《关于严禁公款购买印制寄送贺年卡等物品的通知》，针对“每逢元旦、春节，一些地方和单位用公款大量购买、印制、邮寄、赠送贺年卡、明信片、年历等物品，印制越来越奢华、浪费越来越严重”的现象，明确要求各级党政机关、国有企事业单位和金融机构“严禁用公款购买、印制、邮寄、赠送贺年卡、明信片、年历等物品”。

迎来送往、亲朋欢聚、礼尚往来本是传统节日期间的一种常态，但一段时期以来，这种情感表达和象征性的交往方式却演变成为权钱交易的官场潜规则，天价月饼、金质贺卡、饕餮盛宴便是其中的极端表现。中共中央在颁布上述两个文件的同时，也敦促各级纪检监察机关要充分发挥职能作用，强化监督检查，对顶风违纪的当即查处，严肃追究直接责任人和有关领导的责任，并对典型案例予以通报曝光，这使得一段时期以来在节日期间近乎习以为常、司空见惯的腐败、奢侈行为得到有效的遏制。与此同时，国家逐渐增强服务民众、改善民生的职能，支持民众对传统节日的自觉传承与主动创造。

这两个文件出台的背后，是国家政府对中国传统节日的认知不断深化的结果与对传统节日中某些异化倾向的明确矫正。国家整顿、规范与民众生活密切的节日活动，从细处遏制节日不良社会风气，还原节日本身所承担的情感表达、心灵抚慰以及公共性意义，这对国家政治改革来说具有治根治本的意义。

4.“健全各行各业规章制度，完善市民公约、乡规民约、学生守则等行为准则”

2014 年 2 月 24 日，还没出农历正月，中共中央政治局就培育和弘扬社会主义核心价值观、弘扬中华传统美德进行第十三次集体学习。习近平强调：“一种价值观要真正发挥作用，必须融入社会生活，让人们在实践中感知它、领悟它。要注意把我们所提倡的与人们日常生活紧密联系起来，在落细、落小、落实上下功夫。要按照社会主义核心价值观的基本要求，健全各行各业规章制度，完善市民公约、乡规民约、学生守则等行为准则，使社会主义核心价值观成为人们日常工作生活的基本遵循。要建立和规范一些礼仪制度，组织开展形式多样的纪念庆典活动，传播主流价值，增强人们的认同感和归属感。”

其中提到的当代行业规章制度、市民公约、乡规民约、学生守则等群体规范，与中国传统的民俗规约一脉相承。民俗规约本来就是中国传统文化的实践形式，历史上国家意识形态的提倡，在很大程度上要在向民间社会生活的贯彻中才能真正得到落实。民俗规约既是以传统文化为制度基础而制定，它所承载的就必然是传统社会与文化所要求的规范和秩序，最切近中华民族的生活世界，古往今来滋养着千万民众的生命情感。在中国传统文化的社会生活实践中，一直有着一种礼俗互动的流畅渠道，官民之间良好而合理的政治互动框架由此奠定。它是中华民族源远流长至今绵延不断的有力保障，也是这个民族走向伟大复兴的基石。如今，国家借助这类“新旧杂陈”的民俗文化形式，可以便捷地促进民族国家的新型构建，助推社会转型、社会团结与文化创新发展。而借助国家主流话语，民俗规约对于当代社会的影响，也将从传统意义上的民间社会层面，扩展到对现代生活世界的主体构建层面。

5. 说不尽的“中国梦”

“中国梦”是习近平在 2012 年 11 月 29 日参观《复兴之路》展览时正式提出的，2013 年又在多个场合中被深度阐释。3 月 17 日，习近平《在第十二届全国人民代表大会第一次会议上的讲话》提出：“实现全面建成小康社会、建成富强民主文明和谐的社会主义现代化国家的奋斗目标，实现中华民族伟大复兴的中国梦，就是要实现国家富强、民族振兴、人民幸福，既深深体现了今天中国人的理想，也深深反映了我们先人们不懈追求进步的光荣传统。”3 月 19 日，习近平在接受“金砖国家”媒体联合采访时指出：“实现中华民族伟大复兴的中国梦，是近代以来中华民族的夙愿……中国人民发自内心地拥护实现中国梦，因为中国梦首先是 13 亿中国人民的共同梦想。”3 月 23 日，习近平在莫斯科国际关系学院演讲时提出：“实现中华民族伟大复兴，是近代以来中国人民最伟大的梦想，我们称之为‘中国梦’，基本内涵是实现国家富强、民族振兴、人民幸福。”

“做梦”“说梦”“圆梦”本是典型的日常话语，属于民俗学研究的常规范畴。不难发现，习近平关于“中国梦”的系列阐述，是将中华民族复兴等宏大理想与执政理念浓缩为“中国梦”，并与民众自身的“生活梦”相契合，从而将中华民族的“大我”与身为中国人的每一个“小我”密切联系起来；国家最高领导人通过不断地言说，使其充分释放出凝聚人心、稳定社会、聚焦目标、显示文化自信等意义，尤其是在更广泛的实现中华民族伟大复兴“中国梦”的层面，成为坚定不移走中国道路的重要理论支撑。

(二)知识分子对传统民俗智慧的挖掘提炼与济世致用

新世纪以来，民俗学研究中传统的精英主义立场被抛弃，眼光向下关注民众当下生活成为主流，并在此基础上致力于民生关怀与整体社会发展的和谐同步。从研究方法上来说，民俗学者通过对“不见人”的传统民俗学的深刻反思，扬弃从广泛民俗生活中抽离某种“民族文化”的传统做法，代之以与民众自由平等的对话立场，体现出对民众个体生活及文化创造的充分尊重；同时，以体贴入微的方式对社会转型中的民生状况予以关怀，积极参与到理想社会的构想和实现中。总的说来，拓展民俗学研究疆域，以民俗为方法而不是囿于“民俗”，以关注、理解、阐释民众生活世界的方式推进当代社会的公平、和谐地发展，业已成为民俗学界共识。其中较为突出的是，民俗学者努力通过对社会公共文化建设的深切参与，展现民俗学的参政优势，同时也提升自身的资政能力。以此为背景，民俗学科在现代学术版图中的地位呈上升趋势，并主动承担起理解国情和济世致用的社会责任，这在 2013 年国家政治与民俗学术的密切互动中有明显表现。

其一，2013 年，诸多民俗学界论坛、研讨会呈现出鲜明的济世致用色彩。2013 年 8 月 20～23 日，山东大学文化遗产研究院与山东省莱芜市政府在传统的中元节期间举办“乡土传统与当代中国新型城镇化建设”学术研讨会，立足当下新型城镇化建设实际，总结、审视、剖析城乡社会结构的内涵与外延，讨论国家政策对乡土社会的现实影响，探索行政力量与学术主体实践的互动影响和价值意义。9 月 3 日，文化部民族民间文艺发展中心举办“规范节庆活动管理研讨会”，邀集多位民俗学者对《节庆活动管理办法(试行)》(中办发[2012]18 号)进行研讨，为新形势下提高节庆活动管理的科学性献计献策。10 月 11～13 日，山东省民俗学会举办“城镇化进程中的鲁南民俗保护与传承”，以地域文化为基点，探讨城镇化进程中民俗保护与传承的多种路径。10 月 13～14 日，天津大学冯骥才文学艺术研究院举办“当代社会中的传统生活”国际学术研讨会，以传统生活在现代社会转型期的传承与嬗变为背景，广泛探讨“文化遗产保护与传统生活”“当代生活中的传统因素”“民间信仰与文化遗产的关系”等专题。10 月 25～28 日，山东大学文化遗产研究院与中国艺术人类学学会联合主办“艺术人类学与文化遗产研究暨 2013 年中国艺术人类学学术研讨会”，会议设定的议题为“文化遗产的理论研究”“艺术人类学视野下的文化遗产保护研究”“艺术人类学与社会发展研究”等。10 月 31～11 月 3 日，中国民间文艺家协会举办“全国古村落文化遗产保护(福建)高峰论坛”，旨在深入贯彻落实十八大精神，探讨中国古村落保护和利用，介绍和推广各地古村落保护经验，进一步促进各地古村落文化遗产资源的保护与发展工作。11 月 8 日，北京大学中国社会与发展研究中心、社会学系主办“非物质文化遗产保护的中国实践：创新与问题”研讨会，聚焦“非遗”保护的中国实践，研讨“非遗”保护中的有效性与可能性、主体性、本真性、文化本质主义、公益性保护、新文化霸权等现实问题。12 月 30 日，国务院参事室、中央文史研究馆、山东省人民政府共同举办第四届春节文化论坛，以“中国年 · 中国梦”为主题，探索我国城镇化进程中春节文化传承和新型春节文化的构建。2014 年 1 月 12 日，山东大学文化遗产研究院与文化部民族民间文艺发展中心主办“乡愁中国与新型城镇化建设论坛”，就新型城镇化过程中“乡愁”的概念内涵及发生机制，新型城镇化过程中乡村发展出路、城乡关系建构，新型城镇化过程中学者的责任与使命等问题进行研讨。

其二，民俗学者自觉强调民俗学术的社会服务功能，使民俗研究从职业化的学术活动转化为理解当代中国的一种立场与角度，以及从学术本位出发的咨政应询功能。其中，以三种向度的研究较具代表性。第一种以高丙中、吕微、户晓辉为代表，首先以哲学思辨的方式，论证当代中国的“民俗复兴”在实践上的合法性和人们在日常生活中自由运用民俗的正当性，然后从实践理性的立场，强调民俗作为人们共时性地享用的生活文化和文化生活，通过对“民如何是自由的人”“文化如何是人的自由的创造”的思考，尊重并维护不同的民族、个人的文化权利，推动中国民俗学进入主流学术和主流社会话语，并为国家的文化建设、理想社会的构建以及民生幸福作出更大的贡献，以此回应“我们自己的社会向民俗学界提出的重大知识需求”。[①] 第二种以董晓萍为代表，从民俗学视角展开的对于“国家文化建设”的宏观设计与论证。她将国家文化建设问题进行分类，包括社会主义意识形态文化、具有多元文化来源的传统文化、民俗文化、地方文化、民族文化和遗产文化，认为民俗学对国家文化建设提出可参与解决的关键问题主要有：“政府主导的社会主义文化运行与民俗文化良性运行的整体关系，国家公共文化政策与投入民俗文化服务的协调关系，政府文化工作进入联合国人类遗产保护框架后对维护原地文化权利和改善原地人民生活的关系，我国对外文化输出中的民俗代表作的成本与收益，以及在世界灾害一体化的变迁趋势中，对优秀民俗在综合防灾减灾工作体系中发挥文化作用的评估，等等。”[②]基于此，她从民俗学角度展开的对于国家文化建设的研究，广泛涉及到国家文化权利、文化多样性等问题，应是新时期民俗学研究的大方向。第三种以张士闪承担的教育部项目“中国民俗文化发展年度报告”编撰团队为代表，包括李松、刘铁梁、王学文、耿波等，认为随着中国社会化程度日益成熟，国民社会契约意识日渐浓厚，民俗文化发展策略正成为中国现

① 吕微：《民俗复兴与公民社会相联结的可能性——古典理想与后现代思想的对话》，《民俗研究》2013 年第 3 期。

② 董晓萍：《新时期民俗学研究与国家文化建设的基本问题》，朝戈金、董晓萍、萧放主编：《民俗学与新时期国家文化建设》，中国社会科学出版社 2013 年版。

代化进程中诸多问题与矛盾的解决之道，因此，当代民俗学者不仅要关注当代中国社会中由形形色色民俗事象所构成的人文传统，对乡土民俗关键要素的变化予以忠实记录，还应记录中国民俗文化发展的前沿趋向，剖析中国社会发展的民俗文化趋势，突入中国当代社会发展的问题场域，为中国现代化进程提供民俗文化层面的应对策略。李松曾尖锐地指出，当代中国社会基层组织的弱化、疏离与解构现象，本是城镇化进程中一个不得不面对的大问题，但我们在农村发展中考虑更多的理念仍然是路路通、数字化、GDP 等，这是一种被偏颇的政绩观所绑架的发展理念，而学术界也大有值得检讨的地方，“学人缺乏对乡村社会的长期的服务意识，而且在中国农村发展问题上解构的多，就是品头论足的多，建构的少，而真正能帮上忙的就更少”①。由众多民俗学者合力完成的两卷《中国民俗文化发展年度报告》②，便是围绕中国民俗文化与当代社会发展问题开展的对策性、前瞻性研究。其中的专题报告都是对于田野调查、社会调研、舆论分析等方法的综合运用中形成的，受到国家政府部门的高度重视，如《民族民间文艺知识产权工作亟待加强》被中共中央办公厅《每日汇报》收录，《转变民俗旅游发展思路，构建旅游服务社会模式》刊载于国务院参事室《国是咨询》，显示出民俗学术在观察、解决现实问题中的特别优势。

其三，民俗文化的当代价值受到民俗学者的普遍重视。如丁慰南认为，随着传统文明向现代文明过渡，在先进生产力发展基础上形成的代表先进思维观念的民俗文化，对经济发展、物质生产发展和社会现代化具有巨大的推动作用，是现代民俗文化社会功能最突出的表现，民俗学者应进一步认识和研究现代民俗文化的特征及社会功能，以服务于当代社会发展。③ 李跃花关注民俗在和谐社会建设中的作用和价值，认为民俗是人与自然和谐相处的产物，具有促进自我身心和谐、促进人与人之间和谐相处、培育国家意识、增进族群内部团结等作用，在建设社会主义和谐社会中具有重要价值。④ 杨庆黎认为民俗所特具的心理调节作用，诸如个人情感宣泄、满足人的亲和需求、满足人的安全需求等，在处于转型期的当代社会具有特殊意义。⑤ 生产力提高、经济发展是现代社会发展的重要表现，但与此相关的环境破坏也是显而易见的，如何和谐发展、持续发展已成为人们普遍关注的

① 李松：《城镇化进程中乡村文化的保护与变迁》，《民俗研究》2014 年第 1 期。

② 张士闪主编：《中国民俗文化发展报告 2012》，北京大学出版社 2013 年版；张士闪主编：《中国民俗文化发展报告 2013》，北京大学出版社 2014 年版。

③ 丁慰南：《民俗文化的社会功能与社会现代化新潮流》，《新经济》2013 年第 20 期。

④ 李跃花：《乡风民俗在和谐社会建设中的价值研究》，《湖北经济学院学报（人文社会科学版）》2013 年第 6 期。

⑤ 杨庆黎：《论民俗文化对心理的调节作用》，《保山学院学报》2013 年第 1 期。

重要问题。江帆、詹娜提出应对各民族文化传统及价值观进行反思，在生态文明的视域下来转换和重构民俗价值观，倡行生态环保的“绿色”民俗，唤起民众的生态危机意识，以实现各民族的现代化与可持续发展，实现“诗意地栖居”等等，也颇具新意。[①]

（三）社会催生与主体建构的“城乡民俗连续体”

国家治理与民俗文化发展是一种共生关系，在我国是一个长期互动的过程。民俗文化由民间自发形成，具有多样性、地方化特征，而国家治理则属于顶层设计与宏观管理，具有统一性、标准化的特征。民俗文化总是想寻找自由发展的空间，而国家治理的方针与策略则是将民俗文化发展控制在既定的轨道中，因此国家治理的规约性与民俗文化的自发性之间存在张力，须经过双方不断地调适才能逐渐融合。然而，从另一方面来说，国家社会治理又是以丰富的民俗文化实践为支撑的，离开了民众生活的认同与贯彻，国家社会治理便无从谈起。同时，民俗文化作为一种结构存在也并不是孤立的，而是存在于所处社会的更大的结构之中，必然会受到社会、政治、经济和文化等“外力”的影响，这种“外力”以国家政治的力量最为强大与持久。即使是看似自由发展的民俗文化活动，实际上依然摆脱不了国家宏观政策和社会发展现实的影响。

总的说来，在国家政治改革持续向社会生活落实的过程中，民俗文化便会作出主动或被动的反应，自觉或不自觉地将其影响涵化到自身发展脉络中，在尽量保持传统框架与民间特色的同时，彰显出时代政治的特有气息。当然，民俗文化的传承与变迁的发生，最终是通过民众的行动实践和心理变化来实现的。

2013 年，在中央新型城镇化决策的继续推动下，城市与乡村的民俗文化始终处于不断地发展变化之中。城乡民俗文化发展中有着一定的趋同现象，反映出城乡民众在日益交织的现实境遇中，互为借鉴，互为资源，在主动建构自身生活世界过程中的相通相连。

1. 国家治理中的村落民俗传统发展

在国家政治改革持续向社会生活落实的过程中，乡土村落的民俗文化发展呈现出两大特点：

一是乡村在国家自上而下的治理中发生了重大变革，其结果既不是村落的终结，也不仅是村庄的减少，而更多地是村落空间、村落组织、村落关系、村落劳作模式以及村落文化系统全方位的变化，并整体表现为一种主动性的“文化应激”，即

① 江帆、詹娜：《生态文明视域下民俗价值观的转换与重构》，《云南师范大学学报（哲学社会科学版）》2013 年第 2 期。

抓住机遇，主动寻求变革和发展，转变生产和生活方式，向城乡一体化靠拢，由此发生了以“农村社区”“村改居”等为特征的深刻转型。

诞生于农耕文明基础之上的村落民俗文化，在进入城市化所带来的现代社会之后，面对着工业文明甚至后工业文明、科技文明、信息文明的猛烈冲击，正在经历社会空间重组与文化元素再造的过程。以村落组织而论，传统乡土社会中多以血缘和地缘构建社会关系，然而随着新农村建设和城镇化建设的不断深入，村落世界向城市高度开放，出现了基于“业缘”“趣缘”等关系而建立的组织形式，并催生了各种新型的组织，包括大学生村官等由政府直接主导的组织、志愿者团队等政府积极鼓励和引导的组织，以及“老人会”、民间慈善团体等自发形成的组织，由此导致村落社会的社区化、城市化，甚至呈现出全球一体化的某些特征。而村落中原本存在的一些民间艺术团队或民间信仰组织，也大都顺变应时转变职能，开始积极参与村落公共事务管理。其中，各地普遍建立的“老人会”(即老年协会)，是在国家推行城镇化建设战略的大环境下，村落中的留守老人对村落“空心化”状态的自发应对。值得注意的是，当下村落中各种新型组织的出现，对农业经济的依赖日趋减少。这意味着，当代村落民俗传统的小农经济特征虽然在逐渐淡化，但却不会在新型城镇化建设中无处存身。

二是村落自身固有的民俗脉络依然坚韧，并与国家治理之间形成一种相互制衡关系。民俗文化，毕竟贯穿着一方民众的集体智慧与文化逻辑，承载着民间社会千百年来形成的道德观念、精神需求、价值体系等，具有潜移默化的约定性，从而构成了一种无形的群体性行为规范。然而，村落民俗文化发展，即便是没有政府的参与和干预，也处在不断的发展变化之中，既有传承又有创造。换个角度来说，民俗文化其实是代表着一种特殊的进化力量，具有一定的适应现代社会发展、不断自我更新的能力，这种力量或能力绝不能小视。尤其是随着目前城乡一体化进程的加快，村落民俗文化的发展开始向城市文化靠拢，而农村的公共服务体系也开始建立，因此，应充分评估并尊重村落民俗文化在现代语境中对“旧我”的挣脱与再造，在适应新语境的过程中所表现出来的对自身生命力的拓展，以及如何在涵化现代文化成分后获得新活力，遵循自身发展逻辑奔向未来。

2. 当代城镇化进程中“城乡民俗连续体”的重构

2013 年，我国常住人口城镇化率已经达到了 53.7%，有 7 亿人生活在城镇中。在城市化、商品经济、消费主义的扩张之下，加之非物质文化遗产运动的方兴未艾，许多乡村民俗事象映现出了诸多新特点与新趋势，并在国家大力推进新型城镇化建设的影响下，初步呈现出“城乡民俗连续体”的重构趋势。

传统的中国城乡二元结构社会中，借助于因集镇体系的经济流动而产生的公共性场域，为民俗文化提供了其在城乡两大传承系统中的交流耦合，并进而形成了民俗传统得以存身与创造性传承的完整生态系统。中国真正意义上的城乡分化是从近代社会开始的。尽管20世纪前半期是国家局势在激烈振荡中走向统一的时段，但社会革命的有限性造就了乡土社会的稳定性。相比之下，乡土社会虽然也呈现出反复波动的态势，但振幅较之国家政治的波动幅度要小得多。这就使得屡屡"断裂"的乡土传统能够在新的政治框架中不断地被再造与接续起来。20世纪中国走向现代化的过程，亦是乡土社会接受改造、不断解构自身传统的过程，而民俗文化则在这一过程中几度起落，命途多舛。在中国，城市从来都是乡土气息浓郁的城市，乡村则是越来越具有更多城市化色彩的乡村。有意识地促成地域民俗文化的现代性转换，可以使其在当代和谐社会建设中发挥特殊作用。促进乡土社区尤其是城乡结合部地区民俗文化的可持续发展，是缩小城乡差距、建设和谐新农村的重要手段。事实上，当代中国的城市和农村是相互开放的，彼此之间没有明显的景观阻隔。比之村落与村落之间的关系，当代城乡关系作为区域范围重大的空间构架，使乡村民俗文化在朝向城市的开放关系中获得了新的发展契机。

二、2013年度中国民俗文化发展考察的七个发现

新世纪以来，中国民俗文化通过"活态传承"，在社会发展宏大格局中扮演重要角色，已经与"以经济建设为中心"的强势话语形成了对冲磋磨之势，并最终在实现中华民族伟大复兴与提升民众幸福指数的意义上谋求互补。2013年，民俗文化深度介入国家决策、政府施政、法制建设与区域发展问题，在社会发展格局中扮演着重要角色。顺循此考察脉络，2013年度中国民俗文化发展主要有以下七方面的发现：

(一)国家政治改革中活用民俗，引发良好的社会效应

2013年，国家政府在领导人讲话、文件颁布以及政策方针制定等方面，多次涉及民俗范畴。"乡愁""乡规民约"等语词出现在国家政府正式颁布的文件中，含义隽永，别开生面，产生了良好的社会效果。在传统节日期间，整肃党风官风，令出必行，使国家政治改革具体落实到社会生活中，并初步形成"新常态"，深得民心。

(二)知识分子深入思考民俗，重视对民俗智慧的汲取与运用

学界已不再热衷于对民俗与迷信、真民俗与伪民俗等概念的辨析，而是普遍将民俗置放于当代中国社会的宏大格局中予以观察与分析，注重民俗的社会功能与文化价值，从社会意义建构的层面重新思考，并积极地向政府部门建言献策。

(三)在当代城镇化进程中,民众沿袭与活用民俗传统,调适社区生活,体现出主动建构自身生活世界的文化创造精神

当代中国社会发展目前所面临的重大风险之一,依然是从农耕文明向工业文明过渡所带来的转型风险。这种由社会转型带来的社会发展风险,在当代中国城镇化进程中的新农村建设方面表现得特别突出。城镇化的目标,简单来说就是使中国大部分农村经过一定方式下转变为城市,这就意味着村落原有的文化系统将面临解体或重造,原有的情感纽带或将断裂。然而,在此背景下,乡村民众通过自发组织各种文艺活动(如广场舞的火热)、信仰习俗(如各种庙宇的兴建),建立新型社会组织(如基层老年协会的出现)等,增强社区认同感,体现出顽强的生活调适能力与文化创造精神。

(四)民俗文化作为中国传统文化的重要支撑,在中国文化的“走出去战略”和促进国际社会的“理解中国”等方面发挥着巨大的作用

2013 年,中外文化交流的广度和深度不断发展,内容与形式更加丰富。“友好城市”“文化年”“文化节会”“文化产品”“城市游”等活动形式,由国家出面组织,上下合力,社会参与,彰显了文化交流活动多方共赢的特点。讲好中国故事,传播好中国声音,阐释好“中国梦”,其实都离不开恰当的民俗文化载体。正是依托丰富多样的民俗文化的独特魅力,推动着中国文化在世界舞台上独领风骚,从而引发强烈关注。

(五)国家治理的顶层设计与民俗文化的自发发展形成互动态势

中国传统社会对官方之“礼”的推行,一向讲究与民众之“俗”相结合,使其在日常生活中扎根,在不断地礼俗互动中,共同构建起社会价值与国家认同。当代国家治理,通过对现代公民和现代文明标准的不断设定来约束和规范民间行为,大致体现出作为国家顶层设计之“礼”对民间之“俗”的影响与渗透。国家政府通过严以治党,严以律官,不断地给社会“松绑”,尊重市场规律,从而为当代社会中的“礼俗互动”拓宽了空间。

(六)民俗的产业化功能回归常态,其文化生态功能受到空前重视

2013 年,通过“制造民俗”“开发民俗”以招商牟利的现象虽仍有所见,但民俗的社区组织功能与情感慰藉、文化交流功能开始凸显,整体上的民俗文化发展开始回归常态。

（七）如何将民俗文化所蕴含的传统智慧济世致用，助推社会发展，仍有待强化

如今谁也不会否认，民俗文化中所蕴含的传统智慧，对于国家社会整体发展有着不可取代的重要意义。学界如何推进对于民俗文化的准确认知并"学以致用"，政府如何吸纳学界成果，通过对民俗文化的有效运用增强执政能力与施政效果，合力推进社会的良性发展，仍有较大空间。

三、2013年度中国民俗文化发展五项建议

第一，国家治理应探索"礼俗互动"的最佳模式，应准确理解、有效运用民俗文化，汲取传统智慧，承接地气，尊重民众权益诉求，顺应群众期盼，事半功倍地推进社会的整体发展。

第二，在当下城镇化进程中，应健全完善农村基层组织建设，通过自下而上的方式与国家的各项农村基层建设制度相衔接、相补充，以期消除农村社会发展中的隐患和风险，为当代新农村建设助力护航。农村社会的自我良性发育，是构建国家与社会良性互动格局的关键所在，而充分尊重农民主体，挖掘农村本土组织资源，真正使农民民主决策和民主管理自身生活，才能真正激活农村内生活力，重塑农民的社区认同感和生活创造精神，为中华民族的伟大复兴夯实基础。

第三，重视传统节日文化，优化社区建设。传统社区通过节日生活，将艺术、信仰和日常生活高度整合在一起，建构了一个完备的组织体系，并用各种符号来加以完善，在解决社会问题方面有着丰富经验。传统节日文化，也应该成为当代城镇化建设"社区落地"、人心凝聚的重要构建因素。

第四，国家非物质文化遗产保护制度建立以后，应对相关资源予以灵活运用，在促进我国政治改革、经济发展和文化复兴等方面有所作为。政府、学者与民众，应借助非物质文化遗产保护工作这一平台，共同参与到当代社会的文化共建与发展磋商。

第五，民俗旅游在保护民俗文化资源的同时，应在促进民俗文化发展的意义上，更多地参与社会建构。注重开发民俗旅游的社会效益与文化传承的功能，是当前民俗旅游发展的关键问题，要特别注意生态环境保护、文化多样性保护。应当加大民俗文化搜集、挖掘、加工、整理等方面的工作力度，保护和改善民俗文化存在、传承和发展的空间环境，使民俗文化在现实生活中获得传承延续，合理发展，实现民俗文化和民俗旅游的和谐共赢。只有这样，民俗旅游才能真正具有长久的生命力。

分题报告

2013年度中国民俗文化研究综述

赵世瑜　龙　圣　韩朝建　赵彦民*

2013年中国的民俗学研究并没有出现很特别的事件，没有十分火爆的讨论热点，也没有值得特别关注的地方。虽然在关于民俗学研究对象的定义转换方面呈现出一些学者深入思考的亮点，但在研究的问题意识、方法和具体研究成果方面，没有出现与以往显著的不同。这样一种相对稳定、平静、"波澜不惊"的状态，其实正是学术研究的一种常态，并不需要大惊小怪。当然，在这种"波澜不惊"的状态中，依然会显现一些我们需要注意的问题，同时可能出现某些昭示未来发展走向的线索和迹象，需要细心体察。

本综述依照惯例，从理论探讨、田野研究、民俗文化发展策略三个方面进行论述。

一、理论探讨

（一）有关民俗的讨论

1. 民俗相关概念的梳理辨析

对民俗及其相关概念进行梳理辨析是本年度民俗文化理论探讨中的一个重要方面，具体涉及民俗与风俗、民俗与迷信、真民俗与伪民俗等。尽管这些问题在以前都有过专门的讨论，也产生了重要影响，但本年度对老问题的再探讨并非简单承袭已有观点，而是在前人基础上做了进一步的思考和分析。

"风俗"与"民俗"，是我国历史上反复出现过的两个词汇，皆有"风土人情""风尚习惯"之意，后人一般也都将两者等同视之，如赵亚宏、孙文采就认为"民俗""风俗""习俗"在中国古代为同义词，可换位使用，无本质区别，与它们今日的文化内

---

* 赵世瑜，北京大学历史系教授、博士生导师；龙圣，山东大学儒学高等研究院讲师；韩朝建，山东大学历史文化学院讲师；赵彦民，山东大学文化遗产研究院副教授。由于本综述的内容主要涉及2013年发表的成果，因此凡属此年度发表的作品，不逐一注出年份，非2013年度发表的作品则注明年份。

涵相同。[①] 相反，彭桓礼通过对相关文献的梳理提出了不同的看法，认为风俗与民俗在古代存在语义上的差异，风俗更多地带有“教化”的色彩，“风俗”一词在古代比“民俗”一词地位高，使用也更为频繁。之所以如此，他认为主要有三个原因：(1)风俗是政治的镜鉴，对巩固皇权有重要价值。(2)风俗包含教化含义，与统治阶层利益相符。(3)民俗是作为教化的对象而存在的。尽管如此，进入民国以后，由于受到五四新文化运动所提倡的民主思想影响以及西方民俗学 folklore 一词翻译的影响，“民俗”一词地位逐渐上升，得到更多新文化知识分子的认可，而“风俗”这一词汇的地位日益下降，风俗的教化之意逐渐消失。[②]

关于民俗与迷信的关系，学界早有讨论，如乌丙安早在 20 世纪 80 年代就对“迷信”问题有过专门探讨，认为“迷信”强调渲染神秘性，对人们的物质和精神生活造成损害；“俗信”则是民众生活中自然而然的日常习惯，不但危害小，相反还有一定积极作用，因此提出用“俗信”一词指代民众生活中有积极作用的、有信仰的而被主流意识视为“迷信”的民俗现象，以区别于长期以来笼统批判的“迷信”概念。尽管如此，民俗是“封建迷信”的看法至今仍被部分民众和出版物所认可。因此，姚慧对民俗被视为封建迷信的历史原因进行了深入剖析，以厘清民俗与迷信的关系。她认为，自五四新文化运动以来，新知识分子十分重视民俗，一方面是因为经千百年形成的民俗难免带有封建社会和落后阶级的烙印，另一方面是因为民俗持有者是最为广泛的社会力量，因此他们将民俗视为落后的“封建迷信”加以批判，并希望通过批判改造民俗争取到革命力量。可以说，将民俗等同于封建迷信是革命的需要，是革命思维造就的产物。将民俗等同于迷信的看法在今天是不合适的，如今的民俗只是中国的一种重要的传统文化和非物质文化遗产，已不再是具有政治意义之“迷信”。[③]

关于真、伪民俗的问题，中外学者如道尔森、邓迪斯、霍布斯鲍姆、肖海鹰、陈建宪等都有过讨论，毕旭玲将学者们对“伪民俗”的判断归纳为三种情况：(1)道尔森等人的看法最严格，所有商品化、产业化或者不严格采集的民俗事象都是伪民俗。(2)邓迪斯、肖海鹰持较为宽容的态度，认为伪民俗有可能转化为真民俗；(3)霍布斯鲍姆、陈建宪等最为宽容，将自制和发明的内容视为正常的民俗变异。在此基础上，毕旭玲提出，以往对伪民俗真伪判断的话语权都掌握在民俗学者手中，而较少考虑到民众及其实际选择。因此，她认为真伪民俗的判断应该由民众说了算，判断民俗真伪必须进入民众的日常生活，那些消亡的即伪民俗，能留在民

---

① 赵亚宏、孙文采：《“民俗”的出源及其文化内涵与功能》，《华夏文化论坛》(年刊)总第 10 辑。

② 彭恒礼：《“风俗”与“民俗”的语义流变与地位转换》，《天中学刊》2013 年第 4 期。

③ 姚慧：《民俗是“迷信”？——从革命思维中的“迷信”与民俗谈起》，《民族艺术》2013 年第 2 期。

众生活中的即真民俗。“伪民俗”是一种进行时态而非完成时态，可能发展为真民俗，也可能很快消亡，主要是看它能否为民众接受并存在于他们的生活之中。[①]

2. 对民俗变迁的认识

在当下社会快速发展与转型的过程中，民俗文化正经历着急剧的改变，这已成为学界的一个共识。[②] 那么，导致民俗文化变迁的动因何在？只有搞清楚其变迁的机制和规律，才能更好地为民俗文化的发展服务。为此，王天鹏、曾爱娣从内外两方面对当下民俗变迁的原因进行了分析，认为民俗变迁是由内源性因素和外源性因素造成的。内源性因素包括经济因素、心理因素、环境因素、人口因素（其中经济因素最为主要），外源性因素包括政治因素和文化因素，其中文化因素分为文化传播和文化涵化两种方式。以上只是比较理想的因素分类，也不排除其他影响民俗变迁的因素存在。[③] 对于民俗变迁内外因素的这一分析颇具启发性，但不足之处也是明显的，其分析过于简单，也未注意到这些因素之间的互动关系。

除“内—外”分析模式外，朱雄君还提出了一种“结构—行动”的分析模式，以探讨民俗变迁的动力。他首先将民俗视为由物质、观念、组织、行为、制度五大要素组成的一种结构。五大要素的动态联结，使得民俗成为一种结构存在。只要五大要素中任何一种要素改变，都将导致其他要素的变化，从而导致整个结构的变迁。而五大要素的改变主要有三种形式：一为断裂，即要素在传承过程中因故不能传承下去；二为变异，指要素在传承过程中因故在内涵与形式上发生了偏离；三为突现，即新的要素被发明创造或者从外界引进。上述要素的改变导致的整体结构的变迁，是民俗变迁的“内驱力”。此外，民俗变迁还受到“外引力”的影响。民俗作为一种结构存在并不是孤立的，而是存在于相应的社会结构之中，因此必然受到社会政治、经济和文化等外力的干预，是为民俗变迁的“外引力”。外引力主要包括：农村社会结构变迁的牵引、外界文化的融入、政治与社会力量的干预等。以上内外两方面推动民俗变迁的力量，实际上都不能自主地发生，必须通过村民的行动，即实践来实现。具体来说，又可分为习惯性实践、适应性实践、反思性实践三种，是为民俗变迁的“承动力”。可以说，民俗变迁是内驱力、外引力和承动力

---

① 毕旭玲：《“伪民俗”判断之判断》，《中原文化研究》2013年第4期。

② 参见黄涛：《村落的现代化演进与文化传承》，《温州大学学报（社会科学版）》2013年第5期；张士闪：《以城镇化为契机重构乡土文化》，2013年12月6日《中国社会科学报》；张士闪、李世伟、王见川：《关于中国台湾地区传统节日传承与变迁的考察报告（1945～2010）》，《艺术百家》2013年第4期。

③ 王天鹏、曾爱娣：《社会转型期民俗变迁的外源性因素浅论》，《黑龙江史志》2013年第15期。王天鹏、曾爱娣：《社会转型期民俗变迁的内源性因素探析》，《黑龙江史志》2013年第17期。

相互作用的结果。[①] 尽管"结构—行动"的分析模式并不能涵盖所有的民俗变迁原因，但这一分析框架对于我们把握民俗变迁的要素及相互关系提供了有益的视角，对于社会转型时期引导和改造民俗具有重要的参考意义。

3. 民俗的功能作用与价值

民俗是经过长期积淀而形成的风俗习惯，具有娱乐、教化、规范、凝聚民族人心等功能作用，这点早已成为学界之共识，亦为后来者反复强调。[②] 尽管如此，随着社会发展、转型的发生，学界已越来越重视将民俗的功能作用与价值置于社会变化之中来加以分析。

丁慰南认为，学界对传统民俗文化已做了相当多的研究工作，但为了适应时代要求，应把注意力更多转向当前现实社会，进一步认识和研究现代民俗文化的特征及社会功能。他指出，随着传统文明向现代文明过渡，在先进生产力发展基础上形成的代表先进思维观念的民俗文化，对经济发展、物质生产发展和社会现代化具有巨大的推动作用，是现代民俗文化社会功能最突出的表现。[③] 生产力提高、经济发展是现代社会发展的重要表现，但与此相关的环境破坏也是显而易见的，如何和谐发展、持续发展已成为人们普遍关注的重要问题。部分学者从民俗的角度对此进行了讨论。李跃花分析了乡风民俗在和谐社会建设中的作用和价值，认为乡风民俗是人与自然和谐相处的产物，在建设社会主义和谐社会中具有四个方面的作用：调节个人身心健康，促进自我身心和谐；调节人际关系，促进人与人之间和谐相处；增强民族认同感，培育国家意识；增进族群内部团结。[④] 与此相应，江帆、詹娜进一步指出，应对各民族文化传统及价值观进行反思，在生态文明的视域下转换和重构民俗价值观，倡行生态环保的"绿色"民俗，唤起民众的生态危机意识，以实现各民族的现代化与可持续发展，实现"诗意地栖居"。[⑤]

此外，杨庆黎还对民俗文化的心理调节作用进行了较为深刻的分析，认为这种调节作用主要体现在三个方面：第一，人的生物本能和情感长期受到社会压制而得不到恰当的宣泄和调节，便会产生心理障碍和疾病，而民俗文化对于个人情感宣泄方面具有重要调节作用，能缓解心理上的压抑。第二，民俗文化能满足人

---

① 朱雄君：《乡风民俗变迁动力的理想类型分析——基于"结构—行动"的视角》，《社会学评论》2013年第3期。

② 参见王栋：《民俗文化在群众文化中的功能、作用与发展创新》，《大众文艺》2013年第5期。

③ 丁慰南：《民俗文化的社会功能与社会现代化新潮流》，《新经济》2013年第20期。

④ 李跃花：《乡风民俗在和谐社会建设中的价值研究》，《湖北经济学院学报（人文社会科学版）》2013年第6期。

⑤ 江帆、詹娜：《生态文明视域下民俗价值观的转换与重构》，《云南师范大学学报（哲学社会科学版）》2013年第2期。

的亲和需求，使人产生群体归属感，从而缓解心理上的焦虑。第三，民俗文化能满足人的安全需求，调节因安全需求而引起的诸多心理问题。正因为民俗文化具有重要的心理调节作用，所以许多民俗文化传统直到今天仍然伴随人们左右。[①]

（二）关于民俗学研究对象的讨论

研究对象是任何一门学科都必须明确的首要问题，它的确立直接影响到该学科的研究旨趣和发展方向，甚至是前途命运。我国民俗学也不例外。随着时代、社会、学科的发展，我国民俗学界也不断在对自己的研究对象进行实时地调整和讨论，以争取民俗学在我国当代人文社会科学研究领域获得更加有利的位置。

随着近几十年来的社会发展，我国的国情发生了巨大的变化，城市化快速发展，乡村社会剧烈变迁，人口流动频繁，新生事物层出不穷，传统日益受到挑战，这些变化都直接影响到民俗学研究。面对不断变化的现实，民俗学研究对象应该如何调整，才能更加有利于民俗学的发展？学人们对此进行了认真的思考并此给出了各自不同的答案。

1. 从“民”到“公民”：研究对象的转换

正如高丙中所言，民俗学对研究对象的界定是从“民”和“俗”分别界定的[②]，“民”作为研究对象究竟指什么，每一时期的认识各不相同，从“五四”以来至新世纪以前，大致经历了从民族全民——民间之“民”——农民之“民”——先民之“民”（遗留物的主人）的演变过程。[③] 新世纪以后，民俗学界开始把作为研究对象的“民”解释为“公民”。[④]

学界对从“民”到“公民”加以转换的原因何在？这一转化有无必要？其转换的内在依据何在？户晓辉对这些问题进行了深入的讨论。他在梳理学界对“民”的理解的基础上，对谁是公民、公民概念与权力等问题进行了阐述，由此回答了前述问题。他认为，我国民俗学或民间文学的开创者最初设想的民俗学，并非像前人认为的是一门经验的学科，相反却带有强烈的实践科学的特点，其内在的目的是通过让民成为公民进而成为自由的人。因此，民俗学的研究对象要实现从“民”到“公民”的转换，而这将给我国民俗学带来全新的观念变化和研究格局。由于研究对象从“民”转化为“公民”，“民俗”相应也转化为“公共文化”，那么，“民俗如何影响公民个人的生活以及公民个人如何实践民俗？民俗对公民的生活有什么意义和价值？如何让作为公民的民众真正成为社会和文化的主体，如何让民俗学研

① 杨庆黎：《论民俗文化对心理的调节作用》，《保山学院学报》2013年第1期。

② 高丙中：《民俗学对象问题的再探讨——一项建设的后现代性的硕果》，《民俗研究》2013年第4期。

③ 高丙中：《民间文化与公民社会：中国现代历程的文化研究》，北京大学出版社2013年版，第49页。

④ 高丙中：《日常生活的文化与政治——见证公民性的成长》，社会科学文献出版社2013年版，第65页。

究真正成为一门对中国公民社会建设有所助益的学问，这些都是需要我们深入思考和积极面对的问题”[①]。对这些问题的思考，“有助于进一步推动学科的关注目光从过去转变为当下、从群体转变为个体，从僵死的遗留物转变为活生生的生活整体，扭转学科的一盘散沙和散兵游勇的局面，增强学科的凝聚力和统一性及其本该具有的现实关怀，使它更加接近学科的本源任务，从而成为一门真正意义上的‘国学’”[②]。

此外，对于上述研究对象的转变，除户晓辉从学科自身角度进行分析外，韩成艳则从外部的影响出发加以理解。她认为上述转变与非物质文化遗产概念引入中国后，所引起的民俗学对自身学科性质的反思有关。以她的话说，正是“非遗”概念包含的文化多样性和权利平等理念，促使民俗学者对学科对象与定位加以重新思考，最终呈现出研究对象由“民”向“公民”，由“民间文化”向“公共文化”的转变，民俗学得以从知识的民俗学到实践民俗学范式转化。[③]

2. 现代技术下的“现代社会日常生活”

民俗学是当下的学问，当下日常生活为其研究对象，已成为学界的共识。不过，正如吕微所言，由于科学主义对传统的破坏，现代及技术对于文化传承的积极影响往往被人们所忽视，此维度的缺失在一定程度上将民俗学的研究对象局限于现代之前和现代之外。[④] 基于这样的认识，“越来越多的民俗学者开始关注日常生活中现代技术的发展和应用为传统文化的传承和发展所带来的诸多可能性。在一种包含丰富多样的现代技术的日常生活中重新界定民俗学的研究对象，已在北欧、德国、日本等国际民俗学界明确提出”[⑤]。我国民俗学人也在这一国际浪潮中，提出重新界定民俗学研究对象的问题。《民俗研究》2013 年第 4 期发表了一组题为《定位于现代社会日常生活的民俗学——“国际比较视野下的民俗学前景”笔谈》的长文（包括吕微、高丙中、户晓辉、王杰文、宣炳善、彭牧、韩成艳的 7 篇笔谈），便主要强调将“现代技术条件下的生活”作为民俗研究的对象。其中，吕微认为，民俗学在研究实践中应该给予现代技术应用的“现代社会日常生活”以更多的关照。高丙中甚至更为明确地提出，“现代技术的设计和使用，具体下来在不同民

---

① 户晓辉：《从民到公民：中国民俗学研究“对象”的结构转换》，《民俗研究》2013 年第 3 期。

② 户晓辉：《从民到公民：中国民俗学研究“对象”的结构转换》，《民俗研究》2013 年第 3 期。

③ 吕微、高丙中、户晓辉、王杰文、宣炳善、彭牧、韩成艳：《定位于现代社会日常生活的民俗学——“国际比较视野下的民俗学前景”笔谈》，《民俗研究》2013 年第 4 期。

④ 吕微、高丙中、户晓辉、王杰文、宣炳善、彭牧、韩成艳：《定位于现代社会日常生活的民俗学——“国际比较视野下的民俗学前景”笔谈》，《民俗研究》2013 年第 4 期。

⑤ 吕微、高丙中、户晓辉、王杰文、宣炳善、彭牧、韩成艳：《定位于现代社会日常生活的民俗学——“国际比较视野下的民俗学前景”笔谈》，《民俗研究》2013 年第 4 期。

族、不同国家很不一样。大家设计要做的研究就是讨论将现代技术条件下的生活作为民俗研究的对象,并对其进行解读"①。可见,在这一提法中,"日常生活"作为研究对象在本质上没有改变,但由于现代技术对于日常生活的全面渗透,日常生活中的技术因素已经日益引起学界的注意,深化了为民俗学的研究对象并拓宽了其研究的问题。

可以说,在民俗学的理论探讨方面,高丙中、户晓辉和吕微始终引领着国内民俗学思考的前沿,他们的讨论需要广大同仁的普遍参与和在研究实践中的深化和检验。

3.将"国家文化建设"纳入研究对象

一门学科的地位,一方面固然与学科自身的理论水平和阐释力有关,另一方面也与学科对于国家社会作出的贡献有关。如何使民俗学成为"有用"的学问,积极参与到国家和社会建设之中并获得一席之地,关乎民俗学的发展前景。为此,董晓萍建议将"国家文化建设"纳入民俗学的研究对象之中。

她首先对国家文化建设的概念进行阐释,然后进一步指出民俗学研究这一问题要有针对性并提出建设性的对策。具体来说,民俗学对国家文化建设提出可参与解决的关键问题主要有:"政府主导的社会主义文化运行与民俗文化良性运行的整体关系,国家公共文化政策与投入民俗文化服务的协调关系,政府文化工作进入联合国人类遗产保护框架后对维护原地文化权利和改善原地人民生活的关系,我国对外文化输出中的民俗代表作的成本与收益,以及在世界灾害一体化的变迁趋势中,对优秀民俗在综合防灾减灾工作体系中发挥文化作用的评估,等等。"②基于此,她从民俗学的视角将研究国家文化建设问题进行了再分类,包括:社会主义意识形态文化、具有多元文化来源的传统文化、民俗文化、地方文化、民族文化和遗产文化。她认为,将国家文化建设正式作为民俗学研究对象,意义重大,涉及国家文化权利、文化多样性等种种问题,是新时期民俗学研究的大方向,标志着民俗学学科建设的能力。就目前而言,这一研究的重点领域应是对"文化空间"和"遗产文化"概念的引进所带来的一系列问题。

4.城市化进程中的民俗学新课题

近年来,非物质文化遗产保护与抢救工作在我国得到了大力的推进,"非遗"成为当前民俗学研究中最热门的话题之一。关于民俗学参与"非遗"工作的评判,民俗学者中多数支持,也有少量人表示反对,还有部分学者采取敬而远之的中立

---

① 吕微、高丙中、户晓辉、王杰文、宣炳善、彭牧、韩成艳:《定位于现代社会日常生活的民俗学——"国际比较视野下的民俗学前景"笔谈》,《民俗研究》2013年第4期。

② 董晓萍:《新时期民俗学研究与国家文化建设的基本问题》,朝戈金、董晓萍、萧放主编:《民俗学与新时期国家文化建设》,中国社会科学出版社2013年版。

态度。反对民俗学参与"非遗"工作的意见，理由主要是，"非遗"抢救和保护工作所持有的"遗产观"，与民俗学研究超越"遗留物"而关注当下的学术转向之间有着巨大的冲突，因此民俗学者对此应保持理性。显然，他们反对的是民俗学者对"非遗"抢救和保护工作的直接介入，而非绝对不参与，其中也含有一定的建设性意见。

如陈映婕就超越"遗产观"的中国民俗学发展的问题进行论述，提出民俗学者要坚持基础的资料积累和田野作业，保持学术独立书写等。[①] 刘铁梁倡导民俗学者应该超越"非遗"问题，并指出当代急剧的城市化进程要求民俗学改变一味寻找和保护传统民俗的习惯，回到社会生活发展变化上来，根据现实生活的变化提出新的研究课题，确立新的研究方向。他根据近年来的调查和研究实践，提出了一些新的课题方向：(1)在村落民俗调查方面的新课题，包括作为村落记忆的民俗、村落发展的地域性观察、村落传统的再造与劳作模式的转变。(2)在城市民俗调查方面的新课题，包括作为城市记忆的民俗、城市社会空间和文化空间的改变、文化群体职业群体的新生与多变。[②] 可见，"日常生活"作为民俗学研究对象并没有根本的改变，但是学人更多地将"日常生活"置于时代变动的大背景下加以观察，从而提出一些具有新意的研究方向和课题。这既体现出当下民俗学研究对象的相对稳定性，同时在一定程度上也反映出民俗学研究试图不断向前创新的学术活力。

二、田野研究

近年来的民俗学田野研究，普遍重视当今社会转型期的民俗变迁，几乎所有的研究者都关注到民俗现象中"变"的因素，都敏锐地认识到当下政治、经济、社会等方面的时代变迁给传统民俗造成的冲击，以及由此产生的种种社会、文化及伦理问题，并尽可能地提出有针对性的意见和建议，体现出田野研究者深切的人文关怀。下面将按照口头文学、民间信仰、民间工艺、人生礼仪、岁时节日等五个方面，梳理、归纳 2013 年民俗学田野研究的发展态势。

(一)口头文学

2013 年口头文学的田野研究成果不多，但无疑是民俗学最重要的研究内容

① 陈映婕：《超越"遗产观"的中国民俗学发展》，《民俗研究》2013 年第 5 期。

② 刘铁梁：《城市化过程中的民俗学田野作业》，朝戈金、董晓萍、萧放主编：《民俗学与新时期国家文化建设》，中国社会科学出版社 2013 年版。

之一。学者通过田野考察搜集和解读歌谣、神话、传说，有的是以理解口头文学本身为出发点，改善口头文学的学习和教学，“在日常生活中去体悟民间文学的性质、本质与功能”或者去“寻找民间文学的原本状态”[①]，其立足点仍在文学，而更多地则是将口头文学置于具体生活语境之中，借鉴相关的理论和分析工具，拓展问题意识，从而使得口头文学的研究获得了更多的维度，并能勾连多种多样的研究主题。以民歌研究为例，很多学者关心的仍然只是文本的内容和形式，而不是文本的语境，或是虽然关心语境，但却仅仅是与文本直接相关的、非常狭窄的语境，要么就是宽泛而缺乏针对性的语境。[②] 这种现象大约与不同的问题意识以及学者的训练背景有关。

民间歌谣往往服务于具体的语境，如婚丧等场合。蒲生华、马建华以河湟地区汉族传统婚礼歌为研究对象，探讨其源流、语境、歌者、文本、程式、主题及功能等问题，认为婚礼歌源于古代婚嫁歌谣和婚礼辞令，在具体演变过程中随着婚礼仪式的消长和展演场域的转移而不断变迁，因此婚礼歌一方面有一整套的规则即程式，有其特有的表现主题，另一方面，不断变化的表演环境使得同一首歌有数量不等的异文本。作者认为，婚礼歌在河湟地区的长期存在和传承，缘于其独特的社会功能和文化价值，并随着现代文明和强势文化的冲击面临消失的命运。[③] 林继富对于湖北麻城红色歌谣进行的调查显示，在 1927 年 11 月黄麻起义到 1937 年国共全面抗战期间，麻城乘马、顺河一带成为红色歌谣创作、传唱的中心，歌谣中带“红”字的意象无处不在，见证了当时的生活革命、文化革命对于民众生活状态与精神面貌的影响与改变。[④] 同样是研究民歌，柯琳、杨胜文从民族音乐学研究视角，对美国苗族的民歌传承和发展的现状进行研究，认为这些来源地各异的苗族在探讨音乐的过程中，印证了苗族历史、文化信仰、认同意识和语言等共性，进而指出“跨国”苗族的认同是围绕着彼此承认“同根同源”的历史共识下展开的。[⑤] 胡铁强，陈敬胜则借助南岭民族走廊瑶族社区的田野调查资料，对瑶族歌谣《盘王大歌》重新诠释，探究瑶族文化中的族群记忆与文化认同，思考对瑶族传

---

① 陈金文：《日常生活即田野场——“民间文学课堂教学与田野调查的链接”研究系列论文之三》，《济宁学院学报》2013 年第 2 期。

② 比如，金鹃飞、刘畅：《“夜歌”声声祭亲人——湘潭夜歌探析》，《邵阳学院学报（社会科学版）》2013 年第 4 期；张雪丽、鲍莉莉：《民俗文化实践中构建民歌活体传承体系——以繁昌民歌个案调查为例》，《黄河之声》2013 年第 2 期。

③ 蒲生华、马建华：《河湟汉族传统婚礼歌研究》，中国社会科学出版社 2013 年版。

④ 林继富：《红色记忆中的悲壮历史——乘顺革命歌谣研究》，《民间文化论坛》2013 年第 6 期。

⑤ 柯琳、杨胜文：《论当代美国苗族民歌传承中的本土现代性》，《民族艺术研究》2013 年第 3 期。

统文化的传承与保护。[①]

在民间传说的田野调查方面，呈现出不同的学术旨趣。有的学者以田野搜集的文本为基础，与其他文本进行比较研究，立足于文本的话语分析。王双功以淄博市沂源县南麻镇沟泉村义犬烈火救主传说为基础，对不同时代和地区的异文展开纵向和横向比较，认为故事总是在流传的过程中与当地的地方风物，传统习惯相结合，形成符合当地特色的更具生命力的传说。[②] 有的学者则强调传说的社会心理与社会语境。徐赣丽以当代侗族村寨里的转世传说为切入点，探究大量转世传说背后的心理原因。侗族普遍信仰万物有灵、灵魂不灭与转世轮回，大量的转世传说不断强化着侗人的灵魂观和积阴德的观念，以及现实中诸种为积阴德而做的公益建设的意义，如修桥、补路、打井和修建凉亭等，认为此现象能够揭示侗寨为何会产生公益设施和公益活动繁多的社会风尚。[③]

张士闪注意将民间传说置于地方语境下予以考察，所选择的案例是河北省广宗县的白刘庄、夏家庄。两村之间距离很近，却断绝往来，与一则关于白猫黑狗传说所导致的两村之间的"隔空斗法"有关。作者认为，这种"隔空斗法"以象征手段形成了"挑战—应战"的村际互动模式，维系着村落的内聚力和村际之间的相对平和状态，它是村民为防止恶性冲突而主动采取的疏离策略，体现出特定情境下社区和谐共处的另类智慧。[④] 刁统菊则关注地方传说流布与演变过程中的官民关系。她以流传于山东潍坊的寒浞传说为个案，认为与民间信仰有关的口传叙事，呈现出当地政府开发旅游资源与民众自发构建的复杂互动状态。[⑤]

在神话研究方面，杨利慧以多位具有一定代表性的欧美和东亚神话学者的研究成果为例，对 21 世纪以来世界神话学研究的理论特点予以概括：第一，一些传统的研究视角和方法在当下依然保持着旺盛的生命力；第二，涌现出不少反思之作以及新的理论视角和方法；第三，神话的边界依然流动不羁；第四，神话与科学之间的关系得到进一步探讨。[⑥] 结合田野调查与理论分析的成果，有高海珑对河南浚县、滑县两地的火神神话的研究，他将田野材料概括为庙宇建筑、祭祀仪式、

① 胡铁强，陈敬胜：《族群记忆与文化认同：瑶族史诗〈盘王大歌〉的文化学解读》，湘潭大学出版社 2013 年版。

② 王功双：《九顶洛阳山，山下狗跑泉：以狗跑泉为例谈古今烈火救主型故事》，中国海洋大学硕士学位论文，2013 年。

③ 徐赣丽：《侗族的转世传说、灵魂观与积阴德习俗》，《文化遗产》2013 年第 5 期。

④ 张士闪：《村庙：村落叙事凝结与村际关系建构——冀南广宗县白刘庄、夏家庄考察》，《思想战线》2013 年第 3 期。

⑤ 刁统菊：《文化自觉与民间叙事的多样化传承——以山东寒亭寒浞信仰与口头叙事为例》，《文化遗产》2013 年第 1 期。

⑥ 杨利慧：《21 世纪外国神话学的研究趋向》，《文化遗产》2013 年第 3 期。

口承神话三个方面，认为上述现象是一个统一的整体，由此提出“神话记忆模式”的概念。①

还有一些综合性的研究，是基于调研资料的整理与总结。米海萍对青藏高原民族各种口头文学进行了梳理，总结了民族民间文学的搜集、整理状况及其学术研究的成就及经验。② 董晓萍讨论民俗学者和地理学者合作的必要性，并以中国民族民间文艺基础资源数字信息平台为例，说明了民间文艺资料在文化空间中的数据分布展示和文化信息整合的重要意义。③

需要思考的问题在于，当口头文学与田野工作结合得更加紧密的时候，如何面对文本与人及其生活的关系问题。如果落脚于文学，研究的归宿将是文本，而如果落脚于民俗学，研究的归宿则是透过文本反映出的人与生活。显然，两方面的研究都是必要的，但需要根据研究题材和研究目的而具体设定。口头文学的基本特点是变动性，因为生活是流动不拘的，人是鲜活生动的。但口头文学的某些体裁是相对固化的，如某些历史悠久的神话，其发生的语境已经消失，就只能纳入文学去研究。至于这些来自田野的口传文本被纳入数据库，固然便于检索和归纳，但同时也被固化和博物馆化，被抽离了原生的语境，在使用的时候若非将其回归原生语境并发现其变化，便也只能在“神话”的意义上使用了。

（二）民间信仰

对于民间信仰事象活动的研究成果最多，探讨也比较深入。孙庆忠以北京的中顶庙为研究对象，探讨村民恢复顶庙庙会的心理动机，认为这种仪式庆典的习惯性操演，不断激活着村民心灵深处对过去生活的情感与记忆，从而弥合了因村落消失而导致的认同上的裂痕。④ 刘秀峰以浙南缙云张山寨庙会为研究对象，探讨庙会与民俗社会的关系，认为正是地方社会的历史进程与特定时代背景和特殊历史事件的“遭遇”，使得既有的信仰组织和象征性资源被策略性地加以利用和改造，并带来了地方社会本身的适应性变化，最终导致了一种包含了多层次文化和社会意涵的“新民俗”的产生。⑤ 陈斌、陈德强通过对湖南云都市孝道村供奉陈姓

---

① 高海珑：《“三位一体”的火神——生活世界中的神话记忆模式研究》，《民俗研究》2013 年第 5 期。

② 米海萍：《青藏地区民族民间文学研究》，中国社会科学出版社 2013 年版。

③ 董晓萍、王静爱：《民俗学与地理学交叉研究的理念与实践》，《民俗研究》2013 年第 3 期。

④ 孙庆忠、关瑶：《中顶庙会的历史叙事与都市村民的文化乡愁》，《文化遗产》2013 年第 4 期。

⑤ 刘秀峰：《传说、庙会与民俗社会的构造——浙江缙云张山寨“七七”庙会研究》，《文化遗产》2013 年第 2 期。

孝子的仙人庙的个案研究,质疑民间信仰对社区的整合作用,具有一定的启发意义。[①] 卫小将、尚立富通过研究山西省吕梁市交口县义村的“三官大帝”崇拜,探讨民俗宗教与村庄政治互相渗透的关系。一方面,民众通过民俗宗教活动参与村庄政治;另一方面,作为村庄政治精英的村干部对于民俗宗教活动的关注和支持,使得村庄政治出现了民俗化倾向。[②]

另一部分学者关注民间信仰的当代复兴再造现象,探讨其运作机制与文化意义。邵媛媛以厦门薛岭社宫庙理事会为村庙龙源宫申请市文物保护单位为个案,呈现理事会在这场行动中的实践策略,探讨社区性组织在遗产保护中扮演的角色和作用。[③] 张晨霞对临汾尧庙景观生产过程中政府角色的问题进行探讨,认为地方政府通过大规模的重建尧庙,强化了尧都的地域认同,构建起一个以帝尧为纽带的神圣地域空间。[④] 陈元贵以徽州历史上一度盛行的五福神会为例,来探讨迎神赛会以及依附其上的艺术活动在当下复兴的具体情形,认为政府操作的省级文物保护单位申报,表现为国家对于民间仪式的征召以及民间对于官方意识形态的迎合,二者共同促成了徽州迎神赛会活动在当下社会中的文化重构。[⑤]

对于民间信仰主体的研究,以赣南客家地区最具代表性。刘昭瑞关注赣南风水师这一群体,对其年龄构成、社会关系、收入状况、知识构成、学习经历、师徒传承等方面予以细致描述。[⑥] 丁凤珠以赣南石城县大由乡的椅子坟为研究对象,分析其风水选择、民俗意义及社会功能,还特别关注地理师在墓地风水活动中的角色扮演。[⑦] 此外,汪发林注意到徽州婺源的正一派道教与普通百姓的生活信仰紧密结合的状况,并结合婺源道士的生活史予以分析。[⑧]

另有学者对少数民族地区的民间信仰进行调查与研究。杨晓勤从口头叙事与仪式行为两个层面,对云南石龙村大黑天信仰进行阐释,揭示出村民对于当地

---

① 陈彬、陈德强:《民间信仰能促进社会整合吗?——对湘东仙人庙的个案研究》,《民俗研究》2013年第1期。

② 卫小将、尚立富:《民俗宗教与村庄政治:山西义村“三官大帝”供奉之考察》,《民俗研究》2013年第1期。

③ 邵媛媛:《社区性组织在文化遗产保护中的实践与作用——以厦门龙源宫的“文物化”过程为例》,《民俗研究》2013年第1期。

④ 张晨霞:《帝尧传说、文化景观与地域认同——晋南地方政府的景观生产路径之考察》,《文化遗产》2013年第1期。

⑤ 陈元贵:《非物质文化遗产视域下的文化展演——以徽州五福神会为中心的讨论》,《文化遗产》2013年第5期。

⑥ 刘昭瑞、李铭建:《乡村社会的一个边缘群体:三僚村的地理师》,《文化遗产》2013年第3期。

⑦ 丁凤珠:《客家坟墓风水信仰探究:以赣南石城大由乡为例》,中国海洋大学硕士学位论文,2013年。

⑧ 汪发林:《婺北的道士世家与民间斋醮活动》,卜永坚、毕新丁编:《婺源的宗族、经济与民俗》,复旦大学出版社2013年版。

信仰传统的选择性建构性质。① 沙代提古丽对吐峪沟维吾尔族妇女的麻扎朝拜活动、传说及象征意义等进行研究，总结其功能、特点。② 蔡华、昂凌对云南石林村落中天主教的传播方式及其影响进行分析，并关注其信仰上的本土“回归”现象。③

（三）民间工艺

有一批学者注意结合老北京的区域社会生活变迁，对其民间工艺进行研究。万建中从“京味儿”方言中与饮食有关的语汇，来理解包括宫廷风味在内的老北京饮食文化的内涵。④ 王卫华关注北京牛街的清真饮食习俗，分析北京回族如何在现代都市生活与民族特性的保持上获得平衡。⑤ 周锦章考察近代以来北京手工业，认为民族手工行业往往和民族传统、民间信仰紧密结合在一起，由此形成的民族协作，使手工行业的民族特色和自身的业务技术优势得以充分发挥。⑥

除此之外，景磊关注内蒙古自治区赤峰市巴林左旗的皮影制作工艺，对艺人的创造性智慧、当地农牧民艺术审美情趣的变迁以及皮影艺术的传承保护等问题进行探讨。⑦ 常青通过对潍坊杨家埠村的参与观察，结合杨家埠年画的发展历程、制作技艺、使用方法，对其经济、教化、传承、使用、交往互动等方面的功能进行分析。⑧ 范婧关注山东高密扑灰年画中的“老抹画”“红货”两种流派，分析了其衰微原因并提出保护建议。⑨ 刘景丽、李德庆对云南迪庆州香格里拉县上桥头村藏族人所使用的木碗的研究⑩，阎飞、王双华对河南省禹州市神垕镇烧砂锅工艺的研究⑪，张俏梅对景德镇陶瓷业的研究⑫，周博对河北魏县李家口村的土纺土织传

---

① 杨晓勤：《本主崇拜的村落记忆——对滇西南石龙村大黑天神信仰的个案考察》，《民俗研究》2013年第2期。

② 沙代提古丽·买明：《维吾尔族妇女吐峪沟麻扎朝拜活动研究》，新疆师范大学硕士学位论文，2013年。

③ 蔡华、昂凌：《云南石林彝族撒尼人的天主教信仰——以海邑中寨村为个案》，《西南民族大学学报（人文社会科学版）》2013年第1期。

④ 万建中：《北京饮食文化的基本状态与语汇特点》，《民间文化论坛》2013年第6期。

⑤ 王卫华：《北京牛街回族民俗研究》，民族出版社2013年版。

⑥ 周锦章：《试论近代北京少数民族手工业的民俗文化特征》，见林继富主编：《少数民族民俗与北京文化关系研究》，中央民族大学出版社2013年版。

⑦ 景磊：《内蒙古巴林左旗皮影艺术田野调查》，《南京艺术学院学报（美术与设计版）》2013年第2期。

⑧ 常青：《杨家埠木版年画文化内涵及社会功能探究》，内蒙古师范大学硕士学位论文，2013年。

⑨ 范婧：《山东高密扑灰年画及其相关习俗研究》，中国海洋大学硕士学位论文，2013年。

⑩ 刘景丽、李德庆：《木碗的制作及其商品流通研究——基于上桥头村的田野调查》，《价值工程》2013年第23期。

⑪ 阎飞、王双华：《中国传统乐烧技法烧砂锅工艺的田野调查》，《艺术百家》2013年第3期。

⑫ 齐皓、张俏梅：《景德镇瓷业民俗与陶瓷民艺》，中国民族摄影艺术出版社2013年版。

统手工技艺的研究[①]，曹天通过访谈和问卷调查对甘肃庆阳香包进行的研究[②]，陈敬玉对于浙闽地区畲族畲族服饰的研究[③]，陈丽琴的壮族女性服饰研究[④]，徐赣丽的广西龙胜县红瑶妇女服饰研究[⑤]，塞娜关于内蒙古锡林郭勒盟乌珠穆沁的熏皮袍制作工艺研究[⑥]，刘芳的东北火炕研究[⑦]，与上述研究异曲同工。

(四)人生礼仪

在人生礼仪方面，论及婚姻家庭关系的成果最突出。周大鸣以山西大寨“铁姑娘”的婚姻为研究对象，分析其婚姻准则和婚姻中的政治因素，通过当事人的口述批判了“文革”中国家意识形态对女性身体的规训，描述了在“去性别化”的历史境遇下“缺席在场的身体”所经历的被建构的过程，认为农业学大寨中的“铁姑娘队”仅仅是运动岁月里的一个符号与象征，对妇女解放并无太多实质意义。康娜关注当今社会中的婚约彩礼习惯，对彩礼的数额、来源、归属、女方回赠、彩礼的性质、彩礼债务的偿还、彩礼返还习惯等进行探讨，在对国家婚姻法和民间习惯后认为，与彩礼返还相关的法规应借鉴习惯的合理做法，并提出具体建议。[⑧]

陈讯以湖北、重庆、山东、陕西、贵州、江西等五省一市的6个村庄为例，考察了农村的“妇女当家”现象，分析其为农村社会带来了诸多影响。[⑨] 孙新华、王艳霞对近30年来农村家庭的代际关系进行研究，讨论在从反馈模式向交换模式转变的过程中，中老年人和青年人如何才能避免“双输”。[⑩] 同样从代际关系角度探讨农村家庭问题的，还有李元珍对湖北各地农村再婚老人的研究，作者发现老人再婚存在形式上的多样性，但大致都是在传统的“反哺模式”失效后出现的一种补偿机制。[⑪] 王利兵以福建省漳州市东山县的北山村，对闽北的分家方式进行探

---

① 周博:《土纺土织传统手工技艺回溯及困境剖析——以河北魏县为例》,《南宁职业技术学院学报》2013年第4期。

② 曹天府:《节庆活动对传统民俗文化传播的影响》,兰州大学硕士学位论文,2013年。

③ 陈敬玉:《艺术人类学视角下的畲族服饰调查研究》,《丝绸》2013年第2期。

④ 陈丽琴:《多学科视野下的壮族女性民俗文化研究》,民族出版社2013年版。

⑤ 徐赣丽:《红瑶妇女服饰的符号意义及其文化传承》,《原生态民族文化》2013年第2期。

⑥ 赵雨星、王新隆:《论白马人传统服饰的传承与变异》,《青海民族研究》2013年第3期。

⑦ 刘芳:《东北汉民族火炕的民俗文化变迁研究》,辽宁大学硕士学位论文,2013年。

⑧ 康娜:《婚约彩礼习惯与制定法的冲突与协调——以山东省为例》,《民俗研究》2013年第1期。

⑨ 陈讯:《妇女当家:对农村家庭分工与分权的再认识——基于五省一市的6个村庄调查》,《民俗研究》2013年第2期。

⑩ 孙新华、王艳霞:《交换型代际关系:农村家际代际关系的新动向——对江汉平原农村的定性研究》,《民俗研究》2013年第1期。

⑪ 李元珍:《老人再婚与代际关系变迁——湖北省老人再婚现象调查》,《华中科技大学学报(社会科学版)》2013年第1期。

讨,认为这是当今农民经营家庭的一种理性的策略性选择,作为家庭新成员的媳妇在推动分家过程中发挥了不可低估的影响力。[①]

此外,马流辉关于上海农村地区男青年在弱冠之年举行"庆号"仪式的研究[②],王明远关于山东枣庄涝坡村异姓兄弟结拜现象的研究[③],也注意在历史钩沉中注意其当代变迁,各具启发性。

(五)岁时节日

岁时节日是学者研究的另外一个重点,很多研究是在民族地区开展的。麻勇恒以贵州省松桃苗族自治县苗族村落纪巧村为例,对春节习俗变迁进行研究,认为苗族文化系统对外来"春节"的接纳与内化,表现出人们日益增强的文化适应能力。[④] 高志英、杨飞雄注意到傈僳族的"上刀山,下火海"祭祀仪式向"刀杆节"的演变,认为是代表政府的地方文化精英与民间文化持有者的互动,使神圣性的宗教节日演变为世俗性的文化展演。[⑤]

陈映婕关注浙北桐庐县南乡被称作"时节"的联村节日,认为"时节"所以具有强大的生命力,一方面是能够维系当地传统的人伦道德和交际规范,另一方面满足了人们在农村现代化中试图建构认同的大众心理与公共需求。[⑥] 耿波则对"洋节"与中国传统节日的关系进行考察,认为国民通常都是从中国传统节日的文化本位出发参与"洋节","洋节"与"中国传统节日"在内涵上能够互补、共建。[⑦] 张士闪等以鲁中寒亭地区的问卷调查为依据,提出如下建议:(1)建议在保证国家法定假期总天数不变、体现国家文化认同的法定假期不变的前提下,以地级或县级市为单元实施弹性放假制度。(2)青少年是传统节日的传承主体,是未来文化的创造者,政府文化和教育部门要有意识地加强对青少年的传统节日文化教育。(3)以兼容并包的开放态度对待外来节日文化,国民对外来节日的参与有助于促

---

① 王利兵:《家庭策略视角下的农民分家方式探讨——基于闽南北山村的考察》,《民俗研究》2013年第5期。

② 马流辉:《从成年礼到同辈共同体——上海农村"庆号"习俗的社会学考察》,《民俗研究》2013年第2期。

③ 王明远:《山东枣庄地区"仁兄弟"现象的人类学考察——以枣庄市市中区涝坡村为例》,《民俗研究》2013年第1期。

④ 麻勇恒:《苗族村落社会中的文化生态嬗变研究——以纪巧村1989年以来春节习俗的渐变为例》,《民俗研究》2013年第2期。

⑤ 高志英、杨飞雄:《互动、共享与变迁——傈僳族上刀山下火海仪式变迁研究》,《西南民族大学学报(人文社会科学版)》2013年第2期。

⑥ 陈映婕:《乡村"奢侈"节日的地方公共价值——浙北"时节"的个案》,《文化遗产》2013年第1期。

⑦ 耿波:《洋节现状及其对中国传统节日的影响与对策调查报告》,《艺术百家》2013年第4期。

成中国传统节日的现代性转化。[①] 此外，李凤鸣、韩宗坡、王亚红等对甘肃陇南市西和县的七巧节的研究[②]，李建军对内蒙古包头市九原区哈林格尔乡官将村元宵节“转九曲”仪式的研究[③]，也都是立足田野发现的节日民俗志之作。

三、民俗文化发展策略

随着全球化、国际化进程的日益加深，生活者主体价值观的多样化及生活方式的不断改变，使得民俗文化面临着衰退、弱化、消失的危机。与此同时，民俗文化作为抗衡全球化冲击的有效手段和构建“地方认同”“地方性知识”必不可缺的条件，也越来越得到更多的关注。因此，在当代社会中，如何在全球化和国际化的视野下更好地发展与继承民俗文化是一项重要的研究课题。以下将从四个方面，即民俗文化发展研究的现状、民俗文化与非物质文化遗产、民俗文化的传承与保护、民俗文化与产业化等方面，对 2013 年度的相关研究成果进行简要的梳理与归纳。

(一)民俗文化发展研究的现状

2003 年，联合国教科文组织在第 32 届大会上通过了《保护非物质文化遗产公约》。翌年 8 月，我国加入该公约。2005 年，国务院颁发了《关于加强文化遗产保护工作的通知》。2011 年，通过并实施了《中华人民共和国非物质文化遗产法》。民俗文化虽然不能等同于文化遗产，但却是文化遗产的核心组成部分。这一系列政策、法规的出台，为民俗文化的发展提供了一定的保障。2013 年，民俗文化研究出现了从国家政策层面到地方性文化建设的转向，从具体地域出发来描述、研究和讨论地方民俗文化的研究形成热潮。

1. 关于民俗文化策略方面的讨论

诸葛金斐从公共政策如何引导民俗文化持续发展的层面展开讨论。该文首先指出当代民俗文化发展所面临的三大问题：(1)民俗文化发展理论研究滞后，学术偏见和学科自身研究不足导致对民俗文化理解的片面性，从而使民俗文化置于被遗弃的状态，民俗文化的可持续性发展面临严峻的考验。(2)随着现代化、城镇化和全球化的加速，民俗文化失去了赖以生存和发展的根基，其遗失与没落的现

---

① 张士闪、马广海、杨文文：《中国传统节日的传承现状与发展策略——以鲁中寒亭地区为核心个案的调查研究》，《艺术百家》2013 年第 5 期

② 李凤鸣、韩宗坡、王亚红：《西和乞巧民俗研究》，甘肃人民出版社 2013 年版。

③ 李建军：《“转九曲”仪式音乐的考察研究——以包头市官将村为例》，《民族艺术研究》2013 年第 4 期。

象严重。(3)国家主导、民众被动接受的模式,束缚了民俗文化的发展。对于这些现状和问题,作者在发展思路和对策上提出了四点建议:(1)发展民俗文化应遵循宽容性、选择性、创新性等原则。(2)完善民俗文化发展政策体系。(3)鼓励和支持文化交流政策,吸收他民族的优秀文化借鉴国外先进民俗文化成果,实现民俗文化的发展与创新,促进其良性循环和可持续性发展。①

曹云、周冠辰探讨了城镇化进程中保护乡土文化的困境及其有效传承策略,认为乡土文化之所以出现退化和断层的严重危机,主要有四个方面的原因:(1)乡土教育失范。城镇化背景下的乡村教育受各种因素和不良思潮的限制和影响,乡村学校在乡土文化上的传承与教育功能被日渐忽视,导致乡村学校的人文环境在整个现代化的价值序列中逐渐迷失,传承乡土文化、开展乡土教育的功能也随之弱化。(2)在全球化和社会经济转型的大背景下,人们价值观念出现了很大改变,"物质至上"的观念使乡土文化越来越边缘化,导致乡土文化失传或断层。(3)没有在全社会范围内形成保护乡土文化的良好氛围,而政府部门的重视力度也远远不够,从而造成了乡土文化保护制度的缺失以及建设上的落后。最后,作者以山东省潍坊市杨家埠为个案,对如何从城镇化中破解乡土文化保护与传承的困境,提出了四点相应的对策:(1)对乡土文化保护进行长远、科学地规划。(2)构建立体化的保护机制。(3)强化乡土文化教育。(4)重视对乡土文化的创新。②

与上述讨论不同,张捷、钟蕾把民俗文化发展置于非物质文化遗产的政府保护框架中予以理解,认为应扩展民俗文化创新性的保护研究途径,提升民俗文化深入研究的意义及作用。作者对非物质文化遗产和民俗文化这两个概念进行甄别,指出对前者的研究应注重对历史的展现、对文化的再解读和研究的科学性,而后者更加繁杂,其特点是事无巨细、包罗万象,既有新的文化传承,也有其封建守旧的一面,因而应对二者进行有区别的、协同的保护。③ 雷建连从公法的视角,对非物质文化遗产的行政法保护及现今存在的问题进行考察,认为现行法规中行政法保护理念与实际存在偏离,主体法律地位不明确,行政法保护机制不完善,这些问题需要借鉴域外经验来完善和解决。④

2. 民俗文化基层工作者的声音

民俗文化不仅被政府决策者、研究机关等研究者所关注,越来越多的基层民俗文化工作者根据自身的具体实践,开始探讨如何把民俗文化扎根于乡土,在群众文化工作中发挥民俗文化的作用和功能等问题。厦门市翔安区文化馆的王志

① 诸葛金斐:《浅析公共文化政策如何引导民俗文化的可持续发展》,《东方企业文化》2013 年第 2 期。
② 曹云、周冠辰:《城镇化进程中乡土文化的保护困境与有效传承策略》,《现代城市研究》2013 年第 6 期。
③ 张捷、钟蕾:《基于民俗文化的非物质文化遗产的保护研究》,《艺术与设计(理论)》2013 年第 11 期。
④ 雷建连:《论非物质文化遗产的行政法保护》,中央民族大学硕士学位论文,2013 年。

鲲以本地区为例，介绍了本地区通过“一镇一品”的文化项目，挖掘与保护当地民俗文化的活动。在具体工作中，翔安区文化馆的工作人员深入到各个乡镇，对流传于民间的技艺、艺术等进行了收录，加以扶持，使植根于乡土的这些民俗文化能够可持续性的发展和传承。在挖掘与创新民俗文化的同时，也注重乡镇文化建设，充分发挥文化馆、文化站的作用，加强文化队伍的技术和业务培训，帮助解决了场地、经费、人员缺乏等具体问题。①

张涛从民俗文化与群众关系入手，认为首先要把单一的“群众文化”思想转变为全面的公共文化新观念，特别是把基层单位的文化馆由封闭型、单一型向开放型、复合型转变，把群众文化思想转变为公共文化。其次，将原来“大众娱乐”为主的活动转变为“公共教育”，在艺术馆工作层面上要从过去满足群众“唱歌跳舞”的普通要求，向社会文化、公众教育等多元空间方向发展。② 与此形成呼应，胡长梅强调传承民俗文化艺术是发展群众文化的必要途径，群众文化既是各地群众的一种地方文化，也是一种社会性文化，贯穿于人民群众的生活、生产活动之中，具有鲜明的民族性和广泛性。为了使群众文化更加健康的发展，对于传统文化中符合社会发展要求的、积极向上的内容应该继续保持和发扬，对于传统文化中不符合社会发展要求的、落后的、腐朽的东西，必须移风易俗，自觉地加以改造或剔除。③

王亚婷以山东临沂为个案，探讨了当地的民俗文化的四种发展路径。(1)要创新观念，把民俗文化与科学发展相结合，顺应时代的发展潮流。(2)走专业化道路。成立特定的机构，对渐进消失的地方性技艺进行专业化培养。(3)与市场化结合。当自然传承的模式已经失去了与社会化大生产相抗衡的能力，就要通过与市场化结合加强竞争力，推动政府维护力度。(4)标本留存。对面临消失、衰退的民俗文化采取标本留存的方式，对其进行记录，保存至博物馆。④

上述文章，都是地方基层文化工作者根据自身的实践，指出了现阶段民俗文化在地方社会存在的诸多问题，提出了改善现状、解决问题、补充不足的具体措施和方案。虽然针对的问题和对象各有不同，但这些问题都是在具体的民俗文化基层工作实践中发现的，为我们改善各地民俗文化发展提供了一定的依据和参考。

(二)民俗文化与非物质文化遗产

在上文关于地方性民俗文化发展的问题讨论中，无论是在国家政策的层面，

---

① 王志鲲:《弘扬民俗文化精髓打响民俗文化品牌——浅谈翔安区民俗文化的传承与发展》,《群文天地》2013 年第 8 期。

② 张涛:《民俗文化与群众文化的关系分析》,《赤子》2013 年第 3 期。

③ 胡长梅:《传承民族民间民俗文化艺术与发展群众文化》,《山花》2013 年第 10 期。

④ 王亚婷:《新时期临沂民俗文化发展路径探究》,《科技创业家》2013 年第 3 期。

还是在地方基层文化工作者提出的具体问题层面，当代民俗文化遭遇最大的问题就是弱化、断裂与消失的危机。非物质文化遗产的相关条例、法规颁布后，使民俗文化的保存与保护有了法律依据，更有利于民俗文化的可持续性发展。然而，非物质文化是在现行的法规政策下从民俗文化的内容和对象中被选择出的具体事象，民俗文化相对于非物质文化是一个涵盖内容和对象更宽泛的载体，二者关系密切，却不尽相同，因而在保护与发展的具体实践中呈现出相当的复杂性。

1. 理论探讨

非物质文化遗产保护创造了新的历史，具有划时代的意义。高丙中从三个层面，即作为社会运动的非物质文化遗产保护、非物质文化遗产保护的新话语、文化革命在中国社会的终结，对此进行了论述与分析，认为非物质文化遗产保护是由上至下的一个广泛参与的社会运动，这场运动结束了中国近代以来的文化革命的观念和逻辑。这可以从三个方面予以理解：在理念上，新文化运动所建立的文化进化论被悬置起来了，新的强调共生的文化生态观成为公共文化活动的逻辑，成为国家文化公共政策的依据；在现实上，一直被追剿的本土生活文化转而成为保护对象，负面的民间文化转变为不可再生、无可替代的崇高价值的遗产；在政治上，文化从战斗的领域、斗争的工具转为共同体的个人及社群相互承认、认同的方式。中国的文化革命是一场有宣战仪式的运动，其中阶段性的"文化大革命"有启动仪式也有结束公告，但是文化革命的结束却是一个持续的社会变迁过程。非物质文化遗产保护的中国实践，改变着中国文化的整体图景，置换了中国的文化政治逻辑，在多个方面成为文化革命结束的标志。作者最后提醒我们应该注意，虽然在学理上，非物质文化遗产保护终结了近代以来文化革命的观念和逻辑，但是在现实上，民间社会本身的文化资格并没有完整地落实。①

在当今国内文化保护运动中，如何界定需要保护的"传统文化"？"传统文化"由谁来界定？是我们(学者抑或政府)还是他们(实践者)？界定的标准又是什么？这些是刘正爱在探讨非物质文化遗产保护运动中对现实状况产生的疑惑。她认为当下纳入非物质文化遗产保护范围的"文化"，更多的是学者界定、政府承认的文化，而在当代学术语境中，文化本质主义早已遭到相当程度的质疑。应该回到常常被人们所忽视的日常生活中，回到文化产生的历史脉络中，超越两者相互对立的局面，超越非此即彼的二元模式。② 另外一些学者的研究，提醒我们在非物质文化遗产保护工作中，不仅要关注政策、法规等国家层面的建构，还应该关注在

① 高丙中：《中国的非物质文化遗产保护与文化革命的终结》，《开放时代》2013 年第 5 期。

② 刘正爱：《谁的文化，谁的认同？——非物质文化遗产保护运动中的认知困境与理性回归》，《民俗研究》2013 年第 1 期。

政策、法规下生活的文化生产者、实践者，而介于两个层面间的民俗学者也应该积极地有所作为。[①]

2. 民俗文化与非物质文化遗产保护

非物质文化遗产保护，主要体现在政策法规的制定与具体民俗文化事象的保护这两大层面上。

在政策、法规的层面，康宝成主编的《中日韩非物质文化遗产的比较与研究》一书，从中日韩三国的"非遗"保护经验出发展开讨论。全书由三个部分组成：第一部分通过日韩两国的"非遗"保护体制、保护制度及具体的个案研究中阐述了对我国的启示；第二部分以中日韩三国的具体个案为中心，对三国的"非遗"保护进行比较；第三部分为附录翻译，介绍了日韩两国的相关法规和制度。[②] 该书主要目的在于介绍日韩两国"非遗"保护的经验和教训，以期对中国的"非遗"保护工作提供有意义的参考与借鉴，完善我国的"非遗"保护制度。

从国内现状出发，赵冬菊倡导在"非遗"的立法保护过程中，应注意到它的载体即民族民俗文物的法律保护。作者以湖北长阳土家族自治县的国家级非物质文化遗产名录《土家族撒叶儿嗬》为例，说明《土家族撒叶儿嗬》作为整体文化形式是国家级非物质文化遗产，但从其仪式上看，它既包含有鼓、锣(包括大锣、马锣)、钹、唢呐等实物和举行撒叶儿嗬仪式的场所——堂屋，也包含有跳丧音乐和舞蹈的唱词、唱本，以及孝服、哭丧棒等民族民俗文物。正是这些民俗文物的存在才使得《土家族撒叶儿嗬》形成完整的艺术形式，被收入国家"非遗"的名录。从这一事例上看，非物质文化遗产与民族民俗文物保护密不可分。基于这样的理由，作者主张在非物质文化遗产的立法过程中，不能忽视民族民俗文物的法律保护，应将民族民俗文物与非物质文化遗产一同纳入立法保护的范围，将其纳入到法制化建设轨道中，加强民俗文物的法律、法规建设。同时，作者提出五点具体保护措施：(1)国家重视，将民族民俗文物的立法保护纳入法制轨道。(2)及时进行民族文物大普查，摸清家底，制定民族民俗文物保护法规。(3)抓紧"非遗"立法中民族民俗文物保护的机遇。(4)改变民族民俗文物法律保障体系真空的局面，修订和完善《非物质文化遗产保护法》。(5)加强责任监督，落实立法保护措施。[③]

雷秋玉以西部云南为例，指出了地方性非物质文化遗产保护制度的思想理念与现行的国家层面的法理仍存在乖离。他把文化认同划分为"大传统"与"小传

① 刘晓春：《文化本真性：从本质论到建构论——"遗产主义"时代的观念启蒙》，《民俗研究》2013 年第 4 期；韩成艳：《在"民间"看见"公民"——非物质文化遗产保护语境下的实践民俗学进路》，《民俗研究》2013 年第 4 期；陈映捷：《超越"遗产观"的中国民俗学发展》，《民俗研究》2013 年第 5 期。

② 康保成主编：《中日韩非物质文化遗产的比较与研究》，中山大学出版社 2013 年版。

③ 赵冬菊：《非物质文化遗产立法中的民族民俗文物法律保护》，《中国名城》2013 年第 5 期。

统”两个相对概念,大传统是代表“社会主义精神文明”的一种国家层面的文化认同,小传统为“优秀民族文化传统”,是一种地方的、民间层面的文化认同。二者的关系,是以小传统的维系确保大传统的文化认同。因此,他主张“非遗”的法律保护应当以公法保护为主,尊重“非遗”本身的规律性和本质属性,在“非遗”法律保护的过程中,官方的介入力度应适度,应尊重“非遗”的文化本位性。他通过对西部云南的个案考察与分析发现,西部“非遗”公法保护制度尚未提升至《非物质文化遗产法》的思想高度,在保护实践上还存在忽视民间文化小传统形成的规律性、挟制民间文化认同的弊病,在一定程度上扭曲了文化认同的形成,应在尊重“非遗”规律性的基础上,调整公法保护机制。①

相对于法律、法规,在具体的民俗事象的层面与非物质文化遗产保护相联系的探讨也是一大热点。赵玉中以大理白族“绕三灵”为例,探讨了这类此前在国家的正统话语中被“污名”为“迷信”与“色情”的民族民间习俗,通过少数民族知识精英的努力将之“净化”和改造,成为符合国家制度性要求和地方政府的利益诉求的“新的传统”。作者指出,如何在理论及现实层面上妥善处理少数民族民俗“遗产”的历史内容与其时代性及民族性之间的关系,仍然是一个亟待深入研究的议题。② 李言统通过对大通老爷山花儿会的田野考察,发现在青海四大花儿会进入国家非物质文化遗产名录后,地方政府为了创建旅游文化品牌、增强地方经济竞争力,使得花儿原有的表演形式发生了根本性改变,表演者因为各种力量的介入而变得多元化。如传统花儿表演是没有固定场所的,表演者随时随地可以与观众互动,现今花儿表演被搬上固定的舞台,失去了与民众的自由互动,甚至把花儿的表演当作了商业活动,对参加者收取门票。在地方政府的话语中,花儿俨然成了推动地方社会进步和经济发展的重要文化资源,使其远离了本真状态。对于这样一种现状,作者提出建议:“学”与“用”结合。“学”指学者的学术,“用”指政府在“非遗”保护之中的作为,学者提供理论支撑和依据,政府部门为学者提供更多的途径和渠道,寻求二者的契合点,把花儿的保护工作落到实处。③

以地方传统民俗为个案,来探讨非物质文化遗产保护问题的研究都存在地方

① 雷秋玉:《文化认同与西部“非遗”的公法保护》,《民俗研究》2013 年第 1 期。

② 赵玉中:《民俗类“非物质文化遗产”的保护与传承》,《昆明理工大学学报(社会科学版)》2013 年第 3 期。

③ 李言统:《“非遗”保护下花儿表演的实践调研——以第三届大通老爷山花儿会为例》,《西北民族研究》2013 年第 3 期。

性特征，研究者往往通过具体问题来进行分析，提出相应的思路与对策。[①] 例如，何群指出，人口较少的小民族（政府将 10 万人口以下的民族划归为“人口较少民族”）与汉族、蒙古族等大民族相比，没有自己的文字，民族文化的传承主要是言传身教，没有翔实的文献记录，存在一些特殊困难和问题。要求“非遗”保护工作能够注意解读“被保护者”的真实世界，作出迅速反应，达到及时抢救文化危机的目的。[②] 非物质文化遗产具有鲜明的地域文化特色，在保护过程中应充分注重其域文化特征，尊重非物质文化遗产的地域属性，形成独特的民族文化特征，维护世界文化的多样性。[③]

3. 生产性保护与非物质文化遗产保护

生产性保护是近年来在非物质文化遗产保护实践过程中被关注的一个问题。刘德龙从坚守与变通这一二元对立的概念出发，倡导取其中庸是解决非物质文化遗产生产性保护的一个有效路径。作者在基于传统美术、传统技艺、传统食品和部分传统医药类“非遗”项目的考察基础上，指出生产性保护是一种有效的分类保护方式。它旨在促进“非遗”与当代社会生活的融合，与文化产业化发展具有本质的区别。要保证“非遗”的生命力，必须在保证传统的本真性与完整性的同时，不断适应当代社会的发展，不断实现自我完善、创新与发展。我们无法完全回避“非遗”的商品化、产业化，但决不可完全用机器大生产代替手工劳作，造成破坏性的开发，最终造成对“非遗”毁灭性的打击，使“非遗”保护这项文化传承工程也丧失了原本必不可缺的文化价值，从而变得毫无意义，违背了“非遗”保护的初衷。[④]

朱以青以手工技艺类为对象，聚焦于民众的日常生活需求，对非物质文化遗产生产性保护问题从三个层面展开了论述：首先对非物质文化遗产的传承性与生产性进行了阐释，并且指出大多数非物质文化遗产都是在生产和生活过程中产生

① 刘晓：《当代庙会转型与非物质文化遗产保护——以泰山东岳庙会为例》，《青海社会科学》2013 年第 1 期；程安霞：《非遗保护语境下民俗文化的嬗变与调适——山西洪洞走亲仪式的考察》，《文化遗产》2013 年第 1 期；王霄冰、林海聪：《妈祖：从民间信仰到非物质文化遗产》，《文化遗产》2013 年第 6 期；吕萍：《成为非物质文化遗产的壮族织锦——兼论非物质文化遗产的申报与保护》，《内蒙古大学艺术学院学报》2013 年第 1 期；王思婧、陈述：《晋祠庙会物质与非物质遗产同一性研究》，《城市建设理论研究（电子版）》2013 年第 8 期；陈亮、杨潇：《可经营性非物质文化遗产开发与利用的绩效评价研究——以杭州宋城景区为例》，《广西社会科学》2013 年第 10 期；潘彬彬：《非物质文化遗产的保护与传承研究——以南京市民俗博物馆为例》，《社刊纵横》2013 年第 12 期；郑美云：《试论潍坊地区非物质文化遗产的档案化保护》，山东大学硕士学位论文，2013 年。

② 何群：《田野回望：“非遗”保护与“被保护者”的真实世界——以东北渔猎、使鹿民为例》，《民俗研究》2013 年第 1 期。

③ 董明慧：《地域文化视角下非物质文化遗产的传承与保护》，《中州学刊》2013 年第 9 期。

④ 刘德龙：《坚守与变通——关于非物质文化遗产生产性保护中的几个关系》，《民俗研究》2013 年第 1 期。

的，尤其是传统手工技艺类非物质文化遗产只能在生产过程中传承，在传承过程中生产，两者是相辅相成的。换言之，生产性对非物质文化遗产的传承起到了非常重要的作用。其次，通过对乌泥泾棉纺织技艺、中国民间传统木版年画技艺、阿胶的医学史发展的考察，指出了生活方式的改变决定了民众日常需求的变异性和多样性，并决定了非物质文化遗产的生产目的和生产方式。最后从生产性保护的发展与创新性的视角，告诉我们保持核心技艺和核心价值是非物质文化遗产生产性保护的根本。由此倡导对在民众日常生产生活中形成的传统手工技艺的最好保护方式就是让其回归日常生活，在生产中保持其核心技艺和核心价值，如此才能使其拥有长久的生命力。① 此外，宋俊华、王开桃在其专著《非物质文化遗产保护研究》一书的第十章中，针对生产性保护这一问题从基本依据、实践难题、基本法则三个方面进行了论述。② 王可从媒体互动的视角，论述了手工技艺类非物质文化遗产在展示中如何让传承人与文化参与者进行有效的交流，从而对文化的传承和保护起到促进的作用。③

4.民俗文化与非物质文化遗产保护的数字化管理

现代科技的发展为我国“非遗”的保护提供了新的保护和管理方式，数字化、可视化的技术更为我国“非遗”的传承和发展提供了多元化的手段，但在在具体工作操作中存在着极大的艰巨性和艰难性。艰巨性，是因为“非遗”的数字化保护和管理是一项在初期较为烦琐并要慎之又慎的归纳统计工作；艰难性是以民族、地域、时代等通用为标准的分类标准显然不适合我国特有的“非遗”项目，这与“非遗”在进行申报时的项目命名有莫大关联。因此，要建立优秀传承体系，坚持以下四项原则：(1)科学性原则。“非遗”数字化的保护和传承无疑将我们带入了文化与科技融合的一个新领域，面对新领域内的一切技术难题和文化传统，我们必须坚持科学性的原则，对我国国家级“非遗”分类方法的重构，必须要以严谨求实、实事求是的态度，根据多种文化工作者和研究者在“非遗”实践中的观察和分析，力求重构能较为全面、合理地涵盖所有“非遗”项目并契合我国具体国情的传承分类体系。(2)本真性原则。“非遗”的本真性是我国“非遗”保护和传承的一个重要目标和原则。本真性的“非遗”保护不仅要追求“非遗”的原生态的生存状态，更要保护其生存的自然环境和文化空间。(3)实用性原则。重构“非遗”的分类要充分考虑到不同应用主体的需求，探索适合于各类群体都能应用的分类体系。(4)全面

---

① 朱以青：《基于民众日常生活需求的非物质文化遗产生产性保护——以手工技艺类非物质文化遗产保护为中心》，《民俗研究》2013年第1期。

② 宋俊华、王开桃：《非物质文化遗产保护研究》，中山大学出版社2013年版。

③ 王可：《互动技术在非物质文化遗产中展示中的运用——以手工技艺类为例》，中国艺术研究院硕士学位论文，2013年。

性原则。全面性包含两个层面：一是作为“非遗”的主要表现形式，要尽可能地涵盖全部的“非遗”，同时要预测到即将成为“非遗”和未来可能出现的“非遗”形式的归属问题。二是具体到每一类别的“非遗”，必须要顾及到“非遗”的多个层面，这不仅包括要对“非遗”分类中二级分类要权威全面，三级分类更要合理完善。[①]

（三）民俗文化与文化产业

民俗文化的产业化在经历近数十年发展之后，人们对民俗产业化的认识越来越明确。2011 年，中共中央作出了“加快发展文化产业、推动文化产业成为国民经济支柱性产业，进一步深化改革开放、加快构建有利于文化繁荣发展的体制机制”的决定。在这一背景下，民俗文化作为构成文化体系的基础元素，其产业化也就成为了当今的一种必然发展趋势。民俗文化植根于民众的日常生活，具有地方性、独特性、艺术性等特点，融入民俗文化的产业更加容易被人们所接受。现今，把民俗文化与产业化结合的产业化路径可以大致分为两个大方面，一方面是以旅游为依托的民俗产业，另一方面是民俗文化的商品化。当然，这里需要注意的是，民俗文化与产业化结合是一把双刃剑，它在促进民俗文化发展的同时，也有可能破坏民俗文化的发展。

1. 民俗文化与旅游产业

在把民族或民俗的文化融入到旅游产品中时，通常会有该文化是如何展示出来的，在这过程中又发生了哪些变化，主—客间的交流与互动又发生哪些反应，这些反应又给各自带来什么影响等方面的问题。周星就是基于对这些问题的思考，首先从旅游人类学的角度出发，通过对贵州一个苗寨生态旅游村的田野调查，发现在旅游场景与民俗文化相互作用过程中国家的在场使其成为苗族文化、苗族形象的代表和象征，是一个有别与其他具有特殊性的苗寨。从更大的背景来讲，在全球化的背景下，这种形象的建构，迎合了一个更大的国际旅游市场的需求。在此意义上，那些被游客广泛消费的苗族形象，浪漫的、质朴的、好客的印象，实际上是被苗族知识分子、地方政府、大众媒体、国内外的旅游市场所共同建构的。其次，作者提醒我们，在思考旅游开发所带来的利益和影响时，要把眼光聚焦于当地的普通民众。最后，作者主张，民族民俗文化不应该因为外部的审美喜好或者研究学术的需要，而让当地民众不再发展自己的社会与文化。比起外部的需求、理论和主张而言，当地居民的感受更值得重视，他们发展的权利和潜力才是最重要

---

① 黄永林：《数字化传承视域下我国非物质文化遗产分类体系的重构》，《西南民族大学学报（人文社会科学版）》2013 年第 8 期。

的。只有这样，旅游开发才能有持久生命力。[①]

如上文所示，首先，尊重文化实践者、生产者才能使民俗文化旅游产业化更持久，问题意识与此相近的讨论颇多。[②] 例如，吴芳梅以贵州省为对象，在调查中发现贵州的少数民族文化广泛存在着被消费的状态，真正的民俗文化实践者、生产者渐渐被"工作人员"所取代，民俗文化的内涵正逐渐被弱化、淡化。其次是民俗文化旅游开发失衡，黔东南及黔东地区发展较好，而其他地区则相对滞后。再次"创造"性民俗文化泛滥，根据调查有63.2%的人认为当地的民俗文化旅游存在不同程度的"创造民俗文化"，这种现象改变了传统民俗文化内涵，异化和扭曲了当地独特的民俗文化。最后，民俗文化旅游开发人才匮乏，一方面是旅游景点的服务人员不是当地生活者，外招现象严重，另一方面是缺少专业性人才。针对这些问题，作者提出了四点改善意见：(1)提升当地民众的参与和保护意识。(2)统一规划，合理布局，形成科学的整体开发模式。(3)处理好政府—开发商—当地民众间的关系，处理好人—自然—民俗文化间的关系，处理好经济效益—社会效益间的关系。(4)加强民俗文化旅游人才培育。[③]

与此相对，在民俗文化旅游开发中，也存在对民俗文化特征挖掘不足，难以凸显地域性特征的问题。[④] 刘爱萍以河南省为例，首先阐释了河南省民俗旅游业的发展现状并指出河南民俗旅游业存在两方面的问题：(1)旅游景区民俗体验区开发力度不足，产品结构相对单一，许多地方都只是在旅游吸引物上下功夫，重景

① 周星：《旅游场景与民俗文化》，《西北民族研究》2013年第4期。

② 邓亚楠：《西部地区民俗文化生态旅游可持续发展研究陈明光》，《西北民族大学学报》2013年第5期；刘爱华、艾亚玮：《跨越"禁区"：民俗文化产业经营的实践探索与理论阐释》，《山西师范大学学报(社会科学版)》；周灿：《论旅游业中拿来主义的民俗文化自主发展》，《玉溪师范学院学报》2013年第9期；陈光明、潘贵渝、查兰建、田伟珂、王身正：《生态旅游中如何加强民俗文化的传承和保护》，《生态环境保护》2013年第5期；王燕来、李伟：《邢台市民俗旅游发展策略研究》，《文艺生活·文艺理论》2013年第2期；邝桃林：《湘西民俗文化旅游产品开发问题与对策》，《商场现代化》2013年第9期；项萌、黄燕玲、郑文俊：《民族旅游地民俗文化社会性别分析与变迁考察——以贵州西江苗族鼓藏节为例》，《重庆交通大学学报(社科版)》2013年第5期；余秀娟：《旅游开发对民俗文化的影响研究——以丽江黎明傈僳族民俗文化旅游村为例》，中央民族大学硕士学位论文；金光浩：《朝鲜民俗文化在民俗旅游村旅游开发中的保护与利用——以延吉市民俗风情园为例》，东北林业大学硕士学位论文，2013年。

③ 吴芳梅：《贵州省民俗文化旅游开发探析——基于可持续发展理论的视角》，《经济研究导刊》2013年第5期。

④ 魏军：《论满族民俗文化在辽宁省民族地区旅游业发展中的定位》，《满族研究》2013年第1期；石定乐、袁红：《旅游产品开发中应凸显区域民俗文化特色——以湖北旅游为例》，《荆楚学刊》2013年第6期；莫艺：《多民族聚居区民俗文化旅游均衡发展研究——以广西龙胜各族自治县为例》，《哈尔滨学院学报》2013年第2期；金丽：《辽宁省满族民俗资源旅游开发策略研究》，《生产力研究》2013年第1期；黄燕妮：《民族地区民俗文化保护问题研究——以湖北省恩施市为例》，中央民族大学硕士学位论文；张莹：《真实性视角下非物质文化遗产旅游开发模式研究》，陕西师范大学硕士学位论文，2013年。

点、景区建设，轻科学规划，旅游资源的文化内涵挖掘不够，科技含量不高。缺乏民俗体验板块，导致旅游产品无法适应不同旅游动机旅游者的需要，造成民俗旅游产品缺乏个性和特色，削弱了旅游产品的市场竞争力。(2)民俗旅游产品科技含量较低，创新能力不足，竞争能力不强，导致民俗传统文化的优势没能得到充分发挥，限制了本应由传统文化产业化带来的诸如增加农民收入、促进农村城市化以及扩大中国文化的影响力等积极作用的发挥。对于这些现状和问题，作者对河南省民俗旅游产业的发展提出两点对策：(1)大力开展体验式民俗旅游产业，建立民俗旅游体验区，建立相关主题民俗展览馆进行活态展示。(2)加大开发民俗文化旅游纪念品的力度。①

2. 民俗文化的产业化、商品化

民俗文化是以民众生活为主体的传统，它包括生产生活习俗、游艺竞技、岁时习俗、人生礼仪等方面，涉及面广，内容丰富。所以，民俗文化作为产业化资源进行开发，具有可持续性价值。在具体的商品化、产业化过程中，有与旅游相关的民俗旅游产业，制造陶瓷、泥塑等民俗手工艺产业，制作剪纸、香包等饰品产业，制作春联、灯笼等民俗节日产业，制作粽子、月饼等民俗食品产业，反映民俗生活的影视片、纪录片等民俗影视产业，以各种具有地方特色与少数民族特色的民间歌舞节目、戏曲节目等为主的民俗音乐产业等。②

李红梅以山东淄博周村为研究对象，探讨了周村的古商城文化产业发展策略。作者首先介绍周村有悠久的历史，是中国封建社会后期经济转型中兴起的商业、手工业城市。清末，逐渐形成了以商埠、丝绸、杂货等为特色的鲁中商贸中心。现今的周村主要以商业、手工业以及旅游业为主要产业。文化产业方面主要表现在三个方面：(1)作为全省重点民俗旅游项目之一，鲁中商业文化是周村文化特色。(2)在手工产业、工艺品业、表演艺术产业方面也有一定的发展，主要表现为手工业品及民俗工艺品的展售以及民俗文化展演等，例如周村煎饼等。(3)周村是影视拍摄基地，影视文化产业在周村古商城也具有很大的发展空间。虽然周村有这样丰富的文化资源，但存在着诸多问题：(1)由于周村古商城区域面积的限制，公共设施不到位，公共资源比较分散，公众文化资源整合不足，还不能充分满足当地居民精神文化的需求。(2)周村古商城作为淄博的一部分，在具备街区特色的基础上，应该融于整个城市环境之中。由于旅游功能的过分开发，周村古商城单纯成为了一个旅游景点，街区原著居民的生活场景与当地民风民俗都成为了表演的舞台，与周边环境的联系也被生生隔断，而游客既是观众又作为表演主体

① 刘爱萍：《河南省民俗旅游产业发展策略研究》，《商丘职业技术学院学报》2013 年第 4 期。

② 杨东篱：《民俗文化的产业化与“伪民俗”》，《天府新论》2013 年第 1 期。

参与其中，一定程度上破坏了周村大街的文化机理，原汁原味的民俗变了味。(3)周村街区文化创意产业化还没有发展起来。对于这些问题，作者提出：(1)突出周村大街的文化品牌建设，对品牌定位，确定品牌具体的运作方案，最终在确定周村大街的文化品牌框架后，借助各种形式（比如传媒、广告及影视的宣传）对品牌进行传播，从而扩大其影响力。(2)在推动周村传统民俗文化产业的发展方面，首先要推动周村传统民俗文化产业的发展。在保护周村的传统民间工艺项目的基础上，整合周村特有的市井文化、乡土文化、节庆文化等民俗文化资源；营造周村民间文化“展演”艺术氛围；尝试打造周村民间工艺文化商品特色街道；利用旅游带动周村民俗文化产业的发展。以鲁中商文化为契机，并通过针对具有周村地域文化特色的旅游产品的开发来带动和延续周村民间技艺、民间艺术及民间活动，从而推动周村民俗文化的良性发展。①

在民俗民间技艺产业化的层面，甘肃省庆阳市发挥本地区的民俗民间文化特征，发展以香包、刺绣、剪纸、皮影、泥塑、石雕等民间民俗文化产业，如何把这些民间艺术品牌化、民俗文化产业化，一直都是地方政府关注的问题。但现今由于品牌意识不强、经营方式落后、市场管理无序等原因，因而民俗文化产业的后续力量不足。对于安阳民俗文化产业化的现状和问题，赵关维、张淑娟从政府、企业、社会三个层面进行了分析。政府层面存在的问题：(1)政府财政资金对民俗文化产业的扶持力度较弱。(2)政府对非物质文化遗产的品牌保护缺位，缺少知识产权保护意识。(3)民俗文化产业开发、产品的市场管理无序。企业方面存在的问题：(1)香包民俗文化产品的市场定位不高。(2)缺乏专业的研发团队和行业标准。(3)经营方式落后，渠道单一。社会方面存在的问题：(1)缺乏重视民俗文化遗产的社会氛围。(2)尚未形成培养民俗文化人才的长效机制。如何解决这些问题，在摸索庆阳民俗文化产业的路径时，作者提出了四点建议对策：(1)重视民俗文化内涵的研究与传承是民俗文化产业化的基石。没有民俗文化的研究与传承，就没有民俗文化产业的振兴，没有民俗文化内涵的内核，民俗文化产品就是无源之水，无本之木。因此，从政府到民间，从企业到社会，都应当高度重视民俗文化内涵的研究。(2)提升民俗文化品牌的影响力是民俗文化产业化的先导。(3)规范设计制作是民俗文化产业化的保障。(4)创新营销方式、拓展营销渠道是民俗文化产业化的推手。(5)注重民俗文化人才培养与队伍建设是民俗文化产业化的支撑。②

如上所述，民俗文化产业的涉及范围广泛，学者们所关注的问题点也各有不

① 李红梅：《淄博周村古商城文化产业化发展策略初探》，《吉林艺术学院学报》2013 年第 4 期。

② 赵关维、张淑娟：《做大民俗文化品牌、做强民俗文化产业》，《发展论坛》2013 年第 11 期。

同,相关研究不胜枚举。[1]

(四)民俗文化的传承与保护

民俗文化是在民众的生产生活中形成的一系列物质的、精神的文化现象,易受时代、环境、价值观的影响而发生改变,它具有普遍性、传承性和变异性。当今,全球化速度不断加速,中国也处于由农业社会向现代社会的转型阶段,在传统社会中形成的民间民俗文化正不断受到影响和冲击。近年,虽然国内采取了一系列措施对民俗文化加以保护,但仍然主要集中于非物质文化遗产保护法规框架下涵盖的对象,对处于"非遗"保护框架外的民俗民间文化需要我们多的关注。

1. 民俗文化的保护

主体民俗生产者、实践者的层面。如何保护民俗文化,我们在强调完善制度法规的同时,还需要我们关注在制度法规下的民俗文化生产者、实践者的感受。高原基于对甘肃文县白马藏族聚居区"池哥昼"傩舞的田野调查,从中国古代哲学的视点,通过"术"性和"道"性的两个逻辑概念,对现今的"非遗"保护现状进行了分析与反思。这里的"术"是指现行的民俗文化保护政策,这种"术"性保护缺乏科学性,未能关注民俗主体,并有悖于"道","道"是指有机的自然的。克服民俗保护中的"术"性,以更高的智慧即老子"大道无为"自然的精神让民俗主体"甘其食,美其服,安其居,乐其俗"才是可持续的出路。或者说,在"后文明"的层面维护民俗的心脏,让它有自主心跳,变静态断片式保护为动态"民俗场"的整体性保护,才是民俗可持续存在的根本。[2]

---

① 例如:陈晓彦:《节庆活动与地方民俗文化的保存和发展——以台湾地区大甲妈祖文化节和客家桐花祭为例》,《吉林大学社会科学学报》2013 年第 4 期;佟玉权、孙欢:《"搭台"抑或"唱戏"——论民俗旅游节庆开发中的政府角色》,《大连海事大学学报》2013 年第 6 期;蒋之炜、杨敏:《新农村建设视域下浙江农村民俗文化产业化发展研究》,《北方经济》2013 年第 20 期;杜莉:《中国民俗文化与餐饮业发展》,《四川烹饪高等专科学校学报》2013 年第 1 期;唐力媛、胡巍:《扩大乡村旅游中的文化消费探究——以长三角地区为例》,《陕西农业科学》2013 年第 1 期;权轻舟、代莉婷:《地方民俗文化与城市发展——以华县皮影为例》,《渭南师范学院学报》2013 年第 12 期;周欣荣:《民俗旅游产品的开发策略》,《企业改革与管理》2013 年第 10 期;杨亚龙:《甘肃省旅游服务贸易发展潜力分析——以民俗文化为例》,《中小企业管理与科技》2013 年第 10 期;阿布力克木·苏来曼:《少数民族特色民俗文化产业化实践模式研究——以维吾尔族艾得莱斯绸为例》,《知识经济》2013 年第 7 期;董萮:《浅议天水民俗文化的旅游价值及其开发策略》,《佳木斯教育学院学报》2013 年第 10 期;许洪婷:《公共管理视野下的民俗文化产业管理模式创新研究——以福州市"三坊七巷"为例》,《佳木斯教育学院学报》2013 年第 9 期;徐丽君:《民俗文化旅游纪念品开发的"地方性"价值研究——以烟台民俗工艺品为例》,大连海事大学硕士学位论文,2013 年;高云帆:《非物质文化遗产的市场化保护研究——以芒团傣族手工造纸为例》,云南大学硕士学位论文,2013 年;等等。

② 高原:《民俗保护的"术"与"道"——"后文明"视野下的民俗保护》,《西北民族大学学报(哲学社会科学版)》2013 年第 6 期。

民俗文化与城镇化建设的层面。在现今的城镇化建设过程中，如何保护传统民间文化？城镇化建设给民俗文化带来的影响和后果，已经有了诸多讨论。[①] 例如，孙玉娟、孙婉竹在其研究中指出，乡土文化是社会主义新农村建设的重要内容，对增强民族认同感、民族凝聚力具有重要作用。但现今农村的现状是城镇化的进程改变了农村文化，农村的民俗文化呈现出“空洞化”状态。形成这种状态的原因作者归纳为以下三点：(1)农民保护民俗文化的意识淡薄。我国正处于社会转型期和矛盾凸显期，新旧思想观念碰撞，东西文化交锋，呈现文化价值多元化趋势。由于自身素质的局限，有些人在多元文化的包围下，缺乏辨别力，盲目地追崇流行、现代文化，疏离传统民俗文化。(2)农村民俗文化的过滥开发。市场经济下追求利益最大化的同时，农村民俗文化开发过度，甚至出现庸俗化的开发、机械模仿式的低水平重复开发和弄虚作假的“伪民俗”开发。(3)伴随城市化、现代化进程的加快，农村民俗文化的民间组织逐渐解体。农村民俗文化继承路径缺乏创新，多是依赖农民的代际相传、口口相传等沿袭式的传承方式。很多农村青壮年外出务工，留守的大部分是“老弱病残幼”群体，很多口传心授的特色技艺、绝活缺失年青一代的继承人，面临断代失传危险。针对这样的现状，作者提出力求通过三个层面来改变现状，以此重塑乡村文化公共空间：(1)各级政府：领导主体，首先引导农村民俗文化建设方向，其次保护、开发农村民俗文化，再次提供财力和宣传支持，最后科学构建民俗文化保护机制。(2)农村社会组织：辅助主体，通过挖掘和培育相结合，民办公助与政策扶持，建立农村文化组织，开展各种面向农村、农民的文化活动，特别是以民族传统节日为载体的民俗文化表演、民间戏曲表演等体现民族、地域特色的演出。(3)新型农民：实践主体，首先提高对农村民俗文化的认知水平，其次积极参与农村民俗文化建设。[②]

民俗文化保护与博物馆的层面。[③] 单霁翔指出，民俗文化遗产，体现出某一地区长期以来所形成的共同心理、生产方式和生活习俗等方面的特点，既是传统文化的载体，又是地域文化的象征，极富独特精神价值。而在当今全球经济一体化发展的格局下，不计其数的民俗文化遗产正面临着消失的危险，对它的保护成

---

① 例如，范爱菊：《新农村建设中的民俗文化传承与保护调研报告》，《北方文学》2013 年第 4 期；《易宝红：《城镇化背景下传统民俗体育传承研究》，《浙江体育科学》2013 年第 3 期；钱柳柳：《新型城镇化进程中如何保护传承传统文化》，《神州》2013 年第 3 期；李超：《小议新农村建设中民俗文化保护》，《企业文化》2013 年第 8 期；刘芳：《东北汉民族火炕的民俗文化变迁研究— 以黑龙江省建三江的调查为例》，辽宁大学硕士学位论文，2013 年；等等。

② 孙玉娟、孙婉竹：《新农村民俗文化建设的现实审视》，《东北农业大学学报（社会科学版）》2013 年第 4 期。

③ 例如，田莉莉：《博物馆创新民俗文化传承方式的实践与思考——以北京民俗博物馆的实践为例》，《传承》2013 年第 3 期；潘彬彬：《南京市民俗博物馆民俗文化遗产活态传承研究》，《艺术百家》2013 年第 7 期。

为亟待研究的课题。广大民众既是民俗文化遗产的保护者，也是它们的享有者，唤起民众的广泛参与成为实施保护的一项重要内容。同时，民俗文化遗产保护的提出，对于博物馆的建设与发展，也带来了新的机遇与挑战。民俗文化遗产只有植根在民众土壤里才能呈现出旺盛的生命力，这是保护的最高境界。①

2.民俗文化的传承

民俗文化的传承与保护一直是学术界一个被关注的话题，相关研究也是不胜枚举，这里列举的文献不是讨论传承机制，也不是讨论传承人的问题，而是介绍民俗文化在中小学教育中的事例。在我国中小学教育中，并没有完善的把地方文化纳入到教学计划，这与我们的邻国日本、韩国有很大区别。在2013年度的研究成果中，出现了一些这样的研究和倡导，这值得我们关注。

张莹莹从美术课程资源系统的角度，分析了“非物质文化遗产”作为潜在的美术课程资源进入其系统时出现的困惑和具体途径。得出三个结论：(1)美术课程资源是一个系统。美术课程资源系统是以服务美术课程目标为目的，以美术课程与潜在美术课程资源为环境，以潜在美术课程资源通过美术课程资源转化为美术课程支持条件或美术课程组成部分而进入美术课程为功能的动态系统。(2)非物质文化遗产作为一种潜在的美术课程资源而引入美术课程时存在结构混乱、状态封闭、功能遗失的问题。形成这一问题的原因有两个方面，一方面是对美术课程资源研究的缺乏，另一方面是对非物质文化遗产作为一种潜在的美术课程资源的认识不足。(3)非物质文化遗产作为文化资源要进入美术课程资源系统，需要重新审视非物质文化遗产对美术课程资源系统的重要性。②

安徽省颍上一中利用乡土文化资源，开设了乡土文化综合实践课，在教学过程中注意通过学生自身实地调查的方法，让学生离开固有的课堂，走进乡土社会，亲身去感受家乡的历史、文化，培养学生的人文素养。在具体实践过程中，采取了如下方法：(1)根据自身的条件进行采风活动。深入管鲍祠、尤家花园等历史遗址，采集大量的照片、视频、游览笔记等一手资料。通过对民间传说思想内容的考察，挖掘其中丰富多彩的文化内涵。(2)开设讲座引导学生学会解读乡土文化现象。教师的讲座以对乡土文化现象的解读为主要内容的，通过解读，引领学生理解乡土文化的内涵，感受乡土文化的博大，培养热爱家乡、建设家乡的情感。(3)参加综合社会实践感受体验乡土文化。我们在开设讲座的基础上，要求学生平时留心一些乡土文化现象，进行系统的、带有观察和分析视野的考察、采风活动。例如收集乡土风俗、民间传说、名人轶闻趣事，并作好记录。(4)开展以乡土

① 单霁翔：《民俗文化遗产保护、传承与民俗博物馆建设》，《民俗研究》2013年第4期。

② 张莹莹：《非物质文化遗产进入美术课程资源系统的研究》，首都师范大学博士学位论文，2013年。

文化为主题的学生作品交流展示活动。如在“五一”、“国庆”长假后开乡土文化摄影展；暑假布置写游记、采风笔记的活动；寒假开展以乡土文化为素材的征文比赛等。这些活动的开展，引起了学生了解乡土文化的兴趣，激发了他们热爱家乡的情感。[①] 上述事例给我们提供了引导中小学生通过自己的参与、调查等活动来体会和掌握地域传统文化的参照。在中小学教育中，传承传统民俗文化当今已经得到了一些关注[②]，未来这将是我们传承民族民间文化的一个有效途径。

从 2013 年中国民俗文化研究的情况看，在学术的层面上还有很大的提升空间。国家和各级政府和机构对于民俗文化的重视比以往提高了，民俗学从业者的队伍也在壮大，各种相关项目以及经费的数量也大幅增加，但学术性较强的精品却不多见。当改革开放初期踏上民俗学研究之路的学者接近或已经退休，如何延续民俗学学术传统的问题已经摆在了“60 后”“70 后”这批领军人物的面前。

---

① 姜栋栋：《在实践活动中感受乡土文化的魅力》，《课程教育研究》2013 年第 25 期。

② 例如：罗国兰：《历史与社会课程开展民俗文化教学的策略》，《中学教学参考》2013 年第 2 期；臧胜南：《论语文课堂中的民俗文化教学策略》，《教育文化论坛》2013 年第 1 期；欧阳嫣妮、张卫民：《民俗文化于幼儿艺术教育的意义诠释与实施策略》，《家教世界》2013 年第 7 期；阳利平：《中国民俗文化在高中语文教育中的重要价值》，《教学与管理》2013 年第 6 期；赵海燕、杨晓萍：《学前教育民俗文化课程的社会发展价值阐释》，《教育探索》2013 年第 4 期；张微：《延边朝鲜族民俗文化传承人才培养研究》，延边大学硕士学位论文，2013 年；等等。

2013年度国家治理下的城乡民俗文化发展动态

刘铁梁　龙　圣　朱振华　张　帅*

国家治理，或曰国家层面的宏观管理与顶层设计，是经统治阶级制定、宣扬和推行的体现主流意识形态的制度与规范，尤其是近现代以来民族国家管理、控制和引导民俗文化发展的重要因素。民俗文化，则是因地因人而长期形成的习惯性的行为模式与思想观念。两者之间存在长期的互动，其基本模式可分为两类：一是互益互补，国家的治理改变了传统民俗文化的生存空间，促使其不断发生新的变化，而民俗文化发展则在一定程度上也影响了政府治理策略的制定与修正。二是互制互斥，即二者之间所造成的控制与反控制关系，民俗文化由民间自发形成，具有多样性、地方性特征，而国家的顶层设计与宏观管理则是自上而下地严格设计，具有统一性、普遍性的特点。基于传统惯性与当下生活而传承发展的民俗文化，总是在多样化的生活实践中寻找自由发展的条件和空间，而作为规范和统一的国家治理方针与策略，则要将民俗文化的发展控制在精细设定的范围之内。上述两种模式并非截然划分，而是我们便于分析的学术工具。实际上，在国家治理的规约性与民俗文化的自发性之间存在很大的空间与张力，往往是互益互补中潜蕴着互制互斥，互制互斥中萌生着互益互补，二者之间不断地互动与调适乃是常态。

作为在中国社会长期的文明历史中形成的民俗传统，在当今社会将呈现出什么样的特征，国家与民间围绕它发生着怎样的互动与调适，是本报告所关注的重点。大致说来，民俗文化是处于不断发展变化的状态之中的，国家治理对民俗文化的影响深度也在这一过程中存在着多种变量。2013年的中国民俗文化发展，接续了传统乡土中国的历史脉络，又清晰地显示出了随时代变化而变迁的年度特征。鉴于此，本报告的第一部分将对清末以来我国民俗文化在国家治理下的发展过程予以梳理，以把握其发生与发展的历史脉络，从而更好地厘清当下民俗文化发展的现状以及民俗传统被再创造的过程。同时，我们也注意到，进入新时期以

---

* 刘铁梁，山东大学文化遗产研究院一级教授；龙圣，山东大学民俗学研究所讲师；朱振华，齐鲁师范学院地理与旅游系讲师，山东大学民俗学博士研究生；张帅，山东大学儒学高等研究院民俗学研究所博士研究生。

来的中国社会发生了重大变迁，新农村建设与新型城镇化建设作为我国当下建设中国特色社会主义的重大举措和主要战略方针，正在全方位改变着中国社会的具体形态与精神内核，这种改变具体表现在四个方面：一是产业结构由以农业为主向以工业、服务业、高新技术和信息产业为主的转型与调整；二是人口的流动，包括横向的农村人口向城市的流动以及纵向的农村人口就地城镇化的流动；三是土地和地域化空间文化的改变；四是居民生活方式的巨变。在此背景之下，“城市化”成为概括当前中国社会政治、经济、文化等方面整体变化的最突出的概念。与此相应的是，新时期民俗文化的发展也始终与城市化进程密切相关。因而，在诞生于传统农耕文明基础之上的民俗文化，在进入以城市化为突出发展特征的现代社会之后，面对着工业文明甚至后工业文明、科技文明、信息文明的猛烈冲击，经由民众自觉不自觉地传承再造，在城市与农村的不同居住空间中展现出不同的景观。因此，本报告的第二、三部分，将分别从农村与城市两个角度，通过民众的具体实践来观察民俗文化在国家治理下的具体发展状况。其中，农村部分将着重从村落空间、村落社会关系与组织、劳作模式、村落文化活动四个方面，通过典型案例的分析，来探讨农村民俗文化传统在当前国家治理语境下的传承与再创造，而城市部分则着重从城市语境下的社区文化建设、文化产业发展、中外文化交流等方面，择取 2013 年的代表性事件，以此审视城市民俗文化的发展。

一、近现代以来国家治理下的城乡民俗变迁

近代以来，西方列强的入侵使中国经历“千古未有之大变局”，在民族危亡的紧急关头，变革成为救亡图存的重要手段，在国家礼制改革、移风易俗政策的影响下，城乡风俗发生了不同程度的改变。

（一）晚清时期

晚清时期，内忧外患，社会矛盾空前，有识之士力求救亡图存之道，以推动社会进步。此时，“封建专制”之礼与“落后”之俗，便成为各种政治派别乃至清政府自身进行变革的重要对象。为达到变革图强的目的，他们提出了礼俗改革的主张并加以实践，在当时对各地民俗民风产生了或多或少的影响。

1. 晚清时期的礼俗改革主张与实践

早在戊戌变法时期，以康有为、梁启超为代表的资产阶级维新派便提出了礼俗改革的主张。康有为在其《孔子改制考》一书中，借助孔子改制为变法提供理论依据，提出以大同社会取代封建专制统治，直接冲击了封建礼教所宣扬的“三纲五常”之说，向传统之礼提出了挑战。同时，在漫长的封建社会发展过程中形成的旧

风旧俗不可避免地带有落后、丑陋的一面，成为阻碍社会进步的包袱，因此维新人士在移风易俗方面也提出了相应的主张：(1)反对缠足恶俗，提倡天足。(2)反对重男轻女，兴女学。(3)反对早婚、包办婚姻，提倡婚姻自主、男女平等。(4)戒除吸食鸦片恶俗。(5)反对蓄辫和穿马褂，主张剪辫易服、废除跪拜礼节。为推动移风易俗运动的开展，某些地区的维新人士还成立了禁烟会、缠足会、延年会等移风易俗团体。[①] 这些主张和实践成为一时之潮流，在当时影响颇大，但由于戊戌变法很快失败，其主张和实践也难以在当时社会中得到落实。

继维新派之后的资产阶级革命派，部分地继承了前者的礼俗改革主张，但较之更为彻底。传统之礼被当成是维护封建专制统治的护身符，认为礼教一日不除，民主、平等、人权等资产阶级倡导的理想都将无从实现，因此他们对封建纲常礼教及封建旧俗进行了批判，认为纲常礼教并非天经地义，而是封建统治者为维护专制统治而制造的枷锁、网罗，由此提出“去礼法，复权利”“冲决网罗，实现平等”等鲜明口号。与维新派相比，他们对传统之礼的批判更为深刻，表现在：前者借助孔子的权威为变法提供理论，不敢将矛头对准作为礼教代表的孔子，而革命派则认为孔孟之道是封建统治者维护封建纲常的理论工具，对孔孟之道、儒学和孔子本人开展了尖锐的批判。与此同时，针对晚清吸食鸦片、男子蓄发、女子缠足、厚葬、包办婚及早婚等陋俗，这部分革命派人亦提出了相应的改革主张：(1)反对跪拜礼，主张以西方的点头鞠躬加以替代。(2)反对厚葬，认为厚葬于生人和死人无益，提倡葬礼从简。(3)反对缠足，认为此俗是对女子的摧残和奴役，造成种族衰弱，因此提倡天足。(4)反对旧式婚姻，认为旧婚俗存在铺张浪费、包办、烦琐、不自由等弊端，提出自由恋爱、限制早婚、取消包办婚等主张。(5)反对旧服饰，认为蓄发、穿长衫行动不便，主张剪发易服。[②] 资产阶级革命派的礼俗改革主张，虽然在晚清时期只是一种政治设想，但对民国时期中国城乡风俗的某些变化埋下了伏笔。

清末，传统帝制时代延续下来的体制、风俗与时代社会发展越来越不相适应，在中西文化的交流过程中，在现实社会内忧外患的双重压力下，清政府被迫实行新政加以自救。在政治改革的同时，一些传统制度、观念和风俗习惯若不加以改革，势必阻碍新政的开展，因此礼俗改革也成为清朝统治者积极推行的一项革新内容。在新政过程中，传统礼制日益式微，先是新政将学部从礼部中分离出来，新式学堂和教育的独立，意味着传统礼仪制度的衰落。其后，礼部改革，时任礼部尚

① 徐永志：《戊戌维新派与移风易俗》，《中州学刊》1990 年第 6 期；陈文联、张乐平：《湖南维新运动中的移风易俗》，《衡阳师范学院学报》2011 年第 2 期。

② 张锡勤：《二十世纪初我国资产阶级革命派对封建主义旧道德、旧礼俗的批判》，《求是学刊》1982 年第 2 期。

书的荣庆以礼部之事极简且西方各国并无礼制为由，力主裁撤。虽然清政府最终坚持将礼部改为典礼院，但使其独立于行政衙门，权力大为缩减。① 礼部改革与其重要性的减退，标志着传统礼仪在现代制度与生活方式的冲击下走向没落。与此相对，在新政过程中，移风易俗得到上至朝廷、下至地方官府的支持，官方通过颁布政令、条例、告示等方式推动移风易俗的进行②，主要涉及如下方面：

(1)禁烟。光绪三十二年(1906)，清廷颁布上谕，限10年之内将鸦片一律净除。政务部又根据谕旨制定了禁烟章程，就禁吸、禁种、禁卖等方面作了详细规定。次年，清政府又设法与英国交涉，达成6项禁烟协议。受其鼓舞，清朝制定出《禁烟稽核章程》，对官员禁烟成效进行考核。在政策之外，清朝在京师和地方设置戒烟所，帮助官员和百姓戒烟。在宣统时期，禁烟运动仍得以延续。

(2)放足。光绪二十七年(1901)，慈禧太后颁布懿旨劝谕禁止妇女缠足，此后各督抚大臣如岑春煊、端方、袁世凯、丁振铎、林绍年、锡良等都采用张贴白话告示的形式劝说民间放足，并制定相应的奖惩办法，而且执行的力度也越来越大。

(3)兴女学。在禁止缠足呼声下，女学越来越受到朝廷重视。光绪三十三年(1907)，清廷制定出《女子师范学堂章程》及《女子小学堂章程》，表明女学创办得到了官方的认可。次年，学部在京师设立女子师范学堂。受此影响，湖北、陕西、天津等省也开始大量兴办地方女学。此外，清朝还对民间兴办女学给予奖励和经费支持。

(4)剪辫。剃发蓄辫本是满族习俗，也是清朝统治的象征，因此剪辫政策的出台较为曲折。光绪新政时期，清廷中受西方影响较大的部分大臣奏请剪辫易服，受到顽固派极力阻挠，未能颁布和施行相应的政策。至宣统三年(1911)，清廷最终颁布上谕，允许臣民自由剪发，表明剪辫易服得到朝廷的正式认可。

(5)禁赌。自古以来，赌博造成械斗、抢掠、偷盗等各种社会问题，影响社会稳定。清末，赌风日盛，赌法多样，流毒遍布大江南北、官场民间，腐蚀着国人心智。宣统年间(1909～1911)，清廷颁布法令严禁麻将赌博，凡公会、居所、住宅、妓院一概不准，无论官绅、士商、民人，违者一律惩办。

2.晚清时期民间习俗的变化

清末，无论是清政府主导推行的礼俗改革，还是资产阶级改良派、革命派的礼俗改革主张与实践，都是对传统礼制和风俗习惯的落后性加以批评，提倡新的思想观念和行为方式。在他们的持续努力下，一方面，维护封建专制统治的旧礼制遭到尖锐的抨击，传统礼仪制度及观念在改革浪潮声中逐渐“日薄西山”，影响力

---

① 赵立霞:《清末新政与社会风俗变迁》，山东大学硕士学位论文，2005年。

② 孙国雁:《清末新政与移风易俗》，东北师范大学硕士学位论文，2006年。

急剧衰退，而新的民主共和观念日益成长。另一方面，社会上流行的一些旧风恶俗，如吸食鸦片、缠足、蓄辫、厚葬、包办婚姻等在一定程度上得到了禁止，改善了传统中国的形象，促进了传统观念的松动，使得晚清颓废的社会局面出现一股新的风气，为民国时期的风俗变革奠定了基础。

不过，当时的礼俗改革和主张具有较大的历史局限性，进行得并不彻底。一方面，资产阶级的力量有限，虽然他们提出了针对礼俗的改革主张，也开展了一定的社会实践，试图树立良好的社会风气，但"由于种种因素的制约，就总体而言，清末的移风易俗在现实社会生活中取得的实际成效不彰，并没有使传统的风俗习惯发生根本性的变化"①。另一方面，清政府推行的新政，进一步从制度层面对礼俗的改革提供了依据，整体上取得了较为显著的成效，但由于阶级、地域以及清朝覆亡等因素的限制，礼俗改革的不平衡性、不彻底性也就在所难免。② 此外，旧的礼俗观念和行为方式在民间根深蒂固，具有较强的生命力，在新的生产力及生活方式没有形成之前，各种政策和实践要想从根本上使礼俗社会的传统得到改变，是十分困难的。这一破旧立新的任务必将留待后人的继续努力。

（二）民国时期

1. 民国时期的礼制改革与风俗变迁

辛亥革命推翻了我国存在两千多年的封建帝制，建立起资产阶级共和国，使民主共和观念深入人心，与维护封建君主专制和封建等级有关的传统礼仪与观念已不能适应社会发展，旧礼仪的废除势在必行。而中国历来是礼仪之邦，历代皆有通过制定礼仪来规范大众行为和思想以巩固统治的传统，因此民国历届政府也都延续了这一传统，开展了一系列制定礼仪的活动。③

南京临时政府时期。民国成立当天便对服制作了规定，禁止穿戴满清官服，便服照旧。1912 年 3 月 2 日，临时政府发布公文各除前清官厅称呼，如"大人""老爷"等。此后官厅人员直接以官职相称，民间则以"先生""君"相称。同月，临时政府又规定祭孔仪式时废除跪拜礼，改三鞠躬、穿便服。不久，又下令禁止迷信一类祭祀活动，废除叩拜、拱手、作揖、请安等礼节，改行鞠躬礼。

北洋政府时期(1912～1928)。1912 年 8 月，北洋政府公布民国《礼制》，共计两章，分男子礼、女子礼两种，主要内容有：男子礼为脱帽鞠躬；庆典、祀典、婚礼、丧礼、聘问，使用脱帽三鞠躬；公宴、公礼式及寻常庆吊、交际宴会，用脱帽一鞠躬；

① 尤育号：《清末资产阶级的移风易俗潮》，《学习与探索》2005 年第 3 期。

② 孙国雁：《清末新政与移风易俗》，东北师范大学硕士学位论文，2006 年。

③ 本节主要参考阚玉香：《北泉议礼初探——〈中华民国礼制〉的形成与评价》，华中师范大学硕士学位论文，2007 年。

寻常相见，用脱帽礼。女子庆典、公宴等礼仪同男子，但不脱帽；女子寻常相见，用一鞠躬。同年10月，北洋政府正式颁布《民国新服制》，计三章十二条，分为西式礼服、公服、常服三部分。[①] 此后，北洋政府又先后颁布《觐贺授勋公宴茶会各礼》(1913)、《相见礼》(1915)、《谒见礼》(1916)，对如何觐贺、谒见、授勋规定了一系列礼节。北洋政府还制定了《新丧礼》，对官民丧礼仪式程序作了规定，如：丧礼要量力而行；丧服暂用旧丧服，也可用平时礼服，男子左臂、女子胸前戴黑沙；吊仪使用挽联、挽幛、鲜花和花圈；吊奠用鞠躬礼取代跪拜礼；等等。

南京国民政府时期(1927～1949)。1928年，蔡元培、薛笃弼等鉴于各地礼仪新旧庞杂，标准不一，拟定《民国礼制草案》进呈政府，包括礼制原则、婚礼、丧礼、祭礼、相见礼5部分。其中婚礼草案有订婚、通告、结婚、谒见4节及婚仪21项。丧礼分报丧、亲殓、受吊、祭式、别灵、出殡、葬仪共7项。相见礼有3项：官厅、社会、家庭。草案规定各礼节程序简单质朴，反对奢侈，尽管最终未公布施行，但地方(如湖南醴陵)有照此施行者。1929年4月16日，国民政府颁布《服制条列》，计3章9条，并附有图样8幅。[②] 1930年10月15日，国民政府公布《国葬仪式》，对国葬礼节作了规定，又于1937年7月29日修正。1935年7月10日公布《公祭礼节》，规定8项程序，分别为：全体肃立、主祭人就位、奏哀乐、行祭礼三鞠躬、献花、默哀念祭文行三鞠躬、奏哀乐、礼毕。至1937年6月22日，国民政府又作了进一步修订，增加祭礼开始、陪祭就位、上香、献花、主祭报告致祭意义、演讲6项内容，使礼节更为完善。1943年，国民政府制定戴季陶负责主持制定《中华民国礼制》，分总纲及吉礼、嘉礼、军礼、宾礼、凶礼五篇。总纲规定了制礼的最高原则、基本信条和礼制的作用。第一篇为吉礼，分祭祀和纪念两章，分别有国祭、公祭、家祭和国父纪念、革命先烈纪念日、其他纪念日各三节。第二篇为嘉礼，包括崇敬、庆祝、就职、觐谒、荣典、飨燕、抚幼、婚礼、学礼、考试、集会11章内容，下各分若干节。第三篇为军礼，只列陆军礼节。第四篇为宾礼，包括国际仪节、官吏仪节、学校礼节、国民仪节四章。第五篇为凶礼，包括丧礼、恤荒二章。

除制定礼制条文外，民国时期一些重要人物的活动对礼仪的制定和施行也产生了不同程度的影响。例如民国初年，黄兴对礼的重新诠释，对礼仪传统继承和更新起到了推动作用。晚清以来，维护封建专制的传统礼制日益成为改革和革命打倒的对象，辛亥革命成功后，相当一部分人提倡学习西方，而抛弃中国的礼仪传统，甚至就连其中有益的成分也弃之不顾，一度造成思想上的混乱。作为革命领导人的黄兴，主张批判继承传统礼仪及道德观念，对传统的礼仪观念新进行了解

---

① 丁万明：《1902～1931年间的服制礼仪变革探析》，《前沿》2011年第16期。

② 丁万明：《民国初期服制变革的成效及其文化意蕴》，《社会科学论坛》2012年第3期。

释，比如，传统礼仪观念“仁义礼智信”中的“忠”，不再是忠于封建君主，而是忠于职守，以死报国。“孝”也不再是传统的独亲其亲，而是“立身谓之孝”。黄兴倡导继承的礼仪观念，不再是封建礼教下维护封建专制的礼仪观念，而是被注入了资产阶级自由、平等、博爱等思想和价值观念，对礼仪传统的延续和礼仪内涵的更新奠定了思想基础。[①] 1934 年，蒋介石在南昌发起“新生活运动”，并以重新解释后的“礼仪廉耻”作为运动的中心准则。“礼仪廉耻”是我国古代长期流传的礼仪道德，是历朝历代教化百姓的伦理纲常和礼制观念的核心。不过，蒋介石对“礼仪廉耻”作了新的解释，“礼”是指规规矩矩的态度，“义”是指正正当当的行为，“廉”是指清清白白的辨别，“耻”是指切切实实的觉悟[②]，以此作为指导新生活运动的重要思想。虽然新的“礼仪廉耻”不是正式的礼制条文，但却随着新生活运动在全国迅速的推广，而成为统治阶级引导的社会主流意识形态的一部分，具有了“礼”的实质。

民国时期礼制的制定，是为适应社会发展需要进行，因此礼制的制定在很大程度上吸收了西方现代礼仪的因素，但正如上所说，它也部分继承了传统礼仪中的要素。而且，礼仪的制定也考虑到中国的国情，吸收了民间风俗中的优秀成分。为了达到制定符合国情的新礼制的目的，国民政府、学术界组织进行了不少的民俗调查，如 20 世纪 30 年代由国民政府内政部发起，在各省市县全面开展了风俗调查，内容涉及各地生活状况、社会习尚、婚嫁丧葬情形、百姓衣食住行等。[③] 又如民俗学者在 1925～1928 年以学术目标为主的礼俗调查，1931～1935 年为响应国民政府号召而进行的礼俗调查，形成两次礼俗调查的高潮。[④] 不论是国民政府发起，还是由学界主导的社会礼俗调查，都为新礼制的制定提供了依据，体现出“俗”对“礼”的影响。

与此同时，新礼制的制定和推行产生了不同程度的效果，某些礼制为民间所接受，化礼成俗，对民国时期的社会风俗产生了重要的影响。例如，“大人”“老爷”之称虽然未能完全根绝，但“先生”“君”等称呼也得到了广泛的使用，尤其是在城市和青年群体中广为流行；跪拜之礼，虽然在农村以及长幼之间仍然存在，但鞠躬之礼却在城市中、在官民相见时以及一般的社交场合广为使用。至于婚礼、丧礼、

---

① 严昌洪、张继才：《“辨其途径，导以从违”——略论黄兴改良社会风俗的思想》，《江南大学学报》1995 年第 1 期。

② 白纯：《简论抗战之前的新生活运动》，《党史研究与教学》2003 年第 2 期。

③ 严昌洪：《20 世纪 30 年代国民政府风俗调查与改良活动述论》，《华中师范大学学报（人文社会科学版）》2002 年第 6 期。

④ 沈洁：《礼俗改造的学术实践——20 世纪二三十年代中国民俗学家的礼俗调查》，《史林》2008 年第 1 期。

服饰等虽因地因人而异，新旧混杂，但已有相当数量的人接受了新式礼仪。[①] 而国民政府制定和推行的一些新礼仪，如《总理纪念周条例》《国耻纪念办法》《革命纪念日日期表（附纪念办法）》等，也不同程度被民间所接受。这些都体现出作为主流意识形态和制度规范的"礼"对"俗"的影响。

2. 民国时期的移风易俗政策与民俗变迁

民国时期在制定礼制约束民间行为习惯与思想观念的同时，也在积极推行移风易俗政策和开展移风易俗运动，希望通过改变落后的风俗，实现社会的进步。由于风俗习惯具有惯性，晚清时期存在的部分旧风恶俗也延续到民国时期，因此民国年间的移风易俗运动，在相当程度上延续了晚清时期移风易俗的许多面向[②]，主要包括：

（1）强制剪辫。辫子是清朝统治的象征，辛亥革命虽然推翻了清朝统治，但民间留辫子的习俗并未因革命的胜利而消失。1912 年 3 月 5 日，临时大总统孙中山便发布强制剪辫令，要求未剪辫者在 20 日内剪除。1914 年 6 月 17 日，北洋政府内务部颁布《劝剪发条规》。1928 年，南京国民政府内政部颁布《禁蓄发辫条例》，要求蓄发辫男子在 3 个月内剪除发辫。

（2）劝禁缠足。封建社会摧残女性的缠足陋习也延续到民国，与平等、自由等新思想观念格格不入。临时政府时期，孙中山要求内政部劝禁民间缠足，此后的北洋政府于 1916 年下达训令，禁止女性缠足。南京国民政府成立后，于 1928 年 5 月颁布《禁止妇女缠足条例》，规定半年之内一律放足，禁止再缠。此后分别在 1932 年、1936 年、1942 年多次强调禁止妇女缠足。

（3）提倡新式婚丧礼俗等。主要是推行新礼制来取代旧礼制，简化程序，倡导节约、实用、简便的新礼俗。

（4）破除封建迷信。辛亥革命及大革命期间，就开展了捣毁神祠的活动。1928 年，国民政府内政部又公布了废除星象、堪舆、巫觋等迷信活动的办法。同年制定《神祠存废标准令》，对神庙进行了分类，民间淫祠及没有意义之神祠一律废除。1930 年，又公布《取缔经营迷信物品业办法》，以减少民众的迷信活动。

除颁布移风易俗政策外，民国时期还开展了各种移风易俗运动，民国政府的党务指导委员会对移风易俗起了督促、组织、指导作用，各县市在禁止男子蓄辫和妇女缠足活动中，还纷纷成立放足委员会、剪发委员会等，通过演讲、发布传单等

---

① 丁万明：《1902～1931 年间社交礼仪的变革及其文化意蕴》，《历史教学》2011 年第 8 期；丁万明：《民国初期服制变革的成效及其文化意蕴》，《社会科学论坛》2012 年第 3 期。

② 本部分主要参考伍野春、阮荣：《民国时期的移风易俗》，《民俗研究》2000 年第 2 期。

方式加以宣传。[①] 各地民间还成立了许多移风易俗团体，如 1912 年成立的社会改良会、昌明礼教会、进德会等。经统计，民国初年成立的移风易俗团体就有 51 个。[②] 各地移风易俗团体依靠团体力量大力宣扬风俗改良，改造社会风气；同时，移风易俗团体吸收会员入会改造，并使其接受自我和团体的双重评批、监督，从个体出发实现社会风俗的改造。[③] 此外，各种民国报刊也成为宣传移风易俗的重要媒介，使得新的思想观念和生活方式得到宣传而日益深入人心。

经过上述努力，民国时期风俗出现了相当程度的改变。例如，男子蓄辫一俗，经历次移风易俗，取得了较好成效。民国初年，北京留辫者只占总人口的 0.4%。[④] 此外，济南市在 1929 年《禁止男子蓄辫条例》颁布前，城关商埠基本上已无蓄辫者，而乡村蓄辫者则多达 80%。条例颁布后，仅两年时间，乡村男子蓄辫的情况也基本上消失了。[⑤] 又如缠足一俗，经屡次劝禁，至 20 世纪 40 年代已经大为减少。[⑥] 封建迷信的取缔，虽然遭到不同程度的抵抗，但到了 20 世纪二三十年代，封建迷信的地盘已日趋萎缩，民众的迷信心里已经相对淡漠[⑦]，而一些从事迷信职业者也多改他业。[⑧] 正因为移风易俗成效比较显著，故有学者认为，民国时期是我国历史上社会风尚大变革时期，是我国风俗史上古代与现代的分水岭，极大推动了我国风俗的现代化进程。[⑨]

（三）中华人民共和国成立以来

1. 破旧：新中国成立以来历次移风易俗及成效

1949 年中华人民共和国成立，摆在共产党面前的是一个千疮百孔、百废待兴的烂摊子，不仅政治、经济等方面面临严峻的考验，而且社会风气问题十分严重，卖淫嫖娼、贩毒吸毒、聚众赌博、封建迷信、包办婚姻、铺张浪费等旧风陋习仍然在民间流行。[⑩] 这些丑恶现象威胁到新政权的巩固和社会主义制度的建立，因此新

---

① 严昌洪：《20 世纪 30 年代国民政府风俗调查与改良活动述论》，《华中师范大学学报（人文社会科学版）》2002 年第 6 期。

② 程为坤：《民国初年的移风易俗团体》，《益阳师专学报》1989 年第 2 期。

③ 严昌洪：《对近代风俗改良团体的考察》，《湖北社会科学》1987 年第 9 期。

④ 朱俊丰、李楠楠：《辛亥移风易俗大变革》，《决策与信息》2011 年第 10 期。

⑤ 严昌洪：《20 世纪 30 年代国民政府风俗调查与改良活动述论》，《华中师范大学学报（人文社会科学版）》2002 年第 6 期。

⑥ 朱俊丰、李楠楠：《辛亥移风易俗大变革》，《决策与信息》2011 年第 10 期。

⑦ 万建中：《民国德风俗变革与变革风俗》，《西北民族研究》2002 年第 2 期。

⑧ 严昌洪：《20 世纪 30 年代国民政府风俗调查与改良活动述论》，《华中师范大学学报（人文社会科学版）》2002 年第 6 期。

⑨ 万建中：《民国德风俗变革与变革风俗》，《西北民族研究》2002 年第 2 期。

⑩ 上海大学编著：《中国当代史》，江西人民出版社 1988 年版。

中国成立初期开展了一系列移风易俗活动，使上述恶风陋俗得到禁止和清除，社会风气大为改善。

20世纪五六十年代，随着一系列风俗改革的推行，婚丧等习俗变化巨大。1950年，《中华人民共和国婚姻法》颁布，进一步废除了旧的婚姻制度，建立起自由、平等的新婚姻制度，推动了婚俗观念和婚姻习俗的改变。1956年，政府开始推行殡葬改革，提倡实现火葬和以追悼会的形式举办葬礼[①]，打破了中国长期以来流行的土葬传统，丧葬习俗发生了巨大改变。随着爱国卫生运动的开展，全民定期大扫除、灭“四害”、预防疾病，旧时落后、不讲卫生的生活习惯也逐步得到改善。

“文革”期间实行破“四旧”，扫除一切旧思想、旧文化、旧风俗、旧习惯，虽然存在盲目、过激等问题，对许多珍贵文物、典籍等造成了无可挽回的破坏，但同时也使得迷信思想和活动得到了进一步的肃清，而作为民众生活习惯的信仰民俗也在这一过程遭到压抑，转向衰落。

改革开发以来，随着社会生产力的逐步发展，城乡社会环境和人民生活方式发生了巨大改变，社会风俗习惯也正在经历着前所未有的变化，主要表现在一些传统习俗由于不适应社会的发展而日渐消失，一些新的民俗现象正在酝酿、形成。新旧民俗的混杂成为中国当代民俗的重要特征。

2.立新：新风尚的推动和形成

传统礼制主要分为仪式和观念两部分，相比而言，对社会观念的引导成为新中国成立后礼制建设的重要方面。

新中国成立后，为从思想上废除以往不平等的各种社会关系，树立新社会观念，党和政府采取了许多的措施，如：进行一系列社会改造，从根本上确立人民当家作主，实现人人平等；党员干部以身作则，保持艰苦朴素、平易近人、秉公执法，树立榜样，推动良好社会风气的形成；面对百废待兴的现实，党和政府努力提倡和宣传劳动光荣、艰苦创业、民族平等思想，使得新中国成立初期社会精神面貌、思想观念发生了根本的变化。

随着社会改造的完成，社会主义、共产主义的道德观和人生观开始成为青年思想的主流。新社会风尚的确立，对民间风俗习惯的改变产生了重要影响，五六十年代，全国人民对劳动热情高涨，涌现出一大批的劳动模范和先进个人，其中雷锋的事迹更是成为全国人民学习的榜样，艰苦朴素、为人民服务的口号影响了千千万万的中国人，是当时社会主流价值观念的重要体现。

“文革”十年，内乱不断，对社会风气的发展带来不少负面影响。改革开放后，

① 王颖：《毛泽东与殡葬改革》，《湘潮》2014年第4期。

为了凝聚人心、团结奋斗，开创社会主义建设新局面，党和政府在发展政治、经济的同时，开始着力加强社会主义精神文明建设，培育有理想、有道德、有文化、有纪律的社会主公民，提高整个中华民族的思想道德素质和科学文化素质。为此，开展了许多教育活动，如“五讲、四美、三热爱”活动，不论城市还是农村，不管内地还是边疆，都得到广泛的开展。此后，历届党中央和政府也都十分重视社会主义精神文明建设，提出了许多重要的思想理论，如“三个代表”思想、“和谐社会”“八荣八耻”等。

新中国成立以来党和政府对社会观念引导的成效明显，提出的许多思想理论不同程度上被民众接受和实践，对于维护社会稳定和推动社会发展产生了重大影响。

综观近现代以来，城乡民俗文化的发展变迁，我们可以总结出以下几点经验，为认识当下的民俗文化发展提供借鉴：

第一，国家礼制改革、移风易俗政策对民俗文化的发展演变具有不可忽视的影响。尽管民俗文化的根本在民间，但中国社会从来就不是独立的、隔绝的，民间与政治是紧密关联的，民风民俗虽由民众所享有，但受到国家治理的深刻影响。

第二，国家治理对城乡民俗发展变迁的影响存在不均衡性。一般而言，国家政治对城市的影响较大、较快，而对乡村的影响较小、较缓，因此，乡村社会对传统民俗文化的保存尚有一定的能力。

而具体到当下尤其是 2013 年国家治理下的城乡民俗文化发展状况，下文将结合具体的案例分别从农村和城市两个层面展开论述。

二、2013 年度国家治理下的农村民俗文化发展

进入新世纪以来，作为国家重要战略的社会主义新农村建设与新型城镇化建设，先后构成了乡村社会发生全面变革的主要动因。新农村建设以“稳”农为主，城镇化建设则以“富”农为主：前者主要依赖国家出台一系列惠农、支农、助农的政策，如取消农业税等，以减轻农民在生产、生活、教育、医疗等方面的负担；后者则力图促进城乡一体化，使农民享受与市民同等的待遇与服务。二者都是通过国家政策的层层下达，以“自上而下”的方式作用于乡村社会。对于乡村社会来说，在接受国家治理的过程中，民俗文化的发展呈现出两种状态：一是在国家“自上而下”的设计中，乡村社会发生重大变革，但变革的结果既不是村落的终结，也不仅仅是村庄的减少，而是村落空间、村落关系、村落劳作模式以及村落文化系统等方面发生了全方位的变化；二是村落自身固有的文化发展脉络依然坚韧，并与国家设计之间形成一种张力，在“拉锯”中相互制衡、吸收、影响。其实质，是作为国家

主流意识形态的“礼”，与具有民间自发性特征的“俗”，互相之间的借鉴、支撑与调适。

2013年，我国城镇人口增加到7.3亿人，常住人口城镇化率达到53.7%，城市数量达到658个，建制镇数量增加到20113个，这体现出了我国城镇化进程在规模和速度上的进一步加快。与此同时，政府也开始关注并反思数字背后所隐藏的一些问题，纠正把城镇化简单等同于城市建设的错误思路，将“物的城镇化”“地的城镇化”转变成“人的城镇化”，并围绕这一核心有序地推进农业转移人口市民化，不断提升城镇居民生活品质，促进城镇化朝向人性化的健康方向发展。同时，杜绝推进城镇化过程中的某些“去农村化”的作法，强调城镇化要带动新农村建设，而不是取代。这表明，国家在积极稳妥推进新型城镇化的过程中，仍然要推进新农村建设，传承乡村文明，保留田园风光，延续乡土文脉，留住乡愁。

需要指出的是，国家针对新农村建设和城镇化建设两大策略的顶层设计，并非完全来源于政府的独断独策，而是政府在不断地从基层社会汲取智慧的过程中形成的，因之具有了深厚的社会现实基础。可以说，2013年我国农村基层社会的民俗文化发展状况，在国家的宏观治理与顶层设计之下，呈现出继续变革的强劲态势；与此同时，民间为了在变革中延续传统而进行的主动创造同样不可忽视。针对上述特点以及构成乡土社会的主要组成部分，我们将从村落空间、村落组织、劳作模式、村落文化四个方面，通过典型案例的分析，来探讨农村民俗文化的传承与再造。在典型案例方面，本篇力图涉及华北、华南、西北、西南、东北等不同地域，以期对国家不同文化区域中农村的民俗文化发展尽量予以全面关照。同时，鉴于华北地区作为全国政治权力的核心区域，在国家政策的下达以及民间现实情况的上传方面更为便利迅疾，在对国家政策的执行力度上也更加彻底，因此在兼顾国内不同区域的基础之上适度增加了华北地区的案例，试图更加明晰地观察农村民俗发展中国家与民间的互动性质。

（一）村落空间

国家治理下村落空间的转变主要体现在两个方面：一是大量的农民尤其是青年人离开家乡，涌入城市，造成了村落的空心化，出现了候鸟式的农民工、老年人的村落甚至消失的村落等现象；二是农村抓住机遇，主动寻求变革和发展，转变生产和生活方式，向城乡一体化靠拢，发生了深刻的转型，出现了“农村社区”“村改居”等现象。这两种转变分别对农村文化带来了不同的影响，也分别导致了其向不同方向的发展变化。另外，城镇化过程中“人地矛盾”进一步凸显，所造成的“暴力征地”事件同样需要关注。

1. 村落空心化与村落的消亡

村落空心化，狭义上是指的是村落中的年青人和劳动力外流，老年人和儿童留守，造成农村人口年龄结构上的失调。而广义上的村落空心化则不仅仅指村落人口的空心化，还包括村落文化空心化、劳动力空心化、科技空心化、公共服务空心化等多个方面。村落的空心化在一定程度上打破了村落传统文化、生产生活方式原本有条不紊的传承脉络，使之有了失传的可能。而村落的消亡指的是，在城镇化过程中村落的消失，然而这里的消失并不是指农村被改造为城市，而是农村居住空间的被遗弃，它是村落空心化更深层次的表现。

一户人家的村庄 南坑村是江西省安义县新民乡合水村下辖的一个自然村，始建于清朝末年。这个处在群山坳中的小山村有着清澈见底的小溪，古老到充满韵味的近 20 座木制小楼分列在小溪左右，从远处望去，它们在一片碧绿的大背景中显得静谧安详。然而走进村庄就会发现，所谓的静谧安详实际上是萧索和孤寂，因为这个村落只剩下了一户人家。2013 年 1 月 9 日，《中国青年报》以特稿的形式用一个版面向我们再现了南坑村仅存的一户人家——钟兆武父女的日常生活，这篇名为《守一村，守一族》的文章所带来的震撼不仅仅是老钟的坚守，同时也引发了民众对中国近十年来消失的近百万个自然村的回忆与祭奠。[①]

南坑村几乎是群山包围中唯一的一个村落，这里曾经有大片需几个人合抱的大树，因此，贩卖木材使南坑村人的生活水平一度大大高于周边其他村落。20 世纪五六十年代，附近的大姑娘都以能嫁到南坑村为荣。70 年代，一位来自上海的女知青因为看到了在南坑村“光明的前景”而主动留下来嫁给村里人的传奇轰动一时。然而，木材的流动虽能短时致富，却不能长久。群山环绕的天然优势因木材的消失、交通的堵塞而成为村里人眼中的屏障，生活落入贫困的村里人开始想办法离开大山去外地闯荡。

20 世纪 90 年代末和 2006 年，南坑村出现了两次大规模的外出打工潮，先是男人去建筑工地当了架子工和泥工，女人则跟着去外地进了工厂。后来村里有人做起了铝合金安装的生意，从而带动了全村人，他们跑到甘肃、宁夏、广东、浙江去给别人家的房子安装铝合金的门窗，而纷纷舍弃了自己家的房子，于是到 2013 年，村里就只剩下了 65 岁的钟兆武和他患有精神障碍的不能说话的女儿，以及他养的两只狗、四只鸡。钟兆武的两个儿子都已经搬到县城居住，老伴也跟着去县城照看孙子、孙女，钟兆武并不愿意离开这个他生活了一辈子的故土，于是选择了留守，只是在周末的时候才会带着新摘的蔬菜瓜果去城里看望妻儿。2012 年，他的大嫂在外地去世，大哥回老家办丧事，让这个村子短暂地恢复了往日的生机，外

① 郭建光：《守一村，守一族》，2013 年 1 月 9 日《中国青年报》。

地的亲戚都赶回来奔丧，20所房子竟然有一半开了锁，从不抽烟、很少喝酒的钟兆武提前买了烟酒、瓜子，甚至去别的村借了麻将，把大家引到自己家来一起热闹了三天。然而，这种回光返照般的热闹根本无法抵挡村落的继续衰老，如今，村里大部分的房子都已经倒塌，只有破败的墙体上不断出现的"凡是敌人反对的，我们就要拥护；凡是敌人拥护的，我们就要反对""人民，只有人民，才是创造世界历史的动力"的各种标语才能昭示出这里曾经朝气蓬勃的生命力。钟兆武知道，这个只有100多年的年轻的村子已经迅速的步入到暮年，甚至完全依赖他来延续着生命，所以他不能走，他只要一走，他的村子就真正消失了……

近几年城市化的迅速发展，在带来了城市的迅速扩张的同时，也不可避免地使一些原本脆弱的村落迅速走向消亡，类似南坑村这样几乎或已经宣判了"死刑"的村落在我国数以百万计，而只有老年人和儿童留守的无管理、无组织、无文化、无服务的空心化村落在数量上则只能是更多。村落向空心化方向发展的现实引发了政府的思考，在城镇化过程中如何避免村落的非过渡性的消亡以及空心化成为当务之急。2013年12月22日，农业部部长韩长赋在接受新华网记者采访时就表示，城镇化并不意味着"去农村化"，他认为："中国农民要进城，但不可能都进城，更不可能都进大城市。因此，必须统筹考虑城镇化与新农村建设，城镇化要带动新农村建设，而不能取代新农村建设，为农村人建设幸福生活的美好家园。"① 诚然，村落向城市的过渡是现代化发展的必然规律，但这并不以村落空心化为必经阶段，也并不是简单地被遗弃，而是使农村健康有序的向城镇过渡。因此，必须要采取措施来止住村落空心化的势头。

2.村落空间转型

村落转型实际上是伴随着社会主义新农村建设开始的，社会主义新农村建设战略要求把农村建设成为"经济繁荣，设施完善，环境优美，文明和谐"的新农村。转变经济增长方式，加强基层民主制度建设，加强公共文化服务建设，发展群众文化，完善农村各项保障制度是新农村建设的主要内容和方向，随着各项工作的广泛开展，很多农村都已经发生了深刻的变化与发展。而随着新型城镇化战略的开展，农村又迎来了新一轮的变革与转型，许多村落的村民们都已经从独门独户的私密的宅院搬进了公共社区式的住宅楼，在这部分人中"社区归属感"取代了原本以家门、方位以及生产队来区分彼此的方式成为了新的身份认同的标志，他们开始以"××小区的"来称呼自己，同时积极参与社区活动，维护社区利益。另外，一些城镇化进程比较迅速的农村，甚至集体搬迁或重建，原本的村落成为一幢幢住

① 《农业部部长：城镇化不是"去农村化"》：http://news.xinhuanet.com/politics/2013-12/22/c_118657364.htm.

宅，原本的村委会也成为社区居委会，原本的村民也成为了居民，这样的改变使农村人在城乡一体化的进程中开始拥有了自己作为“城市人”的认同感。

社区归属感 位于淄博市罗村镇的洼子村是一个相对比较古老的村落，村落以张姓为主，依据其祖先坟茔的方位而分为西茔和北茔两支。以往村里人常常以方位或方位中的标志性建筑物来标明自己或他人的住处和身份，这些称呼或已经延续了几百年，或只有几年的历史，从称呼中我们甚至能够看出村落一步步发展的历史。如现村内主街中段偏西有一小片区域被村里人称为“庙上”，住在这里的人便以“庙上的”为代号，“庙”指的是明朝年间村里人修建的关帝庙；“南沟”因处于一条清朝时期通往青州的故道而得名；“南门”一带主要居住着张家西茔一支几房，因清末为抵御捻军而修建的城门而得名；“西池”则因村西头修建于 20 世纪五六十年代的一个大水池而得名；“北胡同”主要居住着张家北茔一支，北胡同附近住家的历史虽然不短，但“北胡同”的修整成形却并不长；“东头”则代表了近 20 年来陆续在村东新建房子的一批住户。需要指出的是，这些名称不仅仅指代村落的不同地域，还代表了村落内部因居住空间而结成的不同的圈子，并隐含着一定的道德评价。在村内这一个个小圈子的内部，则是不同家庭之间在生产和生活中的团结和协作，通过这种长期的协作，他们结成一个个相对稳定的利益整体。不过，这种隐形的结盟，随着新农村建设和城镇化建设的进程被逐渐打破了。

2012 年春节，洼子村东部新建的 4 栋住宅楼全部落成并入住完毕，100 多户近 400 人在拥有了新楼房的同时，也拥有了新的身份——“上楼的”。“上楼的”这些人，有的来自“南门”，有的来自“西池”，也有的来自“东头”“北胡同”这些不同的圈子，现在借助新的地缘关系，通过春节拜年和聚会等活动，在短时间内结成了新的圈子。比如，他们在春节期间相互拜年问候，一家家轮流请客作客，从而迅速地热络起来。特别值得注意的是，在 2013 年大年初一清晨，这批“上楼的”村民，以共同完成“敬天爷爷”的神圣仪式——祭拜以玉皇大帝为最高神的神灵系统——标志着村落中一种新型的“社区归属感”的正式确立。通过田野调查我们得知，传统上洼子村的“敬天爷爷”仪式，向来是以家庭为单元在自家宅院里私密完成的。作为城镇化建设的显在特征的“集体上楼”，既改变了村民的具体生活方式，也改变了他们的组织形态，当他们已经以新的社区作为新的身份认同，“敬天爷爷”的神圣仪式也随之发生了从“家自为祭”到“社区公祭”的转变，这一转变是耐人寻味的。

城市认同感 北京市顺义区仁和镇陶家坟村是拆迁较早的村落，早在 20 世纪 90 年代，村里就已基本拆迁完毕，并逐步建立了社区。最近几年，村民们把手里的土地都交给了政府，政府以土地出租和出让以及集体耕种等各种方式来实现土地的价值再反馈给村民。没有了土地，住进社区的村民通过“农转非”成为非农业人口，陶家坟村民委员会就这样通过“村改居”成为陶家坟社区居委会，当了半辈子农民的陶家坟人成为“市民”。在日常生活中，陶家坟人也开始自身对作为“北京市民”的城市认同感的塑造。

2013年，在仁和镇文体部门和陶家坟居委会的扶持和培训下，陶家坟五六十位中老年妇女成立了“梦天桥艺术团”，他们学会的第一支舞便是“老北京蒲扇舞”。所有人都穿着特制的绸缎衣服，挽着发髻，一手拿大蒲扇，一手端着烟袋锅儿，时儿扭秧歌，时儿模仿剪纸图案的形态与动作，忙得不亦乐乎。虽然这一表演并非老北京土生土长的民间艺术，但至少从他们的组织名号和所选择的舞蹈来看，则无疑充满了对贴近老北京的努力。正是通过这样的活动，他们不断强化着自己作为“北京人”、身居“北京城”的认同。

3. 征地与“争地”

进入到2013年，拆迁的主战场逐渐进入农村，我国的“人地矛盾”进一步凸显。尽管国土资源部办公厅已经下发了《关于严格管理防止违法违规征地的紧急通知》[①]，要求各地对征地工作开展全面排查，对违法违规强行征地行为严肃查处。但在一些偏远的农村地区，暴力征地拆迁行为仍然时有发生，暴力执法与暴力抗法的行为将“征地”变成了“争地”。

2013年9月28日，广西壮族自治区南宁市青秀区某村，村民们因某一座违章建筑的拆迁问题与执法队发生冲突，导致两名执法人员不同程度受伤。当地政府出动2000名包括特警部队在内的警察与拿着镰刀、锄头以及自制的燃烧弹、鱼雷的村民长时间对峙。现场村民不断向警察投掷石块、汽油玻璃瓶等危险物品，最终执勤警察通过向民众投放催泪弹和橡皮霰弹控制住了局面，混乱导致5名村民受伤，其中参与对峙的村民胡定发受伤最为严重，左眼几近失明。青秀山公安分局经初步调查取证，已将该案立为“9·28妨害公务案”进行侦查。[②]

抛开事件的性质论定，从民众心理的角度来看，征地拆迁的行为对于民众来说，一方面意味着凝结了几代人辛苦经营的住宅和土地的彻底失去，让他们在情感上难以接受；另一方面，也意味着他们赖以生存的营生手段的被剥夺，让他们充满了对未来可能会出现居无定所、无田可耕、无业可做、无岗可上的游离于城市边缘等生存状况的恐惧。正是这两种不安定感，再加上对利益最大化的追求，让他们“铤而走险”，使得这次征地变为充满暴力和血腥的“争地”。要想彻底根除这种现象，国家除了在行政上加强管理之外，恐怕还要尤其关注民众心理的沟通与疏导。

① http://www.mlr.gov.cn/zwgk/zytz/201305/t20130527_1219669.html.

② 《网传南宁警察枪击抗拆村民》，2013年10月25日《京华时报》。

(二)村落关系

1. 村落中的"缘"

(1)血缘和地缘。在传统乡土社会中,村民以血缘和地缘为基础构建社会关系,其中通过血缘构建的关系以生育或婚姻为纽带,具有先赋性,也最具亲密性和稳固性,而以地缘构建起的关系则以土地或地理位置为纽带,通常具有后发性。村落最初的发展都是以血缘为中心,凭借不断繁衍的家族聚居形成聚落,再进一步形成村落。后来,随着人员流动的加强,以单一家族构建村落共同体的形式逐渐减少,而以多个家族共同建立村落的杂姓村逐渐增多。显然,在同一地域范围内,相对于处于可流动的人员或家族而言,乡村的土地是固定的,人们的居住方位也是大致固定的,因此地缘关系逐渐由次要变得重要。人们依据土地和方位来构建社会关系,构建生活共同体,进而构建文化共同体。于是,根据地缘搭建的村落共同体就具有了明确的边界,可以为人们提供比较稳定的归属感。

(2)业缘。随着时代的进步和社会分工的出现,以职业为纽带的业缘成为新型的社会关系。业缘与地缘相同,也是后致性的,但是业缘却并不关心物理意义上的边界,它以不同职业的专业性知识为边界,并受社会发展的影响,社会分工越精细,它的边界也就越清晰,圈内人的认同感和归属感也就越强。业缘结成的社会关系从发展起点看,并不一定需要亲情来维系,也并不一定来自相同的地方,但不可否认许多业缘关系正是从亲缘和地缘关系发展起来的。因此,从发展层次看,业缘关系是比较高的社会关系,它只在社会发展到一定阶段才会出现,高于血缘和地缘关系。现代社会尤其是第三产业以及新兴产业的发展,不同行业人们的业缘关系更趋复杂,业缘关系逐渐成为人与人交往中占支配地位的关系。而在农村社会,新农村建设和城镇化建设的不断深入同样导致了业缘关系的逐渐增多。

(3)"新缘"。当代社会涌现出来的各种"新缘"现代社会中出现了许多其他社会关系,如事缘、趣缘、学缘、情缘等。事缘,是以某一特定事情而结成的社会关系。趣缘,是以相同的兴趣爱好而结成的社会关系。学缘,是因共同学习而结成的关系。情缘,是以某一特定的情分而结成的关系等。在当今的农村社会中,社会转型和农村变革使得家族聚居的形式不再多见,农民也不再因依赖而对土地充满情感,传统的血缘和地缘关系逐步淡化,后发的业缘成为主流。与此同时,受国家相关政策的客观推动,趣缘、事缘、学缘、情缘等新型的社会关系也出现在了农村社会中,其影响力甚至超越了地缘、血缘。由此构成的趣缘群体圈、事缘群体圈、学缘群体圈等圈子,成为跨村落的人际关系交往的重要网络。下面以趣缘群体为例,对农村中新出现的人际交往关系进行观察。

趣缘群体的出现是社会发展到一定程度的体现,是人们在满足物质生活条件之余追求精神生活的结果。趣缘群体存在于各个年龄段的社会成员，它的出现大多出自于成员们休闲的需要，因此具有相对松散而内容广杂的特性，如驴友协会、户外团体、摄影协会、京剧票友、桌游网游群体、广场舞团队等。但不可否认的是，趣缘群体已经在社会生活中扮演了重要角色，在农村社会中，这种结缘方式迅速将不同村落的人聚拢到一起，形成了新的跨村落的人际关系往来。其中，以中老年人的民间艺术表演最引人注目。

北京市顺义区南彩镇有一片规模不小的树林，位于几个村落的连接地带，里面除了有大片的绿荫之外，还有若干石桌、石凳和露天健身设备。每天下午3点以后，就会有大批中老年人各自骑着自行车、电动车、三轮车赶到这里，短短20分钟的时间就能集结到300多人。他们大多数来自南彩、木林、天竺、杨镇等周边村镇，也有从顺义城区赶来的，最远的甚至需要在公交上坐20多站。他们来这里的目的，就是因为有着共同的兴趣爱好，如广场舞、柔力球、空竹、京剧、腰鼓、竹板等各种健身或民间艺术表演活动，在这里形成了几十个大小不一的群体。在群体内部，他们虽然来自不同的村落，有着不同的工作，却拥有着共同的话题与活动，还有相对完整的组织和管理体系，负责团队的内部管理与外部沟通等事务。各群体之间的熟人，相互碰面仅限于打声招呼而已，当不同群体因争夺地盘或音响干扰而发生矛盾时，本来相熟的亲友会分别站在本群体的角度，维护各自利益。

类似南彩镇小树林里集结起来的若干群体，就是因相同的兴趣爱好而结合成的趣缘群体。趣缘群体的出现和存在，增加了新的个体交流，分属不同的地域和职业的人群在交流中相互影响，奠定了社会整合的基础，由此在社会化、社会互动和缩短社会距离等方面发挥了重大作用。更重要的是，许多趣缘群体并不局限于自娱自乐，而是逐渐往专业化甚至职业化方向发展，他们凭借兴趣爱好发展成团，然后通过演出和比赛的形式将自身的文化特长展现给大众，在宣泄自身情绪的同时也起到了娱乐大众的作用。针对这样的情况，政府的文化管理部门也积极作出反应，不但鼓励和扶持民间表演团队等趣缘群体的成立与发展，还通过制定相应的文化政策，建立相应机制来保障趣缘群体的生存及服务大众的职能，使之成为农村群众文化活动的最主要组成部分，促进了农村文化的发展与繁荣。

2.村落中的组织

在传统的乡土社会中，小农经济的长期存在使得农村形成了相对封闭的村落形态，村落内部的组织管理主要通过宗族来完成，宗族组织成为村落最主要的组织。传统村落长期以来都是相对封闭、自给自足、独立运行的系统，在族长和乡绅的带领下自己生产粮食，进行公共设施建设，自行建立各种习惯法和生活秩序，组织宗教信仰活动。不管国家发生怎样的朝代更迭，村落始终有其有条不紊的生活节奏，这种独立于国家政权之外依靠村落先赋性的组织管理独自运行的机制，最终在清末民初被打破。

传统村落虽然是自发形成的生活共同体,但实际上也是构成国家的最基层的单元。国家虽未直接管理村落,却一直借助宗族、乡绅等非正式国家力量的组织把控和统治基层。然而,清末民初以后,国家力量开始强力进入基层。清朝末年,清政府设立乡镇,作为县以下正式的行政机构,标志着国家权力阶层正式渗入到农村基层社会,乡绅组织和宗族组织迅速走向衰落。此后,凌驾于村落之上,听命于上层行政机关的行政组织体系,开始长期占据强势地位。

20 世纪 80 年代,人民公社解体后农村基层管理出现真空状态,国家开始实行"村民自治"政策。村民自治,就是广大农民直接行使民主权利,依法办理自己的事情,实行自我管理、自我教育、自我服务。这一制度规定,村民委员会由民众推举产生,用以管理村务,但不属于行政级别,而是基层群众自治性的组织。村民委员会的成立诞生了一批新村治精英,他们不同于以往那种脱离群众,需上级行政机关扶持的村长,而是始终处在村民的立场,在村民和政府行政之间起到沟通和传达的作用,这种旨在"去政治化"的政治制度,旨在使农村重新回归到传统乡村的自然节律,但从它的设计和设置来说仍旧是一种"自上而下"的行为。

近年来,新农村建设和城镇化的大潮席卷而来,在一定程度上促进了农村公共服务体系的改善,但只有三五人的村民委员会实在难以应付新增的基层服务项目,难以满足民众日益增长的物质和文化需求,于是催生了各种新型的乡村基层组织,既包括由政府直接主导的大学生村官系统,政府积极鼓励和引导的志愿者团队等组织,也包括老人会、民间慈善团体等自发形成的组织。村落中原本存在的一些民间艺术团队、民间信仰组织,也开始相应国家号召,转变职能,积极参与到村落管理中去。

农村文化带头人与志愿者 2013 年在,伊犁州直各县市的广大农村地区,掀起了一场规模浩大的选拔农村文化带头人与志愿者的活动。这项名为"文化家园——万村千乡文化带头人"的活动,由政府出面组织,目的是培育农村的文化弘扬志愿者团队。它以"懂文化、懂政策、有特长、会组织"为选拔的基本原则,面向管辖区域所有村落,选拔各地的文化骨干、民间艺人以及文化活动积极分子。然后,将这些人作为各自村落的文化带头人,进行培训和指导。经过一段时间的培训和学习之后,这些文化带头人既理解了政府开展群众文化普及工作的意图,又加强了文化方面的学习与熏陶。他们回村后,就迫不及待地组织起各村落的文化志愿者团队,将培训所得所想传授给志愿者团队,志愿者们再通过表演、宣传、传授等方式促进村落文化活动的开展。经过一年的筹备与执行,伊犁州直的农村文化带头人与志愿者计划取得了巨大的成功。[①]

该地区群众文化活动井喷式的空前繁荣，进一步刺激了当地政府的决策，伊犁州直开始建立长效机制，将文化带头人的选拔和培训制度化、正式化，制定相关的文化带头人制度，为其建立档案，并每月发放一定数额的补助，帮助他们更有效地传播民间文化。同时，按照民间文化活动类型和特点，分为手工艺品制作、民间文艺、体育运动、读书等九大门类，根据门类来组建志愿者队伍，这在一定程度上打破了村落界限，促进了村落之间的交流与往来。伊犁州直文化志愿者活动的成功与长效，正是源自于官方和民间不断地相互影响和互动的过程。

老年协会 福建省福州市新厝镇蒜岭村是一个以海外劳务为主业的村落，村里的大部分年轻人到了一定年龄，都会离开村庄去海外打工，近至港澳台，远至日、韩、印尼、马来西亚，务工期间每隔几年才回一次老家，直到年老之后才彻底回归村落，这样的劳作传统在村里已经延续了 30 多年。而这 30 多年来，蒜岭村也一直是一个属于老年人的村落，由一些没有出国的老人来操持村落的日常生活。近年来，随着这些老人的故去以及最早一批出国务工人员的先后回归，村落人口虽然还是以老年人为主，但这批老年人在经历过十几年甚至二三十年在海外的闯荡之后，其视野、思维、价值观都已经有了很大变化，他们不愿郁郁终生，而是积极担负起了服务和维护家园的责任，最终在村委的组织和指导下，蒜岭村老年协会成立。老年协会的成立，点燃了村里老年人参与村务的热情。截至 2013 年，蒜岭村老年协会已经有会员近 500 人，村落适龄老年人(50 虚岁)入会率达 95%。

与北方老年会专注于操持仪式和承担村落服务工作不同，以蒜岭村老年会为代表的南方老年会大多拥有自己的“产业”，蒜岭村老年会就承租了村委二楼的一大间屋子，将其改造为棋牌室，在为老人们提供娱乐场所的同时，还通过出租麻将和桥牌赚取活动经费。他们将这些经费一方面用于照顾村里的老人，如过节时给老人们分发过节费，为过世的老人家庭提供 300 元的丧葬费等。另一方面，他们积极参与村落的公共事务，如为村里的女子舞蹈队提供服装道具等。除了经营收入，老年会还号召已经在国外定居的乡亲们积极为家乡捐款，并将这笔捐款用于道路硬化等村落基础设施建设。老年协会的成立，为老人们参与村落政治提供了良好平台，村委会在制定任何决策前都会咨询和征求老年协会的看法并予以充分尊重。在具体的决策施行过程中，村委会也会委托老年协会去做村民们的思想工作，村民们因此经常将老年协会称作是村里的“政协委员会”。

总之，老年协会是国家推行城镇化建设战略的大环境下，村落中的留守老年

---

① 《伊犁州直农村文化带头人和文化志愿者队伍初具规模》，http://news.sina.com.cn/c/2014-07-31/151230608855.shtml.

人对村落空心化的现实情况的有效应对。作为村落自生的新型社会组织，老年协会的出现及普遍是国家治理下乡村民俗文化发展的必然趋势。同时，老年协会的出现也体现了当代老年人不安于现状，在村落公共事务中积极发光发热的良好精神面貌。

（三）劳作模式

劳作模式不同于生产方式，它不仅是指获得某种物质利益的生产类型，还指向身体经验意义上的日常生活方式。对农民劳作模式变迁的考察，不仅仅要注意生计的实践，还要特别关照在生计变迁的背景之下民众的身体感受、日常生活方式的改变以及相应的文化调适，具体包括农民如何利用共有的自然资源而进行怎样的生产，拥有哪些生产知识与技能，结成了怎样的生产组织，形成了怎样的交易方式和消费习惯等生活状况。由于农业生产依赖于以村落为边界的土地，所以也就形成了具有一定边界的“村落劳作模式”。对村落劳作模式的整体关照，有助于理清村落社会建构的经济动力以及村落文化的亲和力，以此来更好地感受当地社会的变化。[①]

生计变迁与文化重构 劳作模式的变迁因为涉及生产生活方式的改观，而在农村的大变革中往往成为“排头兵”和“重头戏”。它因关乎农民切身经济利益与生活幸福指数而备受政府重视，总会在顶层设计中优先和重点考虑。另外，劳作模式的变迁也为村落文化的建构或重构提供了导向和经济动力，带动农村区域整体的变革。

北京顺义区北小营镇以前鲁各庄村为首，包括前鲁、后鲁、东府、西府、仇家店在内的五个村落，曾有种植水稻的悠久历史，其所产“三伸腰”大米曾一度成为贡米。关于该地种植水稻的起源，与东汉渔阳太守张堪有关。张堪，字君游，南阳宛县人，是南阳郡豪门大族。张堪 16 岁时来到长安受业学习，与后来的东汉光武帝刘秀是同学，并在刘秀当政后受到重用。公元 39～46 年张堪担任渔阳太守期间，在经济上落实休养生息的国策，充分利用当地地下水资源丰富的特点，引导当地民众种植水稻，创造性地将水稻种植引到长江以北，出现了史学家所称的“渔阳惠政”，当时百姓传唱的“桑无附枝，麦穗两岐。张君为政，乐不可支”歌颂的就是张堪。

自东汉以来一直到 20 世纪 80 年代，当地农业始终以种植水稻为主。据老人们回忆，过去前鲁五村一带地下水资源非常丰富，遍地都是泉眼，耕地长年存水，平地里拿铲子往下铲 20 公分就能冒出水来，这为当地种植水稻提供了良好的自

① 参见刘铁梁：《劳作模式与村落认同——以北京房山农村为案例》，《民俗研究》2013 年第 3 期。

然环境。年龄在 60 岁以上的村民大多数都有自己当初种植水稻的记忆，尤其是对水稻种植的程序以及劳作中的身体感受更是记忆犹深。水稻种植与北方其他农作物种植相比，无论在程序上还是在劳动强度上都要辛苦很多，最令人难以忍受的就是需要长时间跪在水田里，初春时候的水凉得像刀子一样，水里待久了，再被风一吹，腿上就会裂开许多口子；到了夏天，稻田里有许多吸血的蚂蟥，有跪的时间久了，双腿麻木得没有了知觉，被蚂蟥叮咬也觉察不出来，直到回到家换衣服才看到还留在腿上的蚂蟥。这种身体的感受在当时是一种痛苦，后来则成为他们对当初从事劳作的最深刻的记忆。

张堪引导农民种植水稻的典故，与水稻给当地带来的产值，让当地人对张堪的崇拜达到神化的程度。与张堪有关的文化被建构成一个完整的体系，包括张堪信仰、张堪布袋背稻种的传说、张堪与岳父鼓动民众开垦稻田的传说、张堪与妻子传授水稻种植技艺的传说、“三伸腰”稻米的神奇故事等，所有的文化最终以张堪庙的形式被集中展现了出来。张堪庙又称张相公庙，此庙除山门外，有正殿 3 间、东西耳房 2 间。正殿塑有张堪和关公并排坐像外，还塑有张堪岳父的泥像，其中张堪的塑像右臂弯曲，伸着食指和中指，把张堪对百姓开荒一亩奖励 2 吊钱的意思表达出来；张堪岳父的像相对较矮，他左手上扬伸出五个指头，意思是一亩水稻的收成交 5 钱的超低租税。庙内墙壁上还画有展现水稻种植全过程的耕耘图，张堪及其岳父、妻子的传说故事等，所有与稻作以及张堪信仰有关的文化都被收纳了进来。尽管张堪庙在“破四旧”期间被拆毁，但由于水稻种植仍在延续，所以张堪崇拜在民众中并未因之消失。

直到 20 世纪 80 年代，潮白河边的北京水源八厂建成并投入使用，潮白地区大量的水源经管道输送到京城，前鲁五村的地下水受到影响，水位不断下降，直至被抽干，箭杆河也因之断流，加之北京市政府当时出台政策号召各地区大力发展节水农业，前鲁五村的水稻种植被迫中止，农民开始种植玉米、甘薯等旱地作物来代替水稻。劳作模式发生了巨大转变，张堪信仰和稻作文化遭遇了真正的危机，如果说庙宇的拆毁仅仅是文化承载物的失却，那么劳作模式的转变带来的则是文化根基的毁弃，失去了根基的文化无可避免地走向了断裂。事实上也的确如此，80 年代以后，前鲁五村的老人们开始种植玉米、甘薯，年轻人则大多去往县城或京城打工，张堪文化如同被拆掉的庙一般被渐渐地淡忘和遗弃。

近几年来，政府提倡发展和繁荣文化产业，这为张堪文化的复兴与重构提供了契机。前鲁村的前鲁鸭场是占北京填鸭市场消费量 60% 的大型养鸭场，现任场长黄礼一方面受政策的影响，另一方面考虑到在寸土寸金的京郊地区搞养殖业的土地成本，决定要将企业转型主攻文化产业，而将鸭场迁到河北、山东等地。2010 年，黄礼开始正式着手筹备转型，并初步选定了张堪文化和水稻种植文化，到 2013 年，经过了多次调研与筹划，黄礼最终确定在恢复张堪庙的同时，还将建造农业博物馆、水稻博物馆、水稻种植技艺展示厅、水稻示范园、张堪文化主题广场与公园等，力图将企业打造成一个宣扬张堪和水稻种植文化的基地。目前工程开始陆续开展，其中农业博物馆已经初具雏形。黄礼的企业转型也引发了当地百姓的热议，张堪文化与水稻文化也时隔 30 多年再一次回归民众。然而，黄礼对张堪文化所作出的努力与其说是复兴，还不如说是重构，但无论如何，等工程落成之后，当地的百姓能进入到园区工作或游览之时，张堪和水稻文化必将有可能再次成为该地区的标志性文化。

(四)村落文化活动

无论社会主义新农村建设，还是新型城镇化建设，以及方兴未艾的非物质文化遗产保护策略，都离不开对农村文化体系的保护发展，尤其是村落传统文化。如社会主义新农村建设就一直强调农村文化不能“荒漠化”，主张保护和传承农村传统文化，不能让我们的精神家园失守、失根；政府在推行新型城镇化的过程中，也一再强调推进城镇化建设绝不能以瓦解农村文明、牺牲文化遗产为代价，要延续文脉，留住乡愁；至于非物质文化遗产保护制度，在保护传统村落和传统文化方面则更加毋庸置疑，尤其是《非物质文化遗产保护法》的出台，进一步强化了传统文化在社会发展中的作用，同时为保护和传承我国优秀的传统文化提供了法律依据和政策支持。

但我们必须认识到，农村文化体系即便没有政府的参与和干预，也有其自然延续的发展脉络，处在不断的发展变化之中，这种变化既有传承又有创造。大致说来，村落文化体系的发展主要有三条脉络：政府主导、政府引导、民间自主。其中政府主导或参与强调政府的直接操作性，政府引导则主要强调政府的间接参与性，民间自主则强调民间文化发展的自发性。当然，我们很难将这三种脉络细致完全地区分出来。如看似民间自发创造的文化，有可能在客观上是受政府某项政策刺激的结果，而看起来是由政府主导的民俗文化发展，也极有可能来自于民间本来就已存在、只不过处于潜隐状态的文化传统。但从组织者及参与者、支持者的层面观察来说，三条脉络还是有着比较明显的分野。下文将主要依循这三条脉络，通过典型案例来分别加以区分。

1. 政府引导的群众文化活动

2013 年，北京市顺义区仁和镇策划实施了“一村一品”的活动，即以政府扶植和引导的方式，让仁和镇的每一个农村社区都至少有一支民间表演团队，至少有一项有特色的群众文化活动。一年来镇政府培育了许多团队，编排出如划龙舟、擂台赛、龙狮舞、小车会等多种群众文化活动，其中最有代表性的例子莫过于临河村的水鼓舞了。

2013年初,仁和镇文化站的领导偶然间在天津看到了一种令人耳目一新的舞蹈——水鼓舞,立即产生了将这种舞蹈引入仁和镇的念头。考虑到临河村还尚未有特色活动,且该村近年来由于临河开发区占地的问题出现了诸多上访现象,镇文化站决定将这个舞蹈“植入”临河村。文化站与临河村村委沟通之后,与村委一起挑选表演者,海选几天之后选定了60名年龄跨度达40岁的妇女,初步建立起了表演团队。再由文化站出资为表演队购买服装和道具,去天津请来教练,与教练一起督促队员集中学习舞步、鼓法及队形,如此集中练习了一个多月,中间经历了多次人员变动方才排练成功。成功之后的水鼓舞团队,第一次登台就代表仁和镇参与了顺义区的比赛,凭借其独特的道具、气势磅礴的鼓声、绚丽的舞蹈和灯光引起了轰动,最后拿到了第一名。从此以后,临河村的水鼓舞不仅是临河村的特色活动,也成为仁和镇的招牌,代表仁和镇参加了多场比赛,几乎每场比赛都能获得名次,而临河村的上访现象也因为水鼓舞的出现而大大减少。

2. 政府主导的孝文化活动

2013年8月9日,由淄博市博山区政府主办的第七届中国(淄博·博山)孝文化旅游节开幕,此次旅游节一直持续到10月上旬结束,共安排了100余场文艺演出,举办了“唱响中国梦·喜迎十艺节”——博山区广场文艺展演活动、博山传统民俗活动——文姜庙会、博山区农村文化艺术节、博山区2013年民间古玩交流会、“美丽博山我的家”摄影展、博山区历史文化遗产图片展、博山区舞蹈大赛、博山区“走基层、送文化”文艺演出、博山区农民歌手大奖赛等丰富多彩的文艺展演活动。

博山因为孝妇颜文姜的传说而成为中国著名的孝乡之一,境内的颜文姜祠是国内为数不多的唐朝木制建筑之一,历史非常悠久。当地的颜文姜信仰一直兴盛,在当地人的心目中,被称为“颜奶奶”的颜文姜虽以孝封神,却被视作全能之神,主要的祭拜活动是每年农历七月初三的颜文姜庙会和博山区八陡镇每年农历六月初一到六月三十“接颜奶奶回家歇伏”的仪式活动。这两项活动都已传承了几百年,活动的主要目的就在于祭拜和侍奉颜文姜,带有相当浓厚的民间自发色彩,但并没有突出孝文化。

近十多年来,博山区政府一直着力发展博山的孝文化,利用颜文姜打造“孝乡”品牌。为了更好地借助颜文姜传说故事宣传弘扬孝文化,政府决定利用好颜文姜庙会,于2006年博山区政府“接管”了颜文姜庙会,开始举办“博山区第一届民俗旅游节暨颜文姜庙会”,活动中特别设立了“走近颜文姜,感受孝文化”大型广场音乐会以及“孝乡使者”评选等活动,将赶会、旅游和宣传孝文化连到了一起。2007年,博山区政府为了更加突出孝文化,直接将庙会痕迹抹去,改为“博山区第一届孝文化旅游节”，从此一直延续到2013年已经举办了七届。从此，颜文姜庙会就转变为政府主导和直接参与的大型节庆活动。在历年的活动中，既有政府主办的大型音乐会、比赛等各种活动，又有民众可以直接参与和感受的传统庙会，还有专门针对农民的各项活动。而有关“孝文化”和“孝乡”宣传的环节，直接取代了原本的庙会仪式活动，成为最重要的活动。对于政府的改造我们很难去评判是非对错，但至少政府主导的活动在达到宣传目的的同时，也并没有关闭让民众自由参与的通道，所以大多数民众包括颜文姜的忠实信仰者也并没有太大的反感。而类似这样的改造在当今的社会中并不是偶然现象，且随着时代的发展大有愈演愈烈之势。

3. 民间自发创新的高跷会

大胡营村位于北京市顺义区北小营镇，村里的高跷会历史久远，久负盛名，早年间在丫髻山赶会的过程中，就以其激昂的锣鼓和精湛的表演，获得“大胡营的铜锣没有底，大胡营的托头盖京东”的美誉。除了去丫髻山、牛栏山、黑龙潭等地方赶会，高跷会还有正月初一在本村拜庙以及正月十五举办花灯节的活动，这两项活动是村里每年都必须有的。这也就意味着，每年正月，高跷会都必须要组织起人来参与走会。

大胡营的高跷会自明朝时期成立一直延续至今，所依赖的除了民间传统文化自身的韧劲之外，还在于民众总能灵活巧妙地通过各种不违背常理的创新来规避各种磨难，几百年来过程虽艰难，却始终未曾长时间断裂。特别是“文革”时期，各种花会都被迫停止，大胡营村为使高跷不至于停滞失传，别出心裁地新造出富有时代气息的工农兵、红卫兵、工人、农民等角色，代替传统的十大角色。蹬跷的人脱去了红袍马褂，穿上了绿色军装、蓝色工装，或扛着木枪，或举着红旗，或拿着农具，或攥着改锥，身体笔直地站在跷上，重复着老一辈传下来的动作，唱着歌颂祖国、人民的唱词，不仅较好地保留了传统的高跷技艺，还获得了当时革命委员会的好评。然而，在特殊年代仍然凭借民间智慧大放异彩的大胡营高跷会，却在近年来举步维艰。

新世纪以来，农村的经济形势发生了翻天覆地的变化，村里的人们尤其是男人不再束缚在一亩三分地上，开始主动外出打工，而外地人也开始大量涌入包括大胡营村在内的北京各地。有了新想法、新观念和新的生活方式的村民，渐渐地对传统的高跷失去了兴趣，而从未见过高跷表演的外来流动人口，则将高跷当成了一件极其好玩的事情。大胡营高跷会的会头们适应新形势，主动吸纳女性和外来人口参加高跷会并亲自培训教导。经过多年的发展，如今的大胡营高跷会中，外来人口已占到一半。虽然在春节走会期间，劝说急于回家的外来人口留在村里参加活动是一件比较麻烦的事情，且充满变数，但高跷会毕竟传承下来了。

随着时代的发展，科技成为社会的主流，新一代的年轻人容易沉迷于电脑、手机等高科技休闲方式，不愿学习高跷，高跷的良性传承又一次面临了难题。为了不至于断代，高跷会的会头们又开始积极筹划，将目光瞄准了最近非常火爆的电视真人秀节目。目前，他们正想办法联系北京或者顺义的电视台，尝试能否将高跷作为综艺节目去参加表演或比赛，以此来吸引孩子们学习高跷、参与走会的积极性。

从以上三个案例可以看出，无论是政府主导、政府参与或是民间自由发展的村落文化活动，实际上都摆脱不了国家宏观政策和社会发展现实的影响。只有正面这种影响，及时作出主动或被动的反应，自觉或不自觉地将影响化到活动中去，使之融合到一起，乡村文化活动才能真正传承，并在保留原有特色的同时又富于时代气息。有了政府与民间的良性互动中，民俗文化才能在与时俱进地获得传承与发展。

三、2013 年度国家治理下的城市民俗文化发展

当代中国正处于急剧的变革之中，城市在迅速扩大，城市人口超越了乡村人口，大量乡村被纳入到以城市为引擎与核心的生产、交换、消费的活动之中。毫无疑问，从原始社会的中心聚落，到设防城堡、城寨，再到专为护卫统治阶层的王城、王都，再发展到政治中心、商贸中心、经济与文化中心，乃至交通枢纽与物流、军事重镇，城市是见证人类物质空间文明发展与进步的结晶。美国现代哲学家刘易斯·芒福德曾说："城市是一种特殊的构造，这种构造致密而紧凑，专门用来流传人类文明的成果。"在西方词汇系统中，"文明"一词正是源自拉丁文的"Civitas"（城市），这种对应并非偶然。据统计，目前总数超过 50%的全球人口居住在城市，随着城市化进程的加快，预计 2025 年则将会有 2/3 人口居住在城市。

2013 年，我国常住人口城镇化率已经达到了 53.7%，有 7 亿人生活在城镇中。在城市化、商品经济、消费主义的扩张之下，加之非物质文化遗产运动的方兴未艾，中国乡土社会传统和乡民习俗的沿袭，愈加受到国家层面的宏观管理与顶层设计、社会转型与国家新型城镇化政策等内外合力的影响。中国传统乡土社会及其文化模式无疑正处于一个重大变局的过渡期，许多民俗事象映现出了诸多新特点与新趋势。对于任何城市，奠基在其历史时空基础上的产物，都是最具个性的非物质文化遗产。随着传统社会向现代化生活特别是城市聚落形态的转化，劳作模式与生活方式的变革，已经逐渐消解了政治意识形态的强力，成为国家治理过程中极易引发矛盾冲突的领域。在人们普遍认同"城市，让生活更美好"的时代，城市及其文化模式应该走向何方，似乎更应该从作为城市文明之根的民俗文化发展的维度来探索和理解。

(一)城市语境下民俗文化发展研究的理论基点与方法

滕尼斯曾指出,任何一种现实的人类聚居形式都可以根据他们在"礼俗社会—法理社会"这个"连续统"中所处的位置进行分类。与城市的聚落形态、生活方式和文化模式不同,传统意义上的村落自有其社会秩序与生产、消费及权力格局。村落单元的生活组织方式和利益分配方法单纯而明确,作为其表现形式的乡规民约则具有稳定性、自发性,民众运用起来得心应手,具有一定的灵活性和普适性,因而在面对内忧外患时往往能够释放相当的生存活力。自 13 世纪起,诸多渐趋成熟的文化、经济、政治系统的城市,开始在西欧和亚洲地区出现,这些城市的架构成为现代城市的雏形。所谓"现代化",是始于 18 世纪的科学知识和工程知识惊人扩张的产物,这一扩张使得人类开始以前所未有的方式来控制和塑造生产生活的环境。时至 20 世纪,"现代性"与"革命性"成为大半个世纪的主流话语,以民俗为表征的乡土传统处于被改造的地位;而自 21 世纪以来,伴随着当代乡民日益汹涌的流动性趋势,乡土社区传统逐渐呈现出某种"碎片化"的特征。自发形成的农村多余劳动力向城市转移,已成常态,它推动了城市经济和市场的繁荣,同时也不可避免地改变着农民的传统属性,并摇撼、撕裂着传统的乡村文化体系。近年来,村落中青壮年长期向城市的涌动和迁居("去村落化"或"城镇化"),与村落生活的城市化转变("在地城镇化"),构成了当代中国乡村社会"城镇化"的基本特征。来自国家政策的对于城镇化进程的加速推进,对所有社会阶层特别是农民群体来说,既是发展机遇,又面临诸多问题。一方面,农民"上楼"变为市民,在获得一定的生活便利、享受到当代文明福祉的同时,也在一定程度上拉动和扩大内需,促进经济稳速发展;另一方面,这些农民又面临着劳作模式、生活方式和文化认同方面的巨大变化,以他们为主体所组成的大量新型社区,其组织过程和文化转型、公共文化服务体系建设等问题业已成为棘手的现实问题。

城市社会是与乡土社会有着巨大差异的社会组织形态,但两者在整个人类历史发展过程中几乎又是相伴而生。在西方,现代城市文明可以追溯到公元前 6 世纪前后形成的古希腊民主城邦制。事实上,中国的城市化进程同样起步很早,可以一直上推到礼乐制度隆盛的西周时期,而且东周的王城洛邑就已经具备了后世成熟城市形态的基本格局。自东周、春秋之后,一直到 20 世纪初,中国封建社会由于根深蒂固的重农抑商思想、导向与政策,城市的发展一直没有充分展开。然而,从南宋开始,因为封建礼教的松动和商贸活动的发达,出现了一批相对成熟的城市形态,如苏州、杭州、洛阳等,成形于传统乡土社会的风俗在这些城市中若隐若现,但只是星星之火,始终没有形成燎原之势,民俗文化在城市之中更多还是以官方的礼法、礼制与礼乐,以及瓦肆勾栏里的民间百戏等形式存在。例如,宋代就是继唐代之后掀起了中国城市文化的又一高峰。宋代城市经济的空前繁荣，物质生活水平的明显提高，城坊制的有利变革，瓦肆勾栏，诸行会聚，城市的民间艺术百花齐放、百家争鸣，从大都市到中小集镇，到处都有老百姓所喜闻乐见的以民间艺术为代表的游艺民俗活动。值得注意的是，中国传统社会的封建地主制与西方领主庄园制，有着差异明显的管治结构与管控措施。中国的农业社会以家庭为生产生活单位，因而宗族自治的表征十分醒目，受此影响，古代城市也多以院落式的家庭为生活居住单位，构成了传统城市生活的基本细胞。

20世纪上半叶，上海的城市化程度得到了迅猛提升，形成了有"东方巴黎"之誉的都市文化，可惜在末世乱局中仅是孤芳自赏。中国城市化进程的真正开始是在20世纪80年代初实行改革开放之后——经济的成功改革使得更加先进的现代大工业生产浮出水面，而大工业生产方式又与全新的社会消费方式、市民生活方式相适应。与此同时，国门的开放，使得西式生活观念、文化思想一拥而入，西式衣着、饮食、住宅、交通、婚礼、情人节、圣诞节、愚人节等，这些为大多数国民闻所未闻的新鲜事象进入现实生活。相对西方社会领先中国几十上百年的现代城市文明与生活方式，国人的民俗文化传统无疑受到了一场巨大的碰撞与洗礼。正是在这一时期，对于中国民俗学而言，从乡土到城市语境的转换才真正作为一个问题被提出，并由此引发了学界一场"眼光向下的革命"。而追根溯源，其实当代中国城市化过程中的诸多问题，早已存在于南宋以来，使城市与乡土之间构成紧张关系的每一次国家治理下的民俗文化发展之中了。

城市不仅体现着它所具有的物质功能，而且体现着社会发展的复杂进程，包含着深刻的文化意义。在传统社会中，民俗文化的社会担当建基于以礼为中心的宗法制度，以国家与民众互相涵化的形式建立了民俗与国家社会宏大格局的共生关系。漫长的历史时期，伴随着礼制的强化、宗族社会的发展与民族融合、外来宗教和本土宗教的渗透等多重影响，以城市为代表的社会有机体的扩大与重组，使得礼与俗互相依存、黏合、渗透，双向地增强了上层文化与下层文化，或者说精英文化与民间文化的贯通和发展。

斯宾格勒曾经断言："一切伟大的文化都是市镇文化，世界历史就是城市的历史。"在中国大一统的民族国家形态聚合的过程之中，国家治理下的民俗文化曾经以礼为符号，各级政权机构凭借统治地位的优势，以制度的、教化的威力切入生活习俗，以礼化俗，极大地增强了不同民族、不同地区、不同宗教、不同风俗之间对共同伦理价值的认同，这也是中华文化整体性覆盖于多样性的内在原因。综观一部社会发展史，从先秦到魏晋，从宋元到明清，国家治理下的民俗文化发展史也是城市文化的进步史。当代社会的主流文化特征无疑是源于20世纪的城市工业社会，以大众消费、城市人群为目的和对象，以世俗化、开放性、娱乐性、拼贴化、商业性为标志的消费文化或大众文化。城市不仅以市场经济为基础，而且直接构成一种以现代大众传媒为载体，在市场经济条件与大众传播媒介推动下流行的文化样式。国家治理对当代社会的影响，已经从相对抽象的文化传承深入到以城市为载体的现代生活世界构建的层次上，在以城市化，特别是中国的新型城镇化为典型特征的现代生活世界的建构中，国家顶层设计作为承载丰富文化认同与价值观的主导力量和风向标，对中国民众生活世界中的文化身份认同与现代生活世界的重构产生了愈加深刻的影响。

20 世纪下半叶以来，伴随城市化进程的加快，民俗先是作为中国传统文化的符号载体，继之以第三产业发展的资源载体，两者进而聚拢于风俗或迷信、进步或者落后以及新型城镇化模式下的非物质文化遗产等命题下得以表达。一般认为，我国城镇化进程大致经历三个阶段。第一阶段是 1978～1984 年。以农村经济体制改革为主要动力推动城市化阶段，这个阶段“先进城，后建城”的特征最为明显。第二阶段是 1985～1991 年，乡镇企业和城市改革双重推动城市化阶段，在此阶段以发展新城镇为主，沿海地区出现了大量新兴的小城镇。第三阶段是 1992 年之后，城市化全面推进，以城市建设、小城镇发展和普遍建立经济开发区为主要动力。与此同时，城镇化暴露出来的问题也愈加明显，譬如造成城乡差异逐渐扩大，城市与农村出现了天壤之别，大城市产生许多“城市病”症状，等等。时至今日，虽然我国城镇化率已达 53.7%，但是城镇户籍人口占总人口的比例却只有 35%～38%。大量的农民工实现了地域转移和职业转换，但还没有实现身份、地位和角色的实质性变迁，更遑论劳作模式与生活方式、思维习惯、文化观念的彻底转型了。如果说经济基础决定上层建筑，那么统计结果却又证明，近 2 亿生活在城镇里的居民并没有城镇户口和享有城镇居民待遇，很多农民工出现“就业在城市，户籍在农村；劳力在城市，家属在农村；收入在城市，积累在农村；生活在城市，根基在农村”的“半城镇化”现象。大规模农民工周期性“钟摆式”和“候鸟型”流动。就目前的城乡统筹机制和城市文化发展而言，当代中国新型城镇化背景下的国家治理对民众生活世界的构建意义，也就较为集中地体现在“市民”自我身份认同和城市社会公共领域的支配与使用的权责关系上。

在身份认同的构建上，20 世纪 90 年代以来，中国新型城镇化步伐不断加快，城乡经济社会统筹与改革开放逐步深化，小农经济遭遇现代产业的巨大冲击，大量主流劳动力进城务工，滋生了中国改革开放以来最大的流动人群——农民工群体。21 世纪以来，随着中国经济转型与社会转型的展开，计划经济的分配与消费体制逐渐丧失其威力，以各种形式复兴的民俗传统为民工群体回归自我提供了多样选择。失落的文化记忆与日新月异的城市快节奏状态，使得城市民俗愈加具有碎片化和标志性，无论是社区文化建设还是城市的整体文化属性在多样性里都缺乏统一性的特征，城市要么在人口的大规模流动中失落了原本保有鲜明个性的文化特性，要么以地方政府为触角的国家治理依旧按照“文化搭台，经济唱戏”的老路在拼命打造城市名片，并希冀以民俗符号为宣传载体和旅游产品，然后在愈加激烈的市场化竞争中找到城市的定位并抢得一杯残羹。不仅如此，逐渐摆脱农村符号并伴随城市化节奏转换为市民象征或身份的社区及其族群，也在新的生活方式与生存环境里与传统市民一起争夺愈加逼仄的文化空间，在楼盘、广场、社区、就业岗位上找寻“约定俗成”的现代民俗生活或市民文化生活。就城市社会公共领域的支配与使用的权责关系而言，在城市化过程中，因为城市文化建设政策导向失误、基础设施建设条件滞后以及媒体、自媒体资源的井喷式生长，在纷繁复杂和竞争激烈的现代城市生活里，由地方政府规划不周造成的文化建设的失败，乃至围绕城市建设产生的大量群体性事件中，“国家治理”往往因角色的错位与缺失而一度出现过激或失语的两极现象。

如果说传统的礼俗社会，即以民间生活习俗和乡土社会为基础，以国家治理和宗族的乡规民约为共同主导，实施地方自治管理的话，那么在城市化脚步愈加紧凑的今天，受现代性与全球化潮流裹挟的当代中国，民俗文化早已形成了一种潜藏在民众文化基因深处的社会文化氛围，从而使以国家治理为主导的民俗传统具备了熏陶、铸造、重塑大众文化心理，并进而整合人们的思维模式、行为和生活模式的功能。在乡土社会向城市社会的变迁中，城市社会的公共领域取代了村落体系内的神圣空间，由市民组成的城市空间内的公共领域具备了明确的政治倾向与商业属性，诸如社区文化建设、文化产业发展、国际文化交流等具有强烈政治意味和商业气息的关键词在城市里更加凸显。发生在城市语境下的国家治理，不但具有了政治性、商业性与娱乐性等特点，而且围绕公共领域的支配与使用的权责关系所引发的新闻、现场与事件，在 2013 年度愈加引人瞩目。

(二)2013 年度城市语境下国家治理的典型案例

今天，伴随着城镇化的浪潮和信息化时代的到来，依托传统乡土社会的各种民俗也面临着“转身”“前行”的挑战。我们应该如何看待身边的民俗？传统民俗在现代社会中，究竟还能否继续发挥其涵养文化、凝聚人心的作用？在中华文明传承发展史上，国家意识形态的提倡和国家层面的宏观管理与顶层设计，很大程度上要在向民间社会生活的贯彻中才能真正得到落实，这就是“顶层”向“基层”落实、“基层”又涵化“顶层”的必然逻辑。

2013 年 12 月 12～13 日，中央召开了城镇化工作会议，明确了推进城镇化的指导思想、主要目标、基本原则、主要任务，讨论了《国家新型城镇化规划》。会议提出：“城市建设水平是城市生命力所在。城镇建设，要实事求是确定城市定位，科学规划和务实行动，避免走弯路；要依托现有山水脉络等独特风光，让城市融入大自然，让居民望得见山、看得见水、记得住乡愁；要融入现代元素，更要保护和弘扬传统优秀文化，延续城市历史文脉；要融入让群众生活更舒适的理念，体现在每一个细节中。”新型城镇化建设的关键在于“人的城镇化”，而“人的城镇化”的基础是人的社区化，包括岁时节日、人生仪礼、游艺、信仰、家族等民俗传统，理应成为当代城镇化建设“社区落地”的重要构建因素。在这一背景下，城市社会为适应时代而形成的“新传统”，久之也成为城市文化的一部分，凸显出了坚韧的文化适应能力。

在从乡土社会向城市社会的语境转换中，诞生于乡土社会的民俗传统将何以在城市自处，借助城市公共领域和现代生活方式而产生的城市民俗、新式民俗应该何去何从，是本报告所特别关注的。下面将从城市语境下的社区文化建设、文化产业发展、中外文化交流等方面，择取 2013 年的代表性事件，以审视并反思本年度城市语境下的民俗文化发展状态。

1. 城市社区文化建设中的国家治理

广场舞引发年度事件 随着社会的进步和人民生活的改善，广场文化呈现出星火燎原之势。而作为广场文化重要表现形式之一的广场舞，也越来越受到大众的喜爱。20 世纪 90 年代中后期，随着经济社会的高速发展，一个覆盖全民的基本公共服务和社会保障体系初见端倪，广场舞便伴随着多姿多彩的城市广场建设应运而生。广场舞将各种舞蹈元素兼收并蓄，另辟蹊径，这个以健身为目的的体育舞蹈，使文艺活动朝向大众化、平民化迈出可喜的第一步。广场是城市的客厅，舞蹈是群众喜闻乐见的文体活动。广场舞最初在改革开放前沿的南方崭露头角，21 世纪以它为代表的广场活动很快便辐射到全国各大城市，影响至今不衰。与此同时，随着生活条件的改善和新农村建设的蓬勃开展，农民的生活方式有了很大的改变，在农村城市化的进程中，广场舞成为城市文明的催化剂，广场舞又添一支农民新军。广场舞几乎遍布全国每一个角落，已成为一个时尚和潮流，呈现出方兴未艾之势。

进入 2013 年，许多城市围绕广场舞噪声的纠纷呈现激化趋势。4 月，成都市一小区几家临街住户由于长期受楼下广场舞音乐困扰，一气之下向楼下跳舞的人群投掷水弹；8 月，因不满邻居跳广场舞的噪音而鸣枪泄愤的北京市民施某，因涉嫌非法持有枪支罪而被公安机关逮捕；10 月，武汉市一小区内正在跳广场舞的人群遭到楼上业主泼粪。此时，对于许多居住在城市里的人来说，广场舞已经成为影响正常生活的噪音来源。在一些城市环保部门接到的噪声污染投诉中，对“广场舞”的噪声投诉名列前茅。在美国，有华人团体在纽约的一个广场上跳集体舞，被警方二次警告后用手铐带走。尽管后来纽约警方和跳舞者达成和解，北京鸣枪者也因涉嫌非法持枪被批逮,但由广场舞引发的争论却没有平息。相关统计显示,目前全国广场舞爱好者过亿人,参与主体是 40～65 岁的中老年女性。广场舞噪音扰民纠纷,反映出当前城市建设中文化广场等公共设施不足的问题。从经济学角度看,广场舞现象的特征是公共领域和私有产品之间边界模糊,共享资源和公共集体行动缺乏规则的表现。广场舞虽非发端于中国,但在当代中国却成为一种引人注目的大众文化形式,自有其特定的文化背景。中国特色的广场舞,不仅是一种对健康追求的集体宣示,而且也是社会转型期幸福感抑或"被挤掉了的幸福"的潜意识释放。[①] 作为一种来自民间、又获得官方支持与认可的"狂欢文化",广场舞借助集体主义的艺术形式,构建了民众对乌托邦生活的想象。

值得注意的是,面临层出不穷的广场舞群体事件,整个社会发出的却是"广场舞扰民,究竟归谁来管理"的呼声与无奈。《治安管理处罚条例》中没有相应的处罚措施和条款,环保局有《环境噪声污染防治法》,但却没有执法权,城市综合管理委员会(城管)没有对等于公安干警的权力干预群体文化活动……正如李国庆所分析的:"现有的政府序列的管理体制机制已经失灵。以往的单位体制是一个以职业为纽带的功能组织,今天,其管理对象已经不能覆盖城市生活者的大多数,而且单位的社会管理职能已经从单位体制中分化出来转移到社区,需要在城市社区建立以地缘为基础,包括所有生活者的新的社会治理机制。就广场舞来说,舞蹈领队、居民代表、城管、居委会等多元主体共同协商,每一个主体都可以牵头,制定新的制度,共同合作。"换言之,政府作为公共秩序的管理者,对广场秩序的维护负有不可推卸的责任,尤其在责任主体不明晰的情况下,应该由当地政府出面进行管理。解决广场舞问题,不能简单地采取"堵塞"的办法,而应当坚持"疏导"与"管理"相结合、国家治理的策略,既要满足居民业余跳舞活动的需求,又要有效避免噪音扰民。

2. 城市文化产业发展中的国家治理

自贡灯会引领城市发展　自贡,地处中国西部,巴蜀之间,四川之南。这座位于四川盆地之中的丘陵城市,土地肥沃,气候湿润,自足封闭;既非王朝侯国,又非兵家必争之要塞,没有便利的水路交通,也没有对外贸易之口岸,而是因盐闻名,因盐设镇,因盐设县,因盐建市。自贡地处四川盆地南部,作为因盐而兴的一个经济中心,其文化艺术的发展也是随之而来。自贡灯会起源于四川的政治、文化中心成都,并汇集自贡周边城市的灯会习俗,逐渐形成自己的风格。自贡盐业经济的繁荣,推动了地区文化、教育、艺术的发展,带动了相关产业的发展。在这种繁荣的经济背景下,被誉为"自贡三绝"的龚扇、剪纸、扎染,自贡的川剧艺术,杂技,

---

① 王君超:《广场舞需要文化自觉》,2013 年 11 月 2 日《光明日报》。

民间歌舞得到了发展和推动，为城市注入了以盐文化为特质的地域文化特色，促进了民间娱乐活动的发展，年会灯会便成了自贡地区集盐文化大成的地方会节。将地域文化、城市文化与彩灯艺术相结合，是自贡灯会的一个创新点，是传统艺术走向现代的一个典型代表。

2013 年 2 月 3 日晚，第十九届自贡国际恐龙灯会经贸交易会拉开序幕，这届灯会在园内共设立六大主景区，采用全新的集群式灯区，展示自贡独特的盐、龙、灯地域文化，并在科技运用、视觉震撼、节能环保、工艺创新等方面有新突破。据不完全统计，自贡市彩灯企业达 257 家，从业人员 4 万多人，年产值 20 亿元。作为自贡“大三绝”之一的自贡灯会，被国务院列入国家非物质文化遗产名录，被国家旅游局确定为全国两大民俗活动之一，彩灯文化发展园区也被文化部命名为“国家文化产业示范基地”。自 1964 年以来，自贡灯会在本地已举办了 25 届，其中以自贡国际恐龙灯会命名举办了 18 届，先后在国内 500 多个城市、国外 40 多个国家和地区展出，累计观灯人数超过 3 亿人次。为了强化灯会的管理，自贡于 1988 年增设“灯贸管理委员会”，加强了对灯会内展及外展的组织和管理，不但使灯会成为城市文化建构过程中的重要文化仪式，而且成为传统节庆民俗与城市文化融为一体的媒介。此后，还颁布了《自贡彩灯行业管理规定》，彩灯生产从全能主义国家下的单位化动员走向市场化运作。以节庆民俗和地域文化为主要内涵的灯文化，对城市文化的建构难能可贵，基本消解了民间文化与城市文化的异质性，从而使灯文化以少见的方式整合进了城市文化体系之中。从 1988 年开始，除内展外，自贡灯会先后在北京、上海、广州、武汉、香港特别行政区、澳门特别行政区和台湾地区等多个大中城市和地区展出。这样，以彩灯为主线，灯文化对城市文化的建构真正实现了整合功能，灯文化成为城市发展的有机部分，成为城市文化建构的母题，对外展示着南国灯城的形象。这种建构为城市发展的总体目标服务，不但是对各类传统文化元素的整合，也是灯文化对现代性的适应，更是城市文化对传统的重塑与延续。

通观整个自贡灯会的文化产业构筑历程，以地方政府为载体的国家无疑发挥了绝对的主导角色，政府立足文化与经贸互动发展，坚持“灯会搭台，经贸唱戏”的办会宗旨，始终把发展经济作为第一要务。以此为基点，组织开展以文化体育、经贸促销和招商引资为重点的经贸文体活动，重点筹备自贡市工业招商投资以及招商推介系列活动，力求在招大引强上实现突破等。对比 2008 年自贡灯会因为用电荒而造成的舆论事件，地方政府如何将以灯会为符号的城市形象塑造改造为真正惠及千家万户经世济民的惠民工程，不让红火灯影下的民众只是一个模糊的背影，自贡灯会在国家治理主导下的未来发展之路值得我们共同关注。

3. 城市民俗新旧融合下的国家治理

财神节:旧俗融合新风 作为祈禳性节日的一种,历史上送穷迎富的节日往往在农历节日中较为常见,如正月初五拜财神、七月二十二祭祀财神生日等,该习俗今已遍及整个中国大陆、港澳台地区和南亚华人聚居地。在山东地区,1941 年《潍县志稿》中就有"七月二十二日,谓为财神生日,各商家无论钜贾小贩皆设祭供神,饱恣饮啖。虽近迷信,但相沿已久,至今不绝"的记载。1949 年之前,无论是即墨、高密、平度、潍县,这些传统上就有在七月过财神节习俗的地方,还是像青岛、烟台、威海这些新兴城市,无论是城镇还是乡村,财神节主要流行于经商做买卖这一社会群体。这天,很多城镇的经商业主,大多都要在财神像前献上牺牲,敬上供奉,鸣放鞭炮,大宴宾朋,感谢财神过去一年的保佑,并祈求大吉大利、财源广进。祭祀时,红烛高烧,鞭炮齐鸣,用面做成元宝、圣虫,或用钱做成钱龙,吃水饺谓之"元宝",寓意招财进宝。财神节寄托了人们想要发家致富的美好愿望,但关于迎财神的风俗形式和活动内容,全国各地有很大区别。

值得注意的是,财神节在山东半岛近年来尤其盛行,青岛、烟台、日照、威海、平度等城市极为普遍。在这些地方的城乡(特别是城镇)已形成一个独特的民俗节日文化空间,财神节成为民间最重要的节日之一,是春节、中秋、清明、端午之外的又一大节。过节的活动及形式趋于多样化,在地方上约定俗成,已形成一定的节日模式。[①] 2002 年,青岛市举办了第一届青岛市财神民俗旅游节,而且由政府组织,每年举办一次,各大商会积极参加。2013 年的财神节引起了社会上下更大的关注,青岛现在几乎成了全国过财神节最有氛围的城市,大量市民和商人将鞭炮自清晨开始燃放,一直延续到午后。中午宴宾朋,晚上亲人团聚,热热闹闹度过一整天的节庆。除了祭祀活动,即墨、崂山的部分国有、民营企业的中午聚餐也是一种对民俗的学习与发展。除了一些传统的庆祝活动,这些地区的企业老板都会在这一天中午请员工吃饭,下午还要给员工放半天假,有的老板还给员工发红包。普通市民对于财神节的庆祝也开始变得隆重,做生意的市民大都会选个吉时放几挂爆竹,预示着自己的生意红红火火。

显然,以青岛市为代表的胶东半岛逐渐兴盛"财神节"的过程,正是以政府为代表的"礼",对于民间仪式活动,逐渐从敏感、疑惑、观望转变为认可、容纳、涵化的过程。国家试图运用传统节日的象征价值对社会集体心理予以整合,在貌似迎合大众消费心理的过程中,强化国民(市民)的城市文化认同;商家意在通过节日促销等活动实现其商业理念、产品对城市社会的占领与扩张。由此造成的结果是,节日在高速流动的快节奏城市生活中起到了聚合活力、释放压力、凝聚人心的

① 秦淮:《山东财神节调查》,《民间文化论坛》2013 年第 3 期。

意义。正是在国家主导、民众主体、信仰升发、经济往来和节日欢腾等方面的价值上，通过节日新俗与文化传承，各种城市社区得以凝结，社区生活得以组织，中华传统得到鲜活的维系与传承。

4. 中外文化艺术交流中的国家治理

城市文化交流广泛而深化 城市作为现代社会中国家或地区的经济中心，既积淀着深厚的历史文明，又承载着鲜活的现代文明，在长期的发展中形成了特有的城市文化。作为人类文明的集聚地和发源地，城市文化通过跨国界的传播和扩散，一方面发挥自己的辐射带动功能，另一方面以国家为力量促进与国际间城市和地区的合作与发展。2013 年，中国对外文化交流呈现出了新面貌，一些新形式、新方式、新手段的创意运用，例如"友好城市""文化年""文化节会""文化产品""城市游"等形式由国家出面组织，采取了上下合力、社会参与的方式，彰显了文化交流活动中多方共赢的特点。

2013 年，中外文化交流的广度和深度不断发展，内容与形式更加丰富。讲好中国故事，传播好中国声音，阐释好"中国梦"，来自国家层面的积极倡导，不断推动中国文化在世界的舞台上绽放独特魅力，彰显中国文化软实力。2013 年春节期间，由国家文化部牵头组织，在泰国、韩国、日本、朝鲜、新加坡、柬埔寨、印度、巴基斯坦、孟加拉国、尼泊尔、斯里兰卡等国积极开展"欢乐春节"系列活动，在亚洲国家掀起了一轮"中国热"。文化部部长蔡武率团于 2 月访泰，出席 2013"欢乐春节"文化活动，与泰各界进行了广泛深入的交流和接触，增进了两国人民的友好情谊，扩大了"欢乐春节"品牌的知名度和影响力，彰显了中华文化软实力。2 月，"东亚文化之都 · 泉州活动年"开幕。据了解，活动年将举办 100 场重大文化活动，同时，泉州将与日本横滨市、韩国光州市在文化艺术、公共文化、非物质文化遗产保护等领域展开交流合作，密切三国城市的友好往来。横滨还将于 2014 年全年举办形式多样的音乐节、艺术节等活动，进一步促进文化事业发展，提升城市魅力，拓展与东亚各国之间的文化交流活动。在光州，除了常年举办的光州国际艺术双年展、光州泡菜文化节等文化节庆外，光州将于 2014 年新增 13 项大型活动，如东亚文化开发国际大会、东亚生活文化摄影展、亚洲创作空间论坛暨展览、东亚书法大展等。随着更多文化活动的举办，"东亚文化之都"使中、日、韩三国民众体验到异国丰富多彩的文化艺术，进一步提升举办城市的文化底蕴、知名度和影响力，促进城市经济社会繁荣，加深相互了解和友谊。2013 年 11 月 7～11 日，由法国国家艺术行业联合会主办的第 19 届法国巴黎世界非物质文化遗产展于 11 月 7 日在巴黎卢浮宫卡鲁塞尔厅隆重开幕，展会加入了更多令公众和专业人士所惊喜的元素，引发了广泛的注意与影响。

在国际社会对中国文化发生认同的过程中，借助国家顶层设计的力量，民俗传承人越来越多地将中华文化带向国际。通过政府组织、宣传与引导，海内外专家学者、传承人代表身体力行，广泛总结中国传统文化传承经验，梳理传统节庆文化传承和发展的本土经验与世界意义、“非遗”文化生产性保护、乡土文化与都市文化相融合等重大理论，这些都为本年度的中外文化交流增添了更多的学术色彩。

四、2013 年度国家治理下城乡民俗文化发展的特征及建议

通过对以上具体案例的举例与分析，我们可以看出，在国家宏观政策的指导下，我国的农村和城市在 2013 年度都出现了诸多新的文化现象，这些新生的文化现象透视出了民俗文化发展道路的新特征。面对这些变化，无论是国家政府部门，还是具体的个人，都应该积极主动地调整自己去适应。下面将在总结 2013 年国家治理下城乡民俗文化发展特征的基础之上，分别从农村和城市的角度对如何顺应、调整这些新特征作出具体建议。

（一）农村民俗文化发展的特征与建议

2013 年，在社会主义新农村建设的持续进行中，在新型城镇化建设的推动下，我国的农村社会发生了全方位的深刻变革，而在变革中农村民俗文化的发展主要体现出以下几个特点：

1. 随着城乡一体化进程的加快，作为小传统的农村文化的发展开始向城市的大传统靠拢。农村的公共服务体系也开始逐步完善，尤其是老人会、志愿者、慈善协会等各种民间的非政府组织在农村的出现，作为一个农业人口仍旧占很大比例的国家，只有民间组织在农村广泛地开展起来，我们在真正实现公民社会的道路上才能迈出最坚实的一步。

2. 民众观念的“城市化”转变，并没有落后于基础设施建设的城市化。我们通过调查发现，很多生活在农村的农民和非农业户口的民众已经拥有了作为社区人的社区归属感和城市认同感，已将自己当作城市人，并通过参与各种活动来寻求一种新的城市身份认同。

3. 在自上而下的政策冲击下，农村展现出一种自下而上的文化自觉精神。城镇化的目标简单来说就是使中国大部分农村在合理的方式下转变为城市，这也就意味着农村原本封闭的传统文化终将面临解体的可能，村落原有的文化系统将遭遇重造，原有的情感纽带将断裂。于是许多村庄和个人开始积极地创新和改造他们的文化系统，更有人开始专注于记录和搜寻村庄记忆，并开始有意识地开展村史或个人生活史的写作，这都体现出了一种自下而上的文化自觉精神。

4. 如今农村民俗文化的发展仍然面临许多问题。首先，村落空心化还在继续蔓延，农村劳动力大批涌入城市在城市艰难打拼，剩下的留守老人负担沉重，留守儿童生活困难，他们无力也无暇去承担起村落传统文化传承与发展的责任。与此同时，空心化导致外部文化渗透农村的速度加快，乡土文化趋于边缘化，家庭意识趋于淡化，恋土情节趋于弱化，延续几千年的乡土文化有逐渐消失的危险。其次，城乡差距缩小的同时，不同地域村落之间的差距却进一步拉大，尤其是沿海地区与中西部地区农村在建设和发展方面的差距越来越大，由此导致了村落间文化发展的不平衡。再次，处在变革中的农村逐步走向单一化和类型化，原本拥有着不同村落个性的乡村在城镇化的过程中被统一收割，成为毫无文化特性的城市复制品。面对这些问题，我们必须要及时找到解决之道，方能促进农村民俗文化的健康良性发展。

事实上，社会主义新农村建设与新型城镇化建设导致农村发生重大的变革，无论农村如何发生或者发生怎样的转变，都是一个村落再造的过程，在再造的过程中最容易忽视的往往就是人的观念、村落文化等精神内核，这些都应尤其注意。

1. 面对农村空心化的问题，除了要继续做好农村的空间规划布局、产业配置、公共服务体系建设以吸引外出劳动力回归之外，还要积极探寻乡土文化传承的新方式，比如通过开展乡村旅游或者建立乡村民俗博物馆等方式来重新营造乡土生活的气息和氛围，另外在积极重构新文化的同时，更要着重保护尚未消失的文化，尤其是祠堂、庙宇、民居等集中承载和展现民俗的古老建筑空间。

2. 要正视和重视不同地域村落之间的差距，适当往中西部地区倾斜并加强东西部的互助与合作。东部地区农村民俗文化的发展主要面临的是村落个性泯灭的问题，中西部地区更多的则是空心化所带来的乡土文化的消失；对于不同区域的文化发展特点要有不同的针对性，而不能一刀切。

3. 在村落再造的过程中需要有一套成熟的机制来指导工作的开展，而不是试图参照一个对所有村落都适用的标准、规则、尺度和数字。杜绝“千村一面”现象最有效的方式是突出村落的生态保护，保留村落的历史痕迹和文化元素。

可以说，村落再造的过程始终是国家宏观治理下村落对自身进行重新定位的过程，我们在自上而下的对村落实施改造与创新的同时，也应该时刻注意村落自身文化发展的脉络，从中汲取灵感。而农村也要培养主人翁意识，在跟着政策走的过程中时刻注意保持自己的村落个性，并勇于展现自下而上的文化自觉精神，只有加强双方的互动和相互影响，才能促进中国社会主义文化的大发展大繁荣。

总之，通过梳理脉络我们发现，中国的传统社会不同于西方宗教社会的重要特征之一，就是中国农耕文明讲求通过“礼”来规范民众的言行举止，而不像制度化宗教那样强调强制化与神圣性，而往往会与“俗”相结合，在日常生活中扎根，与俗一起经过民众的亲身实践被实践化、在地化、具体化。近代以来，社会进入一个巨变的时代，在这个阶段中，帝制时代走向消亡，民主社会开始从被提倡到逐渐确立起来，国家与民众在互相想象的前提下分别对“礼”与“俗”进行改造与再造，“礼”与“俗”在改造和再造的过程之中不断地相互影响、相互制约、相互借鉴，共同构建起新的现代多民族国家共有的社会价值。

进入新时期以来，过去已经形成的民俗传统在当前城市化的语境下被民众主动传承、记忆、运用，同时又从生活的各个方面进行再创造，这种创造与城市公共文化生活、公共文化体系的建设同步进行。具体来说，城市化的过程导致民众的生活方式发生了变化；生活方式的变化迫使民众要么主动地去改造传统，要么被动地理解与接受崭新的文化模式。与此同时，当前的国家和国家意志通过对现代公民和现代文明标准的不断地再设定来约束和规范民间的行为，体现出了作为国家顶层设计的“礼”对民间的“俗”的影响与渗透作用。

总体来讲，当今社会无论农民还是市民都进入到一个新的公民身份的转换过程之中。在这之中，“俗”的再创造实际上是民众企图主动地去建构一个新时代的公民社会的“礼”；而“礼”又反过来成为民众公共生活的秩序与准则，从而规范了“俗”的再造与发展。

（二）城市民俗文化发展的特征与建议

众所周知，城市化的核心应当在于“人的城镇化”的实现，这种观点业已成为共识，而关于“人的城镇化”如何通过新型社区的组织确立和文化建设得以具体落实，却远没有受到应有重视。我们应该通过怎样的顶层设计，使城市在面临全球化、资本化的多元转型的时候，激发其内部活力尤其是自身适变能力，乃是其中的关键。城市发展和文化建设的最终目的，应当是使置身于现代化、全球化语境之中的城市或中小城镇，通过重构本土文化传统的特殊魅力，保持一种舒适的生活节奏、“田园”的生活方式，而成为人类可亲可居的生活乐园。联合国人居组织1996年发布的《伊斯坦布尔宣言》强调：“我们的城市必须成为人类能够过上有尊严的、健康、安全、幸福和充满希望的美满生活的地方。”而城市面临的种种挑战的乱象，不论是拥挤、污染、犯罪还是冲突，根源都在于城市化进程中人与自然、人与人、精神与物质之间各种关系的失谐。从“乌托邦”，到18世纪的“理想城市”，再到“田园都市”，一系列的研究理念、理论、呼吁和模型无不聚焦在城市空间、秩序、精神生活和物质吐纳上的平衡与和谐。全球范围内的资本化与城市化增长畸形发展以来，长期的无序与失谐，必然导致了城市生活质量的倒退乃至文明的倒退。在中国，传统民俗生活本是土生土长的富有中国特色的文化模式，生活本是礼俗之源，21世纪以来以城市为代表的现代生活方式的不断涵化与普及，必将召唤现代公民对礼俗文化的关照与反思。近年来，市场经济的快速发展和过度的商业化，使得民俗文化受到严峻冲击，由此激发的文化危机感和全社会迅速蔓延的"怀旧"乡愁，逐渐引发了对我们的传统生活方式和传统礼俗价值的全面再评价。例如，当城市民俗因为被认为是落后的、陈旧的、土气而不潮流的旧习而被淡忘，当"洋节""洋玩意"被认为代表着时代进步和先进的生活方式时，人们丢失的绝不仅仅是一种传统记忆，曾经借助城市的地理人文环境而存身的城市民俗，作为传统社会中的生活惯性和文化根基，所具有的对于社会结构的温润与导引的作用也就削弱甚至消解了。中央政府主持和推动城镇化建设，是提高人民生活质量的必经之路，但在实际情况中，地方政府却或多或少存在发展思路的"迷失"状态。政府推动城镇化建设，不能断去人们对故土历史文化的记忆，更不能剥夺人们对故土亲情、邻里甚至民族文化脉络的传承以及精神上的依恋。

基于我们对业已远去的 2013 年及近 10 年来中国城市文化建设现状的总结和分析，为了更好地让城市语境下的国家治理在当代社会发展进程中扮演好愈加游刃有余的角色，兹提出以下对策和建议，以供参考。

1. 树立让传统回归市民、回归城市、回归文化的理念，提高传统节日与现代生活方式的契合度。当前城市文化建设，尤其是社区文化建设遇到的最大问题就是有限的城市空间与大量的流动人口难以形成一个相对固定的文化形态。现代化、资本化和全球化已经把本来就处于变幻中的城市愈加流失掉了文化个性，在这种情况下，我们不能奢望城市文化一成不变，必须直面城市民俗的现代化特征和文化转型的问题。国家治理在实践层面上，应当以动态观点寻求传统文化与现代城市相契合的因子，创造性地在现代社会中传承弘扬民俗文化，特别是各类具有标志性文化特征的传统文化，各级政府应当鼓励传统文化与动漫游戏、商业展演、网络营销等现代手段的结合，鼓励并提倡传统民俗文化进社区、进剧院、进入学校培育体系等。

2. 国家有关部门应当完善城市民俗、地域文化的保护和传承体系，以"眼光向下"的视角、姿态和行动，转变政府角色，强化引导和服务功能，因势利导的将政府职能与服务地域文化发展有机结合起来。保护和传承城市民俗，不是某一个部门或某一机构能够独立完成的，而应该是一个完善的上下互动的合力机制。随着"服务型政府"概念的提出和社会发展的不断转型，从"大政府、小社会"到"大社会、小政府"的现代民族国家管治思维与实践正在成为必然趋势，政府在城市文化建设与地域文化保护中的角色也应由一手包揽、大操大办的主导型向引导服务型转变，一切为城市的自身需要而提供管理或服务。山东省以城市为引擎的"好客山东贺年会"的成功，就在于年节文化的政策决策实现了从上层主导到多方决策，学者参与从被动辩护到主动参与，产业转化从"社会产业化"到"产业社会化"三大转向，突出了政府的服务意识，凸显了市民的主体性、参与性，真正实践了“我们的节日”。[①]

3. 承接地气，贴近民众主体，重视城市社区文化建设对城市整体文化建设的引导与塑造功能。一般来说，社区既包括城市社区，也包括农村社区。城市社区文化是指一定城市辖区、相似经济社会条件水平下市民共同创造的精神财富及其物化形态，它包括文化观念、审美观念、价值观念、社区精神、道德规范、行为准则、管理制度、社区环境等。其中，价值观念是社区文化的核心。社区文化应当是社区共同的文化认同，是社区的重要组成部分，也是增强社区活力，提高社区居民生活水平和生活质量的重要内容。在当代中国，除旧村或老城区改造形成的社区以外，因相同或相似的经济水平和购买力而聚落形成的社区较为普遍，事实证明，此类社区居民也比较容易拥有趋同的价值理念和文化追求。如果说，新型城镇化建设的关键在于“人的城镇化”，那么“人的城镇化”的基础就应当是人的社区化。我们应当认识到，包括岁时节日、人生礼仪、游艺、信仰、家族等民俗传统，理应成为当代城镇化建设“社区落地”的重要构建因素，社区文化建设自然也应当成为我们国家治理逻辑与策略下的城市整体文化建设的枢纽所在。

---

① 参见耿波、董超君:《我们的节日:年节的民众觉醒与社会培育》,《节日研究》第3辑,泰山出版社2012年版。

城乡关系视野中的中国民俗传统与当代发展

耿 波*

新型城镇化建设的推进已成为我国展开第二轮改革的重要内容。新型城镇化不仅将成为我国未来经济、社会及其他领域实现变革的巨大动力，而且在新型城镇化视野中，既有的文化传统将面临再建构，而新的文化传统也将层层生成。在新型城镇化化对文化传统造成影响的各个层次上，民俗文化传统所遭受的冲击将是最大的。中国民俗作为一种文化生态产生于乡土社会，但其成为具有价值认同的“传统”却需要在区域城镇化（城市化）的视野中给予理解。确切而言，区域空间中的城乡关系乃是中国民俗传统得以真正生成的关键。

一、社会建构：中国民俗学研究的三个阶段与地方价值确认

在社会关系建构的意义上，民俗传统的意义在于缔结了一种社会关系，其价值可以说是无可替代的。作为约定俗成的社会认同方式，民俗将有着不同诉求的各个社会阶层与不同群体纳入文化认同的同一个框架中，彼此订约，相互趋同，自下而上形成一个具有凝聚力的社会共同体。

民俗的社会建构内涵，虽然一向为传统民俗学研究所看重，却是在全球化、城市化、信息化迅猛发展的今天，才受到空前的重视，其内涵、范围以及作用的方式、力度等方面才获得深入研究。大致说来，中国学界对民俗的社会建构研究经历了三个阶段。

第一阶段，始自20世纪20年代中国民俗学开山创派，一直到80年代末期。中国民俗学关于民俗的基本定位，是与政治集权相抗衡的“下层民众传统”，期间虽然随着新中国建立后广大民众“当家作主”之身份转变而略有调整，但其“眼光向下”的基本定位却一直未变，对于民俗之于社会建构意义的认识，当然也就局限于民众自发搭建社会关系的层面。中国民俗学的学术研究发端于五四新文化运

* 耿波，中国传媒大学副教授。

动，以顾颉刚、钟敬文等人的研究为代表形成了民俗学的奠基，但与新文化运动否定传统的主流不同，中国现代民俗学的初衷在于承继传统；然而，与同样发生于五四新文化运动中的当代“新儒学”[①]相比，中国现代民俗学又有不同，同是肯定“传统”对于建构未来中国的积极意义，“新儒家”强调的是在精英群体中延续的中国传统，而民俗学所强调的则是蕴育在广大下层民众之生活实践中的民间传统。

中国现代民俗学的“眼光向下”[②]，表面上可理解为传统中国在实现现代化转型过程中的多元选择之一，其深层原因则是在现代政治发生进程中必然的文化选择。在五四新文化运动中，中国现代民俗学的奠基者多是现代知识分子，中国现代民俗学的学科创建其实是现代知识分子自由传统的体现，其思想指向是与当权者的疏离，试图通过呈现下层社会的自洽而实现与当前意识形态的划界自治。如果说，新中国建立之前，中国现代民俗学着意呈现的是中国民俗传统与封建集权的离心，那么在新中国建立后的 50 年代至 80 年代初，国家主流意识形态对民俗传统进行了边缘化、“迷信化”的简单草率的处置，使得民俗传统与政治集权间的离心进一步强化。综观整个 20 世纪 80 年代，随着中国市场经济的兴起，民俗传统因其与当代社会生活形态间的明显差异而具有了强大的消费吸引力，因此随着 80 年代中国民俗产业化的蒸蒸日上，民俗传承与国家导向在“发展经济”上似乎获得了高度统一。但若究其实质，民俗的“产业化”趋势，似乎更可视为民俗传统借经济同步而与政治集权的文化疏离。因此可以说，自中国现代民俗学创建至 80 年代，在对于民俗学的基本定位中一直存在着与政治集权离心的传统，而对民俗的社会建构的的认知与自觉运用也大致局限于民间社会自身。

中国学界对于民俗的社会建构研究的第二阶段，是自 20 世纪 90 年代以来，在民俗产业化的推动下而将“民俗”视为活态的文化生态活动。自 20 世纪 80 年代以来，民俗产业化的浪潮越来越大，在此过程中民俗传统在产业化运动中在创造了客观经济效益的同时，也遭受了重创，民俗本身的视觉化、碎片化、割裂化等现象引起了诸多有识之士的抨击，产业化促生的民俗热与知识界此起彼伏的民俗危亡论交织在一起，形成了 20 世纪八九十年代当代中国民俗发展的独特景观。不仅如此，这种交织与冲突还引致了中国民俗发展可贵的反思：民俗产业化的最大意义，在于对中国现代民俗学固有的抵抗思维造成了巨大冲击，使历来一贯作为相对主流意识形态的“潜行者”的民俗活动开始登上时代发展的大舞台，与国家

---

① 当代“新儒家”指 20 世纪 20 年代以来受哲学家熊十力影响而产生的当代新儒学研究群体。当代新儒家大略可分为三代，此处所指是第一代新儒家，代表人物如熊十力、梁漱溟、马一浮、张君劢等。

② “眼光向下”的说法采自于赵世瑜：《眼光向下的革命：中国现代民俗学思想史论（1918～1937）》，北京师范大学出版社 1999 年版。

发展形成了复杂关系。不仅如此，民俗产业化使“民俗”借助商品流通体系而进入了民众的日用世界，获得了“活”的形态。在此之前的民俗存在其实并不缺乏“活”的样态，但在过于强调民众世界与集权集团之间疏离的中国现代民俗学传统中，民众对民俗传统之“活”用必然染上了疏离者的意识形态色彩，而民俗产业化则以其强悍的冲击力将这种胶着状态打破了。

民俗产业化将民俗活动从“民间”与“国家”的对抗中解放出来，还归到民众日用层面，这在民俗产业化的实践中自然免不了产生大量的消极效应，民俗传统被产业化的急功近利所割裂、民俗资源被过渡发掘等，都是自 80 年代以来当代中国民俗发展的问题。但随着民俗产业化的日益深入，产业化自身所具有的自反效应日益显现，民俗产业化所造成的系列事件逐渐成为社会公众舆论的热点，在日益庞大的公众舆论中，民俗产业化本身的产业化色彩被淡去，而其所包含的“活”的文化生态性内涵却被澄明出来，这就是 20 世纪 90 年代末至 21 世纪初在民俗学研究中被初步提出，新世纪 10 年逐渐成为民俗研究主调的民俗“活态”论。民俗“活态”论强调民俗传统本身在民众日常生活实践中的意义，肯定民俗传承主体对民俗传承的文化自觉性，认为民俗传统本身乃是在民众的日常的生活中创造与建构的。

民俗“活态”论将民俗传统视为发生于日常生活实践中的一种文化生态行为，比之将民俗定位为“下层民众传统”的简单狭隘无疑是向前迈了一大步，在提出后的 10 多年时间中在学术界中的影响力日益增大，并在近几年的非物质文化遗产保护运动中成为中国官方的主要学术依据。然而，民俗的文化生态定位所包含的问题虽已引起关注，却并没有形成一种集体的检讨。

不过，对于民俗的文化生态定位，即将民俗视为一种文化生态行为，却忽视了一个问题：文化生态行为的发生多系于外在环境的刺激与文化本身的应激，对民俗传统而言，在此“刺激—应激”的生态活动中，其传承的稳固性如何得以保证呢？

由此质疑出发，自新世纪以来，开始了中国学界对民俗的社会建构研究的第三阶段，其标志是将民俗活动视为人们借助民俗传统的当代传承而实现价值认同的载体形式。民俗作为一种约定俗成的生活文化，究其发生而言，是人们在现实生活中为实现当下目的而达成的契约关系，因此这种契约关系包含着明显的文化生态特征，即基于当下现实生存而发生的文化应对；与此同时，这种文化应对所形成的社会建构，要实现稳固的传统之传承，却必须要有相互之间的价值认同使之升华并获得规范性。

费孝通先生对文化“生态性”与价值“规束性”之间的关系有颇具启发性的论述。以原始人的“生火”为例，他将“生火”的知识分为了两个层次：一个层次是生火的“自然知识”，即用什么东西，怎样磨擦，磨擦多久才能得到火等；另一个层次则是生火的“规范知识”，他说：“在人类生火中，我们并不是为生火而生火的。生火是为了要达到另外的目的：煮饭、取暖、照明、敬神——于是发生了另外一套问题：为了某种用处应当在什么时候、地点、场合、由谁去生怎么样的火？生火在这里已不是一件孤立的活动，而是整个社会制度中的一部分。在和生活的联系上，生火的活动有了价值规范，有着应当不应当的问题。……决定‘应当这样不是那样’的是……规范知识，和技术所根据的自然知识性质上是不同的。”[①]费先生所说的“自然知识”就是人们对现实应激而产生的生态文化，但这种“自然知识”必须要在“规范知识”中才能得到正名，获得其引发普遍认同的合法性，其实就是生态文化在价值规束中才能得以升华。

以民俗传承而论：民俗形成于约定俗成，约定俗成的起因无疑于来自环境变动提出的现实问题，因此，约定俗成的第一层含义是约其同心、共成事业，这是其文化生态层次；但在具体环境中所形成的约定俗成，要成为承载不同个体之共同认同的传统，还需要对民俗本身之传统性的再约定，这一层次的“约定”与前一层次的“约定”不同，不再是针对具体现实，而是要在群体中谋求价值认同，以此价值认同实现民俗文化从“生态性”向“传统性”的升华。民俗文化如果仅仅强调第一层约定，那么，民俗行为将只是人们随机缘发、无始无终的偶发行为，无法承载稳定的文化认同，也形成不了传统。因此，民俗传统之能传承，必然是现实应激所产生的文化生态与价值升华所产生的约束相互激荡的后果。

然而，在中国民俗学传统中，实现民俗从文化生态向价值升华的契机何在呢？

在中国民俗文化发展历史上，地方认同可看作是民俗之文化生态向价值升华的重大契机。关于“地方”与民俗活动间的关系，自古典时代至今，人们对其高度肯定，普遍认为民俗在根本上乃是人们基于现实的具体“地方”而发生的实践行为，“地方”是民俗活动发生的前提与基础，在此共识前提下，美国学者格尔兹所提出的“地方性知识”概念大致概括了人们对“地方”与“民俗”关系的普遍理解。

然而，仅仅将“地方”视为民俗发生的前提与基础，这固然符合常识，但却忽视了“地方”之于民俗的价值升华意义，因此又是错误的。将民俗活动视为囿于地方之“刺激—应激”的结果，这是民俗生态论的认识层次。然而，如果“民俗”与“地方”之关系设定于此的话，却将必然导致一个问题：“地方”就其作为具体的物质地点而言，本身是变动不居的，自然气候、地质变迁、物质流动以及在人与大自然互动过程中形成的“人化自然”，时时刻刻充满变动性，如此以来，囿于“地方”的民俗活动本身必然地就失去其稳定意义，仅仅成为一些在“地方”之网上闪动的虚无“光点”而已。事实上，格尔兹的“地方性知识”理念已体现出类似的虚无之主义倾

① 费孝通、吴晗等：《皇权与绅权》，岳麓书社 2012 年版，第 12～13 页。

向。在格尔兹那里，所谓“地方”并不具有约束的意义，“地方”只是相对性的“地点”而已，无数相对的“地点”构成了变动不居的意义之网，而“地方性知识”所肯定的就是站在特定的立场上看问题的合法性，承认任何知识获取都必然是有局限的，整体的建构是不可能的，这就必然要求多种阐释的并存。就此而言，这种“地方性知识”的认知理念肯定了个体活动的碎片性，并以此为前提发出了多元阐释的呼吁，但问题在于：在这样的“地方性知识”中，因为在根本上缺乏共识性框架，所谓“多元阐释”最终也就成了各说各话的阐释的游戏而已，各成碎片，不成体系。

事实上，“地方”对于民俗活动更深刻的意义，在于其价值升华与规束意义。要揭示“地方”的此一层面内涵，需要深入探究“地方”认同发生的内在理路。

在西方现代思想中，对“地方”的探讨成果丰硕，而海德格尔的地方观被公认为是诸多地方思想的灵感渊薮。海德格尔哲学中的“地方”思想异常丰富，在其《存在与时间》这部冠以“时间”之名的著作中，他通过探讨此在的“时间”性存在而呈现出此在的“空间”性状态。在其他著作中，海德格尔更多地是通过讨论人的现实“栖居”而表达自己的“地方”观念。下面试以海德格尔《筑·居·思》的演讲来把握其包含完整视野的“地方”观。他在这本书中以其独特的思路，向我们展示一座“桥”如何使一个“位置”变成了“场所”即“地方”。

首先，桥的“聚集”性是如何发生的？海德格尔认为，桥的聚集性来自于它在一个“位置”上。这个“位置”是怎么出现的？海德格尔说：“在桥出现之前，沿着河流已经有许多能够为某物所占据的地点了。其中有一个地点作为位置而出现，而且是通过桥而出现的。所以说到底，桥并非首先站到某个位置上，相反，从桥本身而来才首先产生了一个位置。”①“位置”必是一个“地点”（非地方），它存在于“桥”的出现之前，但通过“桥”的存在而显现自身；“位置”是一个独特的“地点”，它的独特性在于，他是诸空间在此划定边界的边界集合处，是空间与空间之间差异性显露的“地点”，唯其如此，“位置”才具有其他“地点”所不具有的统观“聚集”的特质；“桥”在此，“位置”出现，“桥”将“位置”所具有的“聚集”意义显露出来。其次，桥的“聚集”性产生了什么？桥的“聚集”在根本上是一种“差异”的聚集，“差异”性使得客观的“地点”变成了“场所”。海德格尔说：“这些物乃是位置，它们为四重整体提供一个场所，这个场所一向设置出一个空间。在这些作为位置的物的本质中，包含着位置与空间的关联，但也包含着位置与在位置那里逗留的人的联系。”②桥作为一物实现了“聚集”，这种“聚集”作为“差异”而开辟出了一个“场所”。“差异”为何能开辟出一个“场所”？海德格尔说：“桥是这样一种物。由于位置把一个场地

---

① [德]海德格尔：《演讲与论文集》，孙周兴译，三联书店 2005 年版，第 162 页。

② [德]海德格尔：《演讲与论文集》，孙周兴译，三联书店 2005 年版，第 164 页。

安置在诸空间中，它便让天、地、神、人之纯一性进入这个场地中。位置在双重意义上为四重整体设置空间。位置允纳四重整体，位置安置四重整体。这两者，即作为允纳的设置空间和作为安置的设置空间，乃是共属一体的。作为这种双重的设置空间，位置乃是四重整体的一个庇护之所（Hut），或者如同一个词所说的那样，是一个 Huis，一座住房（Haus）。此类位置上的这样一种物为人的逗留提供住所。这种物乃是住所，但未必是狭义上的居家住房。”①“聚集”即“差异”，“差异”即“聚集”，在“差异的聚集”中，一种“整体”被展示出来，这种“整体”形成了一种对人之存有的庇护，使人能够在此庇护中“栖居”；在“可栖居”的意义上，“位置”“地点”变成了“场所”，即“地方”。

海德格尔之“地方”观的核心具见于此。归纳而言，“地方”发生的基础是“位置”；“位置”本身乃是一独特的“地点”，其独特性在于它是一诸空间在此划定边界的边界聚集处；“位置”所具有的边界聚集意义是隐在的，“物”在“位置”上从而使其隐在的“聚集”性得以显示；“聚集”即“差异”的聚集，“聚集”实现了一种“整体”性，在此“整体”性的庇护中，人在“可栖居”的意义上而将“位置”“地点”认同为“地方”。

落实到“地方”与民俗关系上而言，则可以获得这样的理解：

首先，在人们面向“地方”而进行的生存活动中，民俗的含义是人与人之间解决生存之“差异”的“协商”关系。上天生民，不择地而生，人们从满足自己的生存需要出发，必然地要向“地方”探索求食，展开基本的生存活动。在生存活动的展开中，丰富多彩的生存“差异”由此展开。为解决此“差异”，人之间的“协商”由此展开。有的“协商”依据“制度”与“文字”的自上而下之规定展开，而有的协商则是自下而下的“约定俗成”展开，前者所建构的关系是集权统治与精英引领，后者所筑构的则是民俗关系。

其次，在解决“差异”的“协商”中，民俗关系在神圣崇拜的时空架构中实现了“差异的聚集”。民俗活动作为一种解决“差异”的“协商”，又并非是通常意义上人与人之间为实现利益均衡而进行的目的交往式协商，即为了“我”自己的目的达成，去协助达成“你”的目的，而是一种特殊的“协商”。民俗关系中的“协商”，往往发生在特殊的时空之中。大体而言，神圣崇拜的时间与空间往往是民俗关系展开重要“协商”活动的基本架构。在神圣崇拜的时空架构中，众生一体的隐在背景，使得人们基于“地方”生存而产生的“差异”消除了功利性竞争关系，但神圣崇拜的世俗化场景又不可能将“差异”完全泯灭，由此造成了在此神圣架构中人与人之间民俗关系的“差异的聚集”。

---

① ［德］海德格尔：《演讲与论文集》，孙周兴译，三联书店 2005 年版，第 167 页。

再次，在“差异的聚集”所唤起的“整体”性体验中，“可栖居”的“地方”认同得以产生，由此，民俗活动中的“地方”从民俗生态产生的前提升华为引导民俗生态实现超越的价值契机。在神圣时空中所达成的“差异的聚集”给予身在世俗活动中、被功利性活动所撕裂的人们一种“整体”性体验，这种“整体”性体验使人们产生了“可栖居”的“地方”认同，而这种“地方”认同其实就是一种价值升华。人们在神圣时空中所产生的对于“地方”认同的价值升华，使得“地方”从起初的民俗活动所产生的前提与基础，提升为规束民俗之文化生态，使之具有稳定性，并形成传统传承的保障。

总之，“地方”认同之于民俗的价值契机，正在于其所含的“整体”性体认；“整体”性体认所产生的“可栖居”的地方认同，正是使“约定俗成”的民俗活动从偶然性关系升华成必然性关系的价值保障。因此，“地方”认同的意义，绝不仅仅在于对于一方水土社会建构的保障与优化，更重要的是它在引导民俗生态实现升华的意义上，将“地方”与包括民族国家在内的更广阔的外部世界联接起来。

二、“村落中心”的民俗学传统及其向城乡关系的开放

民俗传统的传承无法完全系于其生态性，由“整体”性体验而产生的“可栖居”之“地方”认同，是引导其文化生态向价值层面升华的契机。民俗与“地方”的关系可总结为：“地方”是民俗活动产生的前提，同时又以其“整体”性体验，引导民俗活动向价值层面升华。从“产生—升华”的角度来观照中国民俗传统的发展，可发现城乡关系于民俗传统传承的重要意义。

中国民俗学自产生以来，眼光向下、注重田野，形成了注重现场与实践的优秀学术传统，但因此也产生了不可忽视的若干问题，其中之一就是民俗学研究中较为普遍的“村落中心论”。

新中国成立前，在中国现代民俗学的创建时期，在“眼光向下”之宗旨的引导下，大多数民俗学者就特别重视传统村落对民俗传统传承的意义，并在此领域产生了若干杰出成果，尤其是在少数民族的民俗研究方面更是成果丰硕。新中国成立后，在 20 世纪 50 年代左右，国家中心逐渐从农村转向城市，而民俗学出于其根深蒂固的与专权集团离心的传统，与国家的转向步伐相背而行，依然特别注重村落世界中的民俗传承。这种“固守村落”的民俗学趋向，当然也与此时国家意识形态推动下的“民间采风”运动有莫大关系。当时“民间采风”所设定的“民间”，就是农村与少数民族边远地区。新中国成立后中国民俗学研究的村落情结越结越深，特别是自 20 世纪 80 年代以来，中国民俗学的大批学者分赴广大村落进行了踏实、严肃的田野工作，以其卓越的村落研究在世界民俗学中享有一席之地。

然而,固守村落的民俗学研究却有自己的问题。在中国民俗学的村落本位研究中,“村落”往往被设定为一个独立的封闭空间,村落民俗则被认为是在此封闭空间中自足的生活文化。这种认识在其实是存在很大问题的。首先,“村落”作为生活聚落,在根本上不可能是完全封闭的,从其生存世界的维持而言,它必然要与其所在自然世界形成物质交换,形成村落与自然共在的生态平衡,因此,村落民俗必然是一种文化生态行为。其次,“村落”作为社会聚落也是不可能完全封闭的,必然存在村落中人与人之间的交往,村落与村落之间的交往,村落与集镇之间的交往,这决定了村落必然是“区域中的村落”,因此,村落民俗必然是包含价值认同的关系建构。基于上述两个层面的认识误区的普遍存在,相当数量的村落研究在人为设定的村落封闭中将村落民俗演绎成了静态的凝固幻象。

事实上,传统村落必然是开放的,就村落本身而言,村落与自然界的物质交换及与其他村落(集镇)间的社会关系交换构成了村落世界开放的双重内涵。在村落与自然界进行物质交换的层面上,村落民俗是一种文化生态行为,而在村落与外部世界进行社会关系交换的层面上,村落民俗是一种价值认同行为。然而,村落世界的双重开放又不是相互分开的,村落世界与大自然间的物质交换即村落生存、生产活动关系,又必然要在村落与其他聚落单元(村落、集镇)间的社会关系交换中被赋予价值,获得行为合理化的论证。也就是说,发生在村落世界中的生存生产行为,本身一定要在一个超越村落的区域交往中获得其社会性,才能真正具有意义,否则将只是满足口腹之欲而已。先秦思想家孟子对此有这样的表述:“百工之事,固不可耕且为也。然则治天下独可耕且为与?有大人之事,有小人之事。且一人之身,而百工之所为备,如必自为而后用之,是率天下而路也。故曰:或劳心,或劳力;劳心者治人,劳力者治于人;治于人者食人,治人者食于人,天下之通义也。”[①]孟子的论证不免包含了社会等级思想,但他要真正说的意思是,“百工之事”必须要在一个社会价值结构中获得合理性表述才成,“固不可耕且为也”,意即不能仅仅是为“耕”而“耕”。因此,村落世界与自然的物质交换关系,必须被其与其他聚集单元的社会关系交换所涵纳与合理化,而村落中民俗活动的文化生态层次也是必须要在其价值升华层次上实现合理化论证。

以此观之,费孝通先生提出对中国传统村落之“差序格局”的观察就特别值得关注。费孝通先生在名著《乡土中国》题为《差序格局》的文章中,揭示了中国乡土社会中极其显著的社会建构模式——“差序结构”。文章从中国社会中的个人之“私”谈起,认为西方社会的构建是去“私”的,“西洋的社会有些像我们在田里捆柴,几根稻草束成一把,几把束成一扎,几扎束成一捆,几捆束成一挑。每一根柴

① 《孟子·滕文公上》。

在整个挑里都属于一定的捆、扎、把。每一根柴也可以找到同把、同扎、同捆的柴，分扎得清楚不会乱的。在社会，这些单位就是团体。我说西洋社会组织像捆柴就是想指明：他们常常由若干人组成一个个的团体"①。而在中国，"在我看来却表示了我们的社会结构本身和西洋的格局是不相同的，我们的格局不是一捆一捆扎清楚的柴，而是好像把一块石头丢在水面上所发生的一圈圈推出去的波纹。每个人都是他社会影响所推出去的圈子的中心。被圈子的波纹所推及的就发生联系。每个人在某一时间某一地点所动用的圈子是不一定相同的。我们社会中最重要的亲属关系就是这种丢石头形成同心圆波纹的性质"。在费先生看来，这个社会的同心圆结构就是"差序结构"，是以一己之"私"按照亲疏远近而推广开去的，是个体私心的扩展："这个网络像个蜘蛛的网，有一个中心，就是自己。我们每个人都有这么一个以亲属关系布出去的网，但是没有一个网所罩住的人是相同的。在一个社会里的人可以用同一个体系来记认他们的亲属，所同的只是这体系罢了。"②

费先生提出传统村落"差序格局"的意义，首先是强调了村落世界的自我封闭特征。中国传统村落的自我封闭并非是死寂意义上的静止，而是徘徊于生存循环的封闭。"差序格局"的核心关系是血亲关系，而在传统村落中，血亲关系的最大功能是家族势力的庞大，因此，"差序格局"下的村落社会实际上是以生存循环的方式将村落变成了庞大的生存联合体，在这样的超级生存单元中，民俗传统是作为生存资源而出现的。因此，费先生提出的"差序格局"，实际上是为前面我们指出的"村落封闭实际上无法实现民俗传统传承"提供了佐证。其次，"差序格局"的提出又藏伏了村落开放的论断。所谓"一表三千里"，村落"差序格局"因血亲关系封闭了村落，但血亲关系的地域蔓延性又使其成为村落开放的动力，借助亲缘关系，村落与其他生存聚落之间会发生多样关系，因此，费先生"差序格局"之论断必然地导向了村落开放。

总之，村落开放对民俗传统之传承具有决定意义，究其原因，正在于村落与其他聚落单元之间的开发与互动，为居住其中的人群提供了"整体"性体验的、"可栖居"的"地方"认同，这为民俗生态提供了价值升华的契机。

顺着上述结论，我们可确认传统中国城乡关系对村落民俗传统传承的重要意义。

在以往"村落中心"的民俗学研究传统中，城乡关系的研究无甚意义。事实上，很长时间以来，对古典中国的研究是缺乏城乡关系视野的。自从 20 世纪 80

① 费孝通：《乡土中国》，上海人民出版社 2007 年版，第 30～31 页。

② 费孝通：《乡土中国》，上海人民出版社 2007 年版，第 33 页。

年代以来，随着对传统中国江南市镇研究的开展，城乡关系研究作为方法论而逐渐凸显，尤其是海外汉学对“城乡中国”的研究更是成果丰硕，影响巨大。但在数量巨大的“城乡中国”的研究中，对传统中国城乡关系的定位，大部分仍沿袭马克斯·韦伯对中国城乡关系的理解，他运用欧洲的标准，将中国的城市与农村进行了简单的二元分割，忽略了城乡间的密切联系。牟复礼是较早认识到传统中国城乡关系独特性的西方汉学家，他重新审视了马克斯·韦伯在西方经验下作出的城乡之间存在着鲜明对立的论断，认为将传统中国的历史情境运用异域理论资源进行理解需要相当的慎重。在研究明代南京和苏州的著名论文中，牟复礼得出结论，中国社会不像西方社会那样城乡之间存在尖锐的对立而是表现出连续性。换言之，中国的城市和农村是相互开放的，彼此之间没有明显的景观阻隔。明代既没有出现城市财富独占式的集中，也没有显现出城市建筑的独特性，都市与农村之间的差别并不明显[①]，由此提出了“城乡连续体”的理论。自此之后，城市连续体理论逐渐成为“城乡中国”研究的主流理论。《中华晚期帝国城市》的作者施坚雅将城乡连续体理论进行了夯实，他所提出的“融会贯通的市场网络”概念暗示着城乡关系的紧密性和连续性，使人们注意到每一区域都拥有本身内在的等级空间体系，城乡之间交流频繁，相互调剂和融合，大城市与中小城市乃至农村存在着有机的联系。施坚雅还仿效德国地理学家克里斯塔勒提出的中心地学说，根据市场规模和功能，把传统中国的市场体系分成八个等级，其中较低的三级基层市场、中间市场、中心市场属于市镇的范畴。他指出，农民的实际社会区域的边界(即关系网)，不是由他所住村庄的狭窄范围而是由他的基层市场区域的边界所决定。以《中国晚期帝国城市》这部论文集为代表，“城乡中国”的研究正式实现了从城乡二元论向城乡连续体论的转型。自此之后，数量众多的研究对此给予了进一步论证和深化。[②]

然而，观诸当下数量众多的传统中国城乡关系研究，虽已硕果累累，但仍可有批判并深化的余地。当下大部分的传统中国城乡关系研究，从学科畛域而言较多属于社会学、人类学、区域经济学等学科领域，而从价值哲学角度来思量其深远影响的研究则不多。事实上，城乡关系作为区域范围重大的空间构架，它将村落从孤独的“生存堡垒”中解放出来，使之在朝向城市的开放关系中获得了实现“整体”性体验之“可栖居”的“地方”认同契机；比之村落与村落之间的关系，村落向城市敞开的开放关系所产生的“地方”认同更具实质意义。

村落向城乡关系的敞开而形成“整体”性体验，关键在于城乡间集镇的存在。

① 参见吴滔：《清代江南市镇与农村关系的空间透视》，上海古籍出版社 2010 年版，绪论。

② 参见吴滔：《清代江南市镇与农村关系的空间透视》，上海古籍出版社 2010 年版，绪论。

如前所述，村落走出自我封闭，村落内“差序格局”的区域内延伸是促动力之一；但村落的对外开放，比血亲延展更具动力的则是生产生活资料的区域内流动。中国传统村落的经济形态是典型的小农经济，单弱的生产组织方式无法满足人们多方面的需要，因此，生产生活资料的贸易就成为人们走出村落的最重要动力，在区域范围内，多村落间进行生产生活资料贸易的中心就成为了市镇。美籍学者赵冈对此有很到位的论述：“中国的传统社会是一个以私有产权及小生产单位为基础的小单元经济(Atomistic Economy)，表现在农业上就是以小农户为主的农村结构。小农户先天就注定不能自给自足，必须经常交换。一个自给自足的经济单位必须拥有很多的人力资源，然后才能进行内部分工，生产各种各类的生活用品。生产不同物品时需要不同的生产工具、设备、以及生产技术，这些都是‘五口之家’的小农户所不具备的条件。这样的小农户如果一定要自给自足，生产效率一定最低，成果一定最坏……所以，小农户一定要集中他们的资源生产一两项主要产品(通常是粮食)，然后将消费剩余的部份拿去交换，以换取其他日用品。换言之，农户们要经常进入市场，从事交易，以有易无……小农户虽然是离不开市场的，但在市场交易时却受了很大的局限，那就是距离问题。一般衣户，无论是买是卖，都不能走得太远去进行交易。说得更具体一点，以当年的行速，他们必须在一天之内从市场上来回，包括进行交易的时间，如果为了少量产品而要在别处过夜，甚至耽搁三五天，对于大多数农户此交易成本就显得过高。两千多年来尽管经济上有发展与变化，这个距离上的铁则从未被打破。”①因此，中国传统的集镇恰是区域范围乡村与城市间的中间点，这种“中间”性首先是距离上的，然后是区域内贸易活动链条中的。借助城乡间的市集，村落社会实现了开放，村落与村落、村落与城市实现了区域范围的“整体”性关联，促生了“整体”性体验的“可栖居”之“地方”认同。

具体言之，城乡间市镇中的贸易交往活动对区域内人们“整体”性体验的促生，应包含以下三个要件：

其一，市镇商贸活动中人与人的贸易交往，具有丰富的社会交往内涵。中国传统市镇中的商贸交易活动具备一般商贸活动的特点，即对商贸利润的充分占有，因此免不了相互之间的竞争倾轧、互相排挤，人际关系的商品化是必然发生的事情。但是，传统市镇贸易与一般意义上的商贸活动又有所不同：从其产业属性来看，传统中国市镇上的商业贸易大部分没有专业的资本运营层面，人与人之间在此相互交易的基本都是生产生活必需品，因此，人与人之间的贸易关系虽然有商品交易属性，但在根本上是附载在商品交易关系上的社会交往。在市镇的交易互动中，人们之间一方面竞逐蝇头小利，另一方面又在展开丰富的社会交往；传统

---

① 赵冈：《中国历史上的市镇》，《中国社会经济研究》1992 年 2 期。

市镇商贸交往中的社会交往具有很强的表演性，这种社会在村落社会的封闭中是“日用而不知”，但在市镇背景中却大幅凸显出来。通过凸显化、表演化的社会交往，人与人之间相互彰显自我与他人的“差异”性社会位置，或者说，市镇商贸中的社会交往，照亮了人之“独特”的社会属性。

其二，市镇商贸活动必与神圣空间相邻并置。中国传统市镇作为商贸集中的场所空间，与纯粹产业意义上的商贸空间具有较大差别。产业意义上的商贸空间主要为交易及消费本身服务，但传统市镇作为商贸交易空间却通常会与神圣空间相邻，在交易、消费功能之外，满足人们的神圣皈依冲动是其特别的空间功能。中国传统社会的神圣空间与西方不同，如杨庆堃先生所指出的，中国传统社会的宗教崇拜是弥散性的，它以与人们的日常生活相杂糅的状态存在。杨庆堃先生在《中国社会中的宗教》中说：“低估宗教在中国社会中的地位，实际上是有悖于历史常识的。在中国广袤的土地上，几乎每个角落都有寺院、祠堂、神坛和拜神的地方。寺院、神坛散落于各处，比比皆是，表明宗教在中国社会强大的、无所不再的影响力，他们是一个社会现实的象征。”①从宗教神圣空间的分布而言，区域范围内最重要的神圣空间，往往既不是在村落空间的中心也不是在城市空间的中心，而恰是城乡之间，恰与集镇空间相邻或相重。当然，断定所有中国传统市镇都与神圣空间相重合，这肯定是错误的，但传统市镇的商贸活动往往是与宗教活动相叠合，这却是较为常见的事实。

市镇商贸活动与神圣空间为邻，对人们形成“整体”性体验的“可栖居”之“地方”的认同意义重大。在商贸活动中，人与人之间为了各自目的相互竞争，而在由此负载的社会交往中则凸显了人与人之间的“差异”性。因此，单从这两个层面而言，商贸活动本身是倾向于疏离的。当商贸交易活动与神圣空间相邻时，神圣化的背景预设了人与人之间的众生平等，这种预设形成了一种暗示性氛围，引导着人们从“差异”走向“聚集”。在此，与商贸交易相邻的神圣空间本身并不具有弃世的意义，因此人与人从“差异”走向“聚集”而并不趋向差异性，所以形成了在市镇交往中形成了“差异的聚集”的“整体”性态势。

其三，在市镇商贸活动空间中，须有“讲一讲”的空间存在。在神圣空间所形成的暗示性氛围中，商贸交易活动的人与人之间从“差异”走向“差异的聚合”，但在此状态下的“差异的聚集”还仅仅是一种隐势，它要真正成为一种明确的体验感知，还需要被“说”出来“讲”出来，成为被明确认识到的显势，才能使由“差异的聚合”所产生的“整体”性体验之“地方”认同，落实为区域内民众的集体体验与认同。这个将之“说”出来的空间与商贸交易空间的关系非常独特，它不与之保持距离，

① 杨庆堃：《中国社会中的宗教》，上海人民出版社2007年版，“导言”第24页。

确切地说，是镶嵌在商贸交易空间中，其表现形态多种多样，但在空间功能上却趋向一致，即让人们在此空间中有一段“闲工夫”“讲一讲”；正是这种相互之间的“讲一讲”，使氤氲在整个市镇商贸活动中的“差异的聚集”以集中化、戏剧化的形成呈现出来，使由此产生的“整体”性体验被明确感知到，落实下来，“地方”认同以理性而非蒙昧的形式被把握。至此，“地方”认同才真正瓜熟蒂落，成为理性的价值认同。

在中国传统市镇中，这样的文化表达空间丰富多样，最典型的当属茶馆。关于茶馆在古典社会中的功能角色，现代作家李劼人曾对 1949 年之前成都的茶馆有一段评论：“茶馆为民众普遍之聚会场所，不期而会者，往往在数十人或百数十人以上，此来彼去，交换轮流，不断离开，不断加入。于是茶馆与民众实际生活，时时发生密切关系，需用至广，要求极多，举凡通都大邑，县城重镇，穷乡僻壤，口口野店，莫不竹几横陈，桌凳罗列。上自政府官吏，下至走卒贩夫，各以其需要之不同，环境之各别，盘据一席，高谈阔论于其间，会人者，议事者，交易者，消闲者，解渴者，种种行色，不一而足。于是茶馆无形中有吸引群众，使以此为活动中心之趋势，其适应能力至强，无人不思利用之也。”①又说：“茶馆之中，时时可闻政情如何，军事如何，地方有何种新闻，某姓有何种事变，以及史料掌故之阐述，狐仙鬼怪之奇谈，均为各层社会分子所关心而欲知悉者，一至茶馆，各种资料，源源而至，辗转相告，传播迅速，发挥尽致，无孔不入，甚有好事之徒博访周咨，藉充谈助，而自解其见闻之广，亦有留心社会情报，以求足不出户庭，能知天下事。至于奸顽之徒，无聊之辈，混迹其间，或任意雌黄，混淆黑白，或捕风捉影，画蛇添足，以致蜚语谰言，摇惑人心者，亦往往发生于其间。”②

李劼人所写的虽然是成都的茶馆，但将之按于古典中国大部分市镇的茶馆也是准确的。在茶馆这样的“闲谈”空间中，人们来到这里喝茶，首先是有“闲”而来，因此人与人之间的“谈论”不是在一个标准下的相互攻讦、争论，而是有心无心地“闲谈”。在古典社会中，如茶馆等“闲谈”的场所虽曰“闲场”，但却具有巨大的舆论影响力，而这种“闲谈”场所的舆论影响力与古典社会的社会空间机构有关。

在古典时代，集权体制对现实社会的控制本身是相对薄弱的，完全由政治集权而产生的自上而下的权力约束力在社会的某一层面上固然强悍，但在社会总体结构中，政治集权的权力延伸却是相当柔化的；古典社会集权的一个非常重要的特点在于，道德信仰体系的健全使得政治集权常常被自我约束在一定限度之内，而在社会的大部分结构中，政治集权是借助道德信仰体系的结合而实现统治的。

① 博行：《茶馆宣传的理论与实际》，《服务月刊》1941 年第 6 期。

② 博行：《茶馆宣传的理论与实际》，《服务月刊》1941 年第 6 期。

因此，在这样的权力格局中，社会的一大部分其实被让渡给了民众从道德信仰而产生的自我治理和自我约束，而那些丰富多样的“闲谈”场所则是民众社会实现舆论监督的重要地点。在这些“闲谈”之处，人们通过谈论自己的亲身经历或他人的亲历，而兜兜转转最后引申到世俗的道德伦理上去。

所以，古典社会中的“闲谈”成为世俗道德舆论监督的重要表述方式，其所包含的现实意义是非常重大的，绝不仅仅是通常所说的“有口无心”的谈论。茶馆作为“地点”具有极其强大的现实影响力，正像李劼人所说的“无人不思利用之也”。王迪认为：“茶馆反映了经济、政治、文化、社会的变化。每碗茶的价格总是与通货膨胀同步的，原材料上涨，茶价便升高；如有经济衰退或自然灾害发生，茶馆里乞丐数量便增加。同样，政治的变化也很快在茶馆里呈现。每天清早，茶馆里的闲谈主题便是最近的新闻。如果从一个较长的时段来观察，茶馆聊天总是与地方和全国政治发展相联系。”[①]茶馆这样的“闲谈”地方实际是与更大的博弈之网相联系的，正是在这样的意义上，茶馆等“闲谈”场所中所产生的“地方”认同才真正被“锚住”于现实中，成为了捍护地方民俗传统、凝结与刷新社会关系的价值堡垒。

三、1949年至20世纪80年代：中国城乡关系与村落民俗的“迷信”化

“地方”认同是村落民俗传统传承的价值前提，而村落向城乡关系的开放所形成的“整体”性体验，又是“地方”认同得以形成的基础。因此，在城乡关系遭遇二元化割裂的情形下，村落必然地成为了仅仅与自然进行物质交换，或完全封闭于自身之社会交往的“社会孤岛”，由此导致“地方”认同的弱化或虚无化，而民俗传统一旦失去了“地方”认同之价值体认的支撑，就容易成为负于一隅的、狭隘的意识形态，或单纯朝向简单的生存目的生态行为。新中国建立后，传统中国的城乡连续体遭遇二元化割裂，由此造成了村落民俗传统传承的畸变。

新中国成立后城乡关系的发展，以20世纪80年代初农村实行家庭联产承包责任制为界，可分为两个阶段：80年代之前是典型的城乡二元关系，城乡间缺乏物资流动；80年代之后，城乡间物资交流日益频繁，城乡关系日益活跃，但城乡间关系并未重新回到传统的城乡连续体的状态，而是以一种新的隔绝态势延续着城乡二元结构。从村落民俗传统而言，新中国成立以来，城乡间二元关系的持续发展造成了中国村落日益变成了“生存孤岛”，村落的日益封闭使村落民俗传统逐渐

① [美]沃尔特·翁：《口语文化与书面文化》，何道宽译，北京大学出版社2006年版，第423页。

变成了狭隘的小农意识形态的典型样式。同时，在国家政治话语的持续宣传中，村落民俗逐渐成为“迷信”或“迷信”的滋生地。时至 80 年代，同样以国家政治话语为诱因，民俗又发生了从“迷信”向作为地方产业资源的“伪民俗”的转变。

首先来看 1949 年到 80 年代前中国城乡间关系的发展状况。

新中国成立前，中国共产党成功地运用“农村包围城市”的战略瓦解了国民党的国家统治。新中国成立前夕，即将成为国家执政党的中国共产党，在城市与乡村关系上进行了革命性调整。1949 年 3 月，中共七届二中全会召开，此次会议的一个重要决议是“从现在起，开始由城市到乡村并由城市领导乡村的时期。党的工作重心由乡村转移到了城市”。七届二中全会所作出的党的工作重心“由乡村到城市”，就其目的而言，包含两个层面：从经济层面而言，是要提高国家工业生产积累水平，而工业生产的积累主要靠城市来完成，因此，“由乡村到城市”的决议其实是推动农村向城市贡献生产力与生产资料；从政治层面而言，是要通过“城市领导乡村”来为“工人领导农民”的阶级总纲提供保障。因此，七届二中全会“由乡村到城市”的战略转移，最终是要打造高度工业化的城市和被高度领导化的农村，在这样的错位中，农村实际上被剥夺了政治上的荣誉身份，而仅仅成为区域经济体系中为工业城市提供生产力与生产资料的“生存的孤岛”。至此，中国传统村落社会在历经几千年的开放后，首度走向自我封闭。

1949 年至 80 年代之前，新中国城乡关系的发展基本忠实于七届二中全会的决议。新中国成立之初，农村与城市之间的关系并未完全封闭，起码在人口流动上就有较大规模的两次：一次是新中国成立初期，大量复员军人回到农村；另一次是 1951～1957 年，国家为进行第一个“五年计划”，从农村中招收了大批工厂职工，连带他们的家属一块进入城市，人数可观。因此，新中国成立初期，中国城乡间并不是完全隔绝的。

但是，1949～1957 年城乡间人员的流动，并不意味着此一时期中国城乡间关系的密切。1953 年，全国爆发了严重的粮食危机。为了解决粮食问题，1953 年 10 月，中央召开几次粮食问题会议，通过了《中共中央关于粮食统购统销的决议》；11 月 19 日，政务院通过《关于实行粮食的计划收购和计划供应的命令》；1954 年夏，分别对食油和棉花实行了统购统销；1955 年 8 月，国务院发布《农村粮食统购统销暂行办法》和《市镇粮食定量供应暂行办法》两个文件，对农村中粮食“三定”（定产、定购、定销）制度和市镇中定量供应标准作了详细的规定和说明。农产品统购统销制度一直执行到 1985 年，对中国的经济发展与社会生活发生巨大影响。从城乡关系而言，统购统销制度使得国家以供应城镇市民的名义，具有了从农民手里购买“余粮”的威权，但这些“余粮”并非真正是农村产量过剩的粮食，它在收成不好时本是农村用以自救的，现在国家以统购供应城镇市民的名义收走，造成了区域间粮食分配的极大不平衡，加剧了城乡间的对立态势。

1956年，在统销统购和农业合作化的双重影响下，中国农村的生存危机日益加剧，在全国范围内出现了严重的"盲流"问题。所谓"盲流"，就是大批为生活所迫的农民，主要是灾区的农民，从农村流动到城市寻找就业机会和生活出路，或是逃荒要饭。安徽、河南、河北、江苏、山东、广西等地农民大批盲目外流，涌入城市，对城市造成了巨大冲击。1956年，针对大量农村人口盲目流入城市问题，周恩来签发了《国务院关于防止农村人口盲目外流的指示》，但盲流问题不仅没有得到制止，而且日趋严重。为此，中共中央、国务连续下发通知和指示，要求各地采取措施制止农民外流，开展生产自救战胜灾荒，同时禁止工矿企业私自招用农村劳动力，并动员城市里一部分干部和中小学毕业生上山下乡支援农业生产。文件中特别强调：公安机关应当严格户口管理，严禁粮食部门供应没有城市户口的人员粮食，要求遣返自行流入城市和工矿企业的农民，并且禁止他们乞讨，防止农民弃农经商，当保姆和临时工也应当优先在城市居民中招雇。1958年1月，经第一届全国人大常委会第91次会议通过，公布实施了《中华人民共和国户口登记条例》，即新中国户籍管理制度。此后，户籍管理制度如一道无形的障壁，将城市与乡村彻底隔绝开来。

新中国成立后的粮食统销统购政策和户籍管理制度互相补充，并以其他多种制度相配合[①]，彻底断绝了新中国城市与乡村间的关联，形成了壁垒森严的城乡二元结构。这样的城乡二元结构，对农村起了双重限制作用。首先是社会关系上的限制，通过户籍管理制度而将"农村人"与"城市人"严格区分开来，使"农村人"的社会交往只能发生在乡土世界，人际交往世界日益塌陷萎缩，并因此造成了村落人格的狭隘逼仄。其次是经济活动上的限制，中国城乡二元社会结构的形成，

---

① 刘应杰总结道："最早提出城乡二元社会结构概念，并对此作了具体论述的刘纯彬等人认为，二元社会结构是由种具体14种制度构成，就其整体看去实际上是一种社会状态。"这14种具体制度是：(1)户籍制度。户籍制度发挥了一道强有力的闸门作用，以农业和非农业户口把中国公民分成标志鲜明的两个类别。(2)粮食供给制度。市民享受国家低价定量供应的粮食，现行户籍制度的首要目的，是要保证市民的粮食供给。(3)副食品与燃料供给制度。这主要有生活用煤、气、蔬菜、肉蛋奶以及其他各种副食品。(4)住宅制度。国家为市民住宅投资，房租微少到只有象征意义，已接近免费供应。(5)生产资料供给制度。国家计划只供应城市国有企业，而不管农村乡镇企业。(6)教育制度。城市中小学教育基本是国家投资；农村中小学教育基本是以摊派的方式由农民自己就业投资。(7)就业制度。国家负责市民的就业和培训，不负责农民的就业和培训。(8)医疗制度。中国市民享有公费医疗，中国农民只得自费医疗。(9)养老保险制度。市民的养老保险由国家和企业负责，而农民则只能由自己负担。(10)劳动保护制度。市民享受劳动保护制度，农民没有劳动保护制度。(11)人才制度。城市的人才高度浪费，农村的人才高度奇缺。(12)兵役制度。来自城市的士兵复员后安排就业，而来自农村的士兵复员后回乡当农民。(13)婚姻制度。市民只能和市民结婚，城乡很难通婚。(14)生育制度。市民一对夫妇只能生一个孩子，而农民则一对夫妇只生一个孩子的极少。(参见刘应杰：《中国城乡关系与中国农民工人》，中国社会科学出版社2000年版，第61～62页)

成功地将农民限制在农村，并在农村实施以粮为纲，将农民进一步限制在农业、特别是单纯从事粮食种植业上，基本形成了城市搞工业、农村搞农业这样一种严格分工而不交融的二元经济结构。这两重限制使中国村落变成了城市光明之塔照耀中的阴影，贫穷、落后、狭隘等一系列对中国农村的刻板化印象，正是在这一时期、主要基于上述两大制度造成的。

传统中国的城乡关系之所以能形成城乡一体化的健康关系，端赖于处于城市与乡村中途的集镇贸易，通过集镇贸易而引发人与人间的交往，为人们实现“整体”性体验提供了基本前提。新中国成立后的农产品统销统购政策，则彻底破坏了这种贸易关系。农产品统销统购政策的具体运营单位是供销合作社，正是供销合作社的建立，使得城乡间人与人之间的贸易交往彻底断裂。新中国成立前在一部名为《论城乡关系》的著作中，就有人这样论证供销合作社在“城市领导农村”中的意义：“在新民主主义的国家经济中，合作者经济是其重要组成部分之一，如果没有广泛和健全的合作社经济的发展，就无法使广大而分散的农民、小手工业者，很好地组织在国家经济的领导之下；就会使国家经济缺少有力的支柱，在经济战线上陷入孤立无援的境地。从城市与乡村的关系看，合作社（特别是供销合作社）更是沟通城乡、联系城乡的一根强有力的纽带。”[①]所谓“强有力的纽带”，其实是在强有力的破坏后的国家再筑。供销合作社（包括农村供销合作社与城市供销合作社）制度，将传统村落通过集镇自由贸易而满足自身所需的传统打破，而代之以国家配售，重新缔结的不是人与人之间的经济关系，而是人与国家的经济关系；前一种经济关系包含着浓厚的社会性、整体性与地方认同，后一种经济关系则是通过国家专权使每一社会个体变成了经济单子。

可以说，国家制定并实施的粮食统销统购与户籍管理制度将农民牢牢地锁在土地上，使农民的社会身份日益固化，由此塑造了村落人格的封闭。

在城乡二元结构的状态下，农民被剥夺了向城市自由流动的机会，终生被限制在农村。城乡户口管理制度把农村人和城市人严格划分开来，而进一步实施的人民公社制度，则对农民实行高度集中统一的管理。这两方面的制度相结合，就使得农民无法再向外流动。[②] 不仅如此，新中国成立后至60年代还借助城市中进行的对资本家企业的公私合营，国家将大批在城市中的手艺人、商贩等流动到城市中的“农村人”驱赶回村。1962年通过的《中央工商行政管理局关于国营商业、公私合营商业供销合作社、合作商店和合作小组的小商小贩下放农村参加农业生产的意见的报告》，出台了“小商小贩下放农村”的决定。报告明确提出：“（一）对

① 佚名：《论城乡关系》，中共天津市委总学委会编印1949年，第55～56页。

② 刘应杰：《中国城乡关系与中国农民工人》，中国社会科学出版社2000年版，第77页。

于小商小贩下放农村参加农业生产，应当根据中共中央、国务院关于精简职工、减少城市人口的有关指示的精神，结合小商小贩的具体情况和市场的需要，分别不同对象，区别对待。(1)1958 年后来自农村和 1957 年底以前从事商业经营、家在农村、有参加农业生产能力的，一般应当回乡。但其中少数有专业技能的人可予保留。(2)家庭长期居住城镇的，一般不下放农村，如果有条件下乡落户，确系自愿申请的可以批准。(3)国营、公私合营商业中，凡属全面公私合营高潮期间和参加公私合营有定息的小商小贩，按照 1962 年 7 月 16 日国务院'关于在精简职工中妥善安置资产阶级工商业者的若干具体规定'办理。"

在传统城乡关系中，冲州撞府、四处游荡的小商小贩及其他特殊社会群体，在形成城乡一体化的过程中具有极其重要的作用，他们的存在实际上拓宽了村落个体的社会视野，这些人四处游荡所撒播的社会传闻，使得那些僻居村野的人们也能足不出户而知悉天下事，自然会形成开阔、朴厚的人格气象。但当农民被城乡二元结构牢牢地固定在村落中的时候，社会身份的凝固化自然而然内化为人格特征，狭隘、闭塞、贪利的小农意识则成为新中国成立后农民的部分人格内涵。

要之，新中国成立后的粮食统销统购制度、户籍管理制度与供销合作社造成了新中国深广的城乡二元结构，正因这种二元结构，城乡之间的自由商业活动被完全阻断，截断了村落望向城市的开阔视野，中国村落在空间界线、经济贸易、社会关系与人格内涵等各个层面的封闭格局也就基本形成了。

在如此深厚严密的封闭格局中，传统村落在城乡一体化中所形成的"整体"性体验再也无法形成，而由"整体"性体验所产生的"可栖居"之"地方"认同也随之沦落。严格地说，在城乡二元结构的村落世界中，"地方"认同并非真空，村落世界中的祖先崇拜、风俗习惯、村落记忆等都可以形成"地方"认同。然而，在多种层次的"地方"认同中，由城乡一体化所缔结的"地方"认同乃是最根本的，城乡一体化所形成的"地方"认同以最具负载性的价值使村落传统得以捍卫；或者说，村落内部的"地方"认同所以具有意义，在根本上要取决于村落所在的"地方"是否具有认同的价值。在新中国城乡二元结构的隔绝中，村落世界在缺乏"地方"认同的"地方"孤然而立，其内部的"自反"认同也因此变成了封闭的认同。这种封闭的"地方"认同，使村落世界日益向内塌陷，越来越狭隘，变成了缺乏价值捍护的"生存的孤岛"。

以此城乡二元结构的形成视角，来考察新中国成立后至 80 年代之前的新中国村落民俗传统，则可对新中国成立后村落民俗的"迷信"化现象有新的理解。

新中国建立后的很长时间内，村落民俗被精英群体诬为"迷信"，特别是在 20 世纪五六十年代，民俗被视为封建"迷信"而被当权者一再打压，造成了中国村落民俗传统的畸零形态。时至今日，将村落民俗视为封建"迷信"的论调已是声名狼藉、不值一哂。然而，对中国传统村落民俗"迷信化"的指责不宜过分忽视和摈弃，正如鲁迅先生在一系列乡土小说中所展示的那样，中国村落民俗传统就其整体而言固然是神圣而严肃的，但村落民俗就其根本而言是人们在现实功利性活动中的“约定俗成”，因此，在村落民俗的民众实践中必然免不了沉迷于现实功利目的、战战兢兢只为自身祸福，却完全忽略了民俗传统之价值认同的民俗“迷信”。在《故乡》中，鲁迅向我们展示了“闰土”等人身上所负载的村落传统，在失去其精神意味后是如何成为束缚人的工具的。赵树理的《小二黑结婚》对农村民俗的描写，虽有丑化之嫌，但也有写实的成分。

新中国成立以来的民俗“迷信化”，固然是精英阶层与专制集团对村落民俗的诬断，但就中国村落民俗的民众实践而言，也的确存在民俗“迷信化”的问题。所谓“迷信”，就是崇拜笃信某一物所具有的生存效能，相信它能左右自己的祸福存亡，从而忘却了信仰膜拜的价值认同意义。如前所述，民俗活动在根本上起于人之应时而动的生态行为，是人们在当下功利性活动中的“约定俗成”。民俗作为传统而实现稳定传承，必然存在从生态行为向价值认同的升华，价值升华的缺乏必将使民俗活动成为仅仅注重民俗之生存效能的“迷信”。新中国成立后至80年代，粮食统购统销、户籍制度与供销合作社所造成的城乡二元结构，使村落成为“生存的孤岛”。在此封闭的村落中，因为缺乏村落向整个区域的开放性，村落个体的“整体”性体验无法产生，由此“可栖居”的“地方”认同无从谈起，而这使得村落民俗传统的传承将缺乏价值认同的提升，最终导致了村落民俗本身的生态层次，即将民俗传统仅仅视为实现自身生存意志之工具的认同泛滥而出，民俗“迷信”化于此显现。新中国成立后，在农村这样的“生存的孤岛”上，村落民俗传统失去了“地方”认同这一基础价值认同的捍护，只凭村落内部的价值升华，如祖先崇拜、社神祭祀、村落记忆，如此等等，这些村落内部的价值诉求肯定有益于民俗传统的传承，但因为整个村落本身因为失去“地方”认同而“去地方”化，所以，在某种程度上，这些价值诉求本身成为了生存诉求的某种形式。

四、新时期30年：城乡关系的发展与“伪民俗”

新时期城乡二元关系的解冻，始于农村实行家庭联产承包责任制。1978年，中国十一届三中全会召开，通过了在农村实行联产承包责任制的决议。1979年，联产承包责任制在安徽凤阳小岗村试行，后在全省试行，并引起了一场大争论。在这场争论中，联产承包责任制的“包产到户”得到了中央的肯定与支持，最终得以在全国推行。1981～1982年是包产到户普遍发展的时期，并从包产到户转变为包干到户。到1983年，全国农村双包到户的比例已达95%以上。农村联产承包责任制，被中央1号文件称作是中国农民的一个伟大创造。

农村联产承包责任制所以会取得如此巨大影响，关键在于激发了作为农村最基本生产单位的家庭的生产活力。在此之前，人民公社制度是农村的基本行政组织，它不顾中国农村社会的现实条件，把一个个村庄、一户户家庭强行组织成一个高度集中统一的大集体，实行“一大二公”“政社合一”的制度，形成为一个小生产、大集体的生产单位，这从根本上动摇了中国农村社会的家庭基础，削弱了家庭的经济功能。农村联产承包责任制实行“包产到户，包干到户”，实际上是把农村人民公社的集体经营变成农民的家庭经营，把集体生产单位还原为家庭生产单位。家庭经营的实行是农村生产方式的一次重大变革，它从根本上开始瓦解了农村人民公社制度。

农村联产承包责任制启动了农村经济的复兴，对新中国成立后直至 80 年代所形成的城乡二元结构造成了巨大的冲击，带来了城乡二元关系的解冻。20 世纪 80 年代之前，党的工作重心“从农村转向城市”，在工业领导农业、城市领导乡村的导向下，农村被粮食统购统销制度、城乡户籍管理制度及供销合作社制度牢牢地钉在原地，在经济上成为了城市工业积累的供应渠道，在政治上则成为被启蒙、被引导的落后群体，成为一个个的“生存的孤岛”。农村联产承包责任制的非凡意义，在于它在农村这个“生存的孤岛”中引入了差异化的生存竞争原则，使村落在失去城乡间的关系差异时，在其村落内部制造了生存差异，从而使封闭僵化的村落世界活跃起来。

联产承包责任制通过激活家庭的生产活力，从而改变了农村这个“生存的孤岛”，突破了此前城乡关系中的被动性，带着经济自信在城乡二元结构关系上迈出了主动的一步。在前此城乡二元结构中，城市工业化在国民经济结构中具有无可置疑的首要性，而村落经济则处于绝对的劣势地位。在国家区域经济总体格局中，城市与村落间的经济地位差异是两者之间隔绝的重要前提。联产承包责任释放了村落经济的活力，村落产业日益活跃，经济总量日益增大，而前此自我封闭的村落边界也在经济活动的冲击下被冲破，村落社会向城乡关系又一次实现了开放。

如果说，在传统城乡关系中，城乡一体化的关键是处于两者之间的市镇贸易；那么自 80 年代以来，农村联产承包责任制所引发的村落经济增强，催生了市镇在新时代的复活。有学者指出，在传统城乡关系中，处于城乡间的市镇之所以产生中国传统社会的小农经济形态，小农经济中产业结构的单一性是重要因素，它使得农民必须通过贸易交换才能维持日常生产生活所需，而传统市集正处在村落居民一日之程之内，满足了他们生产与生活物资交换的需要。80 年代以来，农村经济活动的活跃，也的确催动了类似空间的扩展。

1983 年，费孝通先生在南京“江苏省小城镇研究讨论会”上发表了著名的《小城镇，大问题》演讲。在这篇演讲中，他对小城镇与典型农村作出了区分："我早年在农村调查时就感觉到了有一种比农村社区高一层次的社会实体的存在，这种社会实体是以一批并不从事农业生产劳动的人口为主体组成的社区。无论从地域、人口、经济、环境等因素看，它们都既具有与农村社区相异的特点，又都与周围的农村保持着不能缺少的联系。我们把这样的社会实体用一个普通的名字加以概括，称之为'小城镇'。"也就是说，费先生说的"小城镇"正是处于"农村"与"城市"间的中间类型。根据其观察，以江苏省吴江县为例，费先生认为新中国成立以来的小城镇经历了一个发展过程："（小城镇发展）大体上可以分为前后两个时期，分界线是在 70 年代初期。70 年代以前是小城镇的衰落和萧条时期，在此期间，小城镇逐步失去它赖以生存的基础，到了 70 年代初期，小城镇有了转机，到了后期，党的十一届三中全会以后才呈现出发展、繁荣的景象。"费先生的观察是非常准确的。20 世纪 70 年代之前，小城镇的衰落，正是因为城乡关系的二元化导致了村落的自我封闭，而村落的封闭使得原先为村落的开发性贸易交往服务的小城镇失去了存在的必要。70 年代之后，十一届三中全会的政策推动使农村经济活力高涨，如同传统城乡关系中的村落一样，村落经济需要走出村落走向整个区域，这必然地造成了在经济发展的推动下，村落封闭边界的被打破。特别应指出的是，传统市镇在空间上居于城乡间的中途，是受限于一日之程的交通条件，而 70 年代后村落经济的交易空间仍然是在城乡间的中途，但并非全是因为交通条件所限，主要还是因为城市经济已完全工业化，市镇经济的农业特征与其有天然的阻隔，因此选择在了城市之外靠近村落的空间。

联产承包责任制促动村落走向开放的城乡关系状态，小城镇的复兴只是一层原因，另一层原因则是联产承包责任制逐步改变了村落中农民的社会身份，将其纳入了现代产业工人的身份认同体系。联产承包责任制解放了农村的经济生产活力，从其产业结构而言，联产承包责任制所释放出的农村经济活力，并不是自产自销，而是被纳入了现代产业体系，农村经济成为现代产业体系的重要一环，专营化、职业化、金融化成为其重要特征，由此导致了在此体系中的农村劳动力的社会身份的微妙变化，"农民"于他而言更多是一种产业身份而非社会身份，村落社会的农民集体逐渐变成了"非农"。在传统农业社会和自然经济状态下，虽然也存在少量农民从事非农产业，甚至从事非农产业的人数曾经保持并稳定在一定的比例，但不存在非农化的问题，因为它不可能形成一个非农产业不断发展并最终引起产业结构改变的趋势。

小城镇的复活与农民的"非农化"，是 80 年代以来中国农村实现联产承包责任制推动村落走向开放性城乡关系的双重契机，从某种意义而言，这为 80 年代以来的中国村落社会重塑"地方"认同提供了重要契机。正如我们前面所指出的：

“地方”认同产生于“整体”性体验，“整体”性体验使人产生“可栖居”的认同，而“可栖居”即“地方”认同。传统城乡一体化使村落朝向城乡关系敞开而获得了“整体”性体验；80 年代以来，在经济活力的推动下，村落不再是封闭、落后的“社会孤岛”，而是重新朝向城乡一体化敞开，在此意义上，村落重被置于“整体”性的“可栖居”体验之中，由此“地方”认同出现复兴。事实也确实如此。自 80 年代以来，中国各地的“地方”意识空前高涨，而这种认同于“地方”的意识主要体现在本区域产业资源的发掘中。自 80 年代以来，大众旅游业蓬勃发展起来，大量的城市人从城市涌向风景名胜，而在当时的旅游指向中，除风景名胜外，地方风情也是大众旅游的向往之所。正是在这样的旅游需求中，中国各地出现了对本土化“地方”资源的热情发掘，形形色色或真或假的“地方”传统被展示与消费，而这些“地方”传统的主要内容就是村落民俗。

随着旅游业及其他相关产业的发展，自 80 年代以来，中国各地对本土“地方”传统的标榜日益高涨，渐趋失真、离谱，而在区域村落民俗的指认与开发上，则从开始的无所不是“民俗”，发展到民俗的“制造”，即推出形形色色的“伪民俗”。

“伪民俗”是 80 年代以来城乡关系视野中中国民俗发展的典型现象。20 世纪 60 年代，德国民俗学家莫塞尔曾研究了充满功利性和商业色彩的民俗艺术。1962 年，莫塞尔在《民俗学杂志》上发表了《论当代的民俗主义》一文。他描述了大量经过较多加工处理的民歌与民间艺术来宣传本地区文化、吸引外地游客的行为。这些行为有政治上的目的，但更多的目的则在商业上。这种现象被莫塞尔称为“民俗主义”。莫塞尔认为：任何脱离了自身生存的土壤而被作为表演题材孤立地提取出来的“民俗”，都是二手货，即“伪民俗”，不能和历史真实互为混淆。80 年代以来，中国各地出现的“伪民俗”给人们留下了深刻印象。首先，“伪民俗”充满了浓厚的逐利性。争抢文化名人的闹剧、虚构伪造文化名人历史的怪事，无不与这些“民俗”到底能带来多少旅游收入有关。其次，“伪民俗”体现了文化虚无主义。这些“民俗”大多只在感性的器物的层面上下功夫，既无对民俗本身的心灵认同，也无情感上的共鸣，他们以当代人的轻浮心态和矫揉造作损害侵蚀着粗犷而厚实的民俗。随着各式各样“伪民俗”的泛滥，人们日益感到那些粗制滥造的民俗文化旅游点、大同小异的民俗文化纪念品等，除了当时让人眼前一亮外，并未能产生任何有价值的认同。

民俗传统传承本身乃是“地方”认同的产物，民俗活动作为“约定俗成”需要“地方”认同的价值引导以使其生态性获得规束，只有这样，民俗才不至于变成纯粹的生存谋利活动。但是，在民俗传统的“地方”认同中，如果“地方”认同本身不再具有价值升华的意味，“地方”就变成了具有现实功利性的“地方”，“认同”也就成了对短期功利的“认同”，那么，由“地方”认同所引导的民俗传统必然是以逐利性、文化虚无为特征的“伪民俗”。

20 世纪 80 年代以来，全国各地出现的大量“伪民俗”，究其原因正在于“地方”认同的功利化；而“地方”认同的功利化的原因，又在于农村联产承包责任制推动下的城乡间关系的非价值化、功利化。

联产承包责任制推动下形成的城乡关系所以会趋向于非价值化，首先是因为其所造成的村落世界的功利化。新中国成立后至 80 年代之前，在粮食统销统购等政策的影响下，城乡二元结构中的农村成为了“生存的孤岛”。联产承包责任制激发了农村的生产活力，使其冲破了“孤岛”状态，但其“以经济建设为中心”的定位却不断强化。换言之，联产承包责任制打破了人民公社制度下“家庭”被束缚的状态，使其焕发了生产的积极性，但这种对“家庭”生产积极性的激发，却因为没有同时强化“家庭”在村落中的其他社会功能，而是造成了对“家庭”经济功能的过分强调，从而使得整个村落变成了由若干经济单元通过相互竞争而结成的功利性团块。由此，村落本身的社会性交往遭到了极大破坏，价值认同急剧坠落。与此不同的是，在传统村落社会中，“家庭”在村落社会中的经济功能是与其社会功能相联系的，以“家庭”为基本单元进行的经济活动，在根本上是指向人与人之间的交往与价值认同。以此之故，在整个区域格局由多个家庭连接而成的传统村落，既是经济单位同时又是价值主体，从而保证了村落在向城乡关系开放时的独立性。

联产承包责任制造成了村落在城乡关系中的功利化，与此相关，依托村落这个“乡脚”（费孝通语）而建立起来的小城镇（传统城乡关系中的市镇）也成了一个功利意味极其浓厚、价值认同相对稀薄的空间，传统市镇中人与人之间借助商贸而进行社会交往的层面荡然无存。在传统城乡一体化中，市镇中的商贸活动包含着浓厚的人际交往内涵，正是这种人际交往使市镇交易在“差异”中包含着“聚集”的潜质。但在 80 年代后的中国小城镇中，商贸活动成为了单纯的交易活动，人与人之间的交往停留在趋利性满足层面上，有“差异”，却缺乏内在“聚集”的动力。事实上，充满趋利性“差异”的小城镇，其所以能团聚，在根本上乃是由于国家经济干预之手的“撮合”。费孝通先生在《小城镇，大问题》中就谈到了这一点，他指出：“商业渠道的统一国营化引起了小城镇的巨大变化。凡是设置行政机构的小城镇，都有国营的流通渠道，在收购农副产品以及调拨分配农民所需物资上占绝对优势，这就使得作为全县行政领导和物资批转中心的、县城松陵镇成了吴江小城镇普遍衰落的一个例外，它的城镇人口因机构增多、干部调入而一度相持不动，后来还略有上升。一些设置公社机构的小城镇在总的衰落趋势中借着国营商业和供销社之力得到挣扎余地，而那些没有设置行政机构的小城镇受到被淘汰的压力就相当严重……用行政渠道来控制商品的流通，势必造成农民买难卖难的困境，而商业本身在经营上也容易滋长‘官商’作风。”[①]小城镇如果是完全地交给市场行为，市场自身有可能会产生作为自身调节机制的社会交往与价值认同，但国家经济干预的出现，则使小城镇永远地变成了国家经济体系中的产业空间，而面向小城镇敞开的村落必然地被永远钉在了趋利性的柱子之上。

小城镇在国家经济干预下的趋利化，最终造成了区域内“地方”认同的趋利化。传统城乡关系中“地方”认同，来自“整体”性体验的“可栖居”认同，而“整体”性体验的达成需要三个要素：商贸活动中人与人之间的社会交往、商贸中的神圣空间及谈论空间。80年代后形成的小城镇居于城乡之间，这是区域内“整体”性体验形成的空间要素。然而，小城镇的完全趋利化，却使之形成的“地方”认同改变了性质。不可否认，区域内的小城镇实现了村落向城乡关系的敞开，在国家经济之手的主导与调控下实现了“差异的聚集”，因此唤起了“整体”性体验的“地方”认同。然而，问题在于，小城镇所实现的“差异的聚集”不是来自于人与人之间自发的社会交往，并缺乏神圣空间与谈论空间的催发，由此所形成的“地方”认同乃是为实现共同的经济目的而发生的“偶合”，是单纯的趋利性生存行为，并非价值认同。在如此功利化的“地方”认同中，村落民俗是无法脱离功利性的。

功利化的“地方”认同造成了功利化的民俗，即“伪民俗”，而“伪民俗”的意义，恰为“地方”在趋利性博弈格局中获得差异化优势。趋利化的“地方”认同，因为缺乏稳定的价值导向，所以总是在纷繁复杂的现实趋利行为中变换认同，在本质上成为一种“游荡的地方”认同。在“游荡的地方”认同中，民俗的“约定俗成”就成为人们抵抗游荡状态的重要生存资源：人们通过“民俗主义”，即标举“传统”民俗或“新的”民俗，谋求生存之游荡中的社会组合。反过来，“民俗主义”的标举也为“游荡的地方”返还贡献，并根据贡献差异化，而使“游荡的地方”在趋利性博弈格局中获得差异化优势。从身份认同的意义而言，“游荡的地方”认同在于在变幻不定的社会之网中，通过“地方”化差异而实现自我身份的凸显。可以说，在80年代后的中国区域社会中，社会之网的主要内容是经济竞争之网，“地方”认同的差异化身份不可避免地指向了通过“差异化”而取得经济竞争优势，“民俗主义”的标举即“伪民俗”的大量出现，其本质正在于为“游荡的地方”获得经济竞争优势而共享差异化资源。

20世纪80年代以来大量出现的“伪民俗”，与“游荡的地方”认同互为利用，“伪民俗”对“地方”经济竞争的意义是不言而喻的。然而，“伪民俗”在中国民俗传统传承的意义上是否应该得到肯定？有的学者认为，“伪民俗”应视为民俗传统传承的新状态，其实不然。比如在有关“伪民俗”的争论中，陈建宪谈到他亲身参与

① 费孝通：《中国城镇化道路》，内蒙古人民出版社2010年版，第17页。

调查的一个失传的古代神话在当代复活的过程。在湖北省长阳县，土家族自古以来奉凛君为先祖。陈建宪与同事经过长年的田野调查后发现，关于凛君的神话实际上已经从当地群众的口头传承中消失了。但是，长阳县政府近年来组织当地的文化工作者对凛君神话进行了大力发掘，根据书面记载，修建了向王庙、夷城、白虎石等与凛君神话有关的景点，出版了小册子《凛君的传说》。现在，凛君神话又以这些景点为中心开始向民间扩散，并出现了从青年人向老年人传讲的反哺传承现象。陈建宪提出，对凛君神话复活这类现象，不要简单地斥为"伪民俗"，而应看作民俗发展的衍生态，可称为"拟民俗"或"人造"民俗。①

这种对"伪民俗"的肯定其实是很成问题的。在上述所举的个案中，有一点没有得到很好的揭示：当地进行凛君神话复活的认同心态是什么？一种心态可能是"地方"认同，即对吾乡吾土的价值认同而使人们复活神话，使神话成为人们实现乡土价值认同的凭借；另一种心态则可能是"趋利"认同，复活神话是为了使自己这个地方的景点而与其他景点不同，造成营销效应。前者可视为地方民俗传统的真正传承，因为在这样的传承中神话的复活传承是对"地方"认同之价值观的传承；后者则不然，只是为营造差异化营销效应复活神话，其实是挟民俗为地方经济作贡献，与民俗传承无关。在上述个案中，注重描述的是"神话的复活"这个民俗表象，认为民俗表象的传承就是民俗传承的全部，其实却忘记了，民俗传承的根本乃是民俗传统所负载的价值认同及"地方"认同之价值观的传承。

五、2013年城乡关系视野中的民俗发展焦点：乡愁

在2012年12月12～13日召开的中央城镇化工作会议上，中央决策在关于当前城镇化建设导向问题上，提出城镇化建设"要体现尊重自然、顺应自然、天人合一的理念，依托现有山水脉络等独特风光，让城市融入大自然，让居民望得见山、看得见水、记得住乡愁"。这段表述与传统的官方语体颇有差异，感性而诗意，一出台即引起诸多观察人士的关注。

中央决策在城镇化建设导向上为何提"乡愁"？如从所表述内容来看，"乡愁"出现在对生态文明提倡的前后语境中，颇为诗意的"乡愁"措辞与生态文明的人文价值指向相合拍，也就是生态文明之内容与"乡愁"之语体形式是相适应的；但从文体学角度而言，形式即内容，语体含象征，中央决策文件提"乡愁"本身应已包含了对中国城乡关系的一种定位，值得探讨。决策文件提"乡愁"的深义，应从梳理中国社会的乡愁传统谈起。在中国乡愁传统中，"乡愁"体验的发生主体并非是单

① 参见肖海鹰：《人造民俗并非全是伪民俗》，2001年9月19日《光明日报》。

纯的离开家乡者，而是离开家乡而在异乡获得社会认同的特殊人群；离开家乡且在异乡获得社会认同是“乡愁”体验发生的两个必要条件。

中国乡愁传统可上溯至《诗经》，通过《诗经》中两首广为人知的诗歌的对比，可准确说明“乡愁”体验发生的微妙性。一首是《小雅·采薇》，经学家孔颖达说这是一篇文王“遣戍役”之作，就是周文王在兵发北方征伐玁狁时为士兵们鼓劲的一篇演说，即运用“乡愁”来激励即将远征的士兵。

全诗前三节是“遣戍役之辞”，就是鼓励兵士们离家去战争。第四节说：“彼尔维何，维常之华。彼路斯何？君子之车。”这是一个转折。前三节是对一般兵士的激励之辞，第四节则开始描述比普通士兵地位高的将帅行止，渲染了将帅的煊赫。第五节则进一步渲染，“驾彼四牡，四牡骙骙。君子所依，小人所腓。”如此以来，前三节和后四、五节联系在一起，实际上设置了一个竞进意象，目的在于激励一般兵士要努力作战，积功加职，荣至将帅。第六节则说：“昔我往矣，杨柳依依。今我来思，雨雪霏霏。行道迟迟，载渴载饥。我心伤悲，莫知我哀。”这一段满含乡愁的文字出现在四、五节之后，其实形成了对“乡愁”体验发生的一种界定：诸位兵士好自为之，待你们累功至将帅归来之时，故乡风物将满含乡愁、摆袂迎接。所以，这段描述乡愁的著名文字其实点出了“乡愁”体验的先觉前提，即唯有在他乡获得成功之后，才有此闲心来弄愁吟赏；因此，“乡愁”体验并非消极体验，而是对离家游子在他乡有所成就的奖勉。《诗经》另有一首诗歌《豳风·东山》，则说明了离家之后的恓惶归来，其实并无乡愁可言。《东山》列入“风”篇，据经学家的解读，所反映的是周公东征。全诗四节，每节开头都是以“我徂东山，慆慆不归。我来自东，零雨其蒙”起兴，这里的归来之“我”，根据下边的“制彼裳衣，勿士行枚”来看，应是一般兵士，而且去时是平头百姓，回来也是恓惶落魄，因此，在他眼里的故乡就不再是可以吟赏的对象，而是无比凄惨：“果赢之实，亦施于宇；伊威在室，蠨蛸在户；町畽鹿场，熠燿宵行。”“鹳鸣于垤，妇叹于室。洒扫穹窒，我征聿至。有敦瓜苦，烝在栗薪。”这已不是令人玩赏的“乡愁”，或者称为“乡悲”更合适。《东山》比之《采薇》，一“悲”一“愁”，泾渭分明，盖因去家归来之人是否在家乡之外获得稳定之立身资本有别。

从上述《诗经》两诗解读中国乡愁传统别具启发意义。在中国社会传统中，“乡愁”体验，实质是离开本乡本土的离家者，在家乡之外获取了安身资本，从新的社会身份认同回望自己与家乡的“距离”，他既无可奈何地承认了这种“距离”，又因自身已获新的安身之所因而对这种“距离”产生了艺术性的赏玩，两种体验杂糅在一起，即“乡愁”的况味。没有获取在家乡外安身的资本，彼岸的故乡于他而言只有“乡悲”而无“乡愁”。所以，中国社会传统的“乡愁”体验作为一种感知故乡的方式，其体验主体并不是那些一辈子在土在乡、从未离家的乡民，而是那些从乡土社会中离开，并在乡土世界之外获取安身资本的群体。这一点可在这样一个事实中轻易得到印证：在中国乡愁传统中，“乡愁”的书写，绝少见于以乡民主体为创作者的民间文学艺术中，相反，绝大多数的“乡愁”吟唱出现在以士人为创作主体的精英作品中。这些士人群体通常是生于乡土社会，壮年游宦他乡，在游宦任上对故乡予以回顾与书写，由此构成了中国“乡愁”书写的主要内容。

“乡愁”体验其实是发生于人们在去乡之后因在他乡获得安身资本的回头一望，因此“乡愁”并非消极体验，而是对去乡事实的价值升华。在中国传统社会中，离土离乡是经常发生的事实，且这种离开大都出于被动，因此，中国人的离乡往往是包含悲情的；但“乡愁”体验，使得这种离乡变成了一次重新认识本土传统的契机，它将人们对本土传统的离乡之痛升华为一种艺术体验，使人们对本乡传统的对待方式，从一种仅仅包含模糊感情寄托的“日用而不知”，上升为一种包含明确价值认同的理性执着。如《采薇》中那个回乡游子吟唱的：“我心伤悲，莫知我哀”，这里谈“悲”说“哀”，却不会使人蹙眉而让人感动，原因正在于其中包含着去家之人回头一望的理性与执着。

“乡愁”发生于那些离开村落却在异地获得了较好生存机遇之人的回头一望，在此回头一望中，曾经的故乡成了价值认同的象征，这就是中国文化传统中“乡愁”的真正内涵。在此意义上，自周代以来中国区域发展中的城乡连续体传统，应是“乡愁”传统的前置条件。

传统中国城乡关系以市集商贸活动为纽带，使村落向城乡关系开放，在包含着浓厚认同关系的市集贸易活动中，人与人之间实现了“差异的聚集”的“整体性”体验，而这种“整体性”体验则产生了“可栖居”的“地方”认同。正是在这一城乡连续体区域架构中，诞生了“乡愁”体验。在村落向城乡关系开放的状态中，市集等充满生存机遇的场合为走出村落之人提供了良好的生存空间，使他们能够在走出村落后可获得生存保障与生命尊严。这种于“异乡”处所获得的生存的尊严，对于离乡之人对村落的肯定，具有极其重要的意味：一是生存尊严的获得，使得他们能以宽和、包容之心与他人相处，缔结一种视野广阔、良性互动的社会关系，从而在超越自身生存窘境的意义上形成一种“整体”感，而这种“整体性”体验正是形成“地方”认同之价值观的基础。在“地方”价值认同的观照中，自身由来的村落世界就不再是单纯的生存的“堡垒”，而变成了价值认同的象征。二是生存尊严的获得，能使离家之人能以平和、超脱的心态看待村落的物质贫乏，保全对家乡世界的价值认同。一个在村落外的世界获得了较好生存命运的人，自然会对生身故乡的贫穷有信心，而一个在村落外的世界处处碰壁、衣食无着的人，也往往会对家乡的贫穷视若仇寇。因此，传统城乡连续体中的市集等生存机遇较多的地方，在使离家之人获得生存尊严的同时，也使他们对家乡的认同上升到了价值层次，这种价值认同进一步将“离家”的忧愁变成了一种欣赏。

以此来考察20世纪80年代以来中国城乡关系中的“乡愁”，就会发现，新中国成立后至80年代的中国社会，是二元分离的城乡关系，剥夺了离乡之人的生存尊严，而使中国的“乡愁”传统变成了“乡悲”甚至是“乡仇”。20世纪80年代以来，农村的家庭联产承包责任制，使农村在打破城乡二元关系上迈出了主动的一步，农民开始从农村这个“生存的孤岛”流动开去，新中国成立后消失的小城镇(传统市镇)开始大量复兴，这一切似乎意味着传统城乡连续体的再发生。其实不然。80年代后的城乡关系中，小城镇的商贸交易关系已缺乏对社会关系的承载，更多是纯粹趋利层面的商品交易，国家经济干预使得小城镇的商贸交易很难实现“差异的聚合”的“整体性”体验。相反，强大的趋利冲动，使大量的农民离开村落，冲向“能赚钱”的最前线，一开始是小城镇，但后来几乎所有的农村务工者都要奔向大城市。

在城市世界中，大工业生产体系将农村务工者变成了单纯出卖劳动力的“民工”，他们付出了艰辛的劳动却收入菲薄，菲薄的收入虽然比之在农村的收入要高，但在被城市消费极度夸张化的生活美景面前，他们的收入使他们对所谓“城市生活”望而却步，由此带来了一种生存上的屈辱感。

20世纪80年代以来离开村落的农民生存尊严的丧失，直接导致了他们对故乡的消极评价。首先，生存的屈辱感使他们以敌视的态度对待他人，尤其是那些与其形成竞争关系的人群，他们带着生存的焦灼体验疏远他人，他们的社会交往世界越来越狭小，越来越扁平化，争取更多的生存资源成为其核心冲动；他们在自己的生存世界越陷越深，“整体”性体验无从形成，“可栖居”的地方认同价值感难觅影踪。在这样缺乏“地方”价值认同的视野中，他们离开的故乡就被置于“生存”的视野来衡量。其次，生存的屈辱感使他们对自己家乡的物质生活低下倍感抵触，在寄身城市的物质生活中，他们虽然身处下层，但强烈的生存冲动，使他们觉得“卑贱”的城市生活也比“尊严”的乡村生活要好，因此，故乡于他们而言就是一段不愿回首却现实存在的“尴尬”存在，这引发了他们对故乡的悲哀感甚至仇视感。

改革开放以来，中国农民的离乡历程已经历三个阶段：第一个阶段，20世纪80年代初，改革开放伊始，开始有进城务工人员出现；第二个阶段，90年代初，进城务工人员大量涌现；第三个阶段，新世纪以来，新生代农民工渐成农村去家离乡的人群主体。自80年代初至今，中国农村的去家离乡群体主要是以这些进城务工人员为主，他们离开了自己的家乡，拼搏在城市，但城乡二元体制却决定了他们的付出注定无法为他们获取在城市立身的资本，因此，不管他们在城市如何付出，农村始终是他们的宿命，本乡本土于他们而言乃是“乡悲”甚至“乡仇”的对象，其实并无“乡愁”可言。

中央决策文件所以要提新型城镇化建设要让人“记得住乡愁”，原因正在于正在展开的新型城镇化建设，将在未来创建不一样的中国农民去乡模式，要使农民真正获得生存尊严并重建“地方”认同。

作为中国深化改革的重要内容，新型城镇化建设的推进，正成为塑造未来中国城市化模式的最重要力量。新型城镇化国家决策的提出并非一朝之令，而是以新时期以来中国各地新型城镇化长期实践为前提，是一种自下而上的决策升华。从目前所掌握的材料看，2006 年之前，中国各地已出现了异于资本城市发展模式的零星实践，2006 年则是零星实践上升为地方决策的节点时刻。在本年度的政府工作报告中，江西省政府首次提出了“大力推进农业农村现代化、新型工业化、新型城镇化、经济国际化和市场化”。同年，浙江省召开全省城市工作会议，时任浙江省委书记的习近平在讲话中强调，要坚定不移地走资源节约、环境友好、经济高效、社会和谐、大中小城市和小城镇协调发展、城乡互促共进的新型城市化道路，并对新型城市化道路内涵给予阐释，提出五个主要任务。也是在这一年，广西推进工业化城镇化工作会议在南宁召开，时任广西壮族自治区党委书记的刘奇葆提出，要走适合广西区情的新型城镇化道路。此后，地方建设“新型城镇化”的决策信号频频释放。2007 年，温家宝总理在长江三角洲地区经济社会发展座谈会上指出，要优化城市布局，走新型城镇化道路。2009 年，《求是》发表时任国务院副总理李克强的署名文章《保持经济平稳较快发展》，文中指出，要“协调推进新型工业化、新型城镇化，形成新的增长极、增长带、增长面，拓展扩大内需的新空间”①。此后连续几年，李克强对建设新型城镇化的强调成为其不同场合发言的主调。② 2010 年 10 月，党的十七届五中全会通过的《中共中央关于制定国民经济和社会发展第十二个五年规划的建议》，指出坚持走中国特色城镇化道路，科学制定城镇化发展规划，促进城镇化健康发展。至此，中国各地新型城镇化的决策探索正式上升为国家决策导向。

新型城镇化建设作为新一届中央政府大力推行的主体改革内容，其核心乃是人的城镇化，其目标在于打破传统的城乡二元结构，通过深入的地权改革与社会保障体系建设，引导中国“农民”向“市民”转变，最终使中国农民在地权流转中虽

① 李克强：《保持经济平稳较快增长》，《求是》2009 年第 15 期。

② 2010 年，李克强在省部级主要领导干部专题研讨班上发表讲话，指出把城镇化作为扩大内需的战略重点，在中国发展高层论坛 2010 年会开幕式上致辞，并在《人民日报》发表署名文章《增强经济增长内生动力促进，发展方式加快转变》。文章指出，中国还有 8 亿左右农村人口，城镇化是最大的内需所在，蕴涵着雄厚的发展潜力。同年，李克强在上海会见市委书记、市长“城市化与城市现代化”专题培训班全体学员时表示，我国是一个发展中大国，最大的内需在城镇化，促进发展最大的潜力也在城镇化。

然去家离土，但在合法权益获得保障的前提下，仍能获得稳定的立身资本与身份认同，唯有如此，才能使其在未来的生存竞争中保持资源，维持其生存尊严。唯有由此生存尊严，才能唤起其“地方”认同的价值升华，由此价值升华作引导，才能使这些在新城城镇化中离土离乡的农民在对故乡的回头一望中产生“乡愁”体验。所以，中央决策文件提“乡愁”，在于隐含了这样一种承诺：中央推行新型城镇化建设，务要让农民在离乡离土之后，在城市中有得以存身的社会资本与价值认同。

从村落的民俗传统的传承而言，中央新型城镇化决策提出“乡愁”，将使村落民俗传统成为凝聚“地方”认同的价值意象。新型城镇化的启动，对中国村落的民俗传统而言将产生巨大影响。中国村落的民俗传统与土地紧密关联；民俗传统就其作为一种生存样态而言，本身即村落民众与土地间关系的生态建构。围绕土地而进行的生产与生活活动，是民俗传统得以产生的基础，而中央新型城镇化建设的重要内容即对农村土地资源的整合，这必将影响甚至改变中国农民与土地间的关系，重新定义农民对土地的认同，由此带来的对中国民俗传统传承的巨大影响可想而知。在可以想见的诸种影响中，以随着农村土地资本化、流转化的加剧，与土地紧密相连的村落民俗传统因此将失去其生存意义最令人焦虑。当村落民众不再依靠土地生活时，民俗传统的意义何在？这种焦虑出于实情，但却并非因此而变为绝望。上述焦虑是建立在将村落作为一个封闭的生存共同体这一前认识之上，在此村落作为“生存的堡垒”的意义上，民俗传统失去了生存效用，也就丧失了它的意义。然而，在村落作为向城乡共同体开放的意义上，村落民俗传统不仅具有生存生态的意义，更在城乡连续体的“整体”性体验中具有被“地方”认同实现价值认同的意义，即村落民俗传统是村落生存生态的同时，更是“地方”认同的价值载体。中央新型城镇化决策的推动，必将导致村落世界向城乡关系的高度开放，村落社会的社区化、城市化甚至全球化都是必然的趋势，村落对农作经济的依赖将日趋减少，民俗传统的生存特征表面看来将日益减弱，然而这并不意味着民俗传统在新型城镇化中的终将没落。事实上，民俗传统的生存特征在当代社会中出现淡化的同时，其价值认同意味却将逐渐凸显。在未来中央新型城镇化所呈现的区域格局中，离乡之人在村落世界之外获得了充分的生存尊严，因此他们能以宽容、肯定的心态而产生“地方”认同，并在“地方”认同的价值升华意义上，将自己的村落从“生存的堡垒”上升为“精神的家园”。回头一望，乡愁绵绵，在此精神性的升华中，村落民俗传统是离家之人实现认同的最佳载体。在满怀情感的乡愁回望中，民俗传统更是承载乡愁凝眸的一盏明灯。

专题报告

传统节日的调查研究和现代治理:2013

李　松　王学文*

《中国民俗文化发展年度报告(2012)》以《重新发现传统节日》为题,对2011年中国传统节日的发展特点和趋向进行了分析。文中指出,进入21世纪以来,中国传统节日文化进入一个价值被重新发现的阶段,获得了前所未有的关注和发展空间。从政府、专家到一般民众,从国家战略、大众传媒到民众生活,保护、传承、利用、发展节日文化,已经成为一种共识、一种趋向、一股热潮。中国传统节日在中国社会呈现出一种多维的存在,既作为文化软实力的节日,又作为文化传承载体的节日,同时还作为发展资源的节日和民众生活方式的节日。在经历了多次的政治洗礼和深刻的市场化、现代化、城市化的影响下,中国传统节日面临着适应现代社会、实现健康转型的严峻问题。让节日回归民众、回归生活、回归文化的呼声越来越大,为民办节、为文兴节的意识还未完全确立,实践的方式尚在摸索中。① 以上对于中国传统节日发展的认识和论断经过两年时间的沉淀和检验,在今天看来还是恰当和准确的。重视中国传统节日文化的趋势没有减弱,还在不断加强;中国传统节日文化面临的适应和转型问题依然呈现出非常复杂和困难的样貌……然而,这两年的时间里,中国共产党第十八次全国代表大会召开,新一届领导集体治国理政的理念和方式较之前发生了很大变化,中国的政治、经济、社会、文化均随之发生着深刻的变动和调整。这种变革的影响力也深深触及中国传统节日的保护、传承、发展、利用,呈现出一些新的特点,需要学界加以关注。同时,在2012年的报告发布后,学界陆续提出一些新的看法,发布了新的成果,特别是有学者指出2012年的报告对于中国传统节日调查研究历史梳理不足、学术分析过于平面和节日研究理论欠缺等问题。有鉴于此,2013年的报告将重点关注以下三个方面:

1. 在2012年度中国传统节日发展报告的基础上,补充和完善中国传统节日

---

* 李松,文化部民族民间文艺发展中心主任,山东大学文化遗产研究院兼职教授、博士生导师;王学文,文化部民族民间文艺发展中心政策法规处处长,《节日志》编辑部副主任。

① 王学文:《重新发现传统节日:2011年度中国传统节日发展报告》,张士闪主编:《中国民俗文化发展年度报告(2012)》,北京大学出版社2013年版。

调查研究的历史，以便更准确、完整地把握百年来中国传统节日传承发展的“生命史”。

2. 总结、分析 2012 年以来中国传统节日传承发展领域出现的新情况、新问题，特别是现代治理视角下的传统节日发展。

3. 结合传统节日传承发展情况，提出传统节日研究的方向，并初步勾勒中国传统节日研究的体系建设。

这里需要说明，本报告所指的传统节日采用相对泛化的定义，是指具有历史性、群体性、周期性，以及相对稳定的内容和程式的特殊时日，包括春节、清明、端午、中秋等以汉族为主体的节日，也包括各少数民族节日，还会兼及广泛而大量的具有上述节日特征的传统的庙会、祭会、歌会等。

一、百年来的节日调查（1910～2014）

节日是人类社会一种普遍性的文化现象。无论是在农业社会、工业社会还是信息化社会，节日总是贯穿其中，异彩纷呈。它是不同族群依赖于各自的运势，平添在时间之流上的特殊人文意蕴。每个国家的节日都与这个国家和人群的历史传统紧密相关，体现着独特的认知和行为方式，有着独特的人文价值。理解节日，要放在节日生发的历史文化脉络和发展情境之中，要在时间和空间这两个人类社会最基本的认知范畴和运转体系中去考察，同时要兼及与节日有着紧密联系的自然地理、生产方式、政治制度、历史传统、宗教信仰。正因为此，回到节日现场，进入节日现场，也就成了调查、研究节日的基本路径。在世界节日的谱系中，中国传统节日显现出丰富性、地域性、复杂性的特征，同时伴随着中国社会的快速发展和转型，了解和把握中国节日的当代状况和未来发展趋势尤为重要，更加需要来自节日现场的调查研究。但是，中国节日的调查研究状况如何？走过了怎样的道路？有怎样的理论、方法和取向？这些问题尚不见太多的长时段、整体性的讨论。[①]

中国是一个有着悠久文献传统的国度，关于节日的记述既有专书，如《荆楚岁时记》，更大量地散见于地方志书、笔记杂史之中。但是，这些文献记述与本文讨论的中国传统节日的调查研究还是有区别的。这里关注的是指具有现代人文社

① 近年萧放带领学生对 1983～2013 年节日研究的学术史进行了全面的梳理，为本文提供了借鉴，但本文与这些研究的不同之处在于主要聚焦于调查的视角，同时将观察的时段拉长到百年。可参见：萧放、吴静瑾：《中国岁时节日民俗研究综述（1983～2003）》，《民俗春秋——中国民俗学会 20 周年纪念文集》，学苑出版社 2006 年版，第 334～361 页；萧放、董德英：《中国近十年岁时节日研究综述》，《民俗研究》2014 年第 2 期。

会科学意义和遵循现代学术规范的中国传统节日的调查研究。从这个角度来看,这里考察的是民国以来百余年的时段里中国传统节日的调查研究史,意在通过回溯百余年的历史,梳理当下的情况,进而呈现出在这一过程中内蕴的学术旨趣、社会关怀、方式方法以及困境和趋势,为研究者提供一份学术参考。

(一)眼光向下(1910～1948)

20世纪上半叶无疑是中国几千年历史长河中社会生活各方面的动荡和变化最为剧烈、最动人心魄的时段。“新制与旧统共存,建设与破坏同行,革命与反动互激,内忧与外患交迫,中国社会的各个方面,无论是政治制度,还是经济基础,不论是科学技术,还是意识形态及文化风习,无不酝酿着、爆发着重大的变化与改造,并最终为新民主主义革命的胜利奠定了坚实的基础。”[①]在这“大破大立”的年代里,具有现代意义的大学、科研机构得以建立,经济学、人类学、社会学、民俗学等一批现代人文社会学科得以产生并发展,文学、史学等传统学科也注入了新的理念和方法,与之相伴随的是一批通古今、识中外、重经世致用的学者和他们培养的学生将眼光从故纸瓦砾堆转向真切的社会生活和民众情感。这也就形成了民国时期引人注目的“中国社会调查运动”。

当时由国内外各主要政治力量和政治派别、地方政府、各学术团体和学校以及学者个人所进行的大量的社会调查,从参与者来看,主要有国民政府组织进行的调查、专业学术机构进行的调查和个人的调查三类,不管哪一类,对节日都多有记述。这些成果多以规范严谨的调查报告、论文留存于世。但是出于种种原因,这批珍贵的社会调查资料在当今学界仍未进行很好的挖掘和利用,还有大量的资料仍散佚各处、无人问津。幸好近年,李文海、夏明方、黄兴涛对这些资料进行了选编、整理,由福建教育出版社出版了10卷本的《民国时期社会调查丛编》,之后何一民、姚乐野主编出版了《民国时期社会调查丛编》(四川大学卷)。2013年,国家图书馆选编了《民国时期社会调查资料汇编》30册。这些书籍的出版,使我们可以从所选印的报告、论文中窥见当时社会调查的广度和深度。因为是社会调查,这些报告、论文多是当时社会状况的直接描述和记录,涉及了当时的婚姻家庭、社会保障、社会组织、宗教民俗、底边社会、城市劳工生活、乡村社会、人口、文教事业、少数民族等,节日作为民众社会生活中的重要组成部分,在这批成果中自然多有涉及。如在丛编的宗教民俗卷中,就有《妙峰山进香调查》《豫东农村中的旧历年节风俗状况》《潮安年节风俗》《河北庙会调查》,在丛编的四川大学卷中有《成都节令风俗之研究》等节日的专项调查报告。在丛编的少数民族卷中,关于海

① 李文海主编:《民国时期社会调查丛编》,福建教育出版社2004年版,前言。

南苗人、凉山彝族、西北游牧藏区、西南羌族等的调查报告里也记述了有关族群的节日风俗。而在丛编的社会组织卷、底边社会卷中则多少涉及与节日组织有关的情况，如青苗会和行会的报告。当然，收入丛编的还是少数，还有大量的民国时期的有关节日的调查并没有收入，如：1922 年王卓然的《北京厂甸春节会的调查与研究》，1925 年李景汉的《妙峰山"朝顶进香"的调查》，1927 年叶树坤发表在《燕京学报》上的《福州旧历新年风俗之调查》，1932 年郑合成在《社会科学杂志》上发表的《安国药市调查》，1933 年山东省立民众教育馆编的《山东庙会调查》，1936 年张世文发表在《民间半月刊》上的《定县的新年娱乐》，1936 年林用中、章松寿的《老东岳庙会调查报告》，1940 年杨堃先生指导的燕京大学社会学系权国英的学生论文《北平年节风俗》等。

这一时期的社会调查者多受过专业的学术训练，在调查中运用现代科学方法如调查问卷、数据统计、田野访谈等方法和手段，遵循一定的学术规范，既保存了大量的调查数据和原始资料，又凝聚了代表当时比较先进的中国知识分子对节日的分析、透视，有非常重要的学术价值。以权国英的《北平年节风俗》为例，这篇学士论文是在杨堃先生指导下完成的，作者指出，"旧历年节在民间是极有意义的，居民一切生活，无论在'质'或'量'的方面，都有集中于年节的趋势，所以它是一个最有情趣的季节。研究这种礼俗的事实，乃是我们研究社会学的人应有的职责。"论文"在时间方面，系以腊八至二月二为研究阶段——是为北平年节的势力范围，采用社会学的观点与方法，去分析年节社会生活的各方面——宗教生活、经济生活、娱乐生活及道德生活。"[①]材料丰富，结构严谨，对于我们研究北京的春节和推动当前的节日研究有重要的借鉴意义。再举当时社会调查的大力倡导者李景汉先生的《定县社会概况调查》为例。在这一调查报告中，"乡村娱乐"章节记述了秧歌、大戏和新年的各种娱乐会，"乡村的风俗与习惯"章节记述了新年及其他节令。[②] 这类社会调查报告是民国时期社会调查的一大类型。这类报告强调对于实测数据的搜集和整理，重视描述事实，带有鲜明的功能学派印迹，倾向于社会学的研究方法。还有一类调查报告则倾向于民族学、人类学的民族志的研究方法。这一研究方法多以少数民族为研究对象，着重搜集传统风俗与历史源流，且偏向民族志的描述。如凌纯声 1934 年的《松花江下游的赫哲族》和凌纯声、芮逸夫 1947 年的《湘西苗族调查报告》。在对赫哲族、苗族的调查研究中，作者记述了赫哲族、湘西苗族的节日文化。

现代学术意义的中国民俗学产生于五四时期。从民俗学产生之初，岁时节日

---

① 权国英：《北平年节风俗》，燕京大学法学院社会学系学士论文，1940 年。

② 李景汉：《定县社会概况调查》，中国人民大学出版社 2005 年版。

就是其重要的研究内容,因此对于岁时节日的探讨也始于这一时期。这一时期的民俗学对节日的研究主要有两大类型:一是对岁时节日民俗的考据性和文献梳理性研究,如谢国桢 1927 年的《寒食清明考》、闻一多写于抗日战争时期的《端午考》、娄子匡 1935 年的《新年风俗志》、容肇祖《中秋的起源和唐代的传说》,典型的还有胡朴安 1923 年的《中华全国风俗志》。他对各地方志和古今笔记、刊物中所载风俗进行了汇编,其中涉及不同地区、民族人们的过节习俗。对岁时节日民俗的调查及描述是民国时期民俗学节日研究的另一大类型。这些调查及描述泛泛地讲都可归于民国时期社会调查运动的成果之中,但是从切入的角度、调查的方法和书写的方式来看还是有着民俗学节日调查的特点。以 20 世纪 20 年代后期至 40 年代广州国立中山大学民俗学会编印,钟敬文、容肇祖、刘万章、杨成志等先后担任过编辑的《国立中山大学民俗周刊》为例,在 130 余期的《民俗周刊》中,有关节日的传说故事、各地节日风俗不仅散见于多期刊物之中,而且还推出“新年专号”“清明专号”“中秋专号”“妙峰山进香调查专号”等,对某一节日进行专题探讨。在刊出的文章中,以张文焕《闽南正月的风俗》(第 68 期)、袁三英《河南除夕风俗》(第 74 期)此类的一般性节日风俗介绍为多,但在“妙峰山进香调查专号”和部分刊期中,也有学者深入到乡间开展调查的成果。这些成果虽然与当下民俗学严格意义上的田野调查还有不同,但无论是学术倾向还是研究方法都在很大程度上开创出民俗学的一条治学路径,所以 1925 年以顾颉刚为引领的北京大学研究所国学门风俗调查会所进行的妙峰山调查也就被认为是中国民俗学田野调查的肇始。

应该说,民国时期的节日调查研究在量和质上都有着突破的意义。在政府、学界广泛参与的社会调查运动的大潮之中,作为民众社会生活组成部分的节日获得了很多的关注。从以上的梳理可以看出,这些涉及节日的调查,因为调查目的和学术背景不同,其呈现出的成果也有差异,但无论是国民政府组织进行的调查,还是作为现代学科意义的社会学、人类学、民族学和民俗学开展的调查,总体上反映出“眼光向下”的时代特征。当时的中国风云激荡,中国的知识分子在寻找救亡图存、振兴民族的道路上第一次集体性地将眼光从高高在上的经史典籍投向广大民众的社会生活。虽然众多的调查者是将包括传统节日在内的文化标示为落后、蒙昧的代表,将承载这些文化的民众作为需要改造、教育的对象来进行调查研究的,但是这些调查却是在坚持着严谨的学术态度和一定的学科规范的基础上完成的,秉持着“思想必根于事实,建设必本于实况”,“主张用科学的精密的方法,研究我们自己的现实社会。我们必须先认识自己的社会,然后才可以根据这认识规定改进社会的计划”的原则。赵世瑜在研究 1918～1937 年中国现代民俗学思想史的著作中,就以“眼光向下的革命”为题,揭示出这一趋向。[①] 而他的这一认识对于从整体上把握民国时期节日调查的取向也具有解释意义。

另外,民国时期的中国节日调查研究领域还有一类我们不能回避的成果,即由西方传教士、外国学者这些广义的汉学家对节日的调查、记述和研究,以及南满洲铁道株式会社以服务于日本殖民侵略为目的而进行的中国农村惯行调查。美国公理会传教士明恩溥(Arthur H. Smith)在华生活近 50 年,于 1899 年出版了《中国乡村生活》,以一个外国人的视角记述了乡村新年和求雨仪式。美国学者甘博(Sidney Gamble)是燕京大学社会学系的创办人,深刻介入了当时的社会调查运动。他在 20 世纪初对中国城乡进行了广泛深入的调查研究,在其 1921 年出版的《北京的社会调查》中,对民国初北京城的节日也有涉及,特别是他还拍摄了很多当时节日的胶片。美国作家赛珍珠(Pearl S. Buck)在描写中国农民生活的长篇小说《大地》中对于淮北新年的记述,也有着别样的研究价值。为配合对华侵略,日本在中国从 1900～1945 年的 40 余年时间里对中国农村进行了广泛的实态调查,其中有相当一部分是关于中国农村传统习惯与秩序的调查,记录了大量的庙会和村落风俗。这些资料可见于日本岩波书店出版的 6 卷本《中国农村惯行调查报告》中。

(二)破旧立新(1949～1978)

1949 年新中国成立至 1978 年改革开放前的 30 年,是中国特殊的政治历史时期。因为特殊的政治原因,这一时期中国传统节日的生存发展境遇和节日调查研究也在政治变革中跌宕起伏。

新中国成立之初,中国共产党和人民政府对民国时期的传统节日政策进行了一定的微调,如春节纳入到节假日序列,同时规定少数民族习惯的节日由各少数民族聚居地区的地方人民政府按照各民族习惯规定放假日期。在物资相对匮乏的年代,为保证传统节日特别是一些少数民族传统节日的进行,政府还专门颁布了相关的保障政策,如 1951 年贸易部颁布《关于少数民族的年节优待办法的规定》。这一时期并不多见的关于少数民族节日的介绍和宣传中,一个突出的特点是有浓重的政治色彩。在 1958 年《中国民族》上的一篇关于苗族节日“四月八”的文章中记述了节日里的苗歌:“过节想起当年事啊,当年过节受人欺;如今过节大不同啊,处处欢迎暖人意。啊!毛主席呀毛主席!要不是你呀,我们哪会有今

① 赵世瑜:《眼光向下的革命——中国现代民俗思想史论(1918～1937)》,北京师范大学出版社 1999 年版。

日。”[①]“文化大革命”对民族文化包括传统节日文化的传承发展而言无疑是一场浩劫。在破除“旧思想、旧文化、旧风俗、旧习惯”的目标指引下,很多传统节日被视为非法活动横加批判和取缔。当时“境遇”较好的春节,也未能幸免,甚至不再放假,要求过一个“革命化的春节”,就是春节不休息,坚持“抓革命,促生产”。[②]在这种环境下,一大批传统节日,特别是带有宗教信仰色彩的庙会等节会从此销声匿迹,或是转入地下,偷偷为之。传统节日的组织体系和运行机制破坏殆尽。在那个“政治挂帅”的年代,节日被作为一种塑造党国之民、重构社会生态的工具。一方面以“十一”国庆节、“五一”劳动节等为代表的民族国家节日被嵌入到中国民众的政治生活和社会生活之中,突显更多的政治性、公共性和时代性,通过一系列的庆典活动和仪式,彰显国家力量,标榜国家体制,塑造国家形象,凝聚国家信心;另一方面,中国的传统节日,春节、端午、清明和众多的少数民族节日、庙会等从节日主旨、操作者和内容上被加以重构,在破除封建迷信、丰富群众生活的目标指引下,各级党委和政府深度介入节日的组织和推动之中,一些宗教性较强的节日或节日中的俗信性内容被禁止,节日内容中增加了与当时的政治运动相符的设计。直至现在,在“文化大革命”时某一节日能不能过、如何过已经成为民众言说某一节日传统久远、坚韧的重要指标。被“改造”的新节日亦是如此。

这一时期特定的政治历史进程同样也深刻影响了此时的节日调查研究工作。在民国时期刚刚萌生、发展的民俗学、社会学和人类学等社会科学逐渐被打入冷宫,从学科体系中消失,使得这一时期社会科学工作几近瘫痪。虽然这一时期纯粹学术性的节日调查研究未有大的进展,但在政府推动的少数民族社会的历史调查工作中,还是保留下一大批珍贵的节日调查资料。20 世纪 50 年代,为了推进少数民族地区的民主改革工作,毛泽东指示要把少数民族社会历史情况搞清楚,以便采取相应的政策,并交由彭真来主持,这就是持续 10 年的“少数民族社会历史调查”。在推动民族识别、服务民族地区民主改革和宣传共产党的民族政策的目标下,费孝通、吴泽霖、李绍明等一大批民族学家、社会学家、历史学家、经济学家以及社会科学研究人员、民族工作干部参与其中,对当时民族地区的政治、经济、文化进行了调查。这一工作的成果就是在 20 世纪 80 年代陆续出版的“民族问题五种丛书”,包括《中国少数民族》《中国少数民族简史丛书》《中国少数民族语言简志丛书》《中国少数民族自治地方概况丛书》《中国少数民族社会历史调查资料丛刊》。大量的民族节日的资料被收于《民族问题五种丛书》中。这其中尤其以

---

① 佚名:《苗族节日四月八》,《中国民族》1958 年第 5 期。

② 参见高丙中:《民族国家的时间管理——中国节假日制度的问题及其解决之道》,《开放时代》2005 年第 1 期。

84 种《中国少数民族社会历史调查资料丛刊》中的节日资料最为珍贵。这些关于节日记述虽然不可避免带有阶级、革命等政治色彩，对其价值评判也时有偏颇，但因为其是专家学者走村串寨获得的，而且有大量的实地记述，所以瑕不掩瑜，为今天我们研究传统节日留下了宝贵的资料。以国家民委新修订的《苗族社会历史调查（一）》为例，其中专编系统记述了台江县苗族的节日，包括苗年、客家年、敬桥、爬坡、吃姊妹饭、开秧门或敬秧、划龙船、吃丑、敬新谷。特别是在划龙船的调查中，还专门对施洞地区的划龙船进行了补充调查。[①] 这些资料也成为 21 世纪初在全国开展《中国节日志》项目的基础性资料之一。

应该说，政治塑造、破旧立新是改革开放前 30 年里中国传统节日发展和节日调查研究的典型特征。在言必提领袖、阶级、革命、斗争的特定历史时期，传统节日本身以及与之相关的调查研究自然不能独善其身。

（三）价值发现（1979～2014）

1978 年改革开放至 2014 年近 40 年的时间，对于中国来说无疑是日新月异、波澜壮阔的。中国的经济、社会、文化发生了翻天覆地的变化。中国人的价值观念、生活方式也发生了深刻地改变。如果说改革开放前 30 年，中国的传统节日文化更多地是经历政治洗礼的话，那么改革开放后 40 年其所经历的则是深刻的市场化、现代化、城市化的影响。从政府、学界到普通民众对传统节日的内涵、功能和意义的认识也几经变化，从文化态度到生活实践都呈现出非常复杂的图景。应该说，重新发现传统节日价值，全民共谋节日文化传承发展的态势在进入 21 世纪的第一个 10 年里已经形成。这一时期的情况在 2011 年的《重新发现传统节日》[②]报告中已经有比较完整的梳理，这里不再赘述。关于这一时期传统节日文化研究的学术史还可参考萧放等人的论文。[③] 本报告将在以上材料基础上补充 5 个重点依据，以便加深我们这方面的认识。

据不完全统计，国务院颁布的四批国家级非物质文化遗产名录（2006 年、2008 年、2011 年、2014 年）中，传统节日有 115 项之多，同时其他的很多项目也直接或间接地与节日有紧密的关系，如关于节日的民间传说故事，在节日中上演的传统戏剧、舞蹈、音乐，在节日中使用的器物等。

---

① “民族问题五种丛书”贵州省编辑组、《中国少数民族社会历史调查资料丛刊》修订编辑委员会：《苗族社会历史调查（一）》，民族出版社 2009 年版。

② 参见张士闪：《中国民俗文化发展报告（2012）》，北京大学出版社 2013 年版。

③ 关于这一时期节日研究的学术史可参见萧放、吴静瑾：《中国岁时节日民俗研究综述（1983～2003）》，《民俗春秋——中国民俗学会 20 周年纪念文集》，学苑出版社 2006 年版，第 334～361 页；萧放、董德英：《中国近十年岁时节日研究综述》，《民俗研究》2014 年第 2 期。

以“节日”或“节庆”为检索词在中国知网期刊库摘要中检索（检索时间：2014年8月19日），2000年核心期刊及CSSCI期刊中有相关论文158篇，全库中有相关论文537篇，2013年核心期刊及CSSCI期刊中有相关论文350篇，全库中有相关论文2609篇。核心期刊及CSSCI期刊中相关论文增长了120%，全库中相关论文增长了386%。

从2009年《中国节日志》项目启动。这是我国第一次从国家层面对中国代表性的传统节日展开的全面、立体和科学的调查、记录工作。《中国节日志》有150卷左右。在编纂理念上也显示出当前相关学界最新的理论和数字时代“写文化”的特征。首先强调文献与田野调查并重，在体例上创造性地将我国的史志传统与民族志、民俗志的学术书写结合起来。其次，项目成果是立体化的，包括志书、100部中国节日的影像记录片，还有“中国节日文化数据库”。另外，这是一次跨学科的合作，150多个团队，四五百位教授，两三千位博硕士学生参与其中，在古代文献中爬梳，在节日现场记录。这一项目使学术界掀起了节日研究的热潮，为我国节日学的建立奠定了坚实的基础。2014年1月，《中国节日志》丛书第一批10卷已经由光明日报出版社正式出版。

2011年，国家层面成立全国清理和规范庆典研讨会论坛活动工作领导小组，节庆是清理规范的重要对象之一，重点要解决地方和各机构热衷造节办节、节庆泛滥成灾、劳民伤财的问题。节庆活动的清理规范工作由文化部负责。2012年，中国共产党中央办公厅发布《节庆活动管理办法（试行）》（中办发[2012]18号）。2012年2月9日清理规范的阶段性成果公布，截至2011年底，全国共撤销庆典、研讨会、论坛活动2549个，撤销率达37.7%，节约经费支出约12.2亿元。[①] 2013年，该领导小组办公室启动了全国节庆活动摸底普查和规范工作。目前，节庆活动清理规范工作仍在继续。国家层面要清理规范的节庆活动范围并不完全是我们所说的传统节日，它们之间的关系和影响将在后文加以说明、分析。

二、现代治理视角下的传统节日发展

传统节日一直与政治、经济、社会、文化保持着紧密的联系。它生发、传承、变化、发展的各个阶段都有政治、经济等一只只看不见或看得见的手在发挥着作用，施加着影响。在中国两千多年的王朝史上，节日庆典曾是当朝者昭示权威、粉饰太平、维系纲常、实现统治的重要手段。它对节日庆的典时间、程式、内容、组织者、参与者等有着严格规定——如时辰、色彩（旌旗、服饰）、声音（礼乐）、主祭官

① http://www.gov.cn/gzdt/2012-02/10/content_2063339.htm.

等——以仪式性、符号性的方式传递其内在价值，实现着背后的诉求。近现代以来，虽然中国在政治制度、经济基础、生产生活方式等方面已经发生了根本性的变化，也引起了传统节日的发展变化，但不变的是传统节日依然是执政者治国理政的一个重要抓手，不同的是秉持的理念和采取的方式方法。同时，这种强势力量对于传统节日的影响也是最为巨大的。因此，考察传统节日的传承发展离不开治国理政的视角。特别是近年中国传统节日的传承发展受到这方面的影响更为明显，是当下中国传统节日发展中的一个典型性特征，对此加以分析研究也就更为必要。

（一）传统节日文化在国家发展、民族复兴中的地位不断明确，作用不断提升

2012 年 11 月，中国共产党第十八次全国代表大会召开，以习近平为总书记的新一届中央领导集体形成，开始执掌起中国改革发展的重任，提出许多新思想、新观点、新举措，党的建设和国家治理呈现新局面、新气象。在这一进程中，执政者对中国传统节日的认知不断深化，中国传统节日的生存发展环境也发生了变化。这主要体现在习近平关于传统文化的一系列重要论述之中。这些论述与弘扬中华传统美德、培育和弘扬社会主义核心价值观、推动社会主义文化发展繁荣、实现中华民族伟大复兴紧紧联系在一起。在多次讲话中，习近平对传统文化的地位、作用、价值、传承等方面均有涉及。如：

> 中华民族具有 5000 多年连绵不断的文明历史，创造了博大精深的中华文化，为人类文明进步作出了不可磨灭的贡献。（2013 年 3 月 17 日在十二届全国人大一次会议闭幕会上的讲话）

> 宣传阐释中国特色，要讲清楚每个国家和民族的历史传统、文化积淀、基本国情不同，其发展道路必然有着自己的特色；讲清楚中华文化积淀着中华民族最深沉的精神追求，是中华民族生生不息、发展壮大的丰厚滋养；讲清楚中华优秀传统文化是中华民族的突出优势，是我们最深厚的文化软实力；讲清楚中国特色社会主义植根于中华文化沃土、反映中国人民意愿、适应中国和时代发展进步要求，有着深厚历史渊源和广泛现实基础。
>
> 中华民族创造了源远流长的中华文化，中华民族也一定能够创造出中华文化新的辉煌。独特的文化传统，独特的历史命运，独特的基本国情，注定了我们必然要走适合自己特点的发展道路。对我国传统文化，对国外的东西，要坚持古为今用、洋为中用，去粗取精、去伪存真，经过科学的扬弃后使之为我所用。（2013 年 8 月 19 日在全国宣传思想工作会议上的讲话）

一个国家、一个民族的强盛,总是以文化兴盛为支撑的,中华民族伟大复兴需要以中华文化发展繁荣为条件。对历史文化特别是先人传承下来的道德规范,要坚持古为今用、推陈出新,有鉴别地加以对待,有扬弃地予以继承……我这次来曲阜就是要发出一个信息:要大力弘扬中国传统文化。(2013年11月26日在山东考察时的讲话)

要继承和弘扬我国人民在长期实践中培育和形成的传统美德,坚持马克思主义道德观、坚持社会主义道德观,在去粗取精、去伪存真的基础上,坚持古为今用、推陈出新,努力实现中华传统美德的创造性转化、创新性发展,引导人们向往和追求讲道德、尊道德、守道德的生活,让13亿人的每一分子都成为传播中华美德、中华文化的主体。

提高国家文化软实力,要努力展示中华文化独特魅力。在5000多年文明发展进程中,中华民族创造了博大精深的灿烂文化,要使中华民族最基本的文化基因与当代文化相适应、与现代社会相协调,以人们喜闻乐见、具有广泛参与性的方式推广开来,把跨越时空、超越国度、富有永恒魅力、具有当代价值的文化精神弘扬起来,把继承传统优秀文化又弘扬时代精神、立足本国又面向世界的当代中国文化创新成果传播出去。(2013年12月30日在中共中央政治局第十二次集体学习时的讲话)

培育和弘扬社会主义核心价值观必须立足中华优秀传统文化。牢固的核心价值观,都有其固有的根本。抛弃传统、丢掉根本,就等于割断了自己的精神命脉。博大精深的中华优秀传统文化是我们在世界文化激荡中站稳脚跟的根基。

中华文化源远流长,积淀着中华民族最深层的精神追求,代表着中华民族独特的精神标识,为中华民族生生不息、发展壮大提供了丰厚滋养。中华传统美德是中华文化精髓,蕴含着丰富的思想道德资源。不忘本来才能开辟未来,善于继承才能更好创新。对历史文化特别是先人传承下来的价值理念和道德规范,要坚持古为今用、推陈出新,有鉴别地加以对待,有扬弃地予以继承,努力用中华民族创造的一切精神财富来以文化人、以文育人。

要讲清楚中华优秀传统文化的历史渊源、发展脉络、基本走向,讲清楚中华文化的独特创造、价值理念、鲜明特色,增强文化自信和价值观自信。

要认真汲取中华优秀传统文化的思想精华和道德精髓,大力弘扬以爱国主义为核心的民族精神和以改革创新为核心的时代精神,深入挖掘和阐发中华优秀传统文化讲仁爱、重民本、守诚信、崇正义、尚和合、求大同的时代价值，使中华优秀传统文化成为涵养社会主义核心价值观的重要源泉。要处理好继承和创造性发展的关系，重点做好创造性转化和创新性发展。（2014 年 2 月 24 日在中共中央政治局第十三次集体学习时的讲话）

每一种文明都延续着一个国家和民族的精神血脉，既需要薪火相传、代代守护，更需要与时俱进、勇于创新。中国人民在实现中国梦的进程中，将按照时代的新进步，推动中华文明创造性转化和创新性发展，激活其生命力，把跨越时空、超越国度、富有永恒魅力、具有当代价值的文化精神弘扬起来，让收藏在博物馆里的文物、陈列在广阔大地上的遗产、书写在古籍里的文字都活起来，让中华文明同世界各国人民创造的丰富多彩的文明一道，为人类提供正确的精神指引和强大的精神动力。（2014 年 3 月 27 日在巴黎联合国教科文组织总部的演讲）

习近平这一系列针对中国传统文化的阐述，较之前各届中国共产党的最高领导者有着很大的突破。中国优秀传统文化成为中国共产党执政自信的来源之一，成为实现中华民族伟大复兴“中国梦”的重要基础，成为坚定不移走中国道路的重要理论支撑。这一来自执政者的定位为激活中国传统文化，保护、传承、弘扬优秀中国传统文化创造出新的机遇。传统节日作为中国优秀传统文化的一部分，也就自然获得了新的发展空间。

（二）传统节日文化的发展趋向受到党的群众路线教育活动的深刻影响

十八大以来执政者对于包括传统节日在内的中国传统文化认知的深化和传统文化地位的明确与提升为传统节日的传承发展创造出新的机遇和空间。同时，十八大以来推进党的作风建设也在传统节日文化领域引发了连锁反应。

党的十八大决定，围绕保持党的先进性和纯洁性，在全党深入开展党的群众路线教育实践活动，集中解决形式主义、官僚主义、享乐主义和奢靡之风，出台《中央政治局改进工作作风密切联系群众八项规定》，规定学习教育、查摆问题、整改落实三个环节。虽然这一教育实践活动是在中国共产党党内进行的，但是在实行社会主义制度、共产党作为执政党的中国，这一活动实际上已经深刻影响到整个中国社会，不仅净化了党风，扶正了政风，更改变着世风。同时，十八大以来持续推进的、始终保持高压态势的反贪污腐败工作和对各省、各机构进行的巡视，也使得社会风清气正，民众精神振奋。表现在中国传统节日文化领域，有这样两点变化：

一是从上到下的执政者更加关注传统节日，并且主动作为。党的群众路线教育活动要求践行“从群众中来，到群众中去”的作风，要顺应群众期盼，解决群众困难，要树立全心全意为人民服务的宗旨。传统节日作为人民群众的生活文化，自然成为联系群众、服务群众的重要载体。党和政府等机构参与到节日的组织之中，提供资金、场地，保障节日安全，开展文化惠民活动，丰富群众生活，成为公共文化服务的一部分。节日里访贫问苦成为民生保障的重要方式。同时，各级政府还利用节日这样的平台，开展政策宣讲、经济招商和文化弘扬等。

二是中国传统节日期间不良的社会风气得以遏制。迎来送往、亲朋欢聚、礼尚往来虽然本是传统节日期间的一种常态，但一段时期以来这种情感表达和象征性的交往方式却演变成为阿谀逢迎、权钱交易和利益输送。天价月饼、金质贺卡、饕餮盛宴就是其中的极端表现。十八大以来，针对这些现象，每逢传统节日等重要时间节点，中央便会出台禁令和文件，对此进行监督和要求。如 2013 年 9 月，中共中央纪委和中央党的群众路线教育实践活动领导小组发出《关于落实中央八项规定精神坚决刹住中秋国庆期间公款送礼等不正之风的通知》，指出重大节日期间，是对干部作风的重要检验，要坚决刹住公款送节礼、公款吃喝、公款旅游和奢侈浪费等不正之风，要求节日期间，严禁用公款送月饼送节礼；严禁用公款大吃大喝或安排与公务无关的宴请；严禁用公款安排旅游、健身和高消费娱乐活动；严禁以各种名义突击花钱和滥发津贴、补贴、奖金、实物。2013 年 10 月，中共中央纪委发出《关于严禁公款购买印制寄送贺年卡等物品的通知》，对于每逢元旦、春节，一些地方和单位用公款大量购买、印制、邮寄、赠送贺年卡、明信片、年历等物品的行为进行约束。这使得一段时期以来在节日期间近乎习以为常、司空见惯的腐败、奢侈行为得到有效的遏制。

(三)传统节日文化在国家清理、规范节庆活动的工作中逐步回归

在上文对于改革开放以来中国传统节日文化发展的梳理中，我们认为这一时期是一个传统节日“价值重新发现”的过程。但是重新发现的并不是传统节日的全部价值，而是更多作为局外人的政府、学者、社会活动家、文化产业人士等附加给这些文化的观念、评论，或者商品化包装所获得的经济效益等外在价值，而作为这一文化在其存在的社会与历史的时空中所发生的作用，也就是局内的民众所认可和在生活中实际使用的内在价值却出于种种原因而依然衰落。[①] 近些年我们看到的是一个风起云涌、光怪陆离的中国节庆景观，传统节日文化在这一景观中也变得模糊不清了。为了更好地把握当前中国节庆的形貌和特点，分析传统节日

---

① 内价值与外价值的认识借鉴了刘铁梁的研究(参见刘铁梁:《民俗文化的内价值与外价值》,《民俗研究》2011 年第 4 期)。

文化的发展,可以将节庆活动分为以下八大类:

公祭类节庆活动,是指以祭祀中华民族人文始祖、祭拜作出重要贡献的历史人物、纪念重大历史事件为主题的节庆活动。

历史文化类节庆活动,是指以展示历史传统文化与当代人文特色为主题,为人民群众提供公共文化服务、推动文化艺术繁荣发展为主旨,举办的大型文化艺术类节会庆典活动。

旅游类、特色物产类节庆活动,是指以当地独具特色和影响力的旅游资源、物产资源的展示和推广为主题,以为人民群众提供公共文化服务、提升地方文化形象为主旨,举办的大型节庆活动。

行政区划变更类、机关单位成立类节庆活动,是指行政区划变更、机关单位成立逢十逢百周年开展的庆典活动,包括民族自治州(盟)、县(旗)逢十逢百周年纪念庆祝活动。

工程奠基或者竣工类节庆活动,是指重大工程奠基或者竣工之际举办的庆典活动。

商业类节庆活动,是指商场、厂商等为商业利益而举办的各类节庆活动。

在这八大类节庆活动中,传统节日主要在公祭类和历史文化类,但在旅游类、特色物产类和商业类的节庆活动中,常常会借用、利用传统节日文化的概念、元素、符号等。各类节庆通常是你中有我,我中有你,呈现交错杂糅的状态。综合考察这八大类节庆活动,我们认为中国节庆活动存在以下问题:

一是节庆活动泛滥。近 20 年来,兴节、办节、造节在中国社会成为一股热潮。因为地域、人群、主题和层级的众多,当前我们还没有一个相对准确的节庆活动数量统计。但是根据文化部节庆活动管理专家咨询办公室掌握的我国重要传统节日的情况,以及县级政府(包括县级)以上的国家机构参与的节庆活动情况,保守估计,除商业类节庆活动外,我国近年的节庆活动数量应该在 5000 个以上。基本是"大节三六九,小节天天有"的状态。如果再加上商业类节庆,这一数字甚至会翻倍。这一情况与吴郑重、王伯仁对台湾节庆的研究所得出的认识是一致的。他们指出台湾在 1990 开始涌现出节庆的热潮,使台湾俨然成为"月月有节庆,周周可狂欢"的"节庆之岛"。[①] 以此类之,称我们是"节庆之国"并不为过。

二是政府、商业资本力量成为节庆活动的主要组织者和资金来源。在这股节日生产的热潮中,政府和商业资本以非常强势的姿态介入。兴节、办节、造节的指向性更多地在于:招商引资,提振地方经济;塑造地方形象,提高知名度;发展旅

① 吴郑重、王伯仁:《节庆之岛的现代奇观:台湾新兴节庆活动的现象浅描与理论初探》,《地理研究》2011 年第 54 期。

游,转变经济发展方式;甚至作为政绩工程、形象工程等。虽然政府在办节时也多提出弘扬传承文化,但其在实践中却体现不多,效果不明显。而这种节庆活动的操弄方式和资金筹措渠道与传统节日的组织有着显著的区别。传统节日的组织者,更多地来自于这一节日传承流布区域的人群之中,其目的指向也是向内的,是以维系区域社会,构筑协调人与人、人与祖先、人与自然等关系为目的的。因此,其资金来多是区域社会自捐、自筹的内生性的资金。

三是节庆活动的程式内容方面重形式轻内涵、重物质轻精神、重感官之欲轻内在充实。这些节庆活动服务于现代生活,无论其是否标榜着"传统",用怎样的方式装饰出"传统"的样貌,其归根结底还是一种现代的节庆。"在日趋紧张忙碌的工商社会中,有愈来愈多新兴的现代节庆穿插在单调乏味的日常生活之中。它们透过有如迪士尼乐园化和梦幻城市般的节庆技术,生产出不同于日常节奏和生活景象的节庆时间与节庆空间……它试图脱离真实生活的单调形式与平凡内涵,却又大量复制,穿插于日常生活的时空脉络之间,使得现代节庆成为一种极不真实的生活现实。"①

四是节庆活动的价值意义有待评估。目前,无论是政府还是学界对于我国节庆活动的评估基本还是空白,还没有建立起一套科学、有效地评估体系。这多如牛毛的节庆活动,社会效益如何?资金投入是否科学?经济效益是否达到预期?从媒体和舆论平台上,我们看到很多对于一些节庆活动的批评,如名不符实、脱离群众、劳民伤财等。从中央目前对于各级政府节庆活动进行清理规范的重视程度来看,说明一段时间以来这类节庆活动的问题还是非常突出的。一些节庆活动的价值意义值得商榷。

传统节日在这股节日的热潮中也受到上述因素的影响,生活化、民众性的传统节日传承发展情境发生了变化。主要表现在:一些地方和机构把一些地方性、民族性的传统节日转化成旅游节、招商节,政府或商业资本成为操盘手,外来的领导、嘉宾成为主角,本来过节的民众成为演员、服务员或是会场外的看客。一些地方的传统节日甚至出现"双轨制"的现象,即城市与乡村的双轨、官方与民间的双轨。传统节日的名称随意改造,内容也发生着变化,神圣性、庄重性减弱,娱乐性、商业性增强。

正是认识到传统节日文化在当前遇到的问题以及中国节庆活动的乱状,中央从 2011 年起就开始加强节庆活动的管理,对节庆活动进行清理规范的工作。中央推进的节庆清理规范工作,更多地是从国家治理的角度来考虑的,目的是解决节庆活动过多过滥、铺张浪费的问题,其清理规范的范围是商业类节庆之外的七

① 吴郑重、王伯仁:《节庆之岛的现代奇观:台湾新兴节庆活动的现象浅描与理论初探》,《地理研究》2011 年第 54 期。

类节庆，是由各级党政机关、人民团体、经国务院批准免予登记的社会团体及其所属单位等使用国家财政资金和资源举办的七类大型节庆活动。中央发布的《节庆活动管理办法（试行）》文件，规定节庆活动实行分级审批、分级管理和备案制度。文件中对管理权限、申请和审批程序、备案管理、评估管理、监督检查都进行了规定。全国各级党政机关依此文件对节庆活动进行管理，并开展节庆活动的摸底普查及规范工作。目前，摸底普查和规范工作的结果尚未向社会公布。我们根据对全国省级以上报刊和重点网络媒体的检索和分析发现，2013 年举办的根据该文件规定需报党中央、国务院审批的节庆活动，较之 2012 年减少了一半以上，只有 200 多个，截至 2013 年 8 月，举办的只有 80 多个。节庆活动大幅减少的同时，各地的节庆活动中传统节日文化活动的比重增加。全国各级党政机关大操大办节庆的冲动渐趋理性，更加重视所举办的传统节日活动的亲民性和文化性，从大包大揽、越俎代庖逐渐转向为民众传统节日提供保障、做好服务。应该说，国家清理规范节庆活动的工作有力地促进了传统节日文化的回归。

（四）现代中国的节日时间制度和框架亟待完善

“关于空间和时间的制度安排是以各种共同体的形式存在的现代社会的一切制度的基础。节假日体系是现代民族国家的一种根本性制度，我们要非常神圣地对待，就像我们对待我们的 960 万平方公里的领土一样，因为一个是我们生存的空间框架，一个是我们生存的时间框架。”① 对于时间的管理和控制历来为当政者所重视，对于民族国家而言，具有非同寻常的意义。我国传统节日体系的形成是一个长期的过程，是与以二十四节气为核心的岁时制度，以农耕为主体的生活方式和封建帝王统治制度逐渐交流、碰撞、融合发展而来的，进而逐渐成为国民一体遵从、共享的时间制度。在这一过程上，统治者深入参与了这一体系的构建。非常典型的方式是通过国家政令的方式，将某一时日确立为国家正祀、大节，要求举国上下效行。这些规定中，对于节日的时间、程式、内容、仪式的施行者都有清晰的规定，不能逾越或自行其是。重要的传统节日同时也是官方的假日，如唐朝在中秋节给官员放假 3 天，清明节放假 4 天；明朝时冬至放假 3 天，元宵节放假 10 天。这种节日时间制度，是统治者对于民众时间的一种安排，体现着政权的权威以及统治者所奉行并且要求国民共同遵从的价值观念。通过这种有意的时间安排，塑造民众性情，强化群体认同，维系政权统治，传递价值思想，是治国理政的一种重要手段。

这一方式在进入民国后，依然为当时的政府所承习。在国民党败退台湾，在台湾继续其统治时也依然重视节日时间制度。国民党统治台湾后，一改日本殖民

---

① 高丙中：《民族国家的时间管理——中国节假日制度的问题及其解决之道》，《开放时代》2005 年第 1 期。

统治“皇民化运动”期间对中国传统文化的压抑政策,全面恢复了传统的节日体系,但这种恢复离不开国民党强化政治合法性和威权统治的需要。很长时间里,国民党对中国传统节日采取了强有力的刚性控制和规范。[①] 以“国定节日”的方式对传统节日内容进行规范和政治改造,选择性再现国族历史的传统与文化,藉由“复兴”的自我宣称,强调政权之于过去光荣历史的延续性和当前执政的合性法,如端午节被定性为爱国节日,将秋瑾纪念日纳入其中。清明节订为民族扫墓节,同时确定4月为“教孝月”,在1975年蒋介石逝世后还定为“蒋公逝世纪念日”。[②] 同时,在塑造“党国之节”的同时,国民党还推进了以“现代性”为指导思想的传统节日改良与革除,对节日内容进行规定和限制。[③]

考察1949年以后大陆的节日时间制度,同样可以看到中国共产党和中国政府在这方面进行的制度安排。正如高丙中在文章中指出的,虽然中国政府对民国时期的节假日体系进行了“革命”,但还是继承了官方节日与民众节日分离的二元结构的节假日体系,设立和调整一些官方纪念日,对传统节俗进行革新。改革开放以来,随着民众自主性的增大和意识形态化的减弱,传统节俗在全国城乡有了复兴,春节、清明等传统节日放假也在1999年、2007年、2013年进行了三次调整。2013年12月国务院第三次修改的《国务院关于修改〈全国年节及纪念日放假办法〉的决定》中体现出对春节、清明、端午、中秋及少数民族习惯的节日的重视。但是,节日放假制度只是节日时间制度中一部分。如果以一个完整、科学的节日时间制度来衡量的话,当前我国的节日时间体系还有许多问题。

一是节日时间安排上不尽合理。在2013年版的《全国年节及纪念日放假办法》中,春节的放假时间从正月初一开始,而人们习以为常的除夕这天却被排除在外,不能放假。尽管在实践中采取了宽松的执行姿态,但在制度上却没能给予其合法性。

二是节日内容安排上的缺失。一个完整的节日时间制度不仅仅是指放假的时间安排,还应该包括节日内容的安排和规范。这当然不是说要政府对于如何过节给予严格的规定,而是说要适当运用节日,通过适当的方式倡导、弘扬健康向上的社会价值理念,让节日发挥出凝聚认同,增强力量,传递亲情,弘扬真、善、美的

---

① 李世伟、王见川:《关于台湾传统节日传承与变迁的考察报告》,《节日研究》第2辑,山东大学出版社2010年版。

② 广义上的“国定节日”,即指被官方所认定具有纪念或庆祝意义及必要,在节日相关法令规章上明白制定者,范围上首先可包括官方政策制定的节日,即政治性节日,其次是民俗节日,最后则是其他人民团体发起的节日或国际性节日等。(参见周俊宇:《塑造党国之民——中华民国国定节日的历史考察》,台湾政治大学硕士学位论文,2008年)

③ 陈壬癸:《台湾地区现行岁时节俗改进之研议》,《台湾文献》第37卷第1期,1986年。

作用。当前我们常说中秋节沦为了月饼节，端午节沦为了粽子节，节日就是吃吃喝喝。产生这种抱怨的原因是多方面的，但很重要的一方面是我们的节日丢失了原有的内在的东西，同时我们也没有了解释、认知节日的能力。如很多传统节日原来都有神圣、庄严的敬祖祭神的仪式，但当代国人多已失去这种敬畏之心，也就难寻节日的深刻意蕴了。清明节虽然在民间层面扫墓祭祖仍然沿袭，但在国家层面却还没有形成一种公祭英烈的制度安排。特别是近年来各地党政机关和相关机构举行众多的祭祀历史人物、某一民族先祖的活动，这些活动多有着公祭的性质，但是这其中很多问题值得商榷，如：所祭祀对象是否合适？主祭人员是否合适？祭文是否合适？祭祀程序是否合适？此类公祭类的节庆活动应该加以严格的规定，要通过制度化的安排，增加其严肃性、庄重性、神圣性，使之成为体现国家价值追求的象征。

三是缺少对现代中国节日谱系的顶层设计。现代中国的节日谱系中，传统节日如春节、端午、中秋及一部分少数民族节日在当下中国发展的语境下被加以弘扬，但节日的精神和内容正在发着转型。还有一部分传统节日，如上巳节、社日却由于种种原因逐渐萎缩，甚至沦为故纸堆里的记录或心中的记忆，在现实生活中没有了踪影。“五四”青年节、“六一”儿童节、国庆节等节日虽是现代民族国家发展历程中的产物，但已深深地嵌入到当代中国人的时间体系之中，国人已经习惯了期待和欢度这些“新节日”。圣诞节、情人节等西方节日在中国青年人中的颇受青睐。呈现在世人面前的就是这样一个传统与现代、世界与国家、民族与地域、神圣与世俗交织杂糅而成的节日谱系。[①] 现代中国的节日时间制度对这种复杂的图景缺少战略的把握，并没有旗帜鲜明地倡导和弘扬中国文化。

四是缺少传承发展传统节日的手段。在我国当前的节日时间制度中，虽然传统节日的地位有了很大的提升，但在现代化、城市化和全球化的影响下，传统节日现代转型的问题依然严峻。举一个回家过年传统所遇到的现代困境的例子。我们当前遇到的是：无“家”可归，即建基于农耕社会的“家”已经不可避免地走向衰微，已经找不到我们乡愁中的家园；有“家”不能归，即为保证社会，特别是城市社会的正常运转，很多人无法归家；有“家”不想归，即无法再适应“家”的生活方式，承受不了熟人社会之重的人不想归家。[②] 传统节日文化发展现状中的城乡分离、官民分离，还有神圣失落，世俗甚至是庸俗、恶俗抬头，种种问题都需要一个完整的节日时间制度来加以调整。

党的十八届三中全会提出：“全面深化改革的总目标是完善和发展中国特色社

---

① 参见王学文：《中国文化・节日》，五洲传播出版社 2014 年版，第 3 页。

② 王学文：《春节“回家”传统的现代困境及对策分析》，《山东社会科学》2012 年第 1 期。

会主义制度,推进国家治理体系和治理能力现代化。""国家治理体系和治理能力现代化"是一种全新的治国理政提法。强调"国家治理"而非"国家统治""国家管理",词语变化的背后是思想观念的变革。[①] 国家的治理体系是一个制度系统,这一系统不仅包括政治、经济、社会、文化、生态等各个领域的制度体系,即某一领域、某一条块或脉络的制度体系,更要有作为人类社会基本认知和运行范畴的时间和空间的制度体系。一个国度设置的节假日体系,是一个管理全民性自由时刻的时间框架。节假日不仅可以实现"物质再生产",并且是"社会文化再生产"的一个重要机制。节庆文化,使一个共同体的心理基础和共享价值得以延续。而在现代国家里,这个时间框架反映着一个国家根本的价值取向和民族精神状态。[②] 现代中国的节日时间制度和框架应在推进国家治理体系和治理能力现代化的过程中予以重视,加紧完善。

三、推进传统节日研究向纵深发展

从 1910 年以来至今的百余年里,中国传统节日的生存发展经历了作为文化改良对象的民国时期,政治重塑改造、破旧立新的改革开放前 30 年和改革开放后价值重新发现的时期。在这一过程中,行走于节日现场的调查研究者的学术旨趣、社会关怀、方式方法也经历了变迁。上文我们对这百余年的历史进行了梳理,同时特别借助现代治理的视角对近两三年传统节日领域的情况进行了分析,我们的基本判断是:中国节日文化的传承发展正处于一个最好的时期,也处于一个最关键的时期。中国政府和民众对节日生活价值的认识不断深化,让节日回归民众、回归生活、回归文化的呼声越来越大,相关的实践举措也不断推出。政府在节日文化保护、传承中的角色也正在从一手包办、大操大办的主导型向引导服务型转变,为民办节,为文兴节。在不断提升国家治理水平和治理能力的过程中,中国节日时间制度也将不断健全完善。在这样的状态下,传统节日研究领域也面临新的挑战,同时也迎来了广阔的发展空间。

(一)继续深化节日现场的调查

虽然从数量上看,我们来自于节日现场的报告非常可观,但是因为学科背景和学术训练的不同,大部分报告处于一般性的描述记录层面,对于节日现场的时空情境、社会关系、运转机制关注不多。特别是对于现代城市生活中节日内在机理的调查就更为缺乏。因此,要继续强调节日调查的现场感和观察深度。

---

① 俞可平:《推进国家治理现代化的六大措施》,《前线》2014 年第 1 期。

② 《佛诞"放假"? 佛教节日离公共假日还有多远?》,《凤凰海潮音》2014 年第 15 期。

(二)增强问题意识

我们在阅读节日调查研究文章时,突出的感受是描述性的问题居多,而缺少解释性问题;关注农村的多,关注城市较少;书写传统多,书写现实少。对于当下传统节日在现代社会、城市社会面临的传承发展困境显得无能为力,更多是从文化价值层面呼呈。现代社会与传统生活的双重时间制度之间的张力,现代社会组织以及国家行政体系与传统节日组织体系间的差异以及所引发的结构性变迁,节日里农村家庭的不完整状态与城市里留守的民工群等,这些问题需要研究者认真面对。[①]

(三)提升理论阐释能力

因为缺乏节日现场的理解能力和问题意识,我们的节日调查成果只有量的增加,而在质上的提升还不明显。对于当下传统节庆在市场化、城市化中的情状分析,对于冠之以各种节、会的新兴节庆泛滥的现象,我们还缺少有解释力的理论加以分析。这方面台湾的研究值得借鉴,如李明宗引入休闲社会学的观点对台湾节庆活动形貌的研究。他以"真实性"理念贯穿,论述主题由巨观的社会时空逐渐探讨到微观的个人体验,系统地建立了对于节庆,包括传统节日的分析框架。[②] 还有吴郑重、王伯仁对于台湾"节庆之岛"的现代奇观现象的研究[③],许兴家、曾圣文、柳金财用动力结构与产业制度转型矩阵对台湾节庆活动动力结构与制度转型模式的研究[④]等。

(四)借助现代信息技术

现代信息技术不仅是工具,还是一种现代生活方式,不仅深刻改变了节日的传播发展境遇,也更新了我们的调查研究理念和方法。节日的调查研究不但要关注现代信息技术世界中节日的变化和引发的问题,如短信、微信拜年,再如地域性节日的实时传播等,而且要善用现代信息技术为调查服务,从现代信息平台上获取资料,筹建节日文化数据库,建立协作共享体系等。在全面掌握节日历史及现状基础上,开展具有资政意义的专题研究。

---

① 李松:《现代时空中年节文化的变迁》,《节日研究》(春节专辑),泰山出版社 2011 年版。

② 李明宗:《台湾节庆活动的形貌——休闲社会学观点的诠释》,《运动文化研究》2010 年第 13 期。

③ 吴郑重、王伯仁:《节庆之岛的现代奇观:台湾新兴节庆活动的现象浅描与理论初探》,《地理研究》第 54 期,2011 年。

④ 许兴家、曾圣文、柳金财:《动力结构、产业制度转型与台湾节庆活动发展》,《联大学报》第 5 卷第 1 期,2008 年。

附:

全国年节及纪念日放假办法

(1949年12月23日政务院发布　根据1999年9月18日《国务院关于修改〈全国年节及纪念日放假办法〉的决定》第一次修订　根据2007年12月14日《国务院关于修改〈全国年节及纪念日放假办法〉的决定》第二次修订　根据2013年12月11日《国务院关于修改〈全国年节及纪念日放假办法〉的决定》第三次修订)

第一条　为统一全国年节及纪念日的假期,制定本办法。

第二条　全体公民放假的节日:

(一)新年,放假1天(1月1日);

(二)春节,放假3天(农历正月初一、初二、初三);

(三)清明节,放假1天(农历清明当日);

(四)劳动节,放假1天(5月1日);

(五)端午节,放假1天(农历端午当日);

(六)中秋节,放假1天(农历中秋当日);

(七)国庆节,放假3天(10月1日、2日、3日)。

第三条　部分公民放假的节日及纪念日:

(一)妇女节(3月8日),妇女放假半天;

(二)青年节(5月4日),14周岁以上的青年放假半天;

(三)儿童节(6月1日),不满14周岁的少年儿童放假1天;

(四)中国人民解放军建军纪念日(8月1日),现役军人放假半天。

第四条　少数民族习惯的节日,由各少数民族聚居地区的地方人民政府,按照各该民族习惯,规定放假日期。

第五条　二七纪念日、五卅纪念日、七七抗战纪念日、九三抗战胜利纪念日、九一八纪念日、教师节、护士节、记者节、植树节等其他节日、纪念日,均不放假。

第六条　全体公民放假的假日,如果适逢星期六、星期日,应当在工作日补假。部分公民放假的假日,如果适逢星期六、星期日,则不补假。

第七条　本办法自公布之日起施行。

2013年度中国婚俗研究报告

吕德文　徐加玉*

古今中外，不同国家、民族的人们都把婚姻缔结看作人生中最重大的事件之一。婚姻作为男女两性结合的社会形式，作为形成家庭的基础，受到了来自个体、家庭和社会的高度重视。婚姻不仅直接关系到每一个个体的人生幸福，同时也关系到一个家庭或家族的兴衰，从更宏观的意义上讲，则关系到人类群体的繁衍生息。《礼记·昏义》有云："婚礼者，将以合二姓之好，上以事宗庙，而下以继后世，故君重之。"从中可以看到婚姻所具有的重要社会意义。

婚礼是人一生中的大事，它在一个人的人生过渡中的地位非常重要，因此，这一重大的人生仪式历来深受重视。在我国，自古以来婚姻就是一项重大的人生事件，为此而有各种礼俗对婚姻行为加以规制，围绕着人们的恋爱和嫁娶存在着多种规范和习俗，它们都可以被看作婚俗和婚俗文化的一部分。在宽泛的意义上讲，婚俗是一个包含着婚姻观念、婚姻行为、婚姻礼仪乃至相关民谚俚语的体系。同时这一体系本身也是一种婚俗文化。婚俗文化是人类社会所创造的文化积累中的重要一部分，反映时代的精神和某个民族群体或地区的生活面貌。婚俗文化与人类所创造的其他文化一样，具有一定的独立性和稳定性。但是，随着历史的前进和社会的发展，婚俗文化也随之发生变化，这种变化是婚俗文化与每一时代所盛行的文化精神相匹配的过程。

而生活在某一个具体社会中、印刻有自身民族特征的个人则是婚俗文化的具体承载者，他们是婚俗文化的创造者、践行者和改变者，他们作为一个群体，共同参与到婚俗文化的创造、践行和更改的全部过程之中。当我们走进某一个民族、地域或人群之中时，如果加以一定时间的观察和思考，我们都可以发现，在这一民族、地域或人群中所流行的婚俗目前是什么样的，过去是什么样的，婚俗在本地经历了哪些变化，以及未来可能走向何方。对某一个地区、民族或人群加以深刻描述，我们将能够发现抽象的婚俗文化是怎样渗入到普通人们的日常生活中去的，

---

* 吕德文，华中科技大学中国乡村治理研究中心副教授；徐加玉，中国农业大学人文与发展学院博士研究生。

划如何指导人们的婚姻的，又是怎样被一个个看似微弱的个体所改变的。通过这种对某一个民族、地区或人群的详细考察，我们将能够发现这一民族、地区或人群所经历的婚俗变迁，将能够发现这一变迁的脉络与特点，也能够发现其背后所隐含的变迁动力和变迁机制，以及这一变迁与时代大背景之间的深刻关联。

在对若干个民族、地区或人群的婚俗进行深入考察后，这些详尽而突出的案例将能够帮助我们理解在中国这一庞大而繁杂国度中所发生着的婚俗变迁。通过这些广泛的考察，我们将能够从中发现其中的共同点或共性，从而揭示和理解目前中国所发生的婚俗变迁过程及其背后的推动力和变迁机制。

通过对当前我国各地婚姻习俗的考察可以发现，我国的婚俗及其文化含义正在发生着缓慢而根本性的变化。其中，最为重大的变化，首先是婚姻风俗中的传统因素在逐步衰落，如"六礼"程序、媒妁制度、看男女双方"八字"等习俗在逐步弱化或消失，婚姻程序逐渐向现代婚礼形式进化，即使在广大农村地区，西式婚礼也开始流行起来。二是婚礼中原先所蕴含的神圣意味在逐步丧失，婚礼过程更加西化、更加简单，且更加突出娱乐性，甚至在有的地方，婚礼中还出现了低俗、恶俗的内容。

应该注意的是，婚俗的变迁并不是单独进行的。作为整体社会的一部分，婚俗的变迁是与社会的整体变迁同步的。这意味着，婚俗的变迁与社会中的其他部分，如养老、生育等方面的变迁存在着深刻的关联，它们之间存在着相互作用、相互影响的情况。因此，若要考察婚俗变迁的动力与机制，就要考察其他力量对人们婚姻行为和婚姻规范的影响与作用。

下面将对当前中国所出现的一些典型婚俗事件或婚俗案例进行展示和分析，通过对近年来所出现的新事件、新情况，以及对一些地区所作的深度考察，我们将看到目前中国的婚俗正在经历着怎样的变化，这些变化表现在哪些方面，这些变化所具有的特点，以及这些变化所带来的影响或后果。通过对整体性视角和相互作用的视角的把握，我们将能够初步看到，推动这些变化的背后动力和机制是什么。

一、当前中国婚俗变迁考察

改革开放以来，无论是城市还是农村都在经历着巨大的变迁过程，在市场经济的不断渗透下，在西方文化的不断传播下，我国的婚俗及婚俗文化经历着一个巨大的变迁历程。传统婚俗逐渐衰落，新式婚俗在逐渐形成并流行。然而，市场经济的发展程度不同和现代性的进入程度不同，使得地域广阔的我国呈现出了区域性的婚俗变迁差异。在变迁的内容上，有的地区或群体变化得很多，在许多方面传统被现代打破；有的地区则变化得很少，只有一部分或一小部分习俗发生了明显变化。在变迁的速度上，有的地区变化很快，在很短的一段时间内就从传统走向了现代；有的地区则变化较慢，在很长一段时间里，仍然保存了较多的传统因素。此外，婚俗变迁也呈现出明显的族群差异：有的族群丧失了自己原本的婚俗；接受了现代的婚俗，有的族群仍保留着自己的传统婚俗，未受到现代因素的太多侵染。考察这些变化无疑是必要的，通过观察和分析这些新出现的现象，无疑将有助于我们把握当前中国婚俗变迁的脉搏和轨道。无论是见诸报端的新闻报道，还是持久深入的田野调查资料，都在从不同的侧面展示着中国婚俗的巨大变迁。总的来看，我国的婚姻习俗已经发生或正在发生的转变主要有以下几个方面。

（一）婚姻的地域边界日益开放

改革开放以来，随着我国对外开放程度的不断加深，以及市场经济的不断迅猛发展，我国的整体经济水平大幅提高，目前我国的 GDP 总量已经仅次于美国，处于世界第二位。国内各地区的经济发展水平也在不断提高，经济的发展及人口流动限制政策的消除，使得劳动力能够在全国范围内流动，进行优化配置。在这一大背景下，地域间的界限被打破，全国大部分地区变得日益开放，许多原先封闭落后的农村地区也加入了全国性的经济体系，成为全国经济体系乃至世界经济体系的一环。社会边界的开放以及人员的大规模流动也给人们的婚姻带来重要影响。其中，有两个非常重要的影响是：一方面人们的择偶范围大幅度地扩展，尤其是对于有机会外出务工的人来说，他们有机会认识本地区之外的人，从而增加了找外地对象结婚的几率；另一方面，人口流动的放开和全国各地区经济发展水平的区域性差异也使得女性人口倾向于从经济发展水平较低的地区流出，而向经济发展水平较高的地区流动，从而造成女性人口的区域分布失衡，造成经济欠发达地区的光棍问题。

1. 通婚范围变广

随着 20 世纪八九十年代人口流动限制政策的逐渐废除，我国的人口流动规模逐年增长，近年来已经达到一两亿人的规模。其中，我国的人口流动呈现出从经济欠发达的中西部地区向经济较为发达的东部地区流动，以及从经济欠发达的农村地区向经济发达的城市地区流动的突出特点。自改革开放开始，率先发展起来的东部开放地区，就在不断地吸引着中西部地区的人口，这一吸引随着人口流动限制政策的消除而日益增强，渴望获得新发展的年轻人开始不断地从农村走向城市，从中西部地区走向东部地区。原本非常封闭、落后的农村地区不断地有人出走，走向五彩斑斓的城市，经济的发展使得城市需要大量的廉价劳动力，而这些人弥补了这一缺口，他们成批成批地走向工厂，在工厂中劳动，也在工厂中认识来自四面八方的朋友。在这过程中，有许多人与来自另外一个省或市的人谈起了恋爱，并在最后走向婚姻。他们的祖父辈和父辈找的都是本地媳妇，然而，从他们这一代开始，外省媳妇、外省女婿逐渐多了起来。当他们的祖父辈和父辈的通婚圈主要局限于本乡镇或本县时，他们的通婚圈已经扩展到了全国。现在随便走进一个村子，我们基本上都可以发现许多个与县市范围之外的人通婚的案例。东部经济的快速发展与规模浩大的人口流动是这一现象的主要推动力。

在湖北省应城市辖下的陈河镇梅岭村，村中不同年龄群体村民的通婚范围显示出明显的差异。村庄中的中老年村民，绝大多数都是本地婚姻，且大多是在应城市范围内通婚。但在二三十岁的年轻群体中，外地婚姻渐渐增多起来，甚至出现了几例跨省婚姻，这些婚姻大多是年轻人自己在外打工时谈的对象，在外谈好后回家结婚。

在湖北省五峰县长茂司村，村中不同年龄层次的村民的通婚圈也存在着显著的差异。年长的长茂司村村民的通婚范围大多不超出附近的几个县市，而且基本上都是靠介绍和相亲缔结婚姻的，但随着外出务工的人越来越多，跨省婚姻开始出现并增多，通过自由恋爱缔造的婚姻也越来越多，只要双方情投意合，父母一般不会加以阻止。

有趣的是，虽然外地婚在客观上开始出现并不断增加，但在某些地区人的眼中，本地婚仍是最好的。

在梅岭村民的心目中，找本地媳妇是最好的，原因是：相距不远，方便走动；知根知底，人可靠；婚姻稳定。在这一地区，离婚仍是一件“丑事”，因为过去都是在本地通婚，两家相距不远，如果一对夫妻离婚了，双方的家长脸上都不好看，见面时会非常尴尬。除此之外，一些娶外地媳妇而最终离婚的案例也给村民有力的“证据”。例如，村中曾有某人娶了一个外地媳妇，但外地媳妇最终跑了。也有一人娶了一个四川媳妇，结果这个媳妇却患有癫痫，之前女方家人将这一情况隐瞒了，男方家人直到最近才发现问题。因此，对于村民来说，尤其是年龄较大的村民来说，娶本地媳妇更可靠一些。

在婚姻对象的选择上，浙江省诸暨市店口镇鲁戈村人也普遍希望在本地找对象，这也是整个店口地区居民的共同期望。当地人口中的“本地”是指诸暨市，诸暨市范围内的都属于“本地人”。在大集体时期，鲁戈村中还发生过许多村内通婚的案例。造成这种状况的原因，一方面是那时的村庄较为封闭，人们对于村外的情况缺乏了解，也缺乏与外界的联系，因而一些家庭没有媒介与外村通婚；另一方面是本村的经济条件相对较好，本村人怕自己的女儿嫁到外村后受苦，因而选择将女儿嫁到本村。另外一个可能的因素是，一些家庭希望借助村内通婚来增加自己在村庄内的社会网络关系，壮大自身家族的力量，以在村庄竞争中获得更加有利的地位。

随着经济的发展和收入水平的提高，这一地区的人仍普遍认为在本地找对象结婚最好，只是这时主要的原因已经不再是上面所说的那些原因，而是出于新的考虑：首先是本地区的经济发展水平和生活水平比较高，有充足的就业机会和相当大的生活便利，因此都希望留在本地工作，并在本地找对象成家；其次是离家近，结婚后方便走动；再次是在本地就业和成家也可以扩展自己在本地区的社会关系网络，有利于自己未来的发展。不得不提的是，本地区较高的经济发展水平和生活水平使本地区村民具有非常强的内聚性，许多在外读大学或做生意的人都会在毕业或年老之后返回家乡发展。

需要注意的是，虽然陈河地区与店口地区的人都希望在本地找对象结婚，但两者是出于不同的考虑，且在客观结果上有显著差异。陈河地区处于经济欠发达地带，有大量的适婚女性外流至城市和经济发达地区，因此，即使本地男性想在本地找对象也会面临本地适婚女性不足的问题，他们不得不从外界想办法，去娶外地媳妇。但店口地区的男性不会面临这样的问题，因为他们身处经济发达地区，本地的女性会留在本地婚配，而且还有大量的外地适婚女性流入本地务工，因此，他们有充足的选择余地。这就牵涉到了在人口可以自由流动的条件下，因经济发展水平差异而造成的婚姻市场的区域失衡问题。

2. 婚姻市场的区域失衡

在人口可以自由流动的条件下，女性为了获得更好的生活条件，将会自动地向经济发达地区流入，这在客观上造成了适婚女性在区域分布上的不均衡，其中，主要体现为农村女性人口流向城市、西部女性人口流向中东部、中部女性人口流向东部的趋势。这种趋势的加剧就形成了中西部地区比较突出的光棍问题。

湖北省的梅岭村，近年来村庄日益开放，在人们大量走出村庄奔赴城市的时候，村庄中的年轻女性也大多走出了村庄，嫁入城里或外地。这一部分女性的流失，使得在本地婚姻市场上，女性相对稀缺，因而占据了有利的地位。婚姻天平倒向女方一边，女方在婚姻谈判中掌握着极大的主动权。在农村经济日益衰败而城市日益繁荣的大背景下，出于生活便利、教育、房子升值等考虑，女方纷纷要求男方在城里买套房子才肯嫁过去。

没有房子就谈不到对象，毋庸结婚。五六年前，城里有房还未成为娶媳妇的一个硬性条件，但近几年来，城里有房已经变成了谈对象、娶媳妇的必备品，如果父母无法为儿子在城里买一套房子，儿子便很难找到本地媳妇。为了给儿子说上媳妇，作为父母的村民不得不为了儿子“死奔”[①]，想尽办法去挣钱，以在儿子该结

① 当地人语，意拼命干活挣钱。

婚的年纪及时说上媳妇,顺利完婚。一旦过了30岁还没有说上媳妇,大龄男青年就很有可能会沦为光棍。因为在当地人的定义中,过了30岁还没有结婚就已经算是光棍了。

但是,总有一些男青年因为各种原因,而在婚姻市场中处境不利。梅岭村中的一些大龄男青年,因为在城里没有房子而直到现在也无法结婚,他们所处的家庭通常是经济条件较差的家庭。有的是因为家里有残疾人,劳动力不全;有的是因为家里有重症病人,常年消耗家中积蓄,导致财富积累困难;也有的是儿子较多,有两个以上,所挣资财勉强够一个儿子结婚之用,第一个儿子结婚后,父母的年龄已经变大,挣钱的能力下降,已无法再为剩下的儿子积累起足够的结婚费用了。

女性的流出和结婚费用的高涨,致使大量的男青年被迫晚婚甚至是打光棍,在有些村庄中,光棍的数量高到令人咂舌的程度。四川省都江堰市柳街镇鹤鸣村,全村总人口1741人,其中有光棍30余人。地处大山深处的湖北省五峰县采花乡长茂司村,全村总人口1903人,有光棍30多个。采花乡的另一个村子,名字叫白渔坪,全村总人口也就1000多人,却有上百个光棍。广西壮族自治区富川县柳家乡大田自然村,共有800余人,却有光棍50余个。

在全国范围内处于经济发展低洼地带的中西部地区农村,大量农村男性在不均衡婚姻市场中被抛了出来,在婚姻挤压效应下,被迫成为光棍。据有关数据称,由于我国出生性别比多年持续偏高,到2020年我国将会出现大约3000万光棍。如果这一数据可靠,那么可以预测到,他们中的大多数将集中于经济欠发达的中西部地区农村。他们将成为由性别比失衡和地区经济发展不均衡所带来的婚姻市场失衡问题中的主要受害者。

3.“剩女”现象

有趣的是,目前并不只存在男光棍问题,也存在着“女光棍”的问题,现在在各种新闻媒体和社交媒体上流行的“剩女”一词就是对这一群体的集体称谓。一般来说,“剩女”大多发生在城市之中,她们大多具有高收入和高教育背景,因而在婚姻市场中处于“嫁难”的地位。因其高收入、高教育背景或出众的外貌条件,在目前流行的婚姻选择策略中,符合她们要求或与他们“般配”的男性相对稀缺,这造成她们的“嫁难”问题。一方面,许多“剩女”凭借着自己的优秀条件而在选择婚姻对象的过程中持一种“挑剔”的眼光,另一方面符合她们期望的优质男性大多已经成家立业,还未结婚的优质男性同样眼光挑剔,同时也是众人纷抢的对象,而且数量有限,相对稀缺。这使得一部分女性在最适婚的年龄无法找到合适的结婚对象而成为“剩女”。

据相关数据显示,北京的“剩女”数量已经突破55万,这还是保守数字。有的媒体中发布的数字已经达到了 80 万，可谓是世界之最。除北京外，上海、深圳、南京等一线城市的“剩女”现象都日益突出，“剩女”找对象难成为一个突出的婚恋问题。对于这一问题，计生委都忍不住要出面“干预”，希望通过引导人们形成正确的婚恋观念来疏导这一问题。

有趣的是，不光是城市地区，有些农村地区也出现了“剩女”的现象，这一现象主要存在于经济较为发达地区。

在浙江省店口地区就出现了这种现象。前面提到过，因为本地区的经济较为发达，能够提供充分的就业，且在本地区结婚有利于扩展自己的家庭在本地区的社会关系网络，因此当地人多希望在本地找对象结婚。有趣的是，择偶上的本地偏好却意外带来了只有一些大城市中才出现的“剩女”问题，即许多大龄女青年，大多在二十七八岁以上，因在本地找不到合适的结婚对象而一直单身，无法成婚。店口镇鲁戈村的“剩女”较少，不算非常显著，因为其全部人口就不多，全村人口只有 1000 人。而在一些人口规模较大的村庄中，如店口镇湖西村，“剩女”的数量极可能已经达到了两位数，相比之下问题就要突出许多。

在这些“剩女”中，一部分人与其自身具有的特殊情况有关，如外貌有缺陷、性格脾气不好或婚恋观念超前等，但总体上也与大的社会分层有关。据观察，许多大龄女青年所在的家庭在经济上大都处于村庄中的中等或中等偏上的位置，且大多具有大专及本科以上学历。这一群体在婚姻问题上遇到了“高不成，低不就”的困扰：一方面是想攀但攀不上上层家庭中的男性，另一方面又不愿屈就于比自己经济地位和教育程度低的男性。

门当户对是一个理想选项，但属于同一层次的家庭并不是很多，而且，男性在婚姻市场上的选择面很宽，既可以选择门当户对的姑娘，也可以选择比自己经济地位低一些的姑娘。因此，即使是村庄中最底层的男性，他们也可以通过娶四川、贵州、云南等外地来此打工的姑娘来解决婚姻问题。但对于身处中上层家庭的女性来说，她们的择偶面就要窄得多。为了保持自己的经济地位，她们甚至宁愿选择同阶层或上层中的二婚男性，也不愿意选择比自己地位低的男性。

当把择偶范围仅限制在一个小的地域范围内时，具有高学历、高收入或优秀外貌的女性在择偶时就会遇到“般配”男性相对稀缺的问题。她们的最优选择是嫁入上层群体，次优选择是嫁入同层群体，但一般不会愿意嫁入比自身经济地位低的家庭。这就决定了她们择偶范围的狭隘性，一部分优质女性被“剩下”就变得容易理解。

(二)婚姻观念日益现代化

自清末以来，中国的大门被西方人用大炮打开，外国侵略者带来剥削和压迫的同时，也将西方的器物和文化输送到了中国。随着西方文化的不断传播，旧式的婚姻观念被不断地冲击着，以新文化运动、五四运动等代表的新潮流解体着旧传统与旧风俗，倡导起了新传统、新风俗。这些新观念中包含着夫妻平等、婚姻恋爱自由、保护个人权利等内容。这些新观念在中国大地上逐渐传播开来，并在政府立法的保护下逐渐站稳了脚跟。新中国建立后，恋爱自由和婚姻自由得到法律保障，自由恋爱的风气开始初步形成。改革开放以来，随着西方婚恋文化的不断传入，婚姻中的个性意识逐渐强化起来，人们开始意识到婚姻应该是自己的婚姻，自己幸不幸福、快不快乐才是婚姻有无价值的衡量标准。因此，独立于大家族的核心小家庭开始出现并盛行，婚姻开始真正地成为两个人的事，而与其家族脱离。这在保护了个人权利和婚姻自由的同时，也使得婚姻日益不稳固和脆弱，日益关注于自身的新时代年轻人更加注重婚姻对于自己的价值，却在责任感和义务感上有所削弱，一时不如意则离婚的轻率现象多发起来。表现在数据统计上则是近些年来离婚率的大幅上涨。

1.自由恋爱日益盛行

中国古代的礼和法，都把包办子女、卑幼的婚事作为父母、尊长的特权，“父母之命”“媒妁之言”是一桩婚姻成立的必备要件。古代社会中的“六礼”，即“纳采”“问名”“纳吉”“纳征”“请期”“亲迎”为包办婚姻提供了礼制上的根据和合法性。且历代王朝都有关于主婚权的法律规定，在这些规定中，明确指出嫁娶必须由祖父母或父母主婚。

这一状况一直持续到封建社会的末尾，随着清末国门被西方人的坚船利炮打开，倡导自由的西方文化也不断渗透进国人的思想之中。清末至民国时，人们的自主意识开始觉醒，接受新思潮的年轻人开始挑战传统的包办婚姻模式，包办婚姻、童养媳、一夫多妻制等封建残留因素逐渐被定义为落后和非法。人们开始向往和倡导自由恋爱以及夫妻平等。但真正将这些新婚俗贯彻到社会生活之中的是在新中国建立之后。在新中国建立之前的新民主主义革命时期，革命根据地中颁布的婚姻法就已开始倡导婚姻自由，许多年轻男女在婚姻法的鼓励下勇敢地突破传统的束缚，突破家族和家庭的羁绊，反对包办婚姻，追求恋爱自由和婚姻自由。新中国成立后，婚姻自由原则得到进一步的保证。1981年版《婚姻法》的第3条规定：“禁止包办、买卖婚姻和其他干涉婚姻自由的行为。”第4条则规定：“结婚必须男女双方完全自愿，不许任何一方对他方加以强迫或任何第三者加以干涉。”而对于那些包办他人婚姻和其他干涉他人婚姻自由的行为人，应进行严肃批评教育，情节严重的，予以行政处分或法律制裁。对于以暴力干涉他人婚姻自由的行为人，还会参照《刑法》第179条的规定，追究其刑事责任。

这就在法律的层面上确立了婚姻自由的合法性，并在法律层面上保障了婚姻自由。这不得不说是一种历史的进步。虽然当时的社会环境中还存在不少干涉他人婚姻自由的行为，但至少法律上的规定为干扰婚姻自由的行为保留了法律处罚的权利，为真正的婚姻自由确立了最基本的合法权利保障和暴力后盾支持。

然而，新中国成立以后的很长一段时期里，在广大的农村地区，因经济落后和长时期的封闭或隔离，包办婚姻等旧风俗仍旧部分存在着。“父母之命”仍旧支配着许多人的恋爱和婚姻。父母的态度、媒人的牵线仍是许多人婚姻中的要件。但在强大的政治意识形态的宣传影响下，恋爱自由、婚姻自由等新思想逐渐在农村传播开来，共同生产、共同劳动制度也同时提供了一种有利的客观条件。在共同的生产劳动过程中，年轻男女得以相互认识、熟悉，得以发展起自愿的感情，从而为自由恋爱提供了温床。在许多农村地区都可以发现这种由于在一起共同劳动而互相认识、互生好感而最终结婚的案例。

在这些案例中，最早的可以追溯到人民公社时期，也有的发生于“文革”时期。广西壮族自治区富川县大田自然村在“文革”时期出现了诸多自由恋爱和结婚的案例。那时，生产大队会组织人们集体干活，他们当时组建了一支“青年小组”，“青年小组”的成员都是村庄中的年轻人，他们在一起劳动，一起干活。这为年轻人们相互认识提供了一个良好的平台，同处一个小组，不可避免地会产生频繁的交往和交流。在长时期的共同劳动中，年轻人相互熟悉，也渐渐会培养出一些情感。就这样，许多年轻人互生情愫，自愿谈起了对象，最终走向婚姻。在这一过程中，父母基本上没有太大异议，也不会作太多干涉。这一时期展现出来的是，在政治话语的宣传以及共同劳动的客观条件下，许多农村地区也生发出了自由恋爱的萌芽，出现了一批自由恋爱、自愿结婚的案例。父母在这个过程中并没有成为很大的阻力，而是顺应了这一潮流。当然，有的父母也会出于各种考虑阻挠子女的婚姻，从而酿成家庭悲剧。

广西壮族自治区富川县洋新村黄大爷的妻子是另外一个村子的，20 世纪 60 年代他们通过本地区特有的“赶会期”活动认识。本地的“赶会期”类似于北方的赶庙会，每一个村子都有自己的逢会日期，在逢会的这一天，人们会从四面八方赶来聚会，小商小贩也会赶来摆摊，白天人们逛集会买东西，晚上则三三两两地聚在一起对山歌过夜。通常年轻男女们会坐在一起对山歌，通过这种方式相互认识、相互交流。如果相互中意，还会交换礼物，留下联系方式。黄大爷就是通过这种方式与其妻子认识的，其妻子是个唱山歌的好手，他们是对山歌时相生情愫的，其妻子意欲嫁给他，但遭到了其父母的反对。执意追求自己爱情的黄大爷妻子不顾父亲断绝父女关系的胁迫，毅然地嫁给了黄大爷，父亲因此断绝了与她的往来。直到最近几年，她才和其家人恢复关系。村中的一个外地媳妇唐某娘家在另外一个县，她与其丈夫也是通过“赶会期”时晚上举行的唱山歌活动认识的，他们认识时，双方都已经被父母安排婚约，有着各自的未婚夫或未婚妻。但他们相恋后执意要在一起，因此坚决要求各自的父母将原来的婚约退掉。双方的父母都表示反对，尤其是唐某的父母，为她安排好了一个家境较好的本村的男孩，不同意让其女儿嫁到贫困的洋新村来。在唐某的坚持下，唐父最终作了妥协，但一直为此事生唐某的气。在两人的努力下，最终他们走到了一起，组建了新家庭，争取到了属于自己的婚姻。

然而，大集体时代结束后，这种自由恋爱的现象开始减少，在经济话语不断提升的同时，内涵婚姻自由思想的政治话语不断弱化。大集体的解体也使得共同生产劳动不复存在，男女青年丧失了这一重要的交流平台，年轻人重新回到了各自的家庭中，相互重又变得陌生。婚姻重新变为"父母之命"与"媒妁之言"，父母再次捡起了决定子女婚姻的大权，媒人也重新扮演起非常关键的角色。

然而，随着中国经济的逐渐发展，东部地区经济的快速发展吸引着许多农村地区的劳动力，当限制人口流动的政策障碍被清除后，劳动力开始大规模地向东部经济发达地区流动，寻找就业岗位。在这一过程中，大量的农村劳动力走向了城市，走向了东部，其中，年轻人在其中占据了相当比重。他们走入城市，走入工厂，与其他省市的同龄人一起工作、生活，认识了许多朋友，可能与来自其他省的同龄人谈恋爱。当时机成熟时，他们中有一大批人会与来自外省的恋人走入婚姻。

在这个过程中，起决定作用的是这些年轻人自己的意愿，他们是真正的自由恋爱的践行者。在远离家乡、远离父母的环境中，他们可以不受任何干扰地凭借自己的愿望和感觉寻找自己的恋爱对象。现在许多村庄中出现了外地婚现象，许多外出务工的年轻人娶了外省市的媳妇或嫁到了外省市。他们的婚姻全部以自由恋爱为基础，完全突破了村庄中媒人介绍的模式。

随着外出务工成为一种潮流，村庄中的年轻人通过自由恋爱结婚的案例还在增多。人口的自由流动打破了原先年轻人之间的孤立状态，这种孤立状态使得他们不得不依靠媒人这一媒介相互认识，并按照村庄中的传统婚俗办事。现在，年轻人通过外出务工得以进入一片新的天地，在新的环境中，来自四面八方的年轻人得以相互认识、相互交流，得以在一个相当大的同辈群体中选择自己中意的配偶。这种基于完全自愿的交流带来了自由式的恋爱，这种自由式恋爱则进一步带来了自愿、自由的婚姻。

如今，随着网络的日益发达，即使足不出户，一个人也可以与遥远的另一个人建立联系，相互交流。在有的村庄中，还可以发现一些通过网络认识、相恋并最终结婚的案例。

广西壮族自治区富川县洋新村就有这样的案例，盘姓某青年通过网络认识了附近乡镇的某个女孩，两个人通过 QQ 网络聊天系统认识，先是通过聊天相互了解对方，相互觉得不错后，双方开始真人交往，经过几个月时间交往后，两人最终确立了恋爱关系，并于半年后正式结婚。两人的婚礼在县城一个酒店举办，没有采用村庄中流行的那种婚礼程序，转而采用更加现代的婚礼样式，如穿西装、拍婚纱等。传统婚俗中要做的拜祖先神台、给父母敬茶等仪式他们都省略了。

通过网络结识朋友、找对象是新近出现的现象，网络俨然成为自由恋爱的一种新式媒介。网络的普及使得每一个掌握上网知识的人都能够参与到网络中去，在网络中获取信息、结识朋友。但网络的开放性也带来了潜在的风险性。许多丧失道德的人和犯罪分子会利用网络蒙骗他人、侵害他人。因此，网恋也是一把双刃剑，如果不小心还会跌近别人设下的陷阱之中。

2. 义务感和责任感渐弱

在老一辈人的眼中，婚姻是需要忍受、包容和坚持的，即使对自己的婚姻和配偶不满意，也会在父母的要求下继续维持下去，如果有了孩子，还会照顾到孩子的感受而不会轻易走向离婚。“嫁鸡随鸡，嫁狗随狗”“凑合着过日子”是这种观念的典型代表。

然而，现代的年轻人俨然已经不再这么想了，他们崇尚自由恋爱，崇尚个性，注重个人权利和个体感受，更加关注自己的婚姻质量。随着市场经济的飞速发展和西方文化的不断渗入，年轻人群体率先接受了“自愿结合”“宁愿离也不能凑合着过”“自己的幸福最重要”等思想观念。在许多年轻人看来，婚姻是提升自己幸福感和生活质量的，而不应成为对自己的束缚和负担。许多人认为婚姻是自己的事情，自己幸不幸福、快不快乐是最重要的，如果自己不幸福、不快乐，那么这一场婚姻对于自己来说就是失败的，是没有任何价值的，因此是需要放弃的。由此，许多年轻人越来越重视自己在婚姻中能够得到什么，而不是自己要承担什么、奉献什么，而当无法从一场婚姻中得到这些东西时，有一些人会毅然放弃自己的婚姻，即使是以无辜的孩子为代价。

颇具悖论的是，由自由恋爱组成的自由婚姻家庭并没有带来家庭的稳固，我们的社会在走向自由恋爱和自由婚姻，但也走向婚姻的不稳定。婚姻的不稳定在统计数据上的表现就是离婚率的上升，以及大量单亲家庭孩子的出现，这些孩子在成长过程中将面临许多问题。

以地处山区的湖北省五峰县采花乡地区为例。本地区的婚姻稳定性在近 20 年不断下降，这已经成为一个需要关注的问题。按当地村干部的说法，现在大家都明显能感觉到婚姻的稳定性在下降，出轨、婚外情和离婚的现象在增多。

从数据上看也的确如此：第一个数据是长茂司在过去的 12 年间离了十几对，平均下来每年都有夫妇离婚，而在 2000 年之前，一般要好隔几年才会出现一次离婚事件；第二个数据是乡司法所受理的离婚纠纷案自 90 年代末期开始就明显增多，最近几年来一直保持在 20 件出头的水平上；第三个数据是采花乡的五峰县派出法庭最近几年每年所受理的案件中，离婚类案件都占到了总数的 50%～60%，2012 年度采花法庭受理的案件共有 83 件，其中离婚类案件有 41 件，2013 年 1～7 月共受理案件 74 件，其中离婚类案件有 35 件。在这些离婚案件中，撤诉、调解离婚与判决离婚三种结果基本上各占 1/3。需要指出的是，这些数据都是离婚大军的冰山之一角而已，因为有纠纷的离婚才会去司法所或法庭解决，双方都同意离婚的就直接去民政部门办离婚手续了。所以，可以推测，本地区每年的离婚数量只会比已知的数据更多，绝不会更少。

还有一个值得注意的现象是，绝大多数的离婚纠纷案例中都是妻子一方先提出离婚的，占到了 80%以上，绝大多数的丈夫是不愿意离婚的。

据司法所所长讲，这是因为女性在外出打工后，眼界开阔了，希望获得更好的生活条件，不愿再回到偏僻的山村里跟“不争气”的丈夫过日子。在所有的离婚动机中，经济动机是主要的。村民们对这样赤裸裸地追求经济利益的行为会怎么看呢？后来经了解表明，本地的传统文化约束（儒家伦理式的）实际上是很虚弱的，为了更好的生活条件而离婚，或从事不光彩的职业，至少并不被认为是一件可耻的事。市场经济逐渐消解着外出打工人们的家庭责任感和传统价值观，原先维系着家庭稳定的纽带慢慢被削弱。

离婚潮的前奏常常是婚外情的增多。大约从 20 世纪 90 年代中期开始，打工经济逐渐兴起，村民外出务工数量逐年增多。常年外出打工的丈夫和妻子便经常会“出事”，主要就是一方甚至是双方出轨，而出轨的队伍中又以妻子居多。在本地区，最早外出打工的多是女性，许多家庭中都是妻子在外面打工，而且是妻子主动要求外出打工，丈夫则在家种地看孩子。造成这一现象的一个可能原因是，当时东南沿海兴起的多是需要妇女劳动力的服装、纺织之类的工业，男性出去做的都是脏活、累活，不如女性工作轻松，也不一定比女性赚得多。

在常年受到城市中的经济理性观念影响后，外出务工的村民更加看重自己的生活条件，许多妇女在外面与有钱人发生了婚外情，最终导致与丈夫婚姻破裂，也有一些丈夫在家里不甘寂寞而发生了越轨行为，也会引起婚姻危机。总之，在外打工多年后，长期异地分居的夫妻非常容易产生矛盾和纠纷，甚至发生婚外情而闹离婚。现在许多人似乎也意识到了这个问题，开始采取各种措施进行预防，如打工时一起出去，吃住在一起等。从目前来看，由外出务工而引起的离婚案件基本上是所有离婚案件中的大头，对离婚数量和离婚率的增加“贡献”颇多。

婚姻不稳定性增加、离婚现象增多的另一个重要原因是现在年轻人的婚姻观。现在的年轻人似乎都是很有个性、很自我的，他们看重自己的情绪和享受，对于婚姻常常抱有一种好奇和新鲜感，一部分人以一种游戏的态度对待婚姻，缺乏严肃的考虑。有时，两个人一时谈高兴了，就跑去登记领证，即使认识才不久。等到真的生活在一起，又会因为相互不肯忍让而闹矛盾，一时情绪冲动就会去民政部门闹离婚，中间都没有一段双方冷静下来思考的缓冲时间。据司法所的所长讲，他已经接触过许多这类闪婚闪离的案例，其中以年轻人居多，最小的是 1991 年出生的。对婚姻所需要的责任感缺乏清晰的认识，过于关注自我的感觉，做事冲动，缺乏冷静的思考，都是年轻一代婚姻稳定的重大障碍。

总得来看，本地区的婚姻关系和男女关系要松散得多，村庄的舆论力量已经对这些私人领域的事务起不到什么作用了，经济理性冲击着传统的价值判断，外来新鲜观念的传入也使当地人的思想观念越发“开放”，对越轨和婚外情行为的见怪不怪、换妻现象的出现，都是这一转变的明显表现。

3. 晚婚现象增多

当前我国出现的另一个突出现象是晚婚的逐渐增多，不仅在城市中人们的初婚年龄在向后推，在许多农村地区人们的初婚年龄也在增长。其中最主要的推动力，主要是结婚费用的增长以及人们婚姻观念的变化。

婚姻费用的大幅增长是导致晚婚现象的一个重要原因。在许多城市，随着物价上涨和生活成本的提高，许多城市的结婚成本已经达到五六十万元，甚至突破了百万。为了积攒起足够的结婚费用，许多人不得不推迟结婚日期，客观上推动了晚婚现象的普遍化。

农村地区同样如此，在婚姻市场严重失衡的部分农村地区，结婚成本也已经达到了数十万元，出身贫困家庭的男性因为找不到对象而无法成婚。

在湖北省应城市梅岭村，结婚已经成为一件昂贵的事情。为了娶到媳妇，一户人家必须在城里买一套房子，房子的价值从十几万至三四十万元不等，应城市内新建的正规商品房价格最高，要花三四十万才能买得到，二手商品房和城郊小产权房的价格便宜一些，大概二三十万元，陈河镇上的房子最便宜，只需十几万元。随着婚姻市场竞争的日益激烈，女方的要求也水涨船高，镇上的房子甚至都不在考虑之列了，都开始要求在应城市里有房。除了房子外，亲事定下后，男方要为女方买衣服、首饰等东西，婚宴是必须要大办的，花费也不菲，通常要四五万元。这样算下来，一个儿子结婚，通常要花费 30 万元以上，这对许多家庭来说是一个不小的数目。梅岭村中，年收入能达到六七万元的村户极少，这还是毛收入，去掉成本和全家一年的花费与再投入，每年能余下两三万元的净收入已经算是不错的了。这意味着，对于大多数家庭来说，为了给儿子娶媳妇，10～15 年的艰苦奋斗是避免不了的，对于家中劳动力欠缺或没有手艺的村户来说，这个积累过程就更加漫长，以致一些男青年一直等到 30 多岁时家庭才攒够资财结婚。因此，村庄中不乏晚婚的例子。只是,这种晚婚是由于经济原因被迫晚婚的,而非自愿性的晚婚。经济条件较好的家庭,儿子往往早早地就说上媳妇并成婚了。

梅岭村的乡村医生,是附近炮竹村人,在梅岭村做了20年的乡村医生了,是梅岭村医务室里唯一的医生,负责梅岭村、炮竹村和余家咀村三个村子的医务工作。因为家庭经济条件不好,在梅岭村一直租房子住,十几年前终于在父亲的资助下,花了1.5万元在梅岭村买了一幢两层砖瓦房,这才安定下来,并说上了媳妇。此时,该医生已经年近30岁了。新农村建设起来后,因为其社区医生的身份,村里破例卖了一套房子给他,如今,他的房子就是乡村卫生室,附近几个村的村民生病了都会来找他看病。他已育有一子一女,女儿12岁,儿子刚1岁。

对于父母能干,家庭收入较高,如经商的家庭来说,可以在儿子适婚之时拿出足够的积蓄供儿子结婚买房用,因此儿子就可以在较早的年纪,如20岁出头就说上媳妇,顺利结婚。对于父母双全,但没有什么突出的技能,只能通过种地、养猪或打工获取收益的家庭来说,这一积累过程就要漫长一些,但一般也能够在儿子达到光棍年龄——30岁之前为儿子买上房子、说上媳妇。有的可能会拖到儿子30岁出头的年纪,但最终还是赶上婚姻末班车,避免了落入光棍的行列。但是,若家中劳动力不全,如父母亲有一方去世了,家中有残疾人或重症病人,而无法及时积累起足够的资财,那么这一户的儿子就很可能说不到本地媳妇,如果超过30岁还不能顺利地说到媳妇的话,那么这一户的儿子就极有可能会成为光棍。

以上所述为非自愿性的晚婚行为。然而实际上,还有许多自愿性的晚婚行为,这种自愿性的晚婚大多是出于对单身生活的偏好或对婚姻生活的恐惧。这些偏好和恐惧与一部分人持有的较为新潮的婚姻观念有关。他们习惯了自己的单身生活,认为自己单独生活时更加舒服,不用受到配偶和孩子的烦扰和拖累,认为婚姻是一种羁绊甚至负担,因此,希望让自己的单身生活持续得久一些,让婚姻生活到来得尽可能晚一些。持有这种婚姻观念的人,一般喜欢过单身生活,或喜欢停留在恋爱阶段,但在谈到婚姻时会显得犹豫且逃避。极端情况下,一些人还会变成独身主义者,不愿意建立恋爱关系及婚姻关系,宁愿自己一个人生活下去。

这种比较新潮的观念主要存在于城市人群之中,农村地区比较稀少。

4.上门女婿渐被接受

在传统的婚姻观念中,上门女婿是一种不光彩的行为,在传统的父权制话语下,男方到女方家里去住,去赡养女方的老人,是一种对男性尊严的"贬低"。在古代,上门女婿不仅在家里没有地位,在其在所在的地方也是抬不起头的。直至现在,许多地区的上门女婿仍是备受歧视和欺负。

在湖北省应城市梅岭村,家中若有儿子去做上门女婿,父母要参照嫁女儿的方式为儿子置办"嫁妆"带到女方家去。也就是说,在婚礼仪式上,男人变成了女人,而女人则变成了男人。儿子像女儿一样是“嫁”到女方家里去的,从此,儿子要担负其女方父母的养老责任,而对于自己的父母则只需要像女儿一样偶尔回来看看就可以了。

在广西壮族自治区富川县洋新村,当地仍有较强的宗族遗风,夫权制色彩比较浓厚。在当地人看来,上门女婿是一种不光彩的事情,不到万不得已不会去。这里的上门女婿很少,来做上门女婿的大多是外地人,其中有一部分是生活水平相对差一点的山地瑶族人。当地人是不愿意去做上门女婿的,去做上门女婿,则意味着低人一等。在现实生活中,上门女婿被女方家人欺负、被村庄其他村民欺负的例子有很多。例如,有一户人家的丈夫是上门女婿,他的妻子和他的岳父母对他很刻薄,有时饭都不给吃饱,还时常打骂。在60多岁的高龄时还经常被妻子威胁赶出家门。可见,在本地区,上门女婿始终被看成“外人”,在许多家庭里面都处于一种边缘的地位,在村庄中也处于一种边缘的地位。

但是随着80年代以来计划生育的严格推行,二胎政策限制了村民的生育数量,生育第三胎会遭受严厉的罚款,因此村庄中出现了一些双女户,有一些村民生育完二胎后就被做了结扎手术,因此无法再生育。对于这些双女户或独女户来说,将来他们是必须要招上门女婿的,不然就无法为自己养老。可以预见,未来本地区的上门女婿将逐步增多。而这一被迫的选择将可能扭转人们对上门女婿的负面看法。

实际上,这一转变已经在有些地方发生了,上门女婿已经变得“正常化”了,人们不再觉得上门是一件多么羞耻的事情,而是当作一种正常的事情来看。上门女婿与其他人一样,在村庄的社会生活中受到同样的对待。

四川省都江堰市鹤鸣村中上门女婿,粗略估算下全村就有30余个。这个数量在华北平原的村庄中大概是见不到的。来鹤鸣村做上门女婿的人不少,他们大多是从山区等贫困地区过来的,多因家里兄弟多或经济条件不好而娶不上媳妇。鹤鸣村出去做上门女婿的人也不少,也多是因为家庭经济条件不好或兄弟多。在大集体时代,上门女婿还是不多的,那时人们对上门女婿在心里还是有些看不起的。有一种说法是“小子无能,愿意上门”。但后来实行严格的计划生育,每一家都只有一个或两个孩子,独女户或双女户多了,招上门女婿的人家也渐渐多了。因此,自20世纪80年代以来,上门女婿身上的身份“污点”渐渐消失了,今天人们已经习惯了上门女婿的存在,不再当作一种新奇甚至耻辱的事情了。今天有的人家为了让女儿留在自己身边也要招上门女婿。风气之新,令人惊异。

(三)婚礼日益现代化

时代不断向前发展,中国人的婚礼也在不断发生着变化。从过去以“六礼”为代表的旧婚俗，到 1949 年之后所倡导的新婚俗，再到现在的西式婚礼，每一个时代，婚俗都有着与其对应的形式和内容。随着时代的变迁，婚礼的形式与内容也在急速地变化着。在变迁的过程中，婚俗与婚礼始终受到时代精神的深刻影响。在崇尚礼制、祖先、鬼神和等级秩序的古代，婚姻大权掌握在长辈的手中，婚礼繁杂，充满对鬼神、对祖先、对长辈的敬畏。1949 年之后所倡导的的新婚俗中，则摒弃了旧婚俗中的封建迷信内容，加入了政治色彩，如向毛主席像宣誓等环节。新婚俗剔除了民间信仰内容，却加入了对政治领袖的个人崇拜内容，从而将最为生活化的东西政治化。这也是当时政治话语覆盖一切领域的后果之一。但是，无论如何，新婚俗剔除了封建等级思想，倡导男女平等、夫妻平等，不啻为一种历史的进步。1978 年我国开始实行改革开放，对市场经济再次放开大门，也再次对西方敞开了大门，经过 30 年多年来的艰苦奋斗，我国的经济发展水平已经得到长足进步。市场经济的迅速扩张和西方文化的不断涌入，也改变着人们的生活，西式生活方式不断传入中国，改变着许多人的生活方式。在婚礼方面，以穿婚纱、穿西装、互戴戒指、酒店办宴席和度蜜月为代表的西式婚礼登陆中国，并在城市中流行开来。如今这种婚礼模式也传入农村地区，越来越多的农村青年采用这种更加时髦的方式来举行自己的婚礼。

除了婚礼形式的变化外，现代技术也应用到婚礼中来，现代化妆技术、摄像技术被引入到婚礼中来，并成为婚礼中的必备因素。小轿车、豪车甚至直升机等现代交通工具也加入进来，与西方元素一起共同构成了当前中国人最新的婚礼景观。

1. 传统的衰落与现代的崛起

当前我国的婚俗体现出明显的区域性差异，在新老交替的共同趋势上存在着不同程度上的差异，有些地方保留了较多的传统因素，如在湖北省五峰县采花地区，当地婚俗中至今仍有祭祖一项，在办喜事时，主人家会专门做一桌食物供奉祖先，以让祖先也分享新人的喜气，从此护佑这个新家庭。这桌饭菜活人是不能吃的，放到某一时间后就会撤下去。但在许多地方，像祭祖、跨火盆等习俗已经逐渐消失了。通过一些具体实例，我们将能够看到，传统是如何衰落的，这种神圣性又是如何逐步没落的。

广西壮族自治区富川县是瑶族自治县，县内居民以瑶族为主，这里的瑶族主要有“山地瑶”和“平地瑶”的区分。“山地瑶”是住在大山里面的瑶族，他们住在大山里，过去依靠低水平的刀耕火种式种植业生存，即在大山里面伐林开荒，在开荒的土地种上粮食作物，因土地肥力有限，种植几年后土地就无法继续供应作物的生长，因而必须重新伐林开荒，这使得“山地瑶”族人不断地从一座山转移到另一座山，因此又被人称为“过山瑶”。“平地瑶”则是指住在平地上的瑶族，他们耕种着平原上的土地，这些土地经过历代耕种，已是熟土，可以年年耕种，因此他们一般不会迁移，许多“平地瑶”村庄已经存在了数百年。

在婚俗方面，“山地瑶”常年住在大山深处，交通不便，与外界联系较少，因此至今仍保留有许多传统因素，如结婚当天要穿民族服饰、晚上要唱山歌等。而“平地瑶”在近些年来已经非常现代化了，婚俗中的传统因素逐渐消失，以轿车接送、拍婚纱照、在酒店举行婚礼等为代表的现代因素逐渐出现并流行开来。

以柳家乡洋新村为例，洋新村坐落于大山脚下，面对着大片平地，属于瑶族中的平地瑶。自民国以来，当地人的婚俗发生着极大的变化，其中最重要的变化是，具有民族特色的传统婚俗在现代性的冲击下不断衰落，带有西方色彩的现代婚俗逐渐从城市中传播到了农村，改变着村民的婚礼模式。目前，村庄中的婚俗呈现出传统与现代并存的多元化格局。下面我们将梳理一下洋新村从 1949 年之后至今约 70 年间的婚俗状况及其历史演变。

自 1949 年之后至 20 世纪八九十年代，当地人的婚礼程序仍基本遵循着传统习俗，按照“六礼”，即纳采、问名、纳吉、纳征、请期、迎亲等程序进行。只是这些程序在实践中有所简化，且所包含的具体内容与汉族婚俗也有所差异，这些程序之中，包含了一些瑶族的民族特色。

如果将前期媒人的介绍、说合程序排除在外，那么本地人的婚礼主要分为三个程序：“看亲”、定亲和结婚。如果媒人成功地说服了男女双方父母同意与对方见面，则下一步就是“看亲”程序。“看亲”时，女孩会带着一群自己的同龄人，男孩也会叫上一群自己的同龄人，双方在之前约定好的地点相见，这个地点既可以是村外，也可以是男方家里。两人相见后，双方会相互观察对方，但是不能相互讲话，如果是在男方家里见的面，女孩还会观察男孩的家庭、父母亲的情况，在双方相互看过之后，双方开始交换之前准备好的礼物，从礼物的轻重就可以看出对方的意愿。通常情况下，男孩会送给女孩手镯或手帕，手帕里包着一些钱，如果钱较多，就意味着看中了对方；如果钱较少，就意味着没看中对方。女孩也会送给男孩自己织的手帕，如果对男孩满意，就会收下男孩的礼物和钱；如果没看中男孩，则会将礼物和钱通过媒人退回给男孩。无论如何，见面时男女双方都不会直接讲话，而是在相互观察结束后以唱山歌的形式相互交流，通常男方会送女方出自己的村子或送女方回她们的村子，一路上只可以用歌声交流，不能直接讲话。

如果双方都看中了对方则开始下一步程序，即定亲。定亲时，要“合八字”，即要看男女双方的八字合不合，如果八字不合，就要退还礼物，取消定亲。如果八字合得来，那么就要开始商讨结婚事宜了。实际上，看八字基本上只是走一个形式，极少有因八字不合而退约的。看完了八字后，男女双方就可以合法地私下交往了，两人可以相互写信，可以单独见面和约会，但在过去思想仍很保守的情况下，很少有男女私下见面的，很多新人在“看亲”环节见过一面后，就再没见过面，只是在成亲当日才再见面，而这只是两人的第二次见面。

在看完八字后，如果没有什么问题，媒人就会沟通两家人商定成亲日期。日期既定后，在成亲日子之前，男方要给女方家庭以彩礼，有的直接给女方家现金作为彩礼，让女方自己去买想要的东西，有的是以实物的形式，如男方给女方买的手镯、衣服、衣柜等物品，作为彩礼。如果女方家庭经济条件较好，还会给女儿以丰厚的嫁妆，从而为自己挣得面子。在男方办喜酒日子之前，男方还需要给女方以一定钱财或酒菜供其办酒席，即女方家办的酒席也需要男方家来出钱买单。

成亲日期既定后，新郎家人会在成亲的前一日忙活起来，做些准备工作，如请亲戚和邻居前来帮忙烧火做饭等。第二天是成亲当日，也就是新娘到来的那一天，第三天是新郎送新娘及其送亲队伍回娘家的日子，又被称为“回门”。

成亲当日，新娘及其送亲队伍浩浩荡荡地向新郎家进发，新娘身着民族服装，服装不必全是红色，打着一把花伞，一起出发的还有送亲队伍，其中伴娘必须是比新娘年龄小的同龄人，比新娘年龄大的同龄人不能去送。新娘的弟弟或表弟可以去送，而且按照习俗，弟弟还要背上一把雨伞，待到男方家所在村子，弟弟会拿着这把伞稍微为难一下男方家人。1949年之前，新娘到新郎家去时，有的新娘是坐花轿过去的，有的则是自己走过去的。1949年之后花轿就没有了，新娘在送亲队伍的簇拥下，自己走到新郎家去，后来开始用自行车接送新娘，再后来开始用拖拉机、农用车接送新娘。90年代时开始用公交车接送新娘，进入21世纪后开始有人用小轿车接送新娘，如今，新娘基本上都坐上了小轿车。过去，嫁妆通常是让人挑过来，后来就用自行车、拖拉机、农用车、公交车等交通工具运过来。

新娘、新娘的伴娘、新娘的亲属、送嫁妆的人等一起，组成一个浩浩荡荡的大队伍，有时能达到七八十人。当大队伍走到男方村子的牌坊，即村子的大门口时，媒婆就会带着新郎的弟弟、妹妹和新郎的婶娘去接新娘，新娘从牌坊下进入时，要跨过一个火盆，意示赶走妖魔鬼怪，驱走不吉利。当大队伍所有人都跨过牌坊时，大队伍就停住不走了，这时，男方家亲戚要通过媒婆在中间说合让新娘的弟弟把他身上背着的雨伞拿下来给他们，这时新娘的弟弟会按照之前新娘及其父母的吩咐去做，会提出一些要求让男方家人予以满足，如拿钱来换，媒婆在其中奔走，给两家说合，尽快促成雨伞的易主，有时娘家人会借此故意捉弄一下男方家人，这一过程就会持续较长时间，有时长达一个小时。

通过这一风俗，女方可以让男方家人知道新娘的“尊贵”，让男方明白女方“哪能那么轻易进你的家门”，以此显示新娘及女方家人的地位。经过艰难协商，男方成功将雨伞拿到手后，新娘及送亲大队伍才会继续向新郎家前进。当到达新郎家大门口时，新娘还需要再一次跨火盆，跨过火盆后，新娘与伴娘就被径直引入新房，送亲的人开始落座吃酒席。而自从新娘到达村口开始，新郎就不能继续留在家中，必须到外面去玩，习俗中认为，在新娘进新房之前遇到新郎是不吉利的，因此，自始至终，新郎都在外面待着，不能进家，当新娘已进入新房后，他才能回家。而这时，一般都已经是下午或傍晚了。与其他地方不同的是，这里的新娘一般是下午才到的，因此他们吃的是晚饭，而不是中午饭。

吃饭时该如何坐是有讲究的，每一桌都会坐上男方家的亲戚和女方家的亲戚，各占一般走左，男方亲戚是“主”，女方亲戚是“客”，这样的安排是为了让男方亲戚陪好女方亲戚。筵席正式开始后，人们先是吃饭，吃饱饭以后，再开始喝酒，这与许多地方盛行的先喝酒再吃饭的顺序恰恰相反。在宾客用餐时，新郎和新娘会到每一桌去敬酒、敬茶。敬酒时，新郎会向每一桌“贺客”敬酒，但一般不会自己喝酒，而是让随同的伴郎代劳，新娘则会向宾客敬茶。敬过酒和茶后，“贺客”会给新人以红包，红包就是礼金或份子钱。敬酒、敬茶结束后，宾客继续吃饭喝酒，并开始“猜马”游戏。“猜马”游戏是一种猜拳类游戏，谁输了就要喝酒，进入这一环节后，宾客会大量喝酒，普遍都会喝得很多，有时近一半人会喝醉。过去还曾发生过有人因喝酒过多而不得不打点滴的事情，也有人喝醉后在回家的路上掉进了路边干涸的水沟里，第二天早晨醒来才发现自己躺在沟里。

然而，吃过晚宴并不意味着结束，而是另一项活动的开始，这就是晚上的“唱山歌”活动。据说在过去没有什么交通工具，如果路远的话，新娘的送亲队伍当天晚上走不了，必须第二天在走。但是，新郎家通常又没有那么多的地方可以住，因此人们便会在吃过晚饭后，三五成群地坐在一起唱山歌来打发时间。通常新郎、新娘不会参加唱歌，但伴郎和伴娘这些年轻人会坐在一起对山歌，老年人也会和老年人坐在一起唱歌，一直唱到天亮。但在所有人开始唱歌之前，一般须要由男方家和女方家各两个年长的会唱歌的老人现行对唱，他们对唱完后其他人再开始唱。男方家的两个老人首先起头，他们会唱“12 杯酒”歌，以及另外 48 首歌，“12 杯酒”歌就是 12 首歌，每首歌共有 4 句，内容大体上都是在歌颂新人。男方两个老人唱过后，女方两位老人即开始唱歌回应，内容也是歌颂新人。老人的起头歌会唱 1 个小时左右，当两方老人唱完后，其他人就可以唱歌了，其中新郎的伴郎与新娘的伴娘会坐在一起唱山歌，这是青年男女相互结识的重要途径，搭上话的相互看中的年轻人还可以相互交换礼物。

通常对歌会一直持续到天亮。天亮后，新娘要做的第一件事就是给供奉祖先神位的神台磕头，磕过三个头后，再向自己的公婆、舅舅、叔伯等长辈们敬茶，敬茶后他们都会给新娘红包，这些红包就成为新娘的私人财产。敬过茶后，大家开始吃早餐。

吃过早餐后，送亲的队伍就要回去了。这时，依依不舍的两家人有的还会唱起分手歌，以此送别。这一日也是新郎随新娘“回门”的日子，这一天新郎要带着两个未婚的姐妹跟着新娘及其送亲队伍回娘家，并要带上几桌酒菜，以及一些送给岳父母的礼品，礼品可以是水果、烟、茶等。新郎在新娘家吃过中午饭后就要回家了，但新娘并不跟随新郎一起回，而是在下午或傍晚时与新郎的两个姐妹一起回去。至此，婚礼程序结束。

从 1949 年之后至今，这一婚俗经历了较大的变迁。一方面，婚礼程序有所变化，另一方面，婚礼内容也在变化。

“文革”时期，传统的婚礼程序和婚礼内容遭受巨大冲击，在当时的政治氛围下，许多婚礼程序和内容被斥为封建遗留而被批判和废除。这一时期，自由恋爱现象开始出现，共同劳动和某些外出机会为年轻人相互认识提供了机遇。如果说在这之前，婚姻基本上都是父母之命、媒妁之言的话，这时已经出现了绕过父母和媒婆的自由恋爱现象。由自由恋爱而形成的婚礼，也没有了过去种种繁杂的程序和讲究。六七十年代，人们的婚礼开始变得极其简单。结婚当日，新娘带着自己的弟弟、妹妹，用担子挑着数不多的嫁妆，自己走到男方家就算完婚了。原先婚俗中的许多程序和内容都被省略。

但在实行家庭联产承包责任制后，传统的婚礼程序又渐渐恢复了，“媒人介绍——看亲——看八字——定亲——结婚”的程序重新成为标准样式。因此，八九十年代的婚俗与 1949 年前后的婚俗差异不是很大。

然而，当历史前进到 21 世纪时，随着村庄的日益开放和城市文化的渗入，传统婚俗受到了较大冲击，许多走出村庄进入城市的人受到城市婚俗模式的影响，开始摒弃家乡的婚俗，转而采用充满现代性和西式色彩的城市化婚礼。进入新世纪后，洋新村中陆续出现了具有强烈现代色彩的婚礼，这些年轻人常年在城市打工，耳濡目染城市文化，因此也按照城市的婚礼模式安排自己的婚礼。90 年代末期，村中年轻人结婚时已经开始流行拍艺术照，2008 年开始有人拍摄婚纱照，在酒店办酒席，并请轿车接送新娘。随着外出务工人员的增多，越来越多的年轻人走入城市，受到城市文化的熏染，这种现代化的婚礼已经逐渐传播开来，成为年轻人中的新潮流。同时，与外出务工相伴随而来的是外地婚的增多，许多年轻人在城市打工时谈了外省对象，各地婚俗不同，但他们都选择采用现代的婚礼模式。如今村庄中有许多姑娘都嫁到了外省，也有许多小伙子娶了外省媳妇。在这种情况下，即使想唱山歌都无法找到对歌的对象。

实际上，在进入 90 年代后，婚俗中的唱山歌部分就已经消失殆尽了。如今，热闹的唱山歌活动已经成为过去的记忆。与山歌一同消失的还有婚俗中的祭祖环节，过去新娘进门后第二天是要祭祖的，但现在许多人家已经不再举行这一仪式。进入新世纪后，在年轻人中盛行的现代化婚礼中，祖先逐渐淡出了人们的视野，新人也不再祈求祖先的护佑。

在从旧婚俗到新婚俗，再到现代婚礼模式的转变过程中，一个非常重要的要素消失了，这一重要的要素就是婚礼中的神圣性。这一神圣性是让新人意识到婚姻的神圣性，进而意识到婚姻中所应含有的责任感和义务感的基本源泉。通过某些仪式，婚礼将宣示婚姻中所具有的神圣含义，向新人揭示婚姻中所意蕴的道德、责任与义务，从而达到稳固新成立的小家庭、促使小家庭发挥其作为社会基础和社会细胞的重要作用。

在古代，这一神圣性是通过拜天地、拜父母、夫妻对拜、婚礼中的祭祖仪式等仪式来传达的。通过这些仪式，新人将产生对天地、父母和祖先的敬畏心，并以天地、祖先和父母的教化规束自己，从而履行生儿育女、光宗耀祖等社会责任。在西方，婚姻的神圣性在《圣经》中已有叙述，在西方人的婚礼过程也是在教堂中举行的，新人要手握《圣经》，跟随牧师宣读誓词，一齐向上帝发誓相濡以沫、至死不渝。这一充满宗教教化色彩的宣誓仪式同样赋予婚姻以神圣性的重要仪式。即使是"文革"时期的中国，婚礼中向毛主席宣誓的环节也可以被看作是一种对婚姻神圣性的维护，只是，这种神圣性来源于对政治领袖的狂热崇拜，通过这一仪式将人们对政治领袖的忠诚延伸到了对婚姻的忠诚。

但是在市场化大潮的冲击下，这种神圣性在逐步地丧失，婚姻越来越从一件社会性事务转变为一件私人事务。在民间信仰和政治崇拜都很虚弱的情况下，婚姻中的社会性消失了，婚姻开始转变为婚姻当事人的私人事情，再没有一个崇高的事物可以赋予婚姻以某种神圣性。没有了这种神圣性，婚姻也就失去了外力保护和保障，婚姻的维系完全取决于缔结婚姻的两个当事人的意愿，但情感是难以捉摸的，但其中有任何一方产生动摇时，婚姻就变得岌岌可危，婚姻的脆弱性就此凸显了出来。

在婚姻中的神圣性消失的同时，婚姻也变得越来越世俗化，这种世俗化倾向主要表现在婚礼中娱乐性的增强。在许多地区的婚礼中，都会请歌舞团来表演助兴，湖北省五峰县采花地区近年来开始流行在婚礼上请人唱歌跳舞，被请来的一般是县文工团的，他们拥有电子琴等现代乐器，会表演现代流行歌曲和现代舞蹈。在经济发达的浙江省店口地区，当地的富人则会花大钱请来地方名人给他们的子女主持婚礼，也会花大价钱请来婚庆公司对他们的婚礼进行策划，并邀请要价不菲的歌舞团对前来表演助兴。婚礼上到处是载歌载舞，一片欢声笑语。为了凸显自己的经济实力，许多人还会大办酒席，大送彩礼或嫁妆，以此为"有面子"。此时，婚礼的意义已经不再局限于一种庆祝，而更多地表现为一种炫耀，炫耀的目的是为了在面子竞争中打败其他人，获得别人的赞叹。当婚礼走向炫耀时，婚礼也就变得越世俗，离神圣性也越远。

除了走向炫耀外，有些地方的婚俗中还出现了低俗甚至恶俗的内容，更加将婚礼变为一种纯粹的娱乐活动，而且是低级娱乐活动。如在有些地方的闹洞房习俗中，存在着对新人恶作剧的内容。

2.现代技术的应用

如今，无论是在城市还是农村，雇用专业人士拍摄婚纱照，进行婚礼的全程摄像，穿西装和婚纱出席婚礼，以及用轿车接送新娘、新郎俨然已经成为婚礼的“标配”。在许多婚礼中，除了燃放大量的鞭炮和烟花外，还会使用礼炮。在有些农村地区，如湖南衡阳地区，当地人会在道路上架设起许多个巨大的红色拱门，拱门越多代表一个家庭的经济实力越强，主人也就越有面子。这些拱门是塑料材料制造的，使用原理类似于气球，平时是瘪的，使用时就用电吹机将其吹起来。在山东郯城地区，举办婚礼时也会安放红色拱门，但通常只放上一两个，并不流行越多越好。除此外，本地区还流行在主人家的大门口放上两尊红色大象模具，大象也是塑料材料制造的，原理与上相同。无论是安放红色拱门还是安放大象模具，其中都有喜庆、大气、富贵和吉利的意蕴。

有趣的是，酒席、婚纱照和轿车等已经成为人们衡量一场婚礼上档次、办得好的重要标准。在湖北应城地区，接新娘子的车必须是小轿车，面包车的档次是不够的，小轿车通常要至少4辆，才能拿得出手。如果条件允许，在新娘子到来的那天，新郎还会请腰鼓队前来进行助兴表演，以增加热闹的气氛。随着生活条件的好转，许多年轻人都会在结婚时请来现代化的“乐队”到现场进行助兴演出，“乐队”的乐器十分现代，电子琴、大音响等一应俱全，老一代的唢呐已经消失了，歌手的穿着也很时尚，舞蹈队还有专门的表演服装。“乐队”会表演一些流行歌曲和现代舞蹈，一天的表演要价不菲，要三四千元。

而在广西壮族自治区富川县洋新村，自2008年出现用轿车接送新娘的首例后，轿车接送就成为新的“标配”，谁家办喜事，如果没有轿车接送将是一件没有面子的事，也意味着其婚礼比别人低了一个档次。

就大多数普通人来说，现代技术的应用主要体现在以上几个方面，然而，还有一部分富人在拥有了一定的经济实力后，还会引入其他现代技术。如坐热气球进行热气球旅行，使用直升机接新娘等。但是，这些“烧钱”的环节并不是大多数普通人能够消费得起的，因此，这些新技术的采用仅止于一部分富人群体。

(四)婚礼日益昂贵化

1.彩礼与嫁妆愈加丰厚

随着收入水平的提高和物价的上涨，如今全国许多地方都出现了彩礼的上涨现象，有些地方的彩礼涨幅不大，如在湖北省五峰县长茂司村，按照当地人的说法，本地的姑娘出嫁时是不要彩礼的，只有陪嫁一说，没有彩礼一说。但是，新郎要给新娘的父母“缝衣服”，要送茶给他们喝，还要背半边猪肉送给他们吃，实际上这些东西类似于彩礼，但当地人并不叫它们彩礼。现在直接送实物的已经很少了，大多数情况下，送红包代替了送物品。红包先是交给了新娘的父母，但这份红包并没有就此留在新娘父母那里，而是作为女儿的陪嫁重新又回到了新郎这里。红包的金额一般不是很大，近些年来也没有大幅上涨的迹象。

但在有些地区彩礼则涨幅迅猛，达到了令人惊异的数额。在四川省都江堰市鹤鸣村，当地人经历了一个彩礼不断上涨的过程。鹤鸣村一位村民于 1987 年结婚时，男方给的彩礼钱为 500 元，而现在村中另一户人家在嫁女儿时男方给予的彩礼已经达到 1 万多元。

这与安徽北部一些地区相比，涨幅其实不是很大。在安徽北部一些地区，女方家人会向男方家人索要高达七八万元乃至十几万元的彩礼钱，为了给儿子积攒够这笔钱，并为儿子盖上新房子，这一地区的父母要奋斗几十年才能攒够这些钱。当他们挣足娶媳妇的钱时，他们自己早已步入了老年，为此而奉献出了自己人生的大部分时间。

不过，与浙江店口地区相比，安徽北部地区的彩礼就不算怎么丰厚了。在浙江店口，当地人依靠五金加工产业而致富，随着经济发展水平和人们收入水平的提高，彩礼和嫁妆的数额以令人炫目的方式不断上涨。在大集体时期，彩礼和嫁妆都是很少的，直到 80 年代后期，也只有几百元的样子。进入 90 年代后，当地的彩礼和嫁妆开始双双达到上千元的水平，到了 90 年代中后期，本地的彩礼和嫁妆就已经越过了 1 万元的门槛。现在的彩礼起步价在 10 万元左右，只有十分贫穷的家庭才会给低于 10 万元的彩礼或嫁妆。过去本地人在定亲时会置办“三金”，“三金”基本上是指金项链、金戒指、金手镯或金耳环，但现在，这已经不再流行了，现在流行直接送大把现金，女方拿着这些钱可以去买任何自己想要的东西。

彩礼同样丰厚的还有浙江义乌地区，在订婚的当天，男方家长要邀请自家的亲朋好友，带上精心准备的礼物，在媒人的引领下，由舅舅带队前往女方家里送礼订婚。近年来，义乌地区的彩礼数额日益巨大，“十八担”是当地习俗中最豪华、最利市的喜事级别。过去，“十八担”里面通常会装着现金、金银首饰、酒水、日用品等。以往酒水和日用品占的比例大得多，这些年随着经济的发展，担子里的现金越来越多，如今在义乌七位数的彩礼司空见惯。据新闻报道，曾有人订婚时，将十八个担子全部装满了现金，由十八个壮汉挑到女方家里去，金额总数达 888 万多之巨。

浙江地区和安徽北部地区彩礼的上涨主要是由经济发展和人们的收入水平提高所带来的。但在许多经济欠发达地区甚至贫困地区，彩礼的数额也在疯涨。

位于素有“贫甲天下”之称的宁夏西海固地区的海原县，村里娶媳妇的彩礼至少得七八万元，十几万元的也很多。在当地，娶媳妇一般都需要向亲戚朋友借钱，水涨船高的彩礼让不少刚富裕起来一点的村民因婚返贫，有些家庭不得不全家到外打工还债。

无论是经济发达地区还是经济不发达地区，高额的彩礼都会给一部分家庭带来极大的经济压力，甚至造成贫困的产生。但是，除了上涨的彩礼外，不断上涨的嫁妆也同样会带来这一结果。

与彩礼一样，嫁妆也是在同步上扬的。在湖北省五峰县长茂司村，现在父母都会给女儿置办丰厚的嫁妆，如家具、被子、家电等，如果是最小的女儿出嫁，嫁妆可能会更加丰厚。

在浙江店口，近几年盛行起了一股高额陪嫁风，在通过经商致富后，一些富人开始在彩礼和嫁妆上做文章，以此显示自己的财力，以及与之相应的上层地位。

一些富人很喜欢用金条作为陪嫁，他们往往把价值可观的金条压在箱底作为女儿的嫁妆。店口镇曾有富翁在嫁女儿时，一次性给了其女儿 200 万元现金，以及 4 根金条作为陪嫁。有的富人除了给成箱现金和成堆金条外，还会买下城里的房子作为陪嫁，陪嫁总价值接近千万元。比拼彩礼和嫁妆已经成为富人圈子内部的一种面子游戏，谁出手大气，谁就会在圈子里以及在外人眼里显得很有面子。

但是，这种高额彩礼、高额嫁妆之风着实让许多家庭陷入困境，让小康之家重返贫困之家。以赠送大量金钱为聘礼和嫁妆的方式也不利于健康向上的良性婚俗的形成，这会将婚礼引向奢侈浪费以及粗浅势利的方向。

2.“娶赚嫁赔”与“娶赔嫁赚”

有趣的是，在彩礼和嫁妆价值的对比上，不同的地区拥有不同的风俗。在湖北省五峰县采花地区，当地盛行女方嫁妆要比男方礼物更多的习俗。首先，在双方结婚日之前的两三天里，新郎要去新娘家的所有亲戚家，包括新娘的姑、舅和姨家都要去拜访一遍，在拜访中，新郎会象征性地送给新娘的亲戚一些红包，新娘的亲戚也会回赠红包，而且回赠的金额常常会高于新郎赠送的金额。其次，女方父母给女儿置办的嫁妆通常会远远超出男方所给予礼物的总价值。一个例子是，村中某人的儿子结婚，男方给女方的烟、酒、衣服等加起来的价值差不多是 1 万元，女方给女儿的置办的嫁妆加在一起总值却有 6 万余元，后者是前者的 6 倍。

总的来说，本地的婚姻呈现出“娶赚嫁赔”的态势。娶媳妇是一件有利可图的事，嫁女儿却是一件经常要“倒贴”的事。不过，当地人对此有自己的理解。在他们看来，女方家庭若向男方家庭极力索取尽可能多的彩礼，就会有点“卖女儿”的味道，这对于普通村民来说，尤其是对于那些只有女儿没有儿子的村民来说是不可接受的。即使女儿嫁到盛行给彩礼的地方去，父母也经常会主动提出不要彩礼，意图在两个大家庭之间构建一种相对平等的地位，也希望以此帮助女儿在新形成的家庭中与女婿建立一种相对平等的关系。

这在客观上推动了“两边走”的婚姻模式。不要彩礼，意味着女方家庭不是在“嫁”女儿，更不是将女儿“卖”给男方家，未来女儿及女婿也要承担为他们养老的责任，他们离世后的财产也会由其女儿和女婿继承。这种付出的不平衡在客观上起到了增强媳妇在夫家的地位的作用。

当地女性在家庭中拥有较高的地位，很大程度上也与这种嫁妆超过彩礼的优势有关。女性地位的提高也可以从当地的一个风俗中观测出来，即在新娘到来的这一天，新郎和新娘要进行“抢中线”仪式：新郎和新娘会被要求站在堂屋中间线的两边，仪式开始后，两个人会相互推挤，谁站稳在了堂屋的中线上，就意味着谁将来会在新家庭中占据相对强势的地位，能够当家作主。

在浙江店口地区，当地也一直流行一个习俗，即女方给女儿的嫁妆一定要比男方给女方的彩礼多一点。只是，过去只是要求嫁妆比彩礼多一点就行，不用多太多，但现在则要求必须要多很多，否则女方父母就会很没面子，男方的脸色也不会好看。

因此，在本地嫁女儿是一件“亏本”的事情，娶媳妇反而有赚头。如果女方给的陪嫁比男方给的彩礼多很多，对女方和男方来说都是一件很有面子的事情；如果女方给的嫁妆等于甚至是低于男方给予的彩礼数，就会引起男方的不满，双方都会没有面子。

但在富人的推动下，嫁妆的金额越来越大，已经远远超出了彩礼的数额。由富人带动起来的风潮让普通家庭感到无力，以至于很多有女儿的家庭直言快“嫁不起”了，因为父母无法为她们提供一份“有面子”的嫁妆，没有一份“拿得出手”的嫁妆，嫁女儿也会嫁得不光彩，甚至还会连累到女儿在夫家及新组建家庭中的地位。

嫁妆的多少直接或间接地关系到女儿婚后在夫家的地位，嫁妆越多，地位也越高。这也许是为什么许多女孩极力向自己的父母讨要尽可能多的嫁妆的重要原因之一，有的女孩甚至还会为嫁妆的多少与父母吵架：“别人父母给那么多压箱钱，你们给那么少！”在富人掀起的高额嫁妆风面前，经济实力有限的中下层家庭只能望而兴叹，有心无力。

3.礼金的暴涨

伴随着彩礼和嫁妆的上涨，礼金或人情作为婚礼的一部分，也在参照人们的收入水平和物价水平上涨。在经济发展落后、人们普遍贫困的过去，许多地区的人们还采用赠送物品的形式走人情。如在四川省都江堰市鹤鸣村，80 年代时，亲戚们去吃酒席时走人情并不是以货币的形式给予的，而是以实物的形式给予的，如棉布、毯子、馒头等。那个时候村民普遍都比较穷困，手中都没有较多现钱，但现在办喜事所要给予的礼钱就要多得多了。如某户人家在嫁女儿时，同一个自然村的村民来吃酒席要走的人情一般为200元左右，亲戚则要给更多，一般为500元左右。

在湖北省五峰县采花乡长茂司村，过去村民的收入普遍不高，婚事花费普遍不是很大，送礼金、走人情的数额也都不是很大，其中还有一部分是以实物的形式赠送的。在20世纪七八十年代，某一户人家在办喜事时，亲戚赠送的礼金在5元左右。到90年代时，礼金已经上涨到了30～50元。进入2000年后，礼金迅速增加到了100元，如今，100元已经成为“起步价”。只要走人情，最低也要送上100元。越来越高的人情花费成为村民的一大心病，村民对此都很头疼，却都无可奈何。亲戚朋友办喜事时，该去的还是要去，不去不好，去的话一定不能给少了，给少了也不好。因此村民都想改变这一令人烦恼的状况，但都限于一己之力太微弱，都无法改变这一风气，许多村民只好盼望政府出面进行管理，希望刹住礼金上涨的趋势。据村民说，隔壁鹤峰县当时已经出台了相关政策进行管理，规定了酒席的规模和礼金的限额。

在湖北省应城市梅岭村，从大集体时期至今，人情礼金的数额经历了较大的变化。大集体时期，因为普遍贫穷，在去别人家走人情时，给一两元钱的礼金已经是“不得了”。而现在，走人情的“起步价”已经上涨到了100元，无论是参加何种酒席，只要去赶人情，至少也要100元。而且，100元钱只是去与自己关系较为普通人家时的数额，如果是关系较好的人家，则至少要给200元的人情。如果是家门亲戚办酒席，那么礼金数额要更多，没有四五百元是不好意思拿出手的。一些村民抱怨，人情花费已经变为一项较大的负担，事情多的年份，人情花费要几千元，事情少的年份也要上千元，这对于毛收入只有两三万元的家庭来说，无疑是一笔并不小的开支。

然而，以上地区的人情花费相比于浙江店口地区来说，无疑是“小巫见大巫”。店口地区的人情礼金从20世纪80年代以来也经历了一个“大跃进”的过程。80年代时每次走人情的金额大概在几元钱，进入90年代后，人情金额陡然上升到几十元钱甚至上百元钱。2000年以来，人情花费更加水涨船高，如今，人情礼金的起步价已经上涨到了500元，也就是说，只要是去赶一场酒席，要走的人情至少要500元。礼金数额低于500元很“不好看”，是一件很没有面子的事，根本“拿不出手”。为了避免礼金太薄“不好看”，许多刚参加工作的年轻人采用了“凑份子”制，即数个人一起凑几千元的礼金包在一个大红包里送到新人手中，鼓鼓的红包驱散了礼薄的尴尬，从而至少在面子上能够“过得去”。这一方法也经常被人情负担较为沉重的城市年轻人群体所采用。

需要指出的是，500 元通常只是关系较为一般的情况下才会走的人情金额，如果办酒席的是很近的亲戚或很好的朋友，那么礼金数额会上升到数千元。一般来说，富裕家庭在走人情、给礼金时往往会给的比较多，尤其是在关系较亲近的情况下，有时赠送的礼金可以达到上万元，但经济条件较差的家庭就只能量力而行了，在可以少给的情况下就会少给一点。如在与较为富裕的亲兄弟姐妹走人情时，即使给的礼金比对方曾经给自己的少，对方也会理解，但在不能省的情况下就必须要硬着头皮给。如与堂兄弟姐妹走人情时，对方上次给自己多少礼金，自己这次就要给对方同样多或更多数额的礼金。

由于礼金费用的暴涨，当地人每年在人情支出上的花费，高的可达到数万元，低的也会有数千元至 1 万元。许多经济条件不是很好的家庭，由此承受着巨大的人情支出压力。每年的人情支出侵蚀掉了他们有限收入中的相当一部分。在村庄的人情往来过程中，他们一直处于被拖着前行的状态。

4. 酒席奢侈化

随着人们收水平和生活水平的提高，许多地区的婚宴开始办得非常丰盛、豪华甚至是奢侈。

在四川省都江堰市鹤鸣村，当地人认为婚事是最需要办的大事之一，因此在这上面的花费往往很高。无论是给彩礼、拍婚纱、请人录像还是办酒席，花费都很大。在酒席方面，本地盛行吃三顿正餐的风俗，新娘到来的前一天晚饭、当日午饭和当日晚饭都要按照正餐的水平来招待，花费很高。当新郎家的亲戚较多时，收到的礼钱较多，置办这样一场婚宴才能避免亏损，幸运的话还会有点盈余。若亲戚比较少，礼金就要少很多，办一场婚宴就可能要亏损，因为亲戚给的礼金，是主要的收入来源。

在湖北省应城市梅岭村，过去村庄整体收入水平都不高，因此，酒席的规模一般都不大。如梅岭村大湾自然村某村民在 80 年代结婚时只办了 5 桌酒席，仅邀请了家门亲戚来吃酒席，湾子里的邻居都没有被邀请参加酒席；曾湾自然村某村民前年刚结的婚，由于家庭条件有限，也只邀请了家门亲戚来吃酒，办了很少的几桌酒席。但是现在，对于经济条件较好的家庭来说，像结婚、孩子满月之类的事情就会办得很大，现在的逻辑是，办得越大越热闹，自己也就越有面子。几年前，有人给自己刚出生的小女儿办满月酒，最终办了 40 多桌酒席，邀请了 300 多人赴宴，规模堪称浩大。据说每桌酒菜价值四五百元，粗略计算，只酒菜一项就花费 2 万多元。在喜事用烟方面，发给宾客的基本上都是 20 元一包的香烟，这个价位差不多已经成为所有酒席的标配烟。

不过，与彩礼、嫁妆和礼金的情况一样，这些地区的酒席花费相比于浙江店口地区，仍算是相当“节俭”的。本地酒席的档次和花费曾经也很低，但在实现经济起飞后，收入水平的提高也推动了酒席花费的迅猛上涨。

80 年代，在本地办一桌酒菜尚只需几十元钱，但现在则至少要上千元钱。目前的市场价位是，最低档次的酒席每桌要 1000 多元，若要办得好一些、风光一些，每桌的成本会达到三四千元。在店口镇朱家站村，富裕村民的酒席上经常会出现龙虾，且会给宾客每人一包中华牌香烟。按当地市场价，大龙虾要几百元一只，一盘龙虾要花费上千元甚至数千元，一包中华牌香烟 50 元钱，一桌宾客的烟钱就是 500 元钱，这两者加在一起，每桌酒席的花费就已经超过了 1500 元。加上其他酒菜，每桌酒席的价值必定要达到三四千元。且当地人办酒席的规模通常都较大，尤其是办企业的老板们，他们的社会关系广泛，办喜酒时来人会很多，常常会办上几十桌乃至上百桌的酒席。这样算下来，办一次酒席花费经常可以达到十多万元，这是一个让人侧目的数字。

更加让人侧目的是一些大富豪的举动，山西煤老板邢利斌曾经以 7000 万元嫁女儿的巨额支出在全国轰动一时。作为山西柳林地区首富、联盛集团董事长的邢立斌，专门花费数千万元从北京请来专业的婚礼策划，包下了海南三亚的丽丝卡尔顿酒店为女儿举办了大型婚礼，邀请了山西当地和全国的知名人士。他还专门为女儿开办了一场群星演唱会，请来了诸多重量级明星前来助阵，阵容堪比春晚。婚礼总花费超过 7000 万元。婚礼之豪华程度着实令人咋舌。

5. 婚礼中的阶层分化

不得不提的是，在快速经济发展过程中所产生的收入差距问题也反映在了婚礼领域。无论是在乘坐的交通工具方面，还是在酒席的档次与规模上面，许多地区都显示出了明显的阶层差异。

这一婚礼中的阶层差异在经济发达地区更加明显。以浙江省店口地区为例，富人凭借自己雄厚的经济实力，可以不断地引入新花样，如创造新潮流，如送黄金、豪车、房子或整箱现金作嫁妆，在酒席上安排非常名贵的菜肴，请婚庆公司策划婚礼以及花费重金请来地方名人前来主持或表演等。这都是本地区的富人首先引入的新内容，他们拥有足够的财力支撑起这些巨额费用，但对于本地区中低收入群体来说，这些根本无法企及，只能望之兴叹。

酒席的档次和规模往往能够反映出一个家庭在本地区经济分层中的位置。在本地区，经营企业或门店的大老板的社会关系广泛，社会交往很多，来的宾客也就很多，所办酒席的规模通常很大，有时能达到上百桌。但一般的村民社会关系有限，办婚宴大多在三四十桌，经济条件不好的人家一般只办一二十桌，有的村民甚至就只邀请了自己的亲友和邻居，勉强凑几桌。

在酒席的档次上面，如果某户所办酒席上有大龙虾，且每位宾客分发一包中华香烟，那么基本上可以判断这一户人家处于村庄中的上层，因为只有上层家庭才能支付的起这么高额的费用。如果某户所办酒席上没有龙虾,且每桌只分发了三四包中华香烟,那么基本上可以断定,这一户处于经济分层中的中下层。中层与下层的区别是,中层家庭一般会办两三千元档次的酒席,而处于最下层的家庭一般只能够办得起 1000 元左右的最低档次的酒席。

从以上各个方面的表现来看,无论是在礼金、嫁妆还是酒席方面,实际上都存在着明显的层次区别,且这一层次区别与村庄中的经济分层是高度吻合的。就彩礼和嫁妆的数额来说,目前本地区大体有三个层级:上层、中层和下层。上层家庭能够给出的彩礼与嫁妆数额可以达到几十万元,甚至上百万元。不过,这也只有极小部分富裕家庭才能做得到,一般来说,彩礼和陪嫁达到四五十万元至上百万元就已经算是上层了。中层家庭给出的彩礼和嫁妆一般在十几万元至二三十万元的区间内,这个金额在本地区不算很高,属于一般水平,但要比最穷困阶层高一些。本地区中的最底阶层,限于经济条件,给出的彩礼或嫁妆的金额往往低于 10 万元。

在这三个粗略划分的层次中,彩礼能够达到上百万的家庭仍然是少数,绝大多数家庭都处于中层或下层。彩礼、嫁妆以及酒席的规模和质量在本地区都是面子的重要标志和象征,上层在面子竞争中表现得最为积极,竞争也更加激烈,他们在获得经济上的成功后拥有获得社会性认同(即声誉、面子)的需求和动力,同时他们也有相应的经济实力进行比拼。因此,无论是在人情礼金、彩礼、嫁妆还是酒席规模和质量上他们都走在最前列,在地区小环境中独领潮流,一步步地将所有这些费用拉高,并寻求在这个过程中将自己从激烈的面子竞争中凸显出来,为自己赢得声望和面子。

中层在这个过程中实际上处于一个非常尴尬的位置,他们想参与婚姻事务中的高端竞争,但他们没有相应的经济实力为后盾,因而只能选择次席,与村庄中的和自己处于同一层次的人家相比,并在嫁妆、酒席等方面向村庄中的一般偏上水平靠齐,并以高于地区中的最下层家庭进行自我慰藉。

对于本地区的最下层家庭来说,他们已经无法参与到日益激烈的婚姻竞争之中去,在生活中承受着不断高涨的人情礼金、彩礼、嫁妆和酒席花费带来的巨大压力,面对日益高昂的人情礼金,许多家庭选择缩小他们的人情圈,只与本族亲戚和关系最密切的朋友及同事之间保持人情往来,以降低走人情的频率和花费,他们的社会关系网络也相应被缩小了。为了避免酒席的巨大花费,他们选择尽量少地办酒席,只在必须要办的时候才会办,如婚事、丧事等。

(五)婚礼日益专业化

在婚礼日益见长的花费中,一项重要的花费就是婚礼中购买的专业化服务越来越多。婚礼中要购买的专业化服务涵盖了化妆、摄影/录像、鲜花、车队、主持、表演、酒席等各个环节和领域。从定下结婚日期开始，新人就要与各种不同的业务公司打交道。对于城市人来说，婚礼中的每一步都要购买某一业务公司的服务。

拍摄婚纱照、结婚录像以及化妆都需要去影楼，婚礼用花需要去花店购买，婚礼用车需要到租车公司去租赁，现场助兴表演需要去找歌舞团，订婚宴则需要去与大酒店协商，购买大酒店的酒菜和场地；婚礼现场的布置及婚礼的主持则要请专业的婚庆公司来做。有的婚庆公司包揽了化妆、婚纱摄影、结婚录像、鲜花、婚礼主持等业务，这就省去了新人不少麻烦。日益专业化的服务为人们的婚礼提供越来越多的选择，现在甚至有许多婚庆公司推出了婚礼的个性化定制服务，客户想要哪一种类型的婚礼，公司就能够为之设计和提供什么样类型的婚礼。

当城市中村的婚礼日益专业化之时，农村地区的婚礼也在逐渐走向市场化和专业化。原先许多地区村民并没有拍摄婚纱照的习惯，但在城市文化的熏染下也开始拍摄婚纱照，原先酒席都是在自己家里请前来帮忙的邻居、亲戚办的，现在则开始请专门的厨师队伍前来做饭做菜，有的人直接在大酒店举办酒席，省却了在家中忙活数天的麻烦。

在湖北省五峰县长茂司村，通常在媳妇过门的前一天，新郎家会请来经验丰富的“知客”来统筹协调婚礼方面和酒席方面的组织事务。“知客”是管理所有事务的总管，“过事”过程中的所有事务都由他来安排和指挥。当新郎家将帮忙的人请来后，知客会给每个人进行分工，并安排好其他事务，从请人过来帮忙开始，新郎家就要负责他们的三餐饮食。对于来帮忙的人，过去一般是给一些烟和糖作为“转工费”，类似于误工费。做饭和做菜的事，过去是请来帮忙的人负责的，而现在，酒席一般都由专门的厨师队伍承包，他们负责买菜、做菜及收拾碗筷全程，且自带桌椅，新郎家只需按照桌数支付厨师队伍费用即可，除了支付费用，新郎家也会赠送一些廉价烟作为答谢。

而在浙江省店口镇鲁戈村，本地人在办酒席时，其组织事务主要由主人家自己点定的人来负责，这个人被称为“账房”。“账房”通常是主人最为信赖的人，有的“账房”就是办酒者的自家人。当某户人家要办酒席时，同一房族的人是要来帮忙的，无特殊情况，每家都会有至少一个人过来帮忙，一起负责买菜、烧水、端菜等事务，具体分工则由其中一个或几个较有威望的人来安排。过去，许多大事都是由房族合力进行或完成的，如建房子、办酒席等，现在建房子自90年代以后就渐渐承包给工程队了，只有办酒席时还会一起过来帮忙。不过，现在也有一种趋势，已经有许多户人家开始将酒席的组织事务承包给了专门组织，有的直接到酒店去摆宴席，有的会雇用专门的厨师队伍购买上门服务，这一厨师队伍承担了买菜、烧锅、做菜、端菜等事务，主人家和亲戚只需坐等吃喝，一些亲戚较少或经济条件较好的家庭选择了这一模式。

将酒席、婚礼的组织事务承包出去，在市场中购买专业化服务，一方面减轻了主人家的负担，使得主人家及其亲属得以更加轻松地应对婚礼，但在另一方面，这一日益市场化的趋向也导致了传统的互助行动的消失。过去，结婚和丧事是一个村庄中的人们相互帮助的重要场合，是村庄公共活动的重要载体，当把酒席订在大酒店中吃时，无意中就损害了这种家族亲戚间的互助性，切断了家族亲戚之间的一条重要情感纽带。

二、中国婚俗变迁的动力与机制

(一)炫耀性婚礼形成的社会机制

通过上一章的考察，我们能够发现，彩礼、嫁妆和酒席等婚礼花费呈普遍上扬趋势，婚礼中承载了越来越多的社会竞争色彩。彩礼不再是传统社会两个家庭订立婚约的象征仪式，酒席不再是单纯的宴请宾客吃饭，它们的性质已经发生了很大的变化，炫耀性意义超过了婚礼本身的意义。而在这些变化的背后，有其独特的社会形成机制。

就农村地区来说，村庄社会结构在市场经济与国家法律等现代因素的冲击下，变得越来越松散。村庄的边界日益松动，村民与外界的社会联系增多，社会流动日益频繁，村庄原有的传统价值规范不断衰弱，公共舆论对个体的约制作用逐渐下降。村民对村庄生活的长远预期降低，更注重当下的回报，开始追求自身利益最大化。原有的在缔结婚姻和人情往来方面发挥效用的运作规范，逐渐被个体的私的理性计算运作逻辑所取代，这使得人们行为中的功利主义色彩愈益凸显，容易在行动中出现形式与内容的分离。

传统社会中的彩礼表达着双方订立婚约的习惯法的要求，具体物品或货币只是表达的形式与媒介，服务于这一内容的要求，因而彩礼和嫁妆一般要有，但数额可以根据双方的自由协商而达成，双方有着自主选择的权利。然而，村庄社会结构的松散化和信仰的缺失，消解了个体的本体生命意义追求，让个体的人生意义失去了一个稳定的寄托和安放的场所，这时“面子”这类社会性价值逐渐凸显出来。通过在村庄社会竞争中展示自身的经济实力，能够短时获得很高的社会地位与面子尊严，这种“短平快”的回报不需要时间的沉淀与积累，很快就能够得到反馈。于是，彩礼、嫁妆和酒席就蜕变为一种获取个体尊严与地位的手段，个体通过猛砸金钱的方式展示出自身所拥有的资源储量与实力，去争取较高的社会地位和评价。

同时，炫耀性的奢侈婚礼也是市场经济下的消费主义的产物，传统乡土社会物质资源匮乏，彩礼和嫁妆也基本上是生产生活中的必需品，如布匹、柜子等。改革开放后，大部分家庭的基本生存已不再是问题，开始追求更高层次的发展型、消遣型生活方式，冰箱、空调、电视机、小汽车等价值更高的耐用消费品走入了人们的视野。在媒体和广告宣传的推动下，更好的物质生活被定义为是值得极力追求的，高价值消费品被定义为更高品质的生活，而消费这些高价值消费品则代表了一个人的品味与社会地位。在强大的宣传氛围下，这些观念已经渐渐内化于人们的思想观念之中，人们在消费品上进行相互攀比，以此证明自己比别人更有"品位"或"档次"更高，以此获得一种优越感和地位感。对于耐用消费品乃至奢侈消费品的这种误解，推动了彩礼、嫁妆等婚礼费用的上涨，正是依靠这些费用，社会大众(尤其是年轻人)实现了自己的消费欲望和身份表达。

在城市婚礼中，由这种消费心理引发的奢侈婚礼消费更加低明显。别人在四星饭店办酒席，我就要去五星级饭店办酒席；别人请宝马轿车接新娘，我就要用凯迪拉克轿车去接新娘。在一个周围都是陌生人的社会中，也只有通过这些奢侈消费品，人们才能从中获得一丝优越感、一丝面子与尊严。也只有通过这些外在性的物质表现，某些人才能感到自己存在的一丝价值。

(二)婚俗变迁的动力

从清末至今约 100 年的时间里，可以将我国的婚俗粗略地划分为三个阶段：1949 年之前主要盛行的是传统婚俗或旧式婚俗，旧式婚俗以"六礼"、哭嫁、一夫多妻制、拜天地、祭祖等习俗为特征，其中充斥着许多封建等级思想和民间信仰因素。新中国成立后，根据新时代精神，国家对婚俗作了改革，倡导摈弃旧式婚俗，采用新式婚俗。新式婚俗承认婚姻自由、夫妻平等等内容，去除了传统婚俗中的种种繁文缛节，婚礼程序简化，彩礼、嫁妆和婚宴也都十分简单。但新加入了许多政治因素，政治化倾向严重。如在"一切以阶级斗争为纲"的"文革"时期，婚礼中向毛主席像鞠躬、唱革命歌曲是必有的仪式。婚姻受到政治因素的影响很大。改革开放后，"一切以阶级斗争为纲"变为"以经济建设为中心"，发展经济成为重中之重。随着对外开放的不断深入，市场经济在我国飞速发展起来。在全国经济发展水平不断提高的同时，资本主义市场经济内含的拜金主义也流行开来。随着对外交流的不断广泛，西方社会中的自由主义思想、个体主义思想逐渐传播到中国大陆。以着西装穿婚纱、教堂婚礼、度蜜月为特点的西式婚俗也作为一种时尚在中国逐渐传播开来。如今，在广大城市地区以及许多农村地区，带有诸多西式婚礼色彩的婚俗逐渐流行开来，成为青年人追逐的婚礼模式。

从上可知，在这近百年历史中，中国的婚俗形态经历了两次大的变革，一次是从传统婚俗或旧婚俗到新婚俗的改变，另一次是从新婚俗向具有西方特点的现代婚俗的转变。前一次的婚俗转变主要由国家力量推动，带有浓厚的政治意识形态色彩，具有强烈的政治化倾向。后一次婚俗则是由社会力量自发地推动的，是社会自发进行的转变。推动这一过程的主要有两种社会力量：一种是市场的力量，通过 30 年来的发展，市场经济在中国已经站稳了脚跟，且开始越过经济领域，对中国的政治、社会和文化领域进行全面的渗透。婚俗方面也不会例外，以炫耀性婚礼为代表的新趋向表明市场经济中所夹带的不良因素，如功利主义、拜金主义、消费主义等，逐步地侵蚀着人们的生活以及社会思想文化领域。传统的节俭、谦逊和礼仪思想被强烈冲击着。彩礼、嫁妆和酒席的花费数额逐年高涨，逐渐变了味道，它们不再是一种单纯的礼仪和庆祝，而开始更多地具有显示、炫耀、证明的意味。婚礼中的神圣性被不断地解构和消解，祖先逐渐淡出了人们的视野，政治权威也早已退出了人们生活，唯有金钱和物质成为最重要的主角，它们让婚礼愈加显得世俗，甚至是粗陋。无论是彩礼、嫁妆还是礼金都在不断上涨，然而彩礼和嫁妆在涨，婚姻的稳定性却在下降；礼金越来越高，人情却变得越来越淡薄。不论是彩礼、嫁妆、礼金还是酒席都开始成为许多人身上的负担，让人倍感压力。

此外，在市场经济的冲击下，婚礼也在被不断地市场化和专业化，人们越来越多地在市场上去购买服务，而许多事请以前是自己来做的。如过去有些地方的酒席是在家里请亲戚邻居前来帮忙举办的，现在许多人都将酒席转移到了大酒店。这种转移省却了不少劳动力，但也在另一个层面上减少了家族亲戚聚在一起相互帮忙的机会，削弱了互帮互助的血缘情谊。

促使新婚俗向现代婚俗转变的另一个推动力量则是不断向中国传播的西方文化。其中以自由主义思想和个人主义思想影响最大。自由主义思想倡导恋爱自由、结婚自由和离婚自由，主张婚姻是婚姻当事人的事情，其他主体不应进行干预。在积极的层面上，它有利于人们根据自己的意志选择自己的婚姻，不受别人的干涉，从而实现了个体的婚姻自主和婚姻自由；但在消极的层面上，它也带来了婚姻过于轻率和离婚率大幅升高的问题。个人主义思想倡导人们关注自身的权利和感受，认为婚姻是为了自己生活质量的提升或生命价值的实现，它十分注重婚姻中的个体权利和个体获得，主张婚姻只需考虑双方个人的意愿，不应夹带双方的家庭和家族意愿。一旦婚姻不符自己的期望就可以将它放弃。个人主义思想有利于人们意识到自己的权利，鼓励人们在婚姻中追求自己的幸福，但也在另一个层面上削弱了人们的婚姻责任意识与义务感，并将婚姻从一种牵涉家庭、牵涉他人的社会性事务转变为完全的个人事务，从而忽视了婚姻的外部性影响。由这些思想还衍生出了单身主义、丁克主义等思想观念，这些思想观念不断地传入中国，改变着人们的婚姻观念和婚姻行为。

然而，当人们将这些思想极端化时，就会出现许多问题。当人们将自由和个体放到最高的位置时，婚姻就会成为一件不必要的事情，已经缔结的婚姻也是脆弱的。因为更加重视自由和自身的感受，婚姻的稳定性弱化，一些原本可以被容忍和解决的小事或误会就足以毁掉一桩婚姻。不婚、离婚以及离婚带来的单亲家庭儿童问题，都开始成为新的社会问题。

除了思想上的影响外，西方婚礼中的许多仪式和物质内容也被引入了中国，穿婚纱、吃结婚蛋糕、度蜜月为许多中国人所采纳。这一潮流最先在经济发达的城市地区流行开来，现在则呈现出逐步向农村地区传播的趋势。

总之，市场经济的快速发展和扩张，以及西方思想文化的逐步传播，是影响中国婚俗变迁的最为基本的力量。它们一方面丰富了中国人的婚俗文化，另一方促成了不少社会问题的产生。随着社会主义市场经济的不断深化，随着中国与世界的文化交流不断深化，我们期待着，在国家、社会和个人的共同努力下，中国的婚俗将能够吸收精华、剔除糟粕，从而向着更加健康的方向发展。

2013年度中国葬俗研究报告

刘燕舞　袁　松　郭俊霞　田　孟*

葬俗，这个传统的中国命题，在2012年时，因为周口平坟事件，而引发了公众的广泛关注。

周口市委、市政府联合发布2012年1号文件《周口市关于进一步推进殡葬改革的实施意见》，随后推动了该市轰轰烈烈的平坟复耕运动，并在海内外引发了强烈反响，一时间，批评者众，声援者亦有。

在周口市委、市政府看来，推动该市殡葬改革具有十分重要的意义。他们甚至将"重要意义"提到了很高的位置："殡葬改革是党和政府一贯倡导的社会改革，是建设中原经济区、实现我市富民强市新跨越的需要；是促进社会主义精神文明建设，加强和创新社会管理的需要；是强化新型农业现代化基础作用，维护粮食安全，巩固周口粮食核心区地位的需要；是建设资源节约型社会，实现人与自然和谐相处，树立文明节俭、移风易俗新风尚的需要。通过文明、健康、生态的现代殡葬服务，对群众的丧葬方式和丧葬行为进行规范、引导，转变广大群众传统丧葬观念，对于优化我市的外部形象和投资环境具有积极的促进作用。各级党委、政府要深刻理解殡葬改革的长期性、艰巨性、复杂性，充分认识殡葬改革对于促进我市经济、社会、文化、生态建设的重要性，统一思想，明确方向，扎实做好殡葬改革工作。"①

可见，这次针对传统葬俗的改革所承受之"重"，一时成为当地政府的"头等大事"和"中心工作"。然而，随后来自四面八方的铺天盖地的质疑和抨击，让周口地方政府站到风口浪尖，各种批评之声所形成的巨大旋涡让当地政府进退维谷。最终质疑的焦点是，到底是要推动葬俗方面的殡葬改革以移风易俗，还是要借葬俗改革的名行土地增减挂钩从而获得更多建设用地指标的实？

就学术而言，这次声势浩大的事件所带来的启发是，对于葬俗的研究来说，除

---

* 刘燕舞，武汉大学社会学系讲师，华中科技大学中国乡村治理研究中心研究人员；袁松、郭俊霞、田孟，华中科技大学中国乡村治理与研究中心博士研究生。

① 中共周口市委、市政府：《周口市关于进一步推进殡葬改革的实施意见》，2012年1月。

了传统的研究视域外，我们更应该具备一种经验自觉，即逐渐向葬俗的实证研究转换，特别是除了通过实证调查呈现一些地方的葬俗样态外，还应注意展示其变化及其与社会变动的关系。

应该说，在农村日常生活中，丧事从来都是一件大事。丧事的举办既是人们慎终追远的表达，同时，对于生者来说，也是一道民间文化大餐。

有学者将丧葬习俗看作是不同的民族在其殡葬过程中经过漫长的发展、演变而逐步形成的一种民俗。这种殡葬习俗与宗教信仰、宗教观念融会贯通，最终形成了殡葬文化体系。[①] 因此，对丧事的研究实际上是民俗研究的重要内容，也可以从广义上将其视作民间文化的重要研究内容。

丧事又是人生礼仪中重要的组成部分。

有学者认为，对于死者来说，丧事是生物体运动的终结和社会角色的逐步消逝过程。对于生者来说，它是一种尽孝的义务和社会关系网络互动的活动。丧葬礼仪不仅具有许多社会的内容，同时包含着丰富的信仰底蕴。丧葬对于死者来说无法抗拒，对于生者来说，同样是不可避免的。从整个丧葬礼仪过程来看，对死者是“脱离”前状况的仪式，由生入死；而过渡阶段的仪式则完全由生者一手操办，反映着空间位置的移动，把死者由地上转入地下，由于死者进入新的状况不明显，这样给生者以观念上的构建，从而进入信仰的领域。也就是说，一方面，死者的灵魂转世投胎形成新的生命体，与诞生礼仪联系起来，恰好组成了人生仪式的又一次循环；而另一方面，“新鬼”晋升为祖灵获得生者的祭拜，获得生者保护神的身份，并出现在生者的思想之中。[②] 可以说，葬礼活动就是村庄范围内的宗教仪式，人们对这个仪式都很熟悉。这些活动和仪式是一个完整的符号系统，它们阐释着村庄内人们生活的一些意义，同时也表达着一种认同。这个信仰和仪式拉近了村民之间的心理距离，增加了人们之间的情感，同时它也维系着村庄内的传统和道德舆论。[③]

此外，丧事还体现出人们对死亡的态度。

有学者指出，死人对常人常态来说，确实是逃无可逃的大事，它使每个人所作的生存努力、所熟悉的行为规范都面临着终极意义上的虚无化威胁。因此，对死亡的理解实际上即对生存过程及其意义的阐释，生者对于死亡的态度即其生活态度。[④] 在人们心目中，生与死的界限是模糊的，“死”是“生命的过渡与转换”，而并

---

① 时镒、徐西胜：《丧葬习俗与殡葬文化》，《东岳论丛》2001 年第 2 期。

② 方百寿：《安徽方庄的丧葬礼仪》，《民俗研究》1996 年第 2 期。

③ 董磊明、聂良波：《均衡与混乱的变奏》，《华中科技大学学报（社会科学版）》2007 年第 4 期。

④ 毛丹、何兆永：《丧葬与转型农村的乡土价值资源——萧山丧事现象初析》，《浙江大学学报（社会科学版）》1995 年第 4 期。

非是一个事物的彻底消灭;"死"仅仅是人到了另一个世界。人们对那个世界有着丰富的构想与描绘,认为那个世界也有政权、财富的不均及"人"与"人"之间的不平等,同样需要在生者的世界中的各种物品及活动。生者应为死者做好在那个世界"生存"的一切准备。[①] 总之,丧事是农村中的"大事",对于一些农村社区而言,对这类大事的调查和分析往往能使人们管窥这些社区文化的某些特质,并对这些社区的社会结构特点获得某些认识,在此基础上还有可能对这些社区中人的生活方式与生存意义获得较为深入的理解。[②] 根据我们在农村的调查经验,完全可以这样说,不研究农民的丧事,就无法理解农民,以致也很难理解农村。丧事是最能集中地反映农村的传统与现代的风俗冲突和交融的社会事实之一,也是最能集中反映农民的观念世界以及农民的行为逻辑的社会事实之一。因此,对农村丧事的研究无论是对于我们认识和理解农村民俗以及农村民间文化,还是理解农村社会本身,都是必要且必须的。

鉴于此,本研究报告通过采用实证调查的方法,就我们在全国农村调查所了解到的一些典型村庄的葬俗及其演变做些展示和讨论。在村庄选择上,我们按照村庄的社会、文化结构,将我国农村大体划分为三种类型,即宗族型村庄、小亲族型村庄和原子化村庄。

其中,宗族型村庄比较好理解,即在超出核心家庭以外,村庄内部还具有超越性的认同单位的村庄,一般来说,这种村庄的认同单位至少在五服,甚至在出了五服以外还能有比较强的认同。这种村庄的传统性很强,社会联结强度较强,村庄社会规范保存较好。因此,村民对葬俗活动颇为讲究。葬俗活动中体现出诸多禁忌和复杂程序,葬俗活动的呈现也极为严肃,葬俗活动的氛围往往笼罩着浓浓的哀伤。

原子化村庄与宗族型村庄刚好相反,其村庄认同仅限于核心家庭这一层级。极而言之,各个核心家庭就像各个分散的互不相关的原子一样。这种村庄的传统性很弱,而现代性很强,村庄社会联结强度较弱,村庄社会规范亦较弱。因此,村民对葬俗活动往往十分随意。葬俗活动中禁忌相对较少,程序较为简单,葬俗活动的呈现也不那么严肃,葬俗活动的氛围往往诙谐着某种娱乐奔放的喜气。

在上述两种类型之间的小亲族型村庄,主要是在核心家庭以外,仍存在"五服"以内尤其是共祖父三代以内的超越性认同单位。其村庄社会联结强度和村庄社会规范强度较之宗族型村庄来说要弱一些,但较之原子化村庄来说却又要强很多。因此,村民对葬俗活动比较讲究。葬俗活动的程序相对复杂,总体而言,葬俗

① 余洋:《死的尊严——淮北地区的丧葬礼仪及其文化解码》,《社会》2001 年第 4 期。

② 马翀炜:《何以"当大事"——双凤村丧葬个案的人类学分析》,《广西民族研究》2005 年第 4 期。

活动的氛围仍以哀伤为主。

对此，本报告将逐一展示。其中，本报告选择的宗族型村庄的葬俗活动主要有三例，分别为湖北省东南部地区大冶市的丰村、湖南省东北部地区平江县的源村和广西壮族自治区东北部兴安县的一甲村。而原子化村庄的葬俗活动则以湖北省中部的京山县沙岭湾村为例。对小亲族型村庄的葬俗活动，本报告选取了湖南省中部扶沟县的曹岗村为例，扶沟县也是 2012 年轰动全国的周口殡葬改革的旋涡中心地，本报告将从民俗意义的角度对之作些讨论。

一、宗族型村庄的葬俗活动

（一）鄂东南丰村的葬俗活动[①]

丰村位于湖北省大冶市西北部，而大冶市位于湖北省东南部，长江中游南岸，地处武汉、鄂州、黄石、九江城市带之间和湖北“冶金走廊”腹地，距省会武汉市约 90 千米。丰村共有耕地面积 1600 亩，人口 2470 人，共有 7 个自然村，12 个村民小组，每个村民小组人均耕地约 0.4～0.7 亩不等。丰村祖先崇拜浓烈，社会记忆较强，传统色彩浓厚，是比较典型的准宗族型村庄。

1. 丧事的发端：报丧

家中老人去世，最先知道的是与老人住在一起的几个儿子和住在附近的兄弟、叔伯兄弟，报丧的事情主要也是由他们来进行。报丧有先后之分，也有自己的范围。

首先报的是老人自己外嫁多年的女儿。再报的是老人的岳父母家，也就是自己妻子的母亲家。第三要报的就是一般的亲戚朋友，这些亲戚朋友一般都是距离上比较远的，平时交往不多，但在诸如婚丧嫁娶之类“大事情”上却是必不可少的。最后报的就是自己房头这边的人以及附近的邻里。

对于自己房头的人，报丧是非常有讲究的。一般来说，首先通报的是自己房头这边的房头长，房头长是这个房头的总管，无论是民事纠纷还是民间节气、典礼，他都会出面来管。房头长会在报丧的人通知他之后，给报丧人相应的指点，告诉他应该首先通知本房头里的哪些人，尤其是最为重要的房头客；还会告知报丧人怎么去别的房头请客人，请哪些客人，尤其是在请“八仙”（“八仙”就是八个抬棺材的，有的地方叫“八大金刚”）的确切人选上给予必要的指教；还会告知报丧人丧

① 刘燕舞、田孟：《鄂东南村落的丧事民俗活动——基于湖北省大冶市丰村的田野调查》，《民间文化论坛》2010 年第 6 期。

事办理的程序和基本礼节上的应对。

有趣的是，房头长跟办丧事的一家可能会有过私人之间的矛盾，但是一旦碰到有人去世的事情，房头长是一定要去的，因为“我们房头是以他为首的，大家都相信他，说话有威望，所以必须要去”。即使外出有事也一定要回来，“再大的事情也比不上死人的事情大”，再大的私人怨恨也没有在死人面前超越不了的。当然，若是碰到实在来不了的，房头长也一定要指定一个代理人，这个代理人必须对丧事的办理有一定的经验，同时在本村也要有一定的威望。

报丧人一般会依照房头长的指点再去各个房头通知“八仙”，并告知抬棺和抬骨灰的具体时辰和详细安排。就本个案来说，请的“八仙”有四房 2 位、六房 2 位、自己的八房 4 位。这些“八仙”一般都是本湾子各个房头比较有威望的、说话算数的人，但不一定是老人或辈分高的人，因为“八仙”是继承制的。在这个村庄里，“八仙”是由固定的家庭来担任的，父子相传（一般是传长子），以至于无穷；除非碰到没有子嗣的，这时候，由别的兄弟或叔伯兄弟的儿子过继到这家，继承“八仙”的角色。

房头内部最后报的就是本房头的一般人，“只要是八房的都要报”，有私人矛盾的也要去叫，叫就一定要来。村里人认为，“房头里面有人去世，私人之间的矛盾是私人之间的事情，死人是大家的事情”，这时候私人之间的恩怨要让位于大家的逻辑。

除房头的人之外，还有本湾子里不是自己房头的其他人（邻居或朋友），他们也是村里日常生活的非常重要的一部分，所以最后通报的就是他们。

2. 丧事的前奏：接客吃饭

老人去世的当天下午，家里就要办酒席请客吃饭。吃饭的主要有三类人：房头客、亲戚、朋友。

房头客是在自己房头请，一般是 3～4 名，其中因为丰村王胜湾六房最大，有八百多人的规模，所以若是这个房头有事情的话，会请 7 名房头客，而房头比较小的，一般只请 4 名房头客即可。这里一个重要的规矩就是，“哪个房头有事情就请哪个房头的房头客”，别的房的房头客就不再硬性要求一定要请，关系好的可以请，但是不是作为房头客的身份而是以一般亲戚朋友的关系来请的。房头客是不用送礼的，表示“你有事接我来，我有事接你来，表明我们有联系，像亲兄弟一样”，所以“不用送礼”。村里的老人说，这个现象“一直就这样，祖上传下来的，给包烟给块毛巾，吃了饭就回去，不用送礼”。

接亲戚来吃饭的主要包括五类人：一是女儿、女婿、外甥一方；二是姐妹、姐夫妹夫、姨外甥一方；三是亲兄弟、侄女/儿一方；四是叔伯兄弟、堂侄女/儿一方；五是岳父母、舅舅一方；最后就是接朋友来吃饭。这些朋友主要包括死者生前的一些朋友,以及报丧人自己(一般是死者的儿子)的朋友等来吃饭。一般都是在湾子里或者湾子外面玩得比较好的。

以上的分类也就是吃饭时候的座席分类,每一类人在自己相应的席位上坐下,相互之间不交叉,坐席上有辈分上的差异。

3. 丧事的进行:守灵

守灵之前,先要将去世的人用冰棺包着以防止尸体腐烂。这个习俗从政府推行火葬开始,在此之前,一般是将尸体置于木棺之中。守灵从吃完饭之后就已经开始,一直要持续到死者被送到火葬场火化并抬到祖坟山上埋葬那天才会结束。尸体在家的晚上,每晚都会有湾子里的人去他家坐。老人的儿子、孙子在里面守灵,外面的人去他家打麻将,一般情况下有六桌左右。对于主家来说,来家打麻将的人越多,说明在湾子里越吃得开,别人越给自己面子。相反,要是家里有了这样的事情,别人不来或者来者很少,说明自己在这个湾子里很没有地位,就表示大家都看不起自己,自己会感觉到很没有面子。据村里人说,这个习俗在旧社会就有了,是老规矩,以前没有麻将就打牌。

4. 丧事的高潮:送灵

“送灵”是我们自编的一个词,在丰村没有这种说法,具体时间是在尸体送去火化的前一天,因为这天的活动主要就是围绕着怎么把死去的人的亡灵送出村庄而进行的,所以取名为“送灵”。送灵这天的活动很多,各个活动的程序也比较复杂,其中含有的意义也相当丰富。依照时间先后顺序划分主要有:拜土地神、做斋、取水、过桥等。

拜土地神主要有以下几类人:法师(全身黑色衣服,戴黑帽子)、打锣的人;死者的儿子、孙子、媳妇、女儿、女婿、外甥、侄儿等(穿白衣扎白头巾);乐队(奏乐)三个梯队。其中,法师会在土地庙前念唱,大概的意思是说向土地神报告去世的人死亡的消息,并请求接走死者的祖父母和父母到死者家去。这个过程中,主家会在土地庙前烧纸、烧香、摆酒、摆肉、放爆竹等,整个习俗是一直传下来的。

做斋的前期准备有很多,主要包括买灵屋、请法师、请打锣的等。灵屋是一定要买的,做斋的时候由法师烧掉,其意义是让死者在阴间有屋子住,民间传说不烧的话死者会托梦给他的儿孙,说自己没有屋住,要求给自己烧一个。据说,湾子里就曾经发生过两起因为没有烧灵屋,最后死者给儿孙托梦说没屋住的情况。做斋主要就是由法师在屋子里面对着书本念唱,唱的内容基本上就是劝死去的人不要留在屋子里,并告诉他怎么走出这个屋子、怎么走出这个村庄,几个法师轮流进行,打锣的会在一边帮忙。不做斋的据说也会被托梦。

做斋之后,在一个选定好的时辰,大队伍从家里出发,到临近的小河里面取水,取来的水主要是用于给死去的人洗个澡,穿上寿衣。这里取的水必须是那条河的，不能用井水或其他来源的水来代替。至于这条规矩为什么这么定，湾子里的老人也说不清楚，只说是祖上传下来的，一直以来都是这样，也没有人违背过。大队伍主要有三个梯队：法师去河边唱，打锣的在一旁辅助，儿子、孙子、媳妇、女儿、女婿、外甥、侄儿等穿白衣扎白头巾跟在后面，最后面的是乐队在奏乐。一般是儿子带一个装水的罐子，到了河边之后用罐子装水，再由儿子带回家。从家里出发一直到取水回家，乐队要一直奏乐，鞭炮也要一直放着，沿路还要不停地抛洒纸钱。

从村庄记忆的保存来说，过桥是最为重要的丧事仪式。出门的还是前述三个梯队的人，但死者的亲人各有不同的分工，主要包括“端像”“抬猪头”和“过桥路线”。

端像也叫“端灵”，即由死者亲缘的一个人双手端持死者的遗像，持续过桥仪式的始终。长辈或者平辈是不能够端持死者遗像的，即使是自己的亲兄弟或叔伯兄弟也不行，只有后辈才可以做。而后辈中，又呈现出一种较为特别的差序格局状态，这项仪式执行的谱系如下：孙子（长孙优先）——儿子（长子优先）——侄儿——女婿——女儿。一般是孙子来端像，其中又以长孙优先；若没有孙子，则以儿子来端像，其中又以长子优先；若没有儿子，则以死者的亲兄弟的儿子即侄儿来端像，这种情况下，一般会先把被选中来端像的侄儿过继到死者这家名下，即“承祧”[①]；若碰到没有亲兄弟或者亲兄弟也没有子嗣时，一般会考虑女婿作为死者端像的人；若女儿尚小还没出嫁，这个时侯就会考虑让女儿来端像。后两种情况相当少见，在王胜湾还没发生过，但随着国家政策的影响和村庄社会结构的变动，势必要求这样的“端像谱系”进行大的调整，并进而影响村庄的相关观念，如生育观念。

抬猪头主要是由主家自己挑选几个身体状况比较好的，有力量的人负责。这个猪头主要是用于祭祀，在过桥的整个过程中都要抬着。

最为重要的是过桥的路线。在丰村，过桥有着方向严格的行走路线。村里传下来的规矩是，从主家的家门口出发，围绕着村庄以逆时针的路线走一次大的环绕。如果把村庄修建的门楼称作“上水”的话，那么有一条通往镇里的路则可以被称为“下水”（有意思的是，这两条路也确实在村中小河的上游和下游），过桥的基本要求就是从“下水”出去（意思是大家送走魂灵），从“上水”回来（意思是把魂灵

① 承祧，这一说法在民间的族谱中广泛存在。祧（tiāo），从示旁，兆声，意为祭祀远祖。“承祧”即继承祭祀远祖这一事业的意思，实则指承继子嗣。但在中国的观念里，祖先崇拜其实是很重要的，可以看作是中国的主体信仰或中国人最重要的宗教信仰，因此，我们常说要延续香火，其意即要使自己的后代中有人能够祭祀自己。因此，根据我们的调查经验，凡属在民间还能存在“承祧”这一说法的，一般来说其祖先崇拜的色彩均较为浓厚。

送到祖坟山上去了,也意味着送魂灵的人回来)。这个过程中,一路上有专门的人每隔一段距离洒纸钱和放爆竹"开路",也叫作"买路"。打锣的、乐队等也会每隔一段时间奏乐。主家亲属则身披白挂、头戴白巾以示哀痛。

5. 丧事的结束:八仙

这是丧事操办的最后一天,尸体将被火化并埋葬,由于这一天的主要活动都跟"八仙"有关,所以这一节取名为"八仙"。

这天早上等到"八仙"聚齐,主家会招待一次丰盛的早餐。上午 7 点左右,"八仙"抬尸体前往火化场。去火化场的主要有"八仙",死者的儿子、孙子、媳妇、女儿、女婿、外甥、侄儿等,还有打锣的、吹喇叭的以及乐队三类人。由于火化场距离较远,所以现在"八仙"的作用基本上被取缔,一般人家都会选择租几辆车前去,但是"八仙"是一定要陪同的,因为总有汽车派不上用场需要用人来抬的时候。从家里出来一直到火化场,再从火化场一直到把骨灰埋到祖坟山,这一个来回需要不间断地放鞭炮和洒纸钱。

火化之后,所有人员全部运回,再由"八仙"把骨灰抬到祖坟山上埋葬,亲属、乐队、打锣的等都要到位。需要注意的是,把尸体抬去火化场和把骨灰抬上祖坟山上都只能由"八仙"来做,其他人是没有这个权利的,村民说,随便找几个人来做这个事情是不被允许的,"是绝对不行的","一定要由房头的八仙来做这个事情,这是过去传统传下来的,不能改!""大概是以前先辈们兄弟多,这个人有事,请别的人来帮;以后别的人有事,自己也去帮忙;只请自己房的是不行的。这是过去留下来的,不能改。""没有八仙,怎么去祖坟呢?""随便找几个人就把骨灰埋了,这种现象在这里还没有出现过。请八仙是祖上传下来的规矩,过去遗留下来的,不能违背!"

上述活动一般持续到上午 10 点。这时候大部队返回家中,11 点左右开始吃饭。饭毕,则八仙、亲戚朋友、房头邻里各自散去。女儿一方一般还会在家中,等到第三天与兄弟姐妹及其眷属到父亲坟上哭丧,哭丧之后就回到夫家那边去了,丧事到此完全结束。

(二)湘东北源村的葬俗活动①

源村,位于湖南省岳阳市平江县北部,与我们前述鄂东南大冶市的丰村一样,源村也是一个宗族性比较强的村庄。源村的丧事同样很有特色。

1. 死前准备

通常老人到了一定的年龄,特别是年过花甲之后,子女会为父母把坟墓挖好,

① 刘燕舞:《源村的丧事》,《中国乡村发现》2007 年第 4 期。

这叫“奠生基”。这对于活着的老人是一件很重要的事，这既意味着其已离死亡不远，也意味着其很有福气，因为他们在生前能看到自己百年之后睡的地方，有时还是自己亲自指挥挖的，而且也说明他们的儿女是孝顺的。否则，死了的时候才挖一个坑，泥巴都没有干，这种感觉对于他们来讲是非常恐怖的。除了把坟墓挖好以外，子女还会把寿衣即老人死后穿的衣、寿鞋、寿帽、寿扇等都准备好，老人对这些是不忌讳的。除了这些老人死后的生活必需品外，还会准备“见面钱”，这是一种黄色很粗糙的毛边纸，用一种一端带有铜钱模型的钱钻打好，打出来后的神纸上有一排一排的铜钱图案。据说这种纸烧了之后就会变成真的铜钱，死者在阴间就可以拿着用了。之所以叫“见面钱”，是因为在死者死的那一刻前就开始烧的，直到死者咽下最后一口气都还要烧一会，这种仪式有两个层面的意思：一是死者自己可以放心去了，不必担心自己在阴间没钱用；二是子女可以放心，他们的父母在登天之后不至于两袖空空。

2. 老人死时

当老人快要死的时候，其子女和亲属都会围在他的周围，静静地等候老人的最后离去，这叫作“送终”。特别是死的那一刻，如果有子女在旁送终，而且越多越好，则老人死后不会孤寂，他还是会觉得他儿孙满堂，甚至觉得他自己还活在人间，因为在他离开的那一刻他看到了自己生命的延续。当老人咽下最后一口气离开人间时，儿女们便会哭成一团。同时会有一个主要的亲属到屋外的地坪边上燃放一串鞭炮并禀告当地的城隍菩萨和土地菩萨，自己有一位亲人姓甚名谁登天，要他们一路指引。当这些完成时，儿女们会趁尸体还没有变硬且身上还有点热气之前给死者洗个澡，然后换上早已准备好的寿衣、寿鞋等。这些他们非常类似于古装电视剧中的官袍长衣，并且都是黑色的。做完这些后儿女们便把死者用一床备好的竹席垫着放在其死去的房间里的地板上，供最亲近的亲朋好友（主要是附近的人）前来初次悼念，这也是一种非正式的悼念。

3. 丧事布局

老人死后，同村本性的人不分男女老幼都会待在家里，静候需要时以便帮忙。然后，其中有一两个比较有威望的为首的人（这些人一般在老者快要死之前孝家便会找他们商量好）便开始张罗布置丧事。他们把同姓的人召集起来分工，主要包括陪宾，也叫“陪客”（负责迎接和陪同前来悼念的客人），坐账房的管事（主要负责本次丧事所有的出纳以及物资调配），请客的（同时负责发丧）、沏茶的（多以妇女为主）、请法师的（包括请和尚、道士，弹琴、吹唱、敲锣、打鼓等一班人）、煮饭的、洗菜的、端盘的（负责开饭时上菜），还有“八大金刚”（负责送葬时抬棺材的壮汉），等等。大家井井有条，各司其职，该干什么都会安排得非常好。

一般死者逝世半天或一天后便开始做道场，也叫“超度”。等法师们来齐后，便将死者的的尸体移至正房中间一副放好的棺材里面(农村一般建房都是三间,中间那间就叫“正房”,相当于大厅,其他房间就以这间房为中心)。死者端端正正地仰面躺着。在把尸体从死者去世的房间移至正房中已备好的棺材里时,死者的亲属会哭得很伤心,因为这意味着从这一刻开始死者的肉体便要开始迈出与他们永远诀别的第一步。这时棺材盖并不完全盖上,而是在靠近死者头部的地方留有一尺左右的空间不盖上,死者头上盖一副白色的小手帕,这一方面意味着死者暂时还能与亲人在一起,另一方面也是为了那些远在外面不能及时赶到见上死者最后一面的亲人和朋友还能拿开手帕见见死者的遗容,寄托哀思。然后大家便开始布置正房,将其作为暂时的灵堂,既用来做道场,也用于亲朋好友前来悼念。正房的墙上挂满神态各异的佛像和菩萨画像,还包括人做了坏事后在阴间地狱所受的各种惩罚和折磨的图像。屋外的门框两边贴上用白纸写好的丧联,也叫“挽联”,其内容都是充满悲伤和痛惜的,如“风催萱草,椿树凋残”等,尤其是正房的门檐上会挂上三个非常大的字“当大事”,这是源村丧事标志性的词。这些对联都由村中有较高知识水平的人所作所写,这些人一般是熟读“老书”(即“四书五经”)并对村中各种礼仪程序了如指掌的人,他们一般都能写一手非常漂亮的毛笔字,且能吟诗作对。这类人在村中一般都有好几个,当他们老时,他们会在下一代物色合意的人选,将其知识传授给下一代,绵延不断。

4. 法事开始

上述一切准备好后,法事即道场正式开始。法事是以“节”为单位的,也叫“出”,每“出”法事都有其特定的名称与内容,如第一“出”是“启师”,然后有“下扎”“发功曹”“开灵”“迎亡”“解结”“拜忏”“还钱”“做饯”等。整个法事的意图大致便是认为死者生前是有罪孽的,为使其死后不下地狱而能升入天堂,必须为其超度亡魂,还清罪孽,求得忏悔。因为死者生前的每一种罪孽如若不帮其超度,其死后便会下地狱受尽折磨。每种罪孽在地狱都有相应的惩罚措施,如上刀山、下油锅,甚至剖开心脏让恶狗吞食,用石磨磨滚,用锯锯割,对于生前说谣言是非的会割舌头等,这些惩罚措施还会以生动活现的图画形式挂在正房中的墙上。这些仪式既有超度亡魂的意图,也有劝在世之人弃恶扬善的功能。如“拜十王忏”,即在十个阎王面前求的忏悔,每一出做完后会烧一道“度牒”给每个阎王,向他们禀告相关情况,以消解死者生前的罪孽。“解结”也是一样,主要讲欠父母的孽债未还,尤其是其中有关母亲十月怀胎所受的各种苦难的唱段,伴随锣鼓唢呐等奏打出的各种哀声,令生者肝肠寸断,哀从中来,大放悲声。

5. 迎接客人

法事开始后,一般近亲需要穿白色的丧礼服,头戴一顶尖角形白色帽子,这种帽子叫“耗”。所以,如果说某人可能有“耗”戴,意味着其可能有亲人要去世。亲朋好友从各地聚集而来开始正式悼念，各大陪宾则开始迎接这些前来悼念的客人。迎接的礼仪是非常严格的。这时死者的儿子和媳妇们便跪在棺材左下角附近的地方，低头触地。孙子孙女及更小辈分的孝曾孙、孝曾孙女们等便按辈分分成几段（一个辈分一段），跪在屋外的路边上和地坪边上，低头触地，客人来时，这些人是不能抬头的。陪宾们亦按辈分大小分成几辈站成几段，也是一个辈分一段。然后首席陪宾（即主要的陪宾，而且这些人的辈分通常比较高，是同姓中的大房）便双手端端正正地紧握一块用白纸写着"哀迎"二字的牌子上去迎接客人，所有来悼念的客人都会自备一串鞭炮，首席陪宾先接过客人手中的鞭炮递给专门负责燃放鞭炮的人，然后双手合拢成拳紧握着牌子对着客人们作一个揖，这叫"下礼"（如果是非常重要的客人陪宾就会带着孝家去下礼，孝家下礼是直接跪在地上朝客人拜一拜）。客人一般是先出左手，然后出右手，再双手从外围合拢成拳朝陪宾作一个揖，这叫"还礼"。然后首席陪宾以同样的方式将客人迎至孝家中跪在地上辈分最小的人，首席陪宾此时便暂时退到一旁。这时其他陪宾中辈分最小的便迎上来对着客人作一个揖，客人同样作揖还礼，然后这辈的陪宾便退到自己原来站的地方。这时首席陪宾再迎上来作揖将客人迎至孝家中更高一辈的人的面前，然后再退到一旁，此时更高一辈的陪宾迎上来作揖行礼，客人也同样作揖还礼，然后这一辈的陪宾也退到一旁，陪宾中辈分越大的距离棺材越近，孝家的子孙们也是一样。迎接客人时是先迎他们中辈分最高的，然后次高的，依次类推。如此循环行礼一直到把所有客人迎至棺材前。此时客人们便按辈分分成几排前后站好，面对棺材。与此同时原来负责放鞭炮的便把客人们带来的鞭炮点燃，客人们听到鞭炮响时便双手合拢成拳（与前文所述相同），朝着棺材里的死者跪下去拜四拜向死者行礼，然后松开拳站起，再握紧拳头朝着跪在棺材旁边的死者的儿子媳妇们跪下去拜一拜，以示还礼，然后站起来。接下来客人中辈分高的便上前去把这些跪着的儿子媳妇们一一扶起，说一些"节哀顺变"之类的安慰话，如果客人中与孝家是近亲属时，说不定还会相互拥抱痛哭。此时首席陪宾再上来向客人们作揖并将其迎至客房，由其他专门负责陪客的陪宾接待。客人中有些与死者生前关系甚亲或友好的也会跑到棺材那里把死者头上的手帕揭开看看死者的遗容，然后痛哭并对着死者诉说。这样，一整套迎客仪式才算结束。

6. 迎接后家

源村的丧事其长短是不定的，一般是一个下午加上一个晚上和第二天一整天，条件好点的是两天一夜或两天两夜。丧事做了大约半天或一天时（即开始做事的当天下午，此时一般已是暮色降临），迎来了整个丧事中最隆重的活动：迎接"后家"。后家也叫"龙山"，是指母方的亲人，亦即死者（不管父亲还是母亲）儿女们的外婆家那边的人，以母亲的哥哥和弟弟（即孝子的舅舅们）为中心，包括跟他们同姓的共一个祖宗的有关堂兄弟(即孝子的堂舅们)等人以及所有这些人的妻子及其后代(母方亲人中已出嫁的女性除外)。后家是整堂丧事中最尊贵的客人。

后家来时,他们会在离灵堂约100米的地方燃放鞭炮,这是一个信号,以示他们已到,大家听到鞭炮声也知道这是后家来了。放鞭炮的同时,后家自备的吹鼓队打着一班“操头”(一种锣鼓谱),热热闹闹。此时首席陪宾便领着身穿麻衣、手拿哭丧棒的死者的儿子媳妇们并一班吹鼓队等前去“下礼”,走到后家跟前时,孝子、孝媳们一齐跪下叩首,后家中的辈分最高的将他们一一扶起,大家都痛哭着。下完礼后,孝子、孝媳们各自回到原处,跪在棺材旁,首席陪宾与孝家这边的吹鼓队留在那里陪着后家,两边的吹鼓队一起打着“操头”。孝家这边的人则沿着路边一直延伸到棺材处全部跪着,低头触地。跪的次序除按辈分外还要按男女分成若干段,最接近后家的是辈分最小的女性,然后依次排列,同一辈的女性中已嫁出去的女性要离后家近些(平时她们与其丈夫一样是不参加迎客的,但接后家例外,当然她们的丈夫则自始至终不参加此类活动),与她们相连的是同辈未出嫁的女性,然后是媳妇。这样最后一段靠近男性的便是孙媳妇。然后是男性按辈分分成几段排列,孙子则在末端。后家那边则也是与孝家这边一样按辈分高低、男女有别的次序前后站好,走在最前面的便是他们中辈分最高的男性。接下来便是最隆重、庄严和肃穆的迎接仪式正式开始。一切准备就绪后,孝家这边的人便会燃放各种爆竹,五花八门的鞭炮,甚至还有“大铳”等响彻夜空,天空中则是色彩斑斓的爆竹等炸出的花纹图案,再加上两边的吹鼓队打出的“操头”以及孝家从法师中抽出的部分吹唢呐的奏出的阵阵哀声,甚是热闹。孝家这边的则跪在地上痛哭,即使不那么伤心的,此时哪怕是做样子也要装着哭。陪宾们则与前文所述的迎客礼节一样,迎接客人,每到一段孝家所跪的人那里便要作揖,如此循环往复,一直将其迎至正房中。然后后家便围着棺材转一个圈,此时后家中与死者亲近的人早已开始了哀哭。一个圈转完后,后家便按辈分高低(此时则不分男女)在棺材前站成几排,然后则与其他客人一样下跪向着死者拜四拜,再起来然后又跪下朝着跪在地上的还礼。再由陪宾们迎至客房。到客房以后,有人会给后家们倒好洗脸的水,此时首席陪宾和一个拿着锣鼓的人便带着弯着腰、拄着哭丧棒的孝子们缓慢走进来,拿着锣鼓的敲两下锣鼓,首席陪宾说声“孝子细”,孝子们便跪在地上一叩首,后家那边的人则会齐齐站起,一起说“高升,高升”,然后孝子们便站起来。于是后家们便开始洗脸。过一会儿招待后家的酒席安排好后,首席陪宾带孝子们仍重复刚才洗脸时的礼节,然后后家们开始吃东西,到这里整堂迎接后家的仪式即告结束。

7.出殡送葬

一般丧事进行到第二天时,为死者做的房子(俗称“灵屋”)便已经做好了,灵屋是用竹篾扎成的,上面糊有非常美观的纸,其结构类似古建筑,跟黄鹤楼等古楼的外型非常相似，很漂亮。这种灵屋便是死者在阴间住的。与灵屋相伴随的还扎有“金山”“银山”“摇钱树”等，这些是死者死后可观的资产。灵屋会放在屋外一个搭好的悼念堂里面，把死者的遗像放在灵屋前，此时灵堂就从正房移至这个悼念堂。此后来悼念的客人便到灵屋那里悼念，正房则专门用来做道场。

道场进行到快近尾声时（一般是第二天上午），便要出殡和送葬。孝家会向当地城隍用打卦的方式问到最合适的时辰。出殡的时辰到了就要把棺材盖全部抬开，把死者脸上盖的白色手帕也拿开，给死者洗最后一个脸，然后用一跟白线将尸体的位置量好摆正。这时的亲人是哭得最伤心的，因为这意味着马上就会永远看不到死者的容颜了。这一切准备好后，“八大金刚”（专门负责抬棺材的八个壮汉，平时他们会分工干其他的事。）便上来把棺材盖抬起将棺材全部盖上，此时死者的儿孙们的痛哭是不难想象的，有的甚至伤心得晕倒，他们会异常心痛地扯着棺材盖不让其盖上，旁边的人便过来强行把他们拉开，然后他们伤痛欲绝地看着棺材盖盖上和合拢那一刹那死者的遗容，在此种场合，旁边很多人都忍不住伤心落泪。然后“八大金刚”便用两根非常粗大的树（源村将其叫作“伤杠”）将棺材绑好，再在两头各捆一根小“伤杠”，类似于抬轿子。然后“嗬”的一声将棺材抬起放到屋外的两条长凳上，接下来便用石灰将棺材与棺材盖合拢的缝隙糊好。等石灰干后在棺材上面盖上一床新的色彩鲜艳的毛毯，儿女们便趴在棺材上哭得死去活来，诉说死者生前受的各种苦楚以及对他们的好并叫着死者的称谓要其经常回家，甚至叫着伤心地责怪死者为什么不“应”他们，为什么就要离去，为什么不跟他们讲话了等，哀不忍听。

等到送葬的时辰到了，法师们便出来在棺材前做一节法事叫“饯行酒”，为死者饯行。做完后“八大金刚”过来“嗬”的一声将棺材抬起，然后鞭炮声再次响彻云霄，所有亲朋好友和附近的邻居们每人手擎一炷香跟在后面一起送往墓地。送葬途中每经过别人家门前时他们也会燃放一串鞭炮为死者送行。到达墓地后“八大金刚”便将棺材放在墓穴前的一块空地上（这块空地亦叫“坟坪”），法师们再一次在棺材前做一节法事，做完后“八大金刚”将棺材塞入墓穴。然后死者的儿子媳妇们跪在墓穴的左边，客人们再一次像刚来时的悼念仪式一样，跪在墓前先朝着墓里的死者拜四拜表示告别，然后对着跪在地上的孝子孝媳们跪下还礼。这一切都做完后，孝家所有人等包括其儿子儿媳以及他们的后代按辈分全部对着墓穴里的亲人九叩首，再在墓穴口抓一把黄土放入备好的盘子中以示纪念。然后人们陆续离开墓地，有些哭着不肯走的亲属由旁边的人扶者拉走。离开墓地到回到做道场的地方前儿子儿媳们便脱下麻衣，其他亲人朋友们也脱下穿着的白色丧礼服，取掉头上的“耗”。“八大金刚”中的部分人则继续留在墓地用砖头、水泥、石灰等将墓穴封好，这叫“封龙门”。

8.化财具散

送完葬后丧事并没有结束,仍继续进行,一般还会持续半天,主要是“拜十王忏”。此后哀伤的气氛也开始越来越淡。当所有法事做完后,最后便是“化财”,即将灵屋等死者死后的用品在城隍庙前烧掉。此时孝子孝媳们重新穿上麻衣,孙子孙女们及一些近亲属等也再次穿上白色丧服。化财前法师们拿着一本为孝家临时修的家谱到灵屋前“送灵”“祭灵”,家谱的封面写着“万代荣昌”,里面记载着整场丧事的大致过程与情况以及死者生卒时辰及其生前的主要事迹,然后便是死者后代的所有成员的名字。当这些完成后,便将这些灵屋、金山、银山、摇钱树、笼箱、神纸等抬往城隍庙前的一块空地上,空地上用干柴铺好并洒上汽油,然后在干柴上铺一床非常大的旧竹席,再将上述灵屋等放在竹席上。再把铺好的干柴点燃,有几个人则拖着一串很长的鞭炮围着跑圈,另外一些人则拿一把瓢舀些潲水泼向四周,为的是想吓走一些孤魂野鬼,以防他们来抢死者的东西。与此同时,客人们再一次对着燃起的熊熊大火与此前在墓地一样作最后一次祭拜悼念告别,依然是先拜四拜,然后起来再又跪下对着孝子们拜一拜还礼。此后,孝子孝媳们脱下身上的麻衣,其他亲人亲属们则脱掉丧服。一些亲戚朋友们就此开始陆续散去,各自回家。丧事到此基本结束。

9.丧事延续

化财后,死者的女儿以及她们的丈夫是不能回家的,她们还必须与死者的儿子们一起待三天,每天晚上他们一起到墓地烧“烟包”,上香,痛哭。三天之后她们也开始回家。

丧事四十九天后便是“总七”,即七七四十九天,此时一般就是叫几个法师来做半天法事,烧一些东西给死者,这时主要就是死者的儿子、女儿及她们的丈夫等人,没有什么亲戚。

这之后便是“烧包道场”。如果死者是当年农历七月前几个月去世的,烧包道场便安排在当年农历七月中的某一天进行。如果是当年农历七月或之后去世的则要安排到来年的农历七月。也是做半天法事,将亲朋好友送给死者的“包钱”(一种用白纸包着黄色神纸的包,上面写着死者“冥中受用”或“笑纳”之类的话)烧掉,祭奠死者。

然后,死者死后的第二年农历正月初一至十二,其子女是不能到其他人家里去的,也不能走亲戚,这叫“守丧”。这之后,丧事便真的宣告结束。

10.丧事变化

源村的丧事在2000年前是没有什么变化的。我们记忆中能给大家呈现出来的就是前文所描述的一切,这一切经数十代传承,未之有变。然自2000年开始,丧事中的新兴事物:乐队或戏班子开始出现。2000年是源村雀会孺人去世的那一年，丧事的变化其实就是从她死时的那场丧事开始变化的。雀会孺人共育有 7 个子女(3 个儿子、4 个女儿)。大儿子在人民公社时期当过公社会计，此"官职"虽然对现在的他影响不大，但作为村中政治精英的痕迹依然若隐若现。二儿子能吟诗作对，对算命、风水之术较为精通，村中红白喜事无他不行，堪称村中的文化精英。三儿子既是一义业人，也是一生意人，打油诗酒兴所致亦能信手拈来，佛学、经文颇为精通，大概是受二哥的影响，八字风水亦略知一二，经济头脑村中无人能出其右。所以三儿子人脉广布，朋友遍四方，堪称村中的经济精英加文化精英。三兄弟也因此在村中颇有影响，若无此三人，至少在他们队上(即自然村)，红白喜事则无法运转。大女儿和三女儿嫁给邻队的一对嫡亲兄弟。大女婿的二女儿初中毕业后大约 80 年代末期南下广东打拼，至 90 年代初期，大女婿成为村中首富，遂将其房屋卖给了源村的村庙青山寺，然后举家迁往南镇(湘北重镇)。受大女婿一家的影响与帮助，三女婿(即大女婿的亲弟弟)的三个大儿子亦于 90 年代初期南下广东，赚了钱后积累起来，到 1998 年亦举家迁往南镇。二女儿和小女儿虽财富不如大女儿和三女儿家，但家境都还不差。雀会孺人去世时 78 岁，四世同堂，其后代几近百人。儿孙后代又都非常孝顺，三个媳妇因雀会孺人一直视为己出，因此她们对其也是百般的好。因此雀会孺人在村中可谓福禄双全，命好。也正因此雀会孺人百年之后的丧事也就有各种"大操办"的预期。

村中丧事已经几十年没有突破一天半的模式了。大凡老人百年之后，子女都是按照惯例搞一天半，大概都是老人去世的第二天中午开始，第三天傍晚结束。经济拮据的有时就是一天一夜。也不知道什么时候开始，村中人谈及丧事的时候都认为只有雀会孺人或其丈夫百年之后才有"看头"(亦即丧事操办大过已往)，丧事两天两夜肯定是少不了的，至少也应该是这样，或者可能是三天三夜。久而久之，雀会孺人的几个儿子亦开始盘算，心中逐步默认丧事至少两天两夜，否则"不像个样"(没有面子的意思)。

雀会孺人于 2000 年去世。丧事也就在村中人的各种预期中搬到了前台。雀会孺人的三个儿子与他们同姓的几个大房的人一起商量后确定为两天两夜。丧事开始后，场面非常之大，据村中老人说百年罕见。三个儿子各自圈中朋友甚多，来的客人空前。场面起来了，也真是蛮热闹。村中人的目光又开始盯向村中首个"富女婿"大女婿，看他怎么送礼。大女婿素来豁达大方，送礼的钱对于他来说不是问题。看到场面热闹他也很高兴，他在镇上的很多朋友也来参加悼念。他觉得是很体面的，说明他的妻家有人，不错。因此他想的便是如何更热闹。他在南镇生活的这几年(大概是 90 年代末)，镇上的丧事中已兴起了乐队，于是他便请了一支乐队。这在村中还是第一遭。乐队自然更加热闹，一批西洋乐器加上一对超大的音响，其效果自然是很好。但是，乐队奏的仍然是哀乐，荡气回肠，催人泪下。他们除了偶尔弹奏

《十五的月亮》以外，其他时候全是哀乐，即使弹《二泉映月》，同样也让人哀不忍听。这样，乐队的独有效果加上法师们的吹、弹、奏、打、唱，整个氛围更加哀伤。

2005 年，孝发公（雀会孺人的丈夫）溘然长逝。丧事又重新排上了议事日程。实际上这场丧事与雀会孺人逝世前一样，五年来一直被村中人所谈论酝酿。大家见了上次的“世面”后，便又开始期待下一回。尽管雀会孺人去世后，村中也陆续有老人离开，但鉴于其子女的财力等多种因素，丧事还是延续原来一天半的模式，也没有谁去请乐队。孝发公的逝世又吊起了村中人的“胃口”。其三个儿子仍然与各大房支商量，商量时涉及是否请乐队的问题，因为雀会孺人死时是请了的，此番自然不好区别对待，不请说不过去，到外面说起来也不好听。当时大女婿仍然坚持他来请，但三兄弟此番则无论如何都不肯，说这是他们做儿子的事，不能再让他承担了。商量好后新的方案出台，不但决定要请乐队，而且还要从镇上请摄影师把整个丧事拍成录像，刻成 DVD 光碟。

丧事开始半天后，乐队也来了。此番情景与五年前大不相同。除了一曲改编了的不太像哀乐的哀乐外，其余绝大部分时候都是非常欢快的流行歌曲和少量的花鼓戏，还搭了个台子，简直就是一场露天演唱会。尤其是那些情歌“小妹妹我坐船头，哥哥你在岸上走，恩恩爱爱，纤绳荡悠悠”之类的让人有点不堪忍受。但孝子们虽然也照样伤痛欲绝，但对于乐队他们自有他们的看法，尽管很欢快，他们觉得无所谓。一是孝发公 83 岁高龄，此番未尝不是“白喜事”；二是这些并不是他们三兄弟想要的，这只不过是给别人看的；三是村中人早就有这个预期，至于外面乐队内容的变化如此之大谁也不清楚，没有准备。乐队来了之后，面对这种形式，村里人也只是好奇、新鲜。有些老人觉得这太不像样了，有些觉得无所谓，有些觉得热闹就行。大体上看得出老人们对这一形式是一种既反对也希望自己百年之后能有的矛盾心理。反对的是这种形式实在太欢快，有点不是滋味。也想自己百年之后有的是因为这又确实“热闹”，热闹就是面子。但不管怎么样，面对台上演花鼓戏时的小丑，台下不分男女老少都哈哈大笑。正如古人所言“亲戚或余悲，他人亦已歌。死去何所道，托体同山阿”。

时隔月余，与仁公仙逝。与仁公与孝发公一样育有三子四女，其后代家室之殷盛虽远不及孝发公的后代，但也还说得过去。与仁公的丧事一样安排两天两夜，一样请来了乐队。这在村中人看来既是意外也是必然。这或许就是村中人对乐队这一事物的看法的答案吧。

（三）桂东北一甲村的葬俗活动

一甲村为于广西东北部兴安县，与鄂东南大冶市的丰村和湘东北平江县的源村一样，一甲村的葬俗活动亦颇有特色。

一甲村的农民极其重视丧事。一般婚嫁只需 1 天，而丧事则至少要 3～7 天。丧事的礼仪极其隆重，步骤异常繁杂，参与丧事的族亲、姻亲及同村村民数量多达数百人。每逢丧事，不仅本村，甚至连附近村子里都有很多人尾随着奔丧队伍去看热闹，丧事的每个细节都会成为人们津津乐道的话题，并随之成为人们今后行动的判断依据。一位被访谈者介绍说：

"丧事要尽量办得隆重，不隆重村里人是要说的。我们村有兄弟两个，哥哥埋了母亲，弟弟负责埋父亲。轮到弟弟埋父亲时，他说没有钱，不想好好搞，其实他挺有钱，每天开着摩托在村子里转，大家都看着的。他不想好好弄，同一个家族的亲戚就说，我们凑钱给你好不好？他的两个姐姐也说要凑钱给他，但这小子就是不肯。不但没有土葬，连火葬也没有买个像样的骨灰盒，跑到街上去买了个小罐罐，第二天叫来民政局的车子就这样把丧事给办了。结果晚上的追悼会，村里没有一个人愿意去的。这样的人以后脸往哪里放呢？以后一辈子说话都没底气，在村里面都抬不起头来啊。"

正因为同村特别是同姓的人起着这样明显而突出的监督作用，所以没有人敢在办理丧事时有所怠慢，否则不仅是自己，就连自己的后代在村里都难以做人。文家村一位妇女患子宫癌去世，由于她的丈夫在她生前对她不好，这位妇女娘家的老人借口说办丧事时出殡的日子不对，硬是要她丈夫把尸体在家里放了一个星期，花了很多钱。后来又要他背尸上山，这才算了结。

由于当地流行风水与算命，死者出殡的日子自然就显得非常重要，因为这在村民的信仰世界里是关系到自己子孙后代的大事。选日子一般有两种方式：一种叫"三教一七"，就是不论日期，从人死的时候开始，不用看日子，三天出门，需要看日子的，就要一直放着，直到好日子出现，不管花多少钱。现在村里比较流行的做法是在家里放两天，第三天登山。

死者去世后的第一天要请本村的人过来帮忙，要请人去发帖，请亲朋好友都过来。亲戚里面姻亲，族亲都有。姻亲只包括两代的，族亲要包括直系血亲和旁系血亲，至少在四代人之内，也就是整个"五服"之内的。丧事这样的事情在村里是头等大事，亲戚之间无论有什么样的矛盾，只要是丧事上发了帖子，就一定要过来吊唁，矛盾也就可以趁机化解。

婚丧喜事上的人情很重，亲戚们陆续过来送礼，主要的近亲要送 500～1000 元，一般的送 100～200 元。除了礼金之外，还有礼品。以前送镜子、送匾额，现在则偏实用一些，送床单、棉被。所有礼金、礼品要专门请 3 个或以上的村中权威人士作为账房先生予以记录。

同日，还要让请来的账房先生写好白对子与大奠字。对子的写法有很多讲究，男性、女性的写法不同，死者的去世原因不同，写法也不同，此外，还要表达和概括死者一生中的所作所为。当地绝大多数是土葬，火葬难以推行。土葬用的棺木很有讲究，非常注重形状和花纹，而且在家中堂屋摆放的位置也有规矩，男性放左，女性放右，棺木前面放灵位、香坛和花圈。

第一天晚上，周边相熟的人几十里路都要赶过来，在搁堂上闹丧歌。这些唱歌的人完全出于一种兴趣爱好，不需收费。记忆力好的，多看古书的人唱歌才可以唱得好，众人都会非常佩服。许多人唱《尚书》，就是用一种固定的腔调把古代《尚书》中每一个章节的大致意思唱出来。比唱书更厉害的是"白口言"，就是用广西本地民歌的形式，用方言唱出来。著名歌剧"刘三姐"中的曲调就是"白口言"。演唱的内容完全是一种即兴发挥，你唱了什么，我马上接着你的往下唱，唱现实中的事情，唱社会上的事情，唱亡者的一生。有的人非常擅长煽情，他们一曲唱罢通常会让四周观看的人流泪不止。死者的家属即主家这个时候会请来锣鼓伴奏。当地有这样的锣鼓队，本地方的人自愿组织的，有什么丧事喜事都要过来唱的。头天的锣鼓不需收费，第二天吹唢呐的就要收钱了。

第二天选址。选址要选地势开阔的、方位好的，要请当地的风水先生来看好，今后家族的事业和运气都系于此。我们曾听说一位处事稳重、性格坚强的中年人四处都无法找到一块好地给自己的父亲安葬之后，抱住父亲的棺木失声痛哭，嚎啕不已。

经济上好的人家一般马上就要立墓碑，不好的等过两三年再立的也有。墓碑上要刻写墓志铭，写亡者一生的志向、人格、成就与遗憾。这个墓志铭一般用文言文的形式写就，言简意赅。用当地一位知客的话来讲，"那是要写得很好的，要刻在石碑上千百年让后人看的。落款处写子孙的名字，四代五代的都要写，媳妇的名字要写，女儿要写，女婿也要写，外孙不写。先已经拟好了，石匠很快就可以刻出来"。

这是我们在一处坟墓上抄写的墓志铭：

> 吾祖公旭远之厚命于光绪三十年甲辰七月廿日子时东来，殁于公元一九九一年三月初十日，于子时西归。八十有七，一生勤俭持家，为人恳切诚信。今外葬于地名村背后，群山之中翠林深处，唯恐后人久失，特请石匠刊碑使后人永祭。

当天晚上亲人们都要过来瞻仰遗容。棺木上有推槽，一推就可以合上，但却是一个死缝，再也不能开启。推槽事先用竹制的签子别好，瞻仰完毕之后卸下签子，把棺木合上。儿女这个时候就会抱头痛哭，媳妇也会痛哭，哭得越伤心就越孝顺。晚上的晚饭按照礼单上的亲疏关系排定座次做酒，如果弄错了轻重主次是会引起矛盾的。这样的正席在上山后回来还有一次。

第三天出殡。同自然村的所有男劳力特别是青壮年都要来抬棺。棺木一共是 16 个人抬，前 8 个，后 8 个，棺木不准落地，不能偏，要平稳。走在最前面的是亲友的孝礼，用绳子捆起来，并用竹子举着，上面贴着白纸，写着谁谁送的，各人的写法各有不同。跟在后面的是孝子贤孙，一般是大儿子拿灵牌，二儿子拿粮罐，三儿子拿花圈，没有的找女婿代替，没有女婿的安排其他亲戚如侄儿等。粮罐里放的是高粱、玉米等五谷杂粮，要随棺木一起埋到地下。棺木后面是长长的送葬队伍，有同一家族的亲戚，有姻亲，还有同村的村民。

我们亲历过一次出殡，这样的出殡仪式是非常让人惊奇的，因为这个原本严肃、哀伤的丧葬礼仪进行到这个时候却多出了一种游戏的况味。走在棺木前面的八位劳力会故意用各种方式难为后面比较年轻的后生，特别是在路过泥地水洼的时候，由于他们必须确保棺木不能落地，所以无论前面的人如何摆动和摇晃棺木，后面的人也一定要想尽各种办法保持平衡。这样弄过一段时间之后，后面几乎所有的人都会弄得满头大汗，满身泥浆。不过好在抬棺的人是可以轮换的，有谁看上去支持不住了，旁边马上就有年轻人去顶替。而前面的领头的村庄族老看到后面可能支持不住的时候也会提醒大家保持节奏。这整个出殡过程中的许多做法都是从古代流传下来的，充满了各种各样的象征意义。整个出殡的过程与其说是死者通往阴间的路途，不如说是全村的所有老人、中年和青年以及妇女共同参与，共同享受的一次集体盛会。通过类似盛会的不断举行，村庄的传统文化不断在村民心中镌刻，所有的村民也熟悉到了一种不能再熟悉的地步。

二、原子化村庄的葬俗活动

与宗族型村庄的葬俗活动相反，原子化村庄的葬俗活动要显得“现代”得多，其“娱乐”的特点远胜于“哀伤”。

（一）顾场村的葬俗活动

顾场村位于湖北省京山县曹武镇。顾场村如今的丧事仍然保留了某些传统的形式，但在实质内容上，人们对于丧事的重视远远不如喜事。我们在顾场村偶遇了一位 71 岁老人（男性）的丧礼。

1. 作为“表演”的丧事过程

在顾场村，老人去世后必须在家里过两夜，一般的丧事要办上三天，也要请乐队过来表演歌曲、戏曲、小品等节目。全塆子的人都要过来喝“公仆酒”。婚事上的酒席位置排序有讲究，姑爷、舅爷都要上座，但丧事上却没有这种讲究。丧事第三天，从早上七八点多开始，请来的乐队开始表演，家里人和从别地赶来吊孝的人陆续到达，先是吃饭，来一桌吃一桌（流水席）。等到中午的时候，去世老人的女儿和媳妇在乐队的陪同下上台哭丧，台下的死者亲属要给陪哭的乐队成员扔钱，“哭声越大，给的钱越多”。

吃完饭，女儿和媳妇演戏般的哭丧也已结束，有人开始在院子里铺稻草，乐队开始改唱《李天宝吊孝》。众人将老人的棺材（租来的冰棺）抬到院子中间铺好的稻草上。之后摔瓦罐、捧遗像，抬着棺材走出湾子，将棺材抬上殡车，送往火葬场火化。抬棺材时，穿孝衣的走在前面，不穿孝衣的走在后面，所有来的亲戚都要送花圈，行进队伍不分排名、前后。火化后将老人的骨灰埋在事先选好的葬址中，大多数老人生前已经选好葬址，如果是突然死亡的就埋在祖坟附近。在老人死的第一年后人要立碑，有血缘关系的直系亲属包括女儿、外孙女都要刻上石碑。

2.“热闹”的丧礼气氛

顾场村丧礼给人的感觉首先是简化，其次就是喜庆和热闹。村民没有失去亲人的悲伤，吊孝和哭丧成为一种按部就班的形式。我们事后才了解到这场丧礼中的死者原来是一位不能忍受癌症痛苦而喝农药自杀的老人。在场的村民都是死者的亲属或是同一个村民小组的人，大家都十分默契地自觉保守这个秘密，只说是生病医治无效死亡的。在这样一个特殊的背景下，丧事依然以“喜丧”的基调为主，请来的乐队除了在哭丧和出殡时唱了带有悲伤情绪的戏曲外，其余时间都在以一种小品和“二人转”的方式进行演出。主要的表演者是一男一女，大约 40 岁，穿着天蓝色、绿色和粉红色等十分鲜艳的衣服，演出的主要是夫妻俩平日里的生活以及因为生活中的日常纠纷而引来妻子管教丈夫的故事，而这似乎与丧失亲人的悲伤毫无关系。表演过程中还不时插入一些当下的流行歌曲。台下的观众几乎无人注意乐队表演，大家各忙各的，没有谁的眼睛盯着那个临时搭建的简易舞台，然而，乐队制造出的“热闹”却是人人共享的气氛。

3.“娱乐”的丧事另类功能

顾场村 7 组的丧事，成了这个小组的村民相互交流、共享“热闹”气氛的集聚地。家人、亲戚、邻居从各地赶来，更多的是为了来“玩”。我们在途中碰到从邻近的湾子赶去参加丧事的两位中年女性。其中一个妇女说，“我赶紧把衣服洗完，过去看一下，玩一下，你看隔壁这几个湾子都没有人了，都去办丧事那里耍了”。丧事上，主家门口的禾场被大致分为三个区域，除了乐队的表演场地之外，还有两个依性别而划分的活动区域：男性在舞台旁边围在一起打扑克、斗地主；女性在另一边聊天、话家常。死者的几个儿女不断地招呼来客，收礼递烟。没有人将话题集中于去世的老人，大家只是在自己的圈子里尽情地“狂欢”。丧礼的象征意义并不重要，重要的是它可以满足了自己的娱乐需求。

而在丧礼仪式上，老年人的弱势与社会地位的边缘化更为彰显。在丧礼仪式的时间上占主要比重是民间乐队的表演，但表演的内容渲染的却是欢快喜庆的气氛。它所传达的象征意义不是对过世老人的留恋和缅怀，不是对老人一生辛劳的追忆和纪念，而是对丧失劳动能力、失去财富创造本领，仅仅作为消费者的角色存在的耄耋老人离开人世的一种庆祝。简化的、走过场般的丧礼同当地的婚礼一样追求的仍是热闹，争的仍是面子。

（二）鄂中沙岭湾村的葬俗活动

沙岭湾村位于湖北省京山县孙桥镇。其葬俗活动与顾场村比较相似。

与追求热闹的婚礼一样，当地的丧礼也追求热闹。结婚是红喜事，而丧事则是白喜事。哭嫁让红喜事喜中带悲，哭丧和唢呐的热闹则让丧事悲中带喜。

当地婚嫁中的哭嫁一俗早已消失，丧事中请乐器班子和孝歌师傅哭丧，则一直保留下来。

不过这个乐器班子早已不再是以前的那个乐器班子。以前丧事中的乐器班子都是老式乐器，比如锣鼓、唢呐、喇叭等。旧时的丧事中，喇叭师父要参与行堂祭礼，这是丧事中的大型活动。孝子彻夜守灵时，会请道士（当地人直称"孝歌师傅"）前来圆夜，这期间也要动用喇叭唢呐等乐器。出丧时，讲究人家会锣鼓喇叭相送，也有启用一对太锣相送的。出丧的太锣按规定必须单打七捶之后，再连打三捶，不准有任何差错，共打十捶之后才准吹喇叭，如此反复吹打，更显哀伤气氛。

现在的乐器班子指的是能演小品、相声和舞蹈的现代管弦乐队，他们通常在丧事第二天的中午开始表演。传统的孝歌师傅则在乐队已经休息的夜半时分上场。孝歌师傅在灵柩旁唱"十月怀胎""卧冰报恩"等传统的报恩典故，哀婉的唱腔和凄楚的唱词，常使有心的听者落泪。只是半夜时分很少有人仔细听，通宵守灵的人，通常守在麻将桌旁赌博或喝酒。

丧事中的下榻、登堂、守孝、出丧（出殡）等肃穆的环节依然有，不过人们往往关注的是乐队蹦蹦跳跳的表演。丧事中各个环节的礼俗和规矩是否在行，没有什么人关注，也没有人专门指挥办丧事。虽然当地也有"丧事大于天"这一说，但这不是说的丧事的各个程序要规矩、要肃穆，而是说的丧事一定要热闹。

丧事上请乐队来蹦蹦跳跳，只图热闹。事实上乐队刚开始只闹红喜事，这已兴了 10 年，最近 3 年就搬到了白喜事上。有老人跟儿子商量，希望死后不请乐队，一是铺张浪费，二是热闹得不像话。但是儿子们不同意，办丧事不请乐队算是不正规的做法。

在现在的沙岭湾村，办丧事不请乐队的只有以下三种特殊情况：

一是惨事不请。若逝者不到 60 岁即属于惨事。惨事就不能按照白喜事的规矩办，不能"喜"也不能热闹，也就是不能请乐队。已经过了 60 岁的，则不管是喝药、上吊还是投水，都可以请乐队，按照白喜事的规矩办。

二是家中太穷，只请得起唢呐。请两个人唢呐师傅只需要200元钱，而请乐队至少需要1000元。因此，有钱的人家就会攀比，你请得起，我就请得起。唢呐也有人听，但乐队丰富的节目往往更能吸引周围的乡邻前来观看，更显得主家的丧事办得热闹。所以一般人家都会请乐队。

不过家穷不请乐队，也不会被人笑话。什么样的实力办什么样的事情，在当地，打肿脸充胖子地去攀比，反而惹人看不起。

三是基督徒的葬礼不请。基督教的葬礼不请乐队，还不准哭，不准烧纸、磕头和戴孝。基督徒认为将人看得太重，才想办得隆重，因此当地的基督教葬礼规定不准请乐队。

基督徒的丧礼被称为"追思礼拜"。报丧当天，教会就会派人来为逝者升天堂做祷告。所有前去哀悼的教徒，身穿红色衣裳，表示上天堂是极乐的事情。教徒先是绕棺材三圈做祷告，然后教会负责人和家属演讲。天黑后教徒（有时是唱诗班）开始唱歌，一人一曲，一直唱到半夜。第二轮献歌从4点开始直到天亮。其余时间放基督教的光碟，都是信主的哀乐。

但是，往往有儿子不愿意按照基督教的规矩办丧事，除非这位儿子也是基督徒。基督徒范玉珍的老伴曾信教一段时间，老人死后，范想让家庭教会做追思礼拜，但负责葬礼的三儿子不同意，认为那样不热闹，一样请了乐队和孝歌师傅。

村民不喜欢按基督徒的规矩给基督徒办丧事，因为基督教不准磕头的规矩有点不孝顺，但当地人也不会干涉其他人按基督教的规矩办丧事。因为当地人认为，基督徒办丧事有他们自己的规矩，虽然和当地的规矩不一样，虽然大家不是很接受，觉得有点古怪，但"信仰自由"。

村民认可信教自由，却又排斥基督教的追思礼拜仪式，仅仅因为基督徒的葬礼太冷清、不热闹。尽管基督教的仪式成本更低，现在还新添了免费的腰鼓队表演，但人们并不在乎仪式中有限的花费；尽管它的仪式更肃穆，但人们追求的是热闹，是吸引周边观众前来观看，是在来者的多寡中显示自己的经济实力和金钱支撑的面子。

这个逻辑与人们对唢呐和现代乐队的选择有一个共通的地方，都是讲究一个面子。请乐队是为了热闹以吸引人，进而挣得"有钱"的面子。请传统的唢呐和孝歌师父，不是为了按照传统的规矩办，不是遵守仪式背后的禁忌，仅仅是为了节约开支，是为了遵守面子竞争也要务实的逻辑。

三、小亲族型村庄的葬俗活动

曹岗村位于河南省周口市扶沟县崔桥镇，我们2007年暑假时曾在该村做过一月的田野调查，曹岗村的葬俗活动同样有特色，但当年即已开始推行火葬的情况以及火葬作为一项国家政策在当地的实践却引起了我们的关注和思考。

1. 丧事中的管事与老尊长

管事是一门中辈分最高的专门负责红白事的掌柜，管事一般都非常懂得红白事的礼仪规矩以及程序和具体办法。在管事之上还有一门中的老尊长，老尊长是一门中辈分最高、年龄最大的人，在理论上老尊长的权力大于管事，但是在实际操作中会因为老尊长个人的能力大小而有可能只是一个虚位，真正掌握一族实权的是管事，这也是一门中的共识。一个管事黄东民在谈到老尊长时说的很形象："老尊长只是给建议，相当于一个顾问，所以红白事一般都要让他知道，但不具体管，具体的事由管事来管。"所以，老尊长也很明白自己的处境，一般管事跟他报告一些情况后，他都会说行，你们去办就是，而不会真的指手画脚。

（二）丧事程序及其办理

人一死，孝子就会来找到管事，把情况通知管事，要管事帮忙操劳一切。管事知道后和孝子们一起商量埋葬的时间，一般是 3 天或 5 天后埋葬，有时也有 7 天的。然后安排报客的事宜，要报多少家客，谁去报。管事派人去通知客人，如果客人住在一起的可以派一个人去报就可以了，如果是不住在一起则去一个报一家。最后与孝家商定请吹唢呐的。

第二天管事到孝家家里去进行具体分工，包括挖坑打墓、煮饭、扎灵棚等，通知时按小门（此处指当地所说的锅底门，即户），一户一个，派人干活也是很有技巧的，派谁干合适，管事心里要有底，一旦要干活具体分工到个人，个人就按照办，一般都会听安排，不听安排的管事可以有权力教训他。一般没有不听的，一是因为管事辈分高，有威信；二是因为管事确实有一种社区性的权力，你如果不听的话下次轮到你的红白事了，他便不管。把所有事情都安排好了后，管事再去跟老尊长说一下，问一下他看有什么意见没有，老尊长一般都会说可以了。接下来就开始举行丧事仪式。

丧事开始后，做成一块牌位，放在堂屋正中靠墙的桌子上，然后村中的人和亲戚们来行礼，行礼的人一般拿点贡品放在桌子上，然后对着牌位鞠躬，一般是三鞠躬，如果是娘家人则要跪拜，要拜 24 拜。孝子跪在堂屋的棺材旁边，一直跪着不起来，闺女坐在棺材的两旁，媳妇则只负责跑腿，发东西和迎接客人，而不用与孝子一样跪在棺材旁。院子里搭有灵棚，亲人来了先围着灵棚转一圈，然后再在院子里搭的台子前对着台子上的牌位行礼三鞠躬，然后再进堂屋。一般人则不要围绕着灵棚转圈，直接到堂屋里行礼鞠躬即可。

客人来了要吃顿饭，饭根据各自情况各不相同，一般都是以馍、青菜、猪肉、牛肉为主，也有吃羊肚与牛肚的，客人吃完饭就走，等要埋葬的时候再来。吃饭一般不花多少钱，主要是抽烟要钱，烟是丧事中一笔非常大的开支。丧事一般简单的办，只需几百块钱就可以了，办得好的会花到2000元左右，规则是“穷就穷办，富就富办”。所以，有的比较穷的家庭，管事会根据实际情况来安排。比如，有的很穷的家庭，就用个大锅做一锅菜，大家就着这一锅菜吃点馍。富的家庭就会办好一点，主要是菜吃好一点，但不管怎样，吃馍的成本并不高，菜好也好不到没有边际。客人和村里人也能根据孝家的经济情况估计认为丧事应该怎样办，富的如果穷办会很丢面子，同样穷的富办也会让人笑话，同样丢面子。客人来了送点礼，原来是送布，后来大约是2000年以后开始流行用钱来代替，大概是钱比较方便。礼金不是太多，一般是一二十元，只有做闺女的要求多送，少也要送50元以上，多就500元以下，特别好的也有送1000元的。送礼有送礼的规则，双方是对等的，比如我送你10元的话，你也只能送我10元，多送了我会认为你看不起我，以为我比你穷，送少了也不行，你不能在礼金上赚我的钱。

等到要埋葬的前一天下午会请一班唢呐来，唢呐一般是一个班，价格要400元，家庭情况好一点的请两班。唢呐吹的主要是哀乐，一班唢呐的时候基本完全是哀乐，如果请两班的时候，由于两班唢呐本身存在竞争，比如拉观众，或者为下次村中丧事还能请他们而作现场广告（当然不是明说，只是通过技艺来让观众觉得下次要是自己的老人去世了请他们来吹很好），所以他们有时会要点花样，比如唱点流行歌曲，跳点现代舞，但也不至于太过分，总体还是不能脱离哀伤的情调。

一场丧事下来收支基本能持平，不会亏太多，要亏本的话，也就一两百元，也不会赚太多，有些农户会赚一点，但比较少。对于曹岗村的村民来说，丧事并不构成什么重大负担。

（三）殡葬制度及其实践

土葬是曹岗村的传统。曹岗村因为是平原地带，因而不能像南方山区一样很注重墓穴。在南方山区墓穴很重要，人还活着的时候就要挖好，有的地方叫“活人墓”，有的地方叫“生基”（在生时候的地基）。比如我们前文所叙述到的湘东北的源村。所以，南方山区的风水意识自然也就较之更为发达，在平原地带没有办法去讲究这些，最多也就分出一个东南西北的方位。除此之外就像种庄稼一样，只能讲究土质的好坏和地势的高低了，也不可能像南方山区一样先把墓挖好等着人去世，这里挖个坑是没用的，雨季一到，容易被淹。

因为经常调整土地的原因，原来土葬制定了一系列土政策。比如，选好墓穴后，要跟选中的所在土地的承包者商量好，并商定补多少青苗费，一般规定是100元。刚开始执行时是比较乱的，后来，村里统一规定一个坟头占3厘地，青苗费由生产队(村民小组)出,因而坟地实质上带有公地的性质。

曹岗土葬的习惯是逝者要与此前他们父母的坟茔葬在一起,因而客观上会占有较多坟地,有些地方,一片地中,人们一排看过去,密密麻麻都是坟头。曹岗人非常注意利用土地,所以有些人索性在自家的坟头上和沿着坟头四周栽上杨树,杨树价格比较好,长大后一棵可以卖几百元钱。有了第一人吃螃蟹,别人就相应跟进,于是开始有纠纷。为了应对纠纷,村委会就又定一条规则:凡属坟地上栽的树每根从平坟地往上算起 3 米以内的树干产权归村上,以此来抑制在坟头上和坟头周围栽树的冲动。1998 年调地后一直到现在还没有调地,土葬又因之而改变,因为长时段不调地,慢慢地人们开始不愿意别人把人埋在自己的土地里,于是又开始在自家的地里挖坟地,到现在基本上都是各自亲人去世了就都埋在自家的土地上。

坟头多了确实不好,占地是一个因素,再就是影响机械化作业,另外因为这里的坟地都是往下挖的坑,因而,雨水一多实际上是把尸体浸泡在水里,污染很大。因之,随着时间的推移,要求农民将尸体进行火化的政策开始出台。

从这个角度来看,后来火葬政策的出台是有一定道理的。但是,殡葬改革政策的执行,可能操之过急,且完全无视当地土葬的习俗,显然,这是值得我们思考的地方。

因为考虑到要节约土地、减少污染,曹岗村所在的扶沟县于 2005 年开始,便实行火葬政策,但火葬政策的实践未必是围绕此目的而执行的,它从一开始就与殡葬改革所宣扬的目标有所背离。

我们先看看火葬的费用,火葬一个人一般是 600 元,买骨灰盒便宜的是 300～600 元,贵一点的是 2100 元以上,此外还要送点礼给火葬场负责火化的,否则尸体还有可能烧不透等问题,所以火葬一个人的费用至少要用到 1000 元以上。在当地,人去世后,会在家里停 2～3 天,或者直接打电话到火葬场,火葬场的人派车来拉,尸体拉去火化了以后,再由家属自己拖回来,然后再按照传统规矩办理丧事,丧事完了之后,村民还要把骨灰盒放在棺材里重新土葬。土葬规矩和占的坟头面积与前述实行火葬前完全一样,没有任何区别。

这是按照火葬政策来办事的,没有按照火葬政策办的怎么办呢?人死后有不愿意火葬的就把人偷偷埋掉,埋在自家地里,把坑挖深一点埋了之后把地填平,不留坟头子,然后在上面栽上庄稼,一般很难看出来。但是,偷埋是要罚款的。偷埋一个,一旦发现,当地政府要求把尸体挖出来重新火葬,且要罚款 1600 元。与此同时,当地政府还奖励举报偷埋的人,举报人举报属实可以奖励 500 元。然而,实际上政策在一步一步走偏。我们调查时,据村民说,有的地方还真有农民偷埋后被发现,然后被挖出来重新土葬的。比如,邻村张岗村就出现过一例这样的情况。

据村民介绍，对于偷埋现象，被举报最多的年份就2005年。2005年刚实行火葬政策的那一年，曹岗有6户偷埋者被举报，但在遭到罚款和疏通后就没有要求挖出来重新火葬了。

到2007年，因为偷埋的现象越来越严重，当地政府将政策潜在地放宽松了：一方面，是默认村民偷埋；另一方面，则是要求偷埋农户主动到火葬场交1600元的罚款，然后自己再去沿用原有的土葬习俗埋掉，只要交了罚款，便可以公开化地在村庄中做丧事，从而不用担心被举报。

从农民的角度来说，他们对火葬的态度是复杂的。有的赞成，有的反对。赞成的理由听得最多的就是“这是国家政策，按政策办事没有啥好说的”。还有的就是认为“国家领导人都实行火葬，农民怕什么”。也有部分赞成者认为，火葬确实有利于节约土地减少环境污染，但对于在火葬场火葬了之后仍然把骨灰拖回来再重新土葬则表示甚为不解与不满。部分村民则激烈反对，理由主要是觉得千百年来都是土葬，对于生者来说，一想到自己去世后“要被拉去用火烧成灰”就怕。当然，与2012年全市推行殡葬政策不同的是，当时因为收费政策，村民更多的是不愿意承担火葬的费用，我们前文已经对土葬习俗的费用进行了描述，显然，相较而言，火葬费用较高，增加了当地农民的负担。

进一步来说，从火葬政策推行的模式来看，我们不能排除火葬场逐利的目的。火葬的高昂费用成为一种暴利，相比于原来土葬时的丧事办理办法，火葬的费用足够农民办一场丧事。而当时火葬了之后再土葬，让农民觉得完全是多此一举，且从经济账算起来看很不划算，农民拒绝火葬的理由自然也就可以获得理解。特别是只要村民主动到火葬场交1600元的罚款，然后就可以规避政策的默许做法，更是把火葬场以及有关部门追逐因殡葬改革而产生的暴利的目的暴露无疑。

当然，总体来看，我们当年调查时并没有发现当地村民具备明目张胆地与政府博弈的能力，因而，偷埋往往就成了无奈之举。偷埋还要讲究技术，不能让人察觉庄稼地里有新坟。对于丧葬家属来说，家里亲人去世后，他们却不敢哭泣、不敢悲伤、不敢跟人说，更谈不上做丧事，这对于农民千百年来所形成的“视死如生，慎终追远”的丧葬传统文化的消解是比较严重的。

农民的偷埋与政府的博弈，就像此前收税费时政府对付钉子户一样，面对千家万户的小农，政府与农民博弈的成本毫无疑问非常高昂，这种成本与精力甚至会远胜于收税费时对付钉子户所要付出的精力与成本，因为税费的收取无论如何它是显性的，而偷埋则是一种隐性的。

火葬政策执行的当年，有关部门在人们的举报下，还能发现农民偷埋的痕迹。然而，两年过去后，农民偷埋的技术已经越来越高超，很少有人能通过发现新坟来举报违规者。以致有的农户家庭中，人去世后被偷埋了，有人即使发现这一家里面“少了人”,但谁也不敢妄自判断少一个人就是死了人,殡葬改革的执法者来检查的时候,家属大可以按走亲戚的理由搪塞,村干部一般也不敢过于违逆村民的意愿。但是,执行火葬政策的执法者人数毕竟是有限的,面对千家万户小农,他们没有足够的精力去推行这一政策顺利实施。因此在初期,这一政策的实施,还给村里添了不少“笑话”。据说,曹岗村西北角一老人有六天没露面,邻居还以为他死了被偷埋了,结果他突然出现时,村民很诧异,只好开玩笑说“你还没死啊?”

原来可能因为收取税费多,一口人多交几百元钱或几百斤粮食,因而农民从经济账上会考虑偷埋的成本。但是现在取消农业税后,这一考量已不会存在,且粮食补贴又是按田亩补贴的,所以也不会影响农民的所得。传统的反对火葬的观念的存在与对火葬与偷埋的经济成本的考量使得偷埋成为必然。因而靠举报是不现实的,举报一少,火葬场的利益自然受到影响,所以第一年火葬场可能红红火火,过了两年农民博弈手段的加强就会迅速使得火葬场的“生意”下滑。但火葬场毕竟不是“吃素”的,经过博弈的失败后又出新招,那就是“死人指标”的出台。

从 2007 年开始火葬场和有关部门开始在当地实行“死人指标”制度,要求每个村必须要有多少个死人。指标的制定,是按照没有实行火葬之前每村的死亡人数算出一个死亡率,根据死亡率和现有人口推算当年每个村应该要死多少个人,然后根据到火葬场火葬的数目实行核算,没有完成指标的,火葬场对村里进行罚款。每个指标 1600 元,与偷埋的罚款相同。比如曹岗村 2007 年的“死人指标”是 16 人,如果当年只有 10 人去火葬,剩下的 6 个指标的罚款就要由村级组织来出。

但是,同样的道理,也为村级组织同火葬场和有关部门提供了博弈的手段,原来没有取消农业税之前,“死人指标”肯定能够生效,火葬场可以通过乡镇一级从返还给村一级的提留款里面扣掉罚款,但 2007 年时已经取消农业税了,也没有了所谓的提留返还款,因之,对村一级的罚款也就不可能有来源,对于没有集体资产的村级组织来说,更是如此,因而罚款事实上会变得毫无意义,村干部对这种“死人指标”政策也根本不予理会。当年调查时,还记得村主任笑说:“现在上面转移支付给村一级的财政,除村干部工资外,其他已经全被乡镇一级罚完了,这点转移支付还不够乡镇罚款,自然轮不到火葬场。”

当然,当年的火葬政策在当地的推行及因此而衍生出的诸多笑话,因为没有任何媒体披露,并没有引起重视。谁也没有料到,这种早就开始尝试在当地农村推行的殡葬制度,会在 2012 年时因为全市的平坟复耕运动而陷入舆论风暴的旋涡之中。

四、一些讨论

(一)宗族型村庄葬俗活动中的公私观念与村庄记忆传递

丧事可供研究的内容很多,如其功能以及仪式的意义、象征符号等,这些领域在既有的人类学、民俗学、社会学研究中均有所呈现,因此,本报告并不想重拾这些话题,而试图从另外一个角度阐释丧事民俗活动中所呈现出来的农民的公私观念及其行为逻辑。进一步,我们可以藉由此研究来认识和把握村庄本身。

如果抛开丧事民俗活动,我们会发现,关于农民的公私观念的研究,倒不是一个新话题,但如果将这两者结合在一起考察则有其新颖性。60多年前,费孝通先生在《乡土中国》里说,对于中国人来讲,一说是公家的,差不多就是说大家可以占一点便宜的意思,有权利而没有义务了。因此,在某些公共事业中,就会形成劣币驱逐良币的现象,公心往往容易被私心驱走。私的问题说到底是个群己、人我的界线怎样划法的问题。进而,费老由此讨论到这种私的观念与我们的社会结构的关系,认为我们的乡土社会是一个差序格局的社会,人们以"己"为中心,像石子一般投入水中,和别人所联系成的社会关系,像水的波纹一般,一圈圈推出去,愈推愈远,也愈推愈薄。人们的公和私的观念也因这社会结构而显得具有极强的伸缩性。[①] 基于伦理本位、差序格局和特殊主义的逻辑,中国农民的行动逻辑特别注重公私的差异。私的界线往往止于核心家庭,而非个体。因此,中国传统社会是一个双层结构,即由核心家庭和超出核心家庭之外的两重行动单位组成。[②] 在私的范围内,中国人是无私的,是"各尽所能,各取所需"的,而在超出私的公的范围内,中国人又是自私的,是只讲权利而不讲义务的。因此,公私观念构成了中国人行动逻辑的深层基础。与传统中国社会不同,当下中国社会对私的定义有了重大变化,私的范围仅限于核心家庭内部,原来在传统社会超出核心家庭之外的诸如宗族等相对于国家的私的单位现在则往往是一个公的单位。[③] 已有研究给我们的启发就是,透过农民的公私观念可以窥探社会结构,或者发现一个社会中人与人之间的交往规则体系。

就本报告所呈现的丰村、源村和一甲村的丧事民俗活动来看,丧事中所体现

---

① 费孝通:《乡土中国·生育制度》,北京大学出版社1998年版。

② 贺雪峰:《公私观念与中国农民的双层认同——试论中国传统社会农民的行动逻辑》,《天津社会科学》2006年第1期。

③ 贺雪峰:《公私观念与农民行动的逻辑》,《广东社会科学》2006年第1期。

出来的公与私是很有意思的现象，这一现象的直观感觉就是公的逻辑在这些村庄尤其如丰村和源村要盖过私的逻辑。宗族型村庄的公与私在我们看来都是具体而非抽象的，丧事在他们看来就是公事。而一旦成为公的事情，公的逻辑就开始起作用，就能支配人们的行动逻辑。因此，无论是请房头长，还是请房头客，或报丧时请其他村民，哪怕是此前两家有仇，但在丧事这一公事上，私人的恩怨首先要放在一边，而先要服从丧事本身的需要。

所以，丰村村民和源村的村民都说，“死人事大”，“再大的事能大过死人的事吗?”换句话说，就是公的事情为大，死人之事即丧事本身就是公事，既是死者所在家庭的私事，但更是死者所在家族特别是房头的公事。既然公事为大，那么当公事与私事相冲突时，私事暂时要让位于公事，等公事处理完后再由个人处理自己的私事。公大于私成为丰村等宗族型村庄村民的一种常识，这在丧事中表现得如此明显，但为什么公能成为一种常识呢？或者说，公凭什么在丰村等宗族型村庄就可以大过私？比如我们在湖北京山农村如前述顾场村和沙岭湾村就会看到相反的逻辑，即往往有私大于公，公碰到私时更多的是公让位于私，因此，京山农村私德往往异常发达，公德基本趋于无，也因此我们对京山农村的感觉才会有像阎云翔对黑龙江省下岬村的感觉那样，即村子里往往有大量无公德的个人。而丰村等宗族型村庄显然有大量有公德的个人存在，私德不能说没有，但私德是以不危害公德为前提的，也就是说，侵害公的私是无法在丰村等宗族型村庄中生存的。公德的发达，私德的可控，或者说公能起作用，私可控，其背后的原因在我们看来是宗族型村庄的社会记忆传递机制在起作用。

社会学和人类学在讨论集体记忆怎样保持与传递时有一个专用名词，叫“社会记忆”。它实际是根据涂尔干的学生哈布瓦赫提出的“集体记忆”这一名词转变而来的。受其老师涂尔干的“集体意识”这一概念和分析视角的影响，哈布瓦赫将“集体记忆”定义为一个特定的社会群体中的成员对往事共享时的过程及其结果，他把记忆看作是一种集体的社会行为。他认为现实生活中的社会群体都具有与其相对应的社会记忆，或者说是集体记忆。他把社会交往及群体意识所需要得到的该记忆的延续性，看作是保证集体记忆得以传递的条件。[①] 在社会记忆研究领域集大成者当属美国著名人类学家保罗·康纳顿。保罗·康纳顿的贡献在于其着力考察了社会记忆是如何传递的。康纳顿提出了社会记忆的传递是通过仪式性的操演来传递和维持的观点。[②] 他因此认为“纪念仪式”和“身体实践”是两种

① 刘朝晖:《社会记忆与认同建构:松坪归侨社会地域认同的实证剖析》,《华侨华人历史研究》2003年第2期。

② [美]保罗·康纳顿:《社会如何记忆》,纳日碧力戈译,上海人民出版社2000年版。

最重要的传递方式。

就宗族型村庄来说，我们认为其社会记忆的强烈在丧事中的表现就是很多事情上近乎不讲道理，事情本身就是道理，为什么如此？因为事情一直以来就是这样做的，就是这样传递下来的。这在一个宗族型村庄中尤其突出，可以说祖先崇拜浓烈的村庄中的丧事与婚事都会比较全面地表达这一社会记忆如何传递的实践原理。也正是因此，宗族型村庄的村民才会不断地说，“这是传下来的”，“这是习惯”，“这是祖上的规矩”，因为它们本身就是在这些仪式中不断操演和身体实践叠加出来的，老一套的规矩已经内化到他们心中了，是他们的一套价值规范。一个人一旦从小到大就生活在这样的仪式操演与身体实践的场域中，他对于某些观念和事情的做法就是从已经内化的角度来考虑的，这种考虑本身已经沉淀为个体的知识体系，不需要理由。举例来说，宗族型村庄丧事民俗活动中，端像这一仪式之所以如此安排人员秩序，自有其道理，它所反映的是宗亲关系的安排，重宗亲的社会里，男权往往是彰显的，而女权往往是压制的，这种彰显与压制并不会时刻表现在日常生活中，而会在重要的仪式中表现出来。仪式的力量就在于其能够通过身体实践与具体的操演表达传递给生活在仪式中的人们，并将仪式进行传承，社会记忆亦由此保持和传递。实际上，不仅仅是端像这一仪式，可以说整个丧事中的所有仪式均在传递着村庄的社会记忆。如做斋，这种活动一旦反复操演形成地方性共识后，就不断地通过操演者本身的身体实践而传递下来了。否则，谁也不会去想到，是否做斋或是否烧灵屋会与死者有什么关系，但因为整个丧事操办中的做斋活动建构了一套意义体系，这套意义体系会映射到人们的头脑中，因而，他们会将这种头脑中被映射到的规范内容与现实生活中的实践联系起来。当发现有什么事情不符合常规时，他们会想到这是否与自己没有做斋或没有烧灵屋有关系。又如取水和过桥，宗族型村庄在设计这一活动时特地强调了行走路线，这种路线的安排从来就是这样，并不会有人因此而反着来。但路线的固定并不仅仅只传递路线本身是如何的，而是把因路线固定的规矩背后的文化内涵传递下来了。对于公与私的关系亦是如此，公和私本身就在宗族型村庄的日常生活中以各种仪式操演与身体实践的形式延展，因此，公私关系本身就成为一种被传递的社会记忆，或者套用布迪厄的话说，也可以称之为村民的一种惯习。

（二）原子化村庄葬俗活动的去神圣化

按中国人的传统，丧事通常是隆重而肃穆的，它沟通的是阴阳两界，活着的人也可以从其中获取生存的意义，对生命的敬意。他有着严格的规矩和成套的程序，其中的任何一环，都需经验丰富的长者来指挥孝子贤孙，小心翼翼地完成，一个细节上的差错即意味着数日、数月的不安，甚至成为日后所有关于家庭乃至村庄生活不幸的缘起。

但这里原子化村庄的丧事没有神圣性，人们没有对另一个的世界的丰富想象，丧事也就只是一个普通事件。当地的抬丧（将棺木从家中抬到墓地）原本有许多讲究，都已为人们所遗弃，就因为"穷讲究"太麻烦。请来的重复的仪式传达的是传统文化的内涵和意义，顾场村人和沙岭湾人要的就是打破传统。

丧事中不仅没有神圣性，连公共性也在丧失，作为白喜事的"热闹"似乎难以再吸引人们的关注。

人们为了热闹请了乐队，乐队却渐渐浑身乏术了，当地人觉得丧礼上的乐队也不新鲜了、不热闹了。毕竟，这个乐队和红喜事上兴了10年的乐队，是同一种乐队，而红喜事早已添加了新的热闹原素（恶俗的玩脸）。现在丧事上增加的小品和跳舞，即乐队为吸引观众而增添的新形式。但这远远跟不上当地人对形式变换的要求，丧礼因此怎么也不如婚事热闹，进而显得冷清了。

当地婚丧仪式至少有两点要深究：一是外来仪式被当地人接纳的过程；二是变换的仪式总是"过期"、让人觉得没意思的原因。

村庄接纳礼俗的过程，首先是城市的示范作用，是外面世界的示范作用，而不是由内而生的渐进式的并更。丧事中请乐队同样是来自天门、县城的风气。

当地人有一套进化论的科学观。他们认为丧事上欢快地歌舞是进步——"是正确看待生老病死，死亡是自然规律"，"人是应该死的，人是新陈代谢的产物，人活一百岁还是要死"，欢快和热闹是"将死亡看得开了"。更何况丧事上伤心的是屋里头的姊妹，其他人无所谓。大多数人都可以接受老人死后是"回家"，是上天享福，死后不用劳累，丧事当然需要热闹的解释。生老病死当然是无力回天的自然规律，但中国人一向看重生和死，无法在生死之事上超脱，因此将预示着新生的婚事和人生终结的丧事，当作人生两件大事，两者都必须隆重操办。不过乐队的表演过于喜庆，这是老人们无法习惯的地方。只是老人们往往会认为原因在于自己接受新事物太慢。

人们将死亡"看得开了"，一如对火葬的安然接受。1982年起，孙桥地区实行火葬。人死之后即在家中停丧三天，出丧时用拖拉机或者汽车运往京山火葬场火化，领回骨灰后接着举行出丧、入土等仪式。在调查中，不仅是沙岭湾村，在其他村也听到"人死后若不火化，会有臭味污染环境"的说法。人死后并不会因为火化而感觉疼痛，土葬后也是一样是成为泥巴……恐怕这不是其他农村相信未知世界的老人所能坦然接收的。

顾场村人和沙岭湾人一直由外来的文明和先进主导着，婚丧仪式的变迁也由外界一下子冲人村庄内部。当地人似乎没有自己主导的判断，尽管他们也有心理上的不适应，但往往会以外来的、上面来的为标杆，调整、"端正"自己的态度。这个外界是城市代表的先进，是市场带来的时兴，是国家话语中的科学。

原子化村庄在葬俗活动中的这种去神圣化和将原本哀伤的丧事活动娱乐化，背后实质上还反映了他们的生命观和死亡观。我们知道，儒家传统都是讲究“事死者如事生”的，也讲究“慎终追远”。但是，像顾场村和沙岭湾村这类村庄，将丧事这类葬俗活动娱乐化，背后反映的是他们对生命的蔑视，是一种十分功利的死亡观。这些内容与宗族型村庄的表现是颇为不同的。因此，在日常生活逻辑中，顾场村和沙岭湾村这类原子化村庄，其公与私的逻辑也较之丰村、源村和一甲村等宗族型村庄不同。一般来说，原子化村庄中是私德极度发达，而公德很差。由葬俗活动而所直接表现出来的一种恶劣后果是，这些村庄的自杀现象尤其是老年人自杀现象特别严重。

（三）火葬政策的实践与后果[①]

虽然推行火葬的目的是“节约殡葬用地，革除丧葬陋俗，提倡文明节俭办丧事”[②]，但火葬政策的实践未必就按照此目的而进行。我们前文在叙述小亲族型村庄的周口市扶沟县曹岗村的葬俗活动时曾述及，在当地，人去世之后，打个电话给火葬场，那边就会派车来拉去县城火化，然后自己再把骨灰盒拿回来。然后还是按照传统的土埋方式下葬，骨灰盒也还是要放到一个大棺材中，也还是留着和原来一样的大坟头。只是多了一道工序——拉去火化，同时多花一笔钱——火葬费用 300 元，骨灰盒 600～1000 元不等（贵的有 2100 元），再加上路费、送礼之类的，一个火化下来至少都在 2000 元以上。只要火化了，回来后随便你怎么埋，大操大办、墓地大小都不会有人管。对此村民也都看得很明白：推行火葬并没有节约出土地，“死人还是在和活人争地”！

如此而来的火葬推行，对于人们生死观念、生命意义与体验，以及对作为共同体的村庄，都产生了复杂影响。

为避免罚款或火化，有人去世后，亲人首要考虑的是怎么样不声张出去，然后就是如何尽快偷偷埋掉，连哭都不敢哭。为了避免“夜长梦多”问题的出现，往往是死的当天就下葬，有时甚至“人还没变凉就埋了”。埋在自家地里，并且还要埋的技术高超、不易为人所察觉，不能留下什么痕迹，留坟头是更加不可能的了，以免被人举报或者被搜查出来。

一个与自己有血缘关系的、同自己一起生活过多年的、对自己的人生有重要

---

① 李德瑞、刘燕舞：《火葬政策的国家实践与村庄后果》，《华中科技大学学报（社会科学版）》2008 年第 1 期。

② 参见《殡葬管理条例》，1997 年 7 月 21 日国务院令第 225 号发布。

影响的人，去世了也就这样悄无声息地偷偷埋掉，这对农民千百年来"视死如生，慎终追远"传统的消解是根本性的。人去世了之所以要办丧事，最基本的是能够表达亲人内心深处对死者的重视与怀念，也是对死者人生价值的一种肯定，更是对生命的一种重视和敬畏，可以让活在世上的人保持内心的一种神圣感，让老人在晚年也怀有一种希望和寄托。而现在却因偷埋而把这一切也都偷偷埋葬掉了，老年人即使不怕"火烧"，也会因此而不再抱有任何希望或寄托。恐怕连后事的嘱咐都不用了，因为根本就不知道他死了后是马上偷偷埋掉，还是被拉去火葬场泼上汽油烧掉，运气不好的，还可能要在埋了之后又被挖出来拿去火化呢！作为儿女亲人的也不知道，最后烧出来的那一把灰，到底是不是自己亲人的、到底是不是值得珍视的，很多事情他们心里都没有谱。

丧葬，从根本上说不是为了显摆给活人观摩、不是为了证明生者能力的一个活动（虽然很多时候被操作成了那样）。丧葬仪式有很多影响，它是个可以动员起群体力量的事件，通过参与这种具有一定公共性的活动，人们之间加强了互动与联系，从而使生活在村庄里的人有那么一种共同体的感觉。

以前，哪家死了人了，整个村庄（2700 多人）都会知道。因为那喇叭一响，每家都会知道。现在，（村庄）后面的人死了前面的人不知道，前面的人死了后面不知道。还发生了个笑话，说村里有个老人，有很长时间大家都没怎么见到他，还都以为他死了呢。过了一个多月他又出现了，还站在路边跟人打招呼，令见到他的人都吃惊不小。

丧事不办，是导致村庄人际关系疏远和陌生化的一个原因。如今的村庄，村民自己也觉得是"有 20%的人见了面不说话"。大家平时都"自己过自己的日子，自家吃自家的饭，谁也不过问谁"。不仅不过问他人，连他人的闲话也尽量少说或不说，自己管好自己的事。遇到事了尽量不求或者少求别人，不轻易向他人张口。"谁家都有饭吃，谁求谁?"就算生产之中的互助，现在一般也都是要出钱请工，为的是"不成人家的情"。因为"现在都是经济社会了，啥活都有人干"。人与人之间关系的疏松化已成为一个趋势，即便是亲人之间也没那么亲近了，父子关系也都淡漠了。

虽然这并不完全是由火葬政策下的不办丧事和偷埋引起的，但实行火葬也是导致这种情况的诸多因素之中的一个。并且，火葬的推行方式（比如火葬场在每个村设有秘密的线人、举报人）也在进一步瓦解村民之间以及村庄对外界越来越低的信任度，这也会进一步加剧村庄的原子化。

也许，在火葬推行过程中而出现的大量偷埋，才真正起到了节约土地的作用——偷埋没有坟头，埋了和没埋一样。如果不考虑此项政策推行过程中的部门利益的话，这才是真正想要达到的效果，亦是颇具有讽刺意义的效果。

至此我们可以清晰地看到火葬政策及其实施的演变轨迹：为了节约土地、树立殡葬新风而推行火葬，规定上并没有强制——许多地方实施起来了就强制推行，并且部门利益严重，推行措施简单粗暴，也并没有节约土地——农民由于思想或经济原因就选择偷埋——因偷埋被发现后要罚款，农民不得不取消丧事——顺应偷埋趋势的规定：自己主动交了罚款就可以不火化，就可以办丧事——利益冲动下的计算是不考虑社会成本的，这种利益冲动下的计算既包括部门的利益考虑，也包括农民自身的理性考虑——农民为了少花钱，就尽量简办，或顺势不办丧事——在这种情境下大家也都能够理解和认可，作为当事人的老人、他的子女亲人，以及村庄里的人，都认可了偷埋或者不办丧事——人们生死观念、生命意义的体验和理解受到冲击、发生改变；村庄作为生产、生活、归属与认同感觉的共同体概念，逐步被消解——最后火葬由一个节约土地的政策出发，变成了捅进村庄生活心脏的一把刀，成了分化、瓦解村庄社会联系、消解人们灵魂归属和生命意义的一种破坏性力量。

火葬推行对村庄传统与规范的消解，及其推行过程中的国家与底层互动方式的变异与错位，乃至它对农村社会造成的负面影响，可能都不是该项政策的初衷。但是它的这种后果、导致该后果的内在逻辑，却不能不令人深思。

应该说，这不仅仅是由于政策不合时宜或荒唐可笑所至，也有政策实施过程中的一些扭曲、变异所产生的消极影响，比如部门利益驱使下的变通规定和不合理收费，以及村庄公共事务无人过问而致使骨灰盒拿回来还是得埋葬的情况。村民也说，如果火葬费用适当调整，不要收得那么不着边际，每个村设立一个专门存放骨灰盒的地方，他们就可以在更大程度上接受该政策。要知道，其实农民也并不是简单地守着传统观念不放、非要坚持土葬不可的人，他们对国家政策及其目标的认同程度之高超出了我们的想象，他们很能够理解和支持国家节约土地的目标，只是在操作过程中令他们感觉自己对国家的支持和理解好像变了味，实际上不是那么一回事，感觉好像被“忽悠”了一样。

此外，火葬只是国家诸多政策之中的一项，是国家及现代性观念在农村切入的措施之一。然而我们不能因为它切了一刀进去，就只看到这个切面的效果。因为这一刀切进去的影响是全方位、整体性的，它对农村、农民生活有着多方面的作用，比如对对孝道观念与表现形态、对人与人之间关系、对农民与村庄之间的关系等，都产生了相当大的影响。

必须看到，农村社会本身并不是按照政策预期那样的方式来组织和运转的，也不是按照现代性预期的方式来反应和承接那样一种政策的。如果政策制定与执行时不考虑农村社会有其自身的一种反应和运作方式的话，那么不论是何种政策，其破坏性影响就会是不可避免的了。毕竟，设计或考量一项政策，不能只看它显而易见经济效益，而根本不考虑其社会成本。

2013 年度中国网络谣言与民间话语研究报告

施爱东*

一、网络谣言的特点

数字革命后的新媒体改变了口口相传的谣言传播模式。进入 21 世纪的短短 15 年间，谣言的主力平台就经历了“口头传播——手机短信——网络论坛——微博——微信”的多次转移，“网络谣言”逐步成为主流谣言形态。

口头传播、手机短信基本上是“1∶1”或者“1∶N”的传播，而网络论坛和微博的传播理论上可以是趋于“1∶∞”的传播，微信则是典型的“1∶N”的传播。数字技术的进步使谣言传播如虎添翼，网络传谣方便、快捷，新的传播手段滋生了新问题、新特征。

(一)变异性问题

口口相传的谣言比较简短，往往只传播一个故事梗概，而且还受到情绪和观点的引导，很容易发生变异，甚至每一位讲述者都提供了一则单独的异文；网络传播由于是数据传播，一篇长文也可以一键转发，在等量的传播环节中，异文大大减少，保真度甚至有可能达到 100%，这在口传时代是绝对不可能的。当然，由于网民大多偏爱短、平、快的阅读体验，长文不受欢迎，具有较好传播效果的谣言网帖，一般不会超过 2000 字。

表面上看，网络谣言在上下家之间往往通过“复制—黏贴”而完成，变异性似乎不大。可是，由于口传谣言只是面向一二知己或三五亲友的传播，传播速度和范围都不大，而网络谣言常常是面向百千网民的接踵发布，谣言接力者中不乏“更知情”“有见解”的积极传播者，网民基数大了，转手次数多了，变异的可能性也会相应加大。

总体而言，网络改变了谣言传播的介质，但并没有改变谣言传播的变异性特

---

* 施爱东，中国社会科学院文学研究所研究员。

征。对于网络谣言来说，信息传递中的任何误差都可能导致蝴蝶效应，造成谣言主题或攻击对象的严重偏离。谣言的变异是全方位的，无论是谣言的故事主角，还是谣言的主题、谣言的发生地，都会在传播过程中发生巨大变化。

（二）传播的速度和广度问题

网络时代谣言的传播速度被无限加速，谣言发布者可以“1∶凡”甚至“1∶∞”的方式群发谣言，信息的扩散速度和广度都远远超过了传统的口口相传，大众可以在极短的时间内被统一动员。

（三）谣言的数量和形态问题

口头传播是一种非物质形态的即时传播，具有一次性、不可复制的特点，传播者必须对谣言进行重述和再生产才能完成第二轮传播。网络传播却是一种物质形态的裂变式传播，谣言既可以在网络上被长时间保存、反复阅读，也可以被复制、被转发、被加工和改编，因而网民遭遇的谣言数量和频率均呈上升态势。这种态势既表现为同一谣言的反复呈现，也表现为多种异文的同时共存。

口头传播是面对面的传播，受到熟人社会的诚信制约，任何一个社会成员如果过度热衷于谣言传播和谣言生产，都有可能遭到其他成员的疏离或轻鄙。但在网络社会中，网民不仅可以是匿名的，还可以是“多马甲”的，一个谣言家可以同时戴着数个面具造谣传谣，一旦遭遇诚信危机，还可以退出、注销，或者转换阵地继续其造谣、传谣活动，因此，从事造谣、传谣活动的风险降低，谣言家数量增大。

口头传播主要有语言表述和身体表演两种形式，而网络作为一种数字化的新媒体，可以同时拥有多样化的谣言形态，除了传统文字形态的谣言，还可以有图片、音像、视频、动漫等多种谣言形态。其中图片谣言已经成为网络谣言中最流行的谣言形态之一，甚至有人将谣言编成小短剧进行现场表演，制成视频广为传播。

当然，网络也是由人主导的，无论网络谣言还是口传谣言，都要经由相同的主体——人来生产和传播。作为研究对象，我们区别了网络和口传两种不同的谣言载体，但在现实生活中，我们常常会采用口头传播的方式，把来自网络的信息转述给自己的亲朋好友；也有可能把来自口耳相传的信息通过网络发布出去。网络与现实，文字与口头之间，都是可以相互转化的。

另一方面，由于口传谣言与网络谣言的主要传播群体并不完全一致，这也导致了部分谣言在网络世界和现实生活中存在巨大的隔阂。

网络谣言走入现实生活的另一条渠道是官方媒体。网络谣言一旦成为热门话题，引起了记者的注意，很可能会被当作新闻选题，从而成为官方媒体的报道对象。谣言一经媒体报道，就等于将网络谣言渗透到了非网络用户，进一步加强了网络谣言的巨大影响力。

进入21世纪以来，网络文化日益强势。原本口口相传的民间传闻，除非是过于地域性的小众事件，绝大多数都会投射到网络世界。所谓信息革命，实际上就是信息平台的革命，数字化信息中介无疑已经成为了人类思维的新中介系统。尤其是微博进入中国之后，极大地刺激了网络谣言的生产和传播，职业谣言家的出现，为网络谣言的生产和传播带来了巨大的不确定性。

二、警惕和制约谣言是对公民权利的保护

我们常常给谣言戴上“恶意”或者“恶性”的帽子。事实上，当我们接受一则谣言的时候，我们很难意识到它的恶意；相反，几乎所有谣言看起来都是善意的。

谣言总是会站在道德的制高点上，打着“善意”的旗帜出现在你面前，没有一则谣言从表面看来是“恶意”的。一般来说，人们只向自己亲近或信任的人传递谣言。在微博上，则表现为向自己的粉丝传播谣言。所以说，谣言的传播对象总是某一共同体内部的“自己人”，谣言就在一环扣一环的“自己人”网络中快速流传。几乎所有的谣言家都是“善意的好心人”，传播谣言总是“为你好”。

谣言往往附带着价值观的传递。现代社会得以通行的谣言，无一例外都必须借助正面价值观得以传播。人们传播信息的过程，也是讨论信息的过程。个体在群体中传播谣言的同时，也传递出自己的价值判断，大家在信息交换的过程中，通过对同一信息（谣言）的讨论，共享着相似的价值体验。比如：对道德沦丧的声讨，对贪官污吏的憎恨，对失独父母的同情，对日本右翼的仇恨，等等。这种交换、讨论、共享的过程，其实也是不断走向对同一价值观的认同、维护的过程，谣言共享者由此逐渐缔结成一个价值观大致相近的舆论共同体。谣言为这种共同体的形成，提供了一个讨论的文本。因此，谣言（尤其是政治谣言）总是会表现出一副“为正义”“为民主”“为自由”“为国家”“为集体”“为你着想”“为了孩子”的姿态。从这个角度来看，谣言显然具有凝聚价值共同体的社会功能。

谣言家或者有明确的利益诉求，或者真诚地相信谣言，从策略上说他们都得站在道德的高地上发言，才能产生一呼百应的号召力量。他们常常被自己的道德和情感所感动，也希望以此打动受众，制造舆论以促成理想。

当然，也有部分网民认识到媒体人“过度正义感”的危害：“中国记者的社会责任感太强了，以致超越了对新闻真相的忠诚，总是急于表达自己太多的价值观，生怕读者的理性思考能力低。媒体人过度考虑新闻的社会影响，过度解读一些问题，甚至不惜扭曲真相来使‘事实’向自己的价值观靠拢，还一厢情愿地认为做了好事，其实是一种悲哀。”（@维尼 Channing）

当真相大白的时候，我们很少见到谣言家愿意承认其错误，即使传言被证明为谣言，谣言家依旧不失其道德高度。因为在谣言家们看来，他们维护的并不是谣言所讲述的事实本身，而是谣言背后的价值观念，谣言所讲述的故事可能是假的，但谣言所要阐明的问题却是“真的”，谣言的目的是正义的，追求是正当的，谣言要反抗什么、攻击什么、保护什么、弘扬什么，这些事实背后的目的不容否认。

卡普费雷认为，谣言是一种“反权力”：“谣言是对权威的一种返还。它揭露秘密，提出假设，迫使当局开口说话。同时，谣言还对当局作为唯一权威性消息来源的地位提出异议。谣言是无人邀请的自发性发言。”这段话告诉我们两个道理：谣言是不可避免的，只要存在对权威信息的不信任，就一定会产生谣言；当政治谣言盛行的时候，根本不需要追究“是谁生产了谣言”，只需要先问“谣言为什么能够盛行”。

尊重民意、尊重表达民意的意见领袖，甚至尊重意见领袖的过激言论，是一个成熟政府应有的涵养。人民网舆情监测认为：意见领袖有时能呼风唤雨，不是他们自己有什么地位或特权，而是他们代表了相当数量拥趸的心声。没有民众的意见，也就无所谓的意见领袖。因此，宽容和倾听意见领袖的发言，也是尊重民意，体察民瘼。当下社会转型期，现实问题成堆，各种矛盾盘根错节。意见领袖的批评质疑声，恰恰说明广大民众对政府推行“良政”和“善治”抱有热切期待和坚决支持。“公众之所以造谣、信谣、传谣，多数时间不是他们无耻，而是他们希望知道的一切总是被掩盖，他们希望参与的事务总是被屏蔽，他们希望得到的权利总是被代表，他们希望表达的途径总是被堵塞。因此，比辟谣更重要的是公开、民主和法治。如果做不到，就宽恕他们针对公共问题的猜测吧——只要没造成重大危害。”

但是，从感情上理解谣言，从法律上宽容谣言，并不意味着谣言具备天然的合法性。恰恰相反，由于谣言总是倾向于“否定性的命题”，多数谣言都会起到破坏社会稳定与社区和谐的作用，尤其是在各种灾难性事件、突发性事件中，破坏力表现得尤为巨大。正因为从法律上遏制谣言有可能导致“寒蝉效应”，为了保证公民的言论自由，我们更应该借助理性舆论对谣言加以监督、对冲，以免谣言造成危害。从这个意义上说，对谣言的舆论监督大大减弱了谣言的社会危害性，能够有效阻止谣言滑向法律制裁的尴尬局面，从而在实质上保护了公民的言论自由。保持对谣言的警惕，用理性制约谣言，是社会正常运作应有的舆论机制。正因为谣言不可避免，理性更显珍贵，我们可以宽容别人的非理性，但我们每一个人都不应该放纵自己的非理性。

三、"两高"《解释》对于网络谣言的司法解释

(一)《最高人民法院、最高人民检察院关于办理利用信息网络实施诽谤等刑事案件适用法律若干问题的解释》

2013 年 9 月 9 日,最高人民法院召开新闻发布会,公布《最高人民法院、最高人民检察院关于办理利用信息网络实施诽谤等刑事案件适用法律若干问题的解释》。该《解释》于 2013 年 9 月 5 日通过,自 2013 年 9 月 10 日起施行。

该《解释》所称"信息网络",包括了以计算机、电视机、固定电话机、移动电话机等电子设备为终端的计算机互联网、广播电视网、固定通信网、移动通信网等信息网络,以及向公众开放的局域网络。《解释》对于办理利用信息网络实施诽谤、寻衅滋事、敲诈勒索、非法经营等刑事案件适用法律的若干问题作出了详细的司法解释。

1.《解释》明确规定了"捏造事实诽谤他人"的情形为:"(1)捏造损害他人名誉的事实,在信息网络上散布,或者组织、指使人员在信息网络上散布的。(2)将信息网络上涉及他人的原始信息内容篡改为损害他人名誉的事实,在信息网络上散布,或者组织、指使人员在信息网络上散布的;明知是捏造的损害他人名誉的事实,在信息网络上散布,情节恶劣的,以'捏造事实诽谤他人'论。"

为了避免滥用《解释》,也为了避免"寒蝉效应",通过认真解读《解释》,我们可以从精确的字里行间发现如下几种情况不属于谣言或诽谤:(1)以举报为目的,部分失实的信息不属诽谤。网民通过信息网络检举、揭发他人违法违纪行为的,即使有部分内容失实,只要不是故意捏造事实诽谤他人的,不应以诽谤罪追究刑事责任。(2)只要行为人不明知为诽谤谣言,而是间接转发、散布的,不应定性为诽谤罪。

2.《解释》对于利用信息网络诽谤他人"情节严重"一款设定了严格、量化的入罪标准:"(1)同一诽谤信息实际被点击、浏览次数达到 5000 次以上,或者被转发次数达到 500 次以上的。(2)造成被害人或者其近亲属精神失常、自残、自杀等严重后果的。(3)2 年内曾因诽谤受过行政处罚,又诽谤他人的。(4)其他情节严重的情形。"

3.《解释》明确了适用公诉程序的条件即"严重危害社会秩序和国家利益"的 7 种情形:"(1)引发群体性事件的。(2)引发公共秩序混乱的。(3)引发民族、宗教冲突的。(4)诽谤多人,造成恶劣社会影响的。(5)损害国家形象,严重危害国家利益的。(6)造成恶劣国际影响的。(7)其他严重危害社会秩序和国家利益的情形。"

4.近几年来,网络谣言频频引发群体性事件,对于此类谣言给予司法界定已经刻不容缓。《解释》为此对引发群体事件的公共谣言进行了定性:"编造虚假信息,或者明知是编造的虚假信息,在信息网络上散布,或者组织、指使人员在信息网络上散布,起哄闹事,造成公共秩序严重混乱的,依照刑法第293条第1款第4项的规定,以寻衅滋事罪定罪处罚。"

5.《解释》对于职业谣言家的入罪标准也作了量化处理:"违反国家规定,以营利为目的,通过信息网络有偿提供删除信息服务,或者明知是虚假信息,通过信息网络有偿提供发布信息等服务,扰乱市场秩序,具有下列情形之一的,属于非法经营行为情节严重,依照刑法第225条第4项的规定,以非法经营罪定罪处罚:(1)个人非法经营数额在5万元以上,或者违法所得数额在2万元以上的。(2)单位非法经营数额在15万元以上,或者违法所得数额在5万元以上的。"

(二)《辽宁省计算机信息系统安全管理条例》

9月27日,辽宁省第十二届人民代表大会常务委员会第四次会议审议通过《辽宁省计算机信息系统安全管理条例》,自2013年12月1日起施行。

《条例》第19条规定:任何单位和个人不得利用信息系统制作、复制、发布和传播下列信息:(1)反对宪法确定的基本原则的。(2)危害国家安全,泄露国家秘密,颠覆国家政权,破坏国家统一的。(3)损害国家荣誉和利益的。(4)煽动民族仇恨、民族歧视,破坏民族团结的。(5)破坏国家宗教政策,宣扬邪教、封建迷信的。(6)散布谣言,煽动非法聚集,扰乱社会秩序,破坏社会稳定的。(7)宣扬淫秽、色情、赌博、暴力、凶杀、恐怖,教唆犯罪,或者交易、制造违禁品、管制物品的。(8)侮辱或者诽谤他人,侵害他人合法权益的。(9)法律、法规禁止的其他内容。

《条例》对于互联网运营商也提出要求:"互联网服务提供者和联网使用单位应当建立信息审核制度,明确审核人员,发现本条例第19条禁止的违法信息,应当先行保存有关记录,及时采取删除、停止传输等处置措施,并向公安机关等有关部门报告。"并给出了具体惩罚措施:"单位和个人违反本条例规定,利用信息系统制作、复制、发布、传播本条例第19条内容的,由公安机关给予警告,责令改正;情节严重的,给予6个月停止联网、停机整顿处罚,必要时由发证部门依法吊销经营许可证或者取消相关资格;构成治安管理处罚的,依照《中华人民共和国治安管理处罚法》的规定处罚;构成犯罪的,依法追究刑事责任。"

四、公安部集中打击网络谣言专项行动

2013年谣言界最值得一书的系列事件,就是始于6月份,从8月开始全面拉

开战幕的全国公安系统集中打击网络谣言专项行动。

◆6月18日，公安部召开电视电话会议，部署集中打击整治网络违法犯罪专项行动，重点打击"利用互联网从事诈骗、涉黄涉赌、侵害公民个人信息等违法犯罪活动"。自此，全国各地公安机关查处了一大批网络谣言案件。

◆6月25日，《北京晚报》等媒体相继报道《新媒体蓝皮书：网络反腐的问题十分突出，传统媒体仍是重要新闻源——微博热点三分之一是谣言》。报道称："中国社会科学院新闻与传播研究所、社会科学文献出版社联合发布了新媒体蓝皮书《中国新媒体发展报告(2013)》。蓝皮书提出，2012年以来，中国新媒体用户持续增长、普及程度进一步提高，新媒体的社会化水平日益提升，频频引发热点。"其引发网民广泛关注的信息如下：

1.中国微博用户整体呈现学历低、年纪轻、收入低、集中于大中城市的特征，高中学历以下用户占74.88%，接近3/4，学生有9387万人，是微博用户的最大职业群体。月收入5000元以下用户占到总数的92.2%。其中，无收入群体人数最多，达到9183.5万人，这主要因为学生用户是微博最大的群体。

2.蓝皮书通过对意见领袖微博的信息来源进行统计，其中转载传统媒体信息的比例最高，占48%，而意见领袖的原创帖占44%，转载他人(非新闻机构和个人)的仅占8%。

3.网络举报信息鱼龙混杂，真假难辨。网络赋予网民的言论自由，然而一部分网民或为了赚取眼球，或为了窥探隐私，或出于发泄私愤，而发布虚假信息，进行不实举报。不明真相的"围观"网民以讹传讹，虚假举报也获得很高的点击率和数量可观的跟帖和转发，使网络反腐陷入真假难辨的混乱无序状态。

4.网络反腐低俗化、娱乐化倾向严重。从近几年的网络反腐案例看，无论是经查证属实的案例，还是虚假的网络曝光，大多与"情妇""二奶""包养"等字眼联系在一起。究其原因，这样的"桃色新闻"更具眼球效应，更易形成社会倒逼，因而受到网民的热捧。

5.2012年的中国，网络谣言的传播是特别值得关注的社会现象。全年的100件微博热点舆情案例中，事件中出现谣言的比例超过1/3。3月，因"薄王"事件引发的"军车进京，北京出事"谣言使得注册用户数均超过5亿的新浪微博和腾讯微博关闭评论功能3天，另有16家网站被查处。12月，邪教组织"全能神"借助"末日谣言"蛊惑人心、牟取私利，共计有分布在16省的1300余人被公安机关查处。无论是经久不衰的灾难谣言，还是波谲云诡的政治谣言，都在2012年有了一次"狂欢式"的爆发。

6.蓝皮书认为，如果把传统谣言界定为与谣言主体有直接利益关系的少数人出于特定恶意动机而制造与传播的虚假信息，那么，当代中国社会的谣言更应该被界定为“新谣言”。“新谣言”的参与者往往与谣言的主体并无利益纠葛，在大多数情况下是虚假的，而且具有更强大的生命力。

7.网络谣言中所占比例最大的是娱乐谣言(17.3%)。其次是社会治安谣言，一共有108个，占全年谣言的16.1%，其中，一半(51.9%)的治安谣言涉及命案，将近四成(38.0%)涉及未成年人(尤其是儿童)被拐、失踪、绑架或不正常死亡，两成多(20.3%)涉及器官被盗，另有一成多(12.0%)涉及群体性事件。香港儿童被拐割肾、北京小学生被绑架取眼角膜、四川20名失踪儿童尸体被挖掉器官、河南男孩洗澡时心脏被挖、东莞女孩失踪后内脏被挖等，“儿童＋失踪死亡＋器官被盗”的谣言在中国的大小城乡落地生根。

不过，该报道引发网络热议的同时，人民网舆情监测室官方微博迅速对《北京晚报》进行了批评：“一家晚报今天头版头条对《新媒体蓝皮书》的报道标题不准确，《微博热点三分之一是谣言》容易误导读者。这部分报告由人民网舆情分析师完成，原文说的是‘事件中出现谣言的比例超过三分之一’，并非是说热点事件的1/3是谣言。比如禽流感事件中有谣言出现，但能说‘禽流感’事件是谣言吗？”

◆7月4日，《人民日报》发表《新媒体不是谣言集散地》的署名文章，提出：“应当加大对谣言打击的力度，用法律和规则来治理互联网上的谣言，净化网络空间的环境。”文章认为：“新媒体的出现，改变了信息传播的途径，重构了信息传播的结构，信息的生产和传播不再是单向的，而是在由数据织成的网络上，每个人都是一个节点，每个人都可以向这张传播的网络推送数据和信息。在这张网上，评价信息价值的标准往往是个人对信息的好恶和判断。这就大大增加了谣言传播的风险和几率。试想处在一个糖果屋的孩子，最想要的永远是最大的和色彩最艳丽的糖果，而不会在意这些糖果是否变质或有毒。”

但是，作者同时也指出：“‘风起于青萍之末’，任何谣言都有它的社会依托和背景，‘枳句来巢，空穴来风。其所托者然，则风气殊焉’。不是有网络处即有流言，而是有阴暗处即有流言。信息公开不及时，沟通渠道不通畅，管理制度不规范，是网络谣言滋生泛滥的重要原因。……在古代，辟谣也称辟邪，因为谣言如同邪说，是一种不良风气。谣言泛滥，新媒体难辞其咎，但就像那些无意间转发‘小孩走失’‘官员腐败’帖子的网友一样，他们大部分人转发的原因是善意的，是谣言的受害者。我们要加大对谣言整治的力度，用法律和规则来打击互联网上的谣言，净化网络空间的环境。同时，也不应一棒子否定新媒体在推动信息公开、化解社会危机、促进阶层互动中的作用。”

◆7月5日，在《新浪微博社区公约》一周年新闻通气会暨首都互联网协会新闻评议专业委员会会议上特别发布辟谣信号。据称，一年以来，新浪微博社区管理中心共接收到用户举报超过1500万次，其中处理了骚扰用户的垃圾广告1200

多万次，淫秽色情危害信息 100 多万次，处理用户纠纷及不实信息 200 万次。今后将建立全平台谣言公示系统，每位用户设定低信用界定线，当用户的信用被扣至零分时，该用户账号会被永久冻结。

2012 年初，微博被外界称为“谣言集散地”。新浪微博社区公约负责人胡亚东介绍，今后还将增加全平台谣言公示系统、移动端辟谣系统、谣言通知系统和谣言舆情监测系统等四套实验产品，在谣言上打出“辟谣标签”，使“传谣”过程转变为“辟谣”过程。据称，微博社区建立了独有的社区委员会制度。社区委员会参与违规行为的研判，决定具体行为是否违规。而社区委员会成员全部来自公开招募的微博网友。昨日起，新浪微博将进行新一轮的委员会成员招募。到 2013 年年底前社区委员会成员将从 5500 人逐步扩大到 10 万人。

◆8 月 10 日，国家互联网信息办公室主任鲁炜与 10 多位网络“大 V”举行座谈交流，双方达成共识，一致认为网络文化应该坚守“七条底线”：法律法规底线、社会主义制度底线、国家利益底线、公民合法权益底线、社会公共秩序底线、道德风尚底线和信息真实性底线。

◆8 月 20 日，海南省率先公布 2013 年 1～8 月打击网络谣言的成果：全省公安机关网警部门清理网上违法信息 8 万余条，其中网络谣言和虚假信息 3000 余条，落地调查发布网络谣言和虚假信息 18 人，查处网络造谣等违法犯罪 18 起，治安处罚 3 人，教育训诫 15 人；关闭违法的网站、栏目 58 个，关停相关网络账号、码号 49756 个。

◆8 月 20 日，新华网发表《北京查处一网络推手公司：编造雷锋生活奢侈情节等》的新闻稿，正式掀开了网络谣言清理行动的大幕。新闻稿称：“当前互联网上制造传播谣言等违法犯罪活动猖獗，广大老百姓强烈呼吁整治网络乱象。公安部根据广大人民群众举报的线索，部署全国公安机关开展专项行动，集中打击网络有组织制造传播谣言等违法犯罪。”

据报道，打击行动的直接导火线是网民举报有人诋毁雷锋形象。“办案民警介绍，前不久，一则严重诋毁雷锋形象的信息在互联网上迅速传播，雷锋的光辉形象迅即遭到部分网民的质疑。许多网民向北京公安机关报警，要求彻查诋毁雷锋形象的谣言制造者。北京警方立即开展工作，通过缜密侦查，一个以‘秦火火’‘立二拆四’为首，专门通过互联网策划制造网络事件，蓄意制造传播谣言、恶意侵害他人名誉、非法牟取暴利的网络推手公司浮出水面。”

据办案民警介绍，“立二拆四”等人组成网络推手团队，成立了“北京尔玛互动营销策划有限公司”，伙同少数所谓的意见领袖、组织网络水军，长期在网上炮制虚假新闻、故意歪曲事实，制造事端，混淆是非、颠倒黑白，并以删除贴文替人消灾、联系查询 IP 地址等方式非法攫取利益，严重扰乱了网络秩序，其行为已涉嫌寻衅滋事罪、非法经营罪。该公司策划操作的典型案例如如“7·23”动车事故发生后，故意编造、散布中国政府花2亿元天价赔偿外籍旅客的谣言，挑动民众对政府的不满情绪；编造雷锋生活奢侈情节，污称这一道德楷模的形象完全是由国家制造的；利用“郭美美炫富事件”蓄意炒作，编造了一些地方公务员被要求必须向红十字会捐款的谣言，恶意攻击中国的慈善救援制度；捏造全国残联主席张海迪拥有日本国籍；并将著名军事专家、资深媒体记者、社会名人和一些普通群众作为攻击对象，无中生有编造故事，恶意造谣抹黑中伤。

该报道称：“北京市公安局有关负责人表示，网络空间是公共场所，网络社会是法治社会，网民必须遵法守法。公安机关将对在互联网上有组织制造传播谣言违法犯罪活动予以坚决打击，依法惩处；希望广大网民在网络活动中坚守法律道德底线，坚决抵制、积极举报造谣、传谣等违法犯罪行为，共同维护健康有序的网络环境和社会秩序。”

此外，有记者总结“秦火火”（真名秦志晖）的造谣手法主要有三：一是夸大事实，添油加醋。秦志晖解释其编造离谱谣言的心得是：“太少了没人在意，只有无限夸大，才会有人关注。”二是捕风捉影，无中生有。这是名人攻击中最常用的手法。蓄意制造谣言，恶意中伤抹黑名人，可以提高自己的被关注度和知名度。三是请求辟谣，实为传谣。以请求辟谣的形式传播谣言，这是近年来网络常见的一种方式，秦志晖将其运用得炉火纯青。秦志晖交代说，谣言使用“肯定性质疑”的方式，表面是质疑、求证，其实是有意误导，还能给网民造成一种如果当事人不回应就是所疑事件为真的错觉。此外，秦志晖也坦承，这里还有一份侥幸心理，一旦追查下来，还可以“我也是求真相”来推脱。

“立二拆四”（真名杨秀宇）自称“中国第一代网络推手”，据说尔玛公司经营最好的时候，年收入可达近千万元。“在巨额利润的吸引下，立二拆四进入了一种恶性循环，编造和炮制的虚假事件和话题越来越离谱，越来越没有底线。他承认自己逐渐沦为一个骗子。”杨秀宇策划和制造了一系列网络热点事件，如：“7·23”动车事故后造谣中国政府花2亿元天价赔偿外籍旅客；捏造所谓雷锋生活中的奢侈情节；造谣张海迪拥有日本国籍；等等。

◆8月21日下午4点左右，一条有关成都奥克斯广场发生劫持事件，劫持者手中有炸弹的消息被大量转发：“据多位网友爆料，成都市政府附近奥克斯广场发生劫持公交车事件。劫持者可能持有爆炸物，公交车上还有多名小朋友。”随后，成都市公安局官方微博“平安成都”发帖辟谣，确认并无劫持事件发生。

经查，谣言系赖某在某QQ群内针对其他网友上传的一张照片，在没有事实根据的情况下，接连发布了“听说那个人手里面有爆炸物、车里面还有人在哭，被当人质了”等虚假消息。刘某在QQ群里看见该内容后，随即编发了“成都市政府附近奥克斯广场发生劫持公交车事件。据说劫持者持有爆炸物,公交车上有人在哭,车上有小朋友,警察已到,正在劝他。希望不要伤及无辜群众"等内容和相关照片,上传至自己的微博。该微博内容在网上迅速传播,引起市民恐慌,造成恶劣社会影响。确认谣言源头之后,成都公安机关当天就抓捕了两位造谣者。刘某因为编造、故意传播虚假恐怖信息,涉嫌违反《中华人民共和国刑法》第 291 条,被依法刑事拘留;赖某因虚构事实,扰乱公共秩序,涉嫌违反《中华人民共和国治安处罚法》第 25 条,被依法行政拘留 10 日。

◆8 月 22 日,山西省公安厅通报,在开展集中打击整治网络违法犯罪专项行动中,重点打击网络诈骗、黑客攻击破坏以及利用互联网制造传播谣言、散布虚假信息、扰乱公共秩序等犯罪活动,各级公安机关共查破各类网络违法犯罪案件 144 起,刑事拘留 49 人,治安处罚 29 人,批捕 23 人。

典型案例分为以下几种:第一是利用互联网发布虚假信息。如 7 月 4 日,忻州市网民在互联网上发帖称:"原平市某工程返工出现五六具尸体,一具要 100 万,具体情况不明。"经民警核实为虚假信息,犯罪嫌疑人杨某被警方行政拘留 5 日。第二是利用互联网进行敲诈。如 6 月 24 日,临汾市公安局网警支队接到受害人赵某报案,一男子不断打电话对其进行威胁,索要 20 万元,否则将一些信息发布到网上,受害人被逼无奈给其汇入 1 万元。网警支队通过侦查确定犯罪嫌疑人李某,并将其抓获。第三种是网络诈骗。如犯罪嫌疑人张某冒充军人在网上开设虚假军用品店,采取打钱不发货的方式,作案 120 余次,骗取人民币 2.1 万余元。

◆8 月 23 日,《红旗文稿》发表署名文章《彻底整治网络谣言要敢于打"老虎"、管网站》。文章认为,要彻底整治网络谣言,应该从以下六个方面重点努力:

1. 整治网络谣言必须勇出重拳、狠招。公安部部署集中开展打击网络有组织制造传播谣言等违法犯罪专项行动,切实维护了健康有序的网络环境和社会秩序,赢得了广大人民群众的赞许。不少经常造谣、传谣的微博"大 V"、没实名认证的所谓意见领袖等纷纷悄然删除了自己以往造谣、传谣的很多微博内容,有的甚至把原来的几百上千条微博删除得只剩下几十条,一些历史类造谣微博就是典型例子。

2. 整治网络谣言也要敢于"打老虎"。目前微博传播谣言问题之所以非常严重,一些粉丝量较多的微博"大 V"造谣、传谣等是一个非常重要的原因。因此,应敢于对微博"大 V"造谣、传谣等行为严厉打击,才能杀一儆百。为了防止相关网站出于商业利益等因素不作为,国家互联网信息办等主管部门要设立公开的举报热线,积极受理广大网民对网络造谣、传谣以及攻击党和政府的言论等的投诉。

3. 干部、学者要争做打击谣言的主力。对于那些在课堂上造谣、传谣攻击党和政府、故意为历史已有定论的反动人物翻案，并大肆诋毁、攻击我们党历史上的伟人等言行的高校、党校教师经教育仍不悔改者，要坚决将其从教师队伍中清除。

4.新闻行业要争做整治谣言的表率。要总结这些年来在推进新闻出版行业市场化的过程中忽视意识形态属性出现的“一切以金钱为中心”“一切靠点击率（发行量、收视率）说话”等错误思想，深刻剖析一些报刊、网站、出版社为了经济利益买卖版面、频道、书号等为谣言传播提供平台的巨大危害性，并对一些影响特别恶劣的单位进行严厉处罚。要求包括传统媒体和重点新闻网站为代表的主流媒体在内的所有媒体，绝对不能以未经核实的微博信息等网上信息为线索进行报道，更不应该报道未经核实的微博信息，不管其有可能引起多么大的轰动效应。

5.加大监管、全面实名和畅通举报相结合。建议有关部门应该尽快统一建立“谁建设网络发布平台谁把关，哪家网站出了问题就追求哪家网站的责任”为原则的平台负责制，并以这种平台负责制为主建立起严厉的责任追究制，无论哪家网站出了造谣、传谣等问题都绝不姑息，必须让其承担相应的责任甚至付出关门停业的代价。

6.以健全法律法规为抓手长期依法严打。要坚持对网络谣言进行长期打击，尤其是对那些在外部力量支持下煽动颠覆国家政权的所谓异议人士造谣、传谣的行为，更要坚决严惩。同时，要对造谣、传谣行为设立法律高压线，使广大网民对法律心存敬畏。所以，应该以“七条底线”的出台和这次集中打击制造传播谣言为契机，加大修法、立法的力度和进度，建立相应的法律规范、制度规范，让敢以身试法者倾家荡产、身败名裂，从根本上铲除网络谣言滋生的土壤。

◆8月24日，江苏警方成功侦破一起利用互联网实施敲诈勒索犯罪系列案件，依法逮捕利用网络负面报道获取“封口费”的网络爆料人、所谓“维权斗士”周禄宝。周在互联网上自封为时事评论人、知名写手、网络名人、专栏作家和网络反腐维权斗士，仅2012年以来，在互联网上发布攻击、诋毁有关单位和个人的帖文1.5万余篇。长期以来，周禄宝把网络当作赚人气、谋私利的工具，通过有计划地编造谣言，进行网上攻击抹黑，以达到牟取非法利益的目的。现已初步查明，周禄宝先后对20多个单位和个人实施敲诈勒索，涉及北京、江苏、浙江、广西、河北、安徽、甘肃等地。

警方查明，2011年6月，周禄宝以广西阳朔某寺庙存在欺诈行为为由，炮制《和尚吃人不吐骨头让谁蒙羞》《谁拿特权让桂林山水甲天下摇身变成桂林和尚骗天下了?》等攻击性帖文，并利用自己是多个论坛版主的有利条件，在多家论坛发表并置顶，持续一个多月每天更新一两个帖子，以此向寺庙施压，提出需要4万元人民币方可摆平此事。该寺庙被迫向其指定的银行账户打入4万元人民币。周禄宝随即在多家网络论坛发表“澄清”和“赞美”帖文，称“笔者了解事情的真实情况并非如前所写所说，寺庙所有的佛寺程序都是在自愿基础上的，没有任何的强迫现象”“寺庙每年向社会各界积极捐款，响应慈善号召，在危难关头彰显了慈悲为怀的天然本色”。

同年，周禄宝又以浙江嘉兴某道观存在“欺骗、强迫客人烧香，收取高额烧香费”为由，多次电话联系道观负责人，声称自己是网络写手，很有知名度，以此要挟该负责人，索要 50 万元人民币。为息事宁人，该负责人被迫答应其无理要求，经讨价还价向其指定账户打入 6.8 万元人民币。

办案民警介绍，周禄宝惯用的犯罪手法是在网上寻找所谓的负面信息进行加工整理，精心选定目标对象后，以在网上发布或扬言利用自己的媒体资源发布负面帖文、揭露对方隐私为由实施敲诈勒索，钱到手后即为对方进行所谓“正面宣传”。由于周禄宝打着“维权”的旗号，在网上又有一定的关注度，为其屡屡实施犯罪活动提供了便利。

◆8 月 25 日，北京市公安局新闻办证实，《新快报》记者刘虎因涉嫌制造、传播谣言被北京警方依法刑事拘留。此前，刘虎曾实名举报国家工商总局副局长马正其，称其任重庆市委常委、万州区委书记期间，在处理国企改制事宜上涉嫌渎职。

◆8 月 25 日，谣言制造者傅学胜被上海警方依法刑拘。警方查明，傅学胜系上海雷波信息技术有限公司董事长兼法人代表。2013 年 5 月，上海市某室内设计装饰有限公司法人代表黄某意外死亡。傅学胜与黄某因经济纠纷素有积怨，一直耿耿于怀，伺机进行报复。傅学胜要编造一个故事，把黄某意外死亡和最能吸引公众眼球、引发轰动效应的官员贪腐、谋杀等题材结合起来，这样既能搞臭黄某，也可攻击政府和司法机关。于是他在网上搜索并迅速锁定黄某公司所在地某副区长、公安分局长为攻击目标，像导演大片一样，编造了所谓《“情妇”举报副区长、公安分局长》帖文发布到网上，称其“贪污受贿 20 多亿，拥有 60 多处房产，包养 10 多名情妇，并杀害企业家黄某”。该谣言迅速被境内外网站、微博大量转载、评论，网民点击量逾千万次，造成了恶劣的社会影响。

警方还查明，轰动一时的中石化“非洲牛郎门”事件也是傅学胜精心策划、恶意编造的谣言。2012 年 12 月底，傅学胜因参与中石化某项目招标失利心怀不满，为泄愤报复，把矛头对准了中石化。他花数天时间炮制并在网上发布《俄罗斯艳女门续集：中石化再曝非洲牛郎门》的造谣诽谤网帖，称“中标的公司利用‘非洲牛郎’对中石化负责招标工作的一名女处长实施性贿赂，才得以中标并获利 40 万美金”。为达到轰动效应，傅学胜还专门花数千元雇佣了网络水军进行转载顶贴、恶意炒作。该网帖迅速成为网络热帖，三天内百度搜索相关信息达 11 万余条，严重损害企业形象，尤其对当事人及家庭造成了巨大的伤害。

中石化公司女处长获知谣言的幕后黑手傅学胜被公安机关抓获后，夫妻二人连夜制作锦旗感谢上海警方破案。中石化有关负责人陪同该女处长专程从北京赶到上海市公安局表达谢意。女处长表示："200多天来，我们夫妻二人一直在等待这一天的到来。因为谣言和诽谤，我和我的家人每天生活在痛苦和眼泪以及别人的冷嘲热讽中，80多岁的父母受此打击病倒住院3个多月。"

据上海警方介绍，2013年1～8月，上海公安机关已依法查处网络造谣传谣案件380余起、170余人。从查处的案件情况看，网络谣言主要呈现以下特点：一是有组织的网络水军、网络推手、网络公关公司通过发帖、删帖、炒作、造谣，制造社会热点，借机谋取经济利益；二是因个人问题编造谣言，打击报复，发泄私愤；三是一些网络"大V"为了博取眼球、赚取粉丝，不辨是非甚至捏造不实信息；四是假借"网络维权反腐"编造谣言并恶意传播。

◆8月25日，北京市公安局官方微博"平安北京"发布消息称：2013年8月23日，根据群众举报，朝阳警方在安慧北里一小区将进行卖淫嫖娼的薛某（男，60岁）、张某（女，22岁）查获。经审查，二人对卖淫嫖娼事实供认不讳。警方已依法对二人行政拘留。同日，北京警方证实，知名天使投资人、微博红人薛蛮子因涉嫌嫖娼被警方依法行政拘留。

薛蛮子被抓，是新浪微博上最轰动的新闻之一，因为薛蛮子在新浪微博的粉丝数多达1200万，是微博世界中最大的"大V"之一，也是最著名的谣言传播者。虽然官方公布其入狱的直接原因是嫖娼，但是几乎所有的网民都知道，真正导致他入狱的原因是反复"传谣"。薛蛮子承认自己是有名的"转发帝"，共计发布8.5万余条微博，其中充斥着未经核实的谣言、情绪化的调侃，还有对严肃民生问题的戏谑。

薛蛮子在向民警谈到做"大V"的心理体验时说：自己从一个退休老头，突然变成一个比影视明星还受关注的网络名人和意见领袖，在网上不管说什么都有很多人追捧转发，迅速成为一种舆论；对一些地方提出批评意见后，地方政府担心网上负面影响，反应速度很快，早上发条微博，他们一天就有了反馈。薛蛮子做"大V"的经典言论是："每天早上打开微博都有上千条求我的信息，求关注、求转发。我随手回复或转发，感觉就像皇上批阅奏章一样。转××省人民政府阅，一个私信发过去就解决问题。"薛蛮子对此颇有得色："毛主席也没这招吧？早上6点钟，毛主席也找不了，毛主席首先得找省委书记，省委找地委，地委找县委，已经是三天以后了，到我这儿一天就解决了。你说像不像皇上？还是有点像吧，批阅还是有作用的。"薛蛮子说，当"大V"的另一个好处是，即使网上有人对他发布的内容提出质疑和反驳，无须他出面，都会有一些不明真相、盲目追随的粉丝站出来替他说话，将批评和质疑"淹"了。"习惯了享受这种感觉，自然而然形成'站着说话不腰疼'的习惯,发布信息相当随意。""以前没法律规范,网上造谣也没成本,加个'求辟谣'就行了。"

入狱后的薛蛮子在谈到"两高"司法解释及网络"大V"心路时说到:"网上的声音没有监督、没有规范、没有警示,在不断的追捧声中,我的虚荣心逐渐膨胀,进而就忘乎所以,误导了网民对事件的认识和理解,引发了不满情绪的宣泄,忽视了作为一个网络"大V"应尽的社会责任,带来不良示范效应。"他说:"刚接触微博时,我的心态是小心翼翼。每天转二三十条,有时候也会加'顶''支持'这样简短的评论,甚至就是一个符号,表明一下态度。"薛蛮子早期转发的微博主要集中在他比较擅长的领域,他说自己会向消息来源了解情况,有时候修改十多次才敢发出去,不了解的内容不轻易发表意见。可为了让粉丝量和关注度不断提升,就要保持较高的微博产量。他后来每天发微博近百条,其中绝大多数都是转发,因为自己根本写不过来。"转着转着,思想上的要求就越来越放松,看到了立即转发出去,也不会去核实真伪。这样一方面比较省事;另一方面觉得反正是别人写的,就算有假要追查,自己也就是个转发者,不用承担多大责任。"渐渐地,薛蛮子的微博话题从最初的财经、慈善逐步扩展到时事、环保、历史、卫生、食品等多个领域。擅长不擅长的都要说几句,把自己打造成一个百科全书型的全能形象。

薛蛮子在向民警要来"两高"的司法解释文稿后,反复强调:这样的法规早该出台了,这是一个好的开始,网络社会在经历了三年疯狂野蛮的生长之后,出现了太多突破法律底线和道德底线的东西,亟须进行清理并建立制度规范。"成熟的网络一定需要法律的规范。网络虽然是虚拟的,但也需要秩序,现实社会不能做的事,网上一样不能做。没有监督、没有规范,只会走向反面,终究害人害己。"薛蛮子介绍,拿网络造谣传谣来说,他自己也曾是网络谣言的受害者,但咨询律师得到的答复却是"法律上很难管、没处告状",因此,这些"大V"们造谣传谣就更加肆无忌惮。薛蛮子供述,从孤芳自赏到哗众取宠,这种心态助长了他在网上一味追求网民关注,而且觉得自己是"大V"了,可以摆摆老资格了,即使说错了也有粉丝群出来"护主救驾"。"成为'大V'后,长期只听赞美,没有监督、批评、警示,就像现实社会中权力失去监督会导致膨胀一样,网络社会上缺乏制度和法律规范,一样会导致膨胀,肆无忌惮、为所欲为,这就是现在网络问题的深层次原因之一。"[①]

◆8月26日,湖北孝感安陆警方在府城办事处双龙桥附近,一举抓获涉嫌敲诈勒索的犯罪嫌疑人黄某。经查,黄某租用境外服务器,建立了 www.see315.com、www.315eee.com、www.315tszx.com 等网站,通过淘宝网购买信息自动采集软件,搜集互联网关于公司或单位的负面信息上传到自己的网站,如:"南宁某

① http://news.xinhuanet.com/legal/2013-09/15/c_117371253.htm.

医院是大骗子”“武汉××环保技术设备有限公司是个大骗子”等负面信息。相关公司和个人为消除负面影响，与黄某留在网上的QQ号联系。谈妥价钱后，向黄某的支付宝转账，然后黄某再从自己的网站上删帖或请他人删帖。

◆8月28日，湖北警方打掉了以唐某、孙某为首的武汉“十万水军”非法网络公关组织、荆州洪湖以叶某为首的“网讯天下”非法网络公关组织、孝感刘某利用“企业在线网”等两个网站收集负面信息敲诈公司财务的非法组织、咸宁钱某以删帖发帖等形式进行非法牟利的“金顺网络传媒工作室”等。2013年1～8月，湖北省公安机关共查处网络谣言案件135起，查实谣言制造者、传播者223人，教育训诫128人，行政拘留90人，刑事拘留5人。

据《武汉晚报》8月30日报道，“水军十万”网站创始人唐某在工商管理部门注册了“武汉漫山网络科技有限公司”，专司所谓的“网络公关”，即网络炒作、造谣、删除负面网贴等。网站首页上自诩为“中国最大的网络推广网站”，具备“网络事件话题、网络活动策划与管理等深度服务能力……让各类网络活动和话题成为舆论关注的中心与产品销售的集中地”，还列举了一些成功事例证明其“网上运作”的能力。该网站还自称与百度、天涯论坛、猫扑、搜狐、网易、腾讯、新浪、优酷、土豆网等知名网站有业务合作，并在网站醒目位置注明。

警方的抓捕行动定在8月23日下午3时30分，民警发现该公司藏于商住楼里，十分隐蔽，三室两厅的房间里，除了老板工作室，客厅被隔成卡座，每个卡座的工作台上放置着1～3部电脑，有台式机，也有便携笔记本，卡座前公司员工正双手敲击着键盘，忙碌着接单、下任务、收反馈、发帖子，警察的到来似乎让他们很意外，并有些措手不及。

据警方介绍，公司发起人唐某首先在互联网上搭建了“水军十万”“神枪手”两个网站。“水军十万”主司宣传，“神枪手”网赚平台，这个平台是该公司精心设计后请技术人员专门搭建的，各地愿意加入的枪手可以随时注册加入。警方发现，在该公司网站上，留有水军们的联系电话、QQ号(可以直接点击链接)，以及企业邮箱。公司营销人员在网上进行营销活动。“客户”有发帖、炒作等业务需求，可以通过电话、QQ、邮箱等多种方式与营销人员取得联系，开展“洽谈”，当相关业务的内容、效果、费用谈妥之后，营销人员便开始派单完成任务。

一旦有了任务，营销管理人员便把它分配在“神枪手”平台上，注册水军可以去接受任务，他们或者再分配，或者直接执行。任务完成后，只需要反馈相关的网络链接即可以“交作业”。平台上有每项任务的具体要求和效果，以及报酬结算的具体细节。该公司负责财务的管理人员会根据完成情况发放报酬，直接汇款至枪手账号。行动中网警还发现该公司掌控“大V”微博账号312个，可以用来传播消息、炒作网络事件，单个“大V”最高拥有160万粉丝，最低也有30万粉丝量，全部粉丝量总和达 2.2 亿。

据警方介绍，2012 年 9 月，该公司接到客户的炒作要求后，在没有任何事实依据、检测报告、客户身份不明的情况下，在网上大量炒作“某名酒存在严重的质量缺失，用工业香精勾兑酒”“某名酒用工业香精勾兑”，严重诋毁有关公司的信誉，从中获利。2013 年 4 月，应“客户”要求，该公司将外地一药品公司的商业合同纠纷，炒作成药品公司卖假药，抹黑该公司，也引起人们的不安。唐某承认：“网上提供不同的服务，收费价格不同，各种网上任务都承接，不审核，也不顾及社会效果，更未考虑是否违法。”截至被查时，该公司经营获利多达 100 多万元，但实际上，因为公司雇佣的“五毛”“枪手”众多，获利大部分都支付了工钱。唐某本想等到业务越做越大时大赚一笔，没想到还没开始赢利就被警方一锅端了。

◆8 月 28 日，衡阳市公安局以涉嫌寻衅滋事罪刑拘网络造谣、传谣者格祺伟。格祺伟曾经有过辉煌的媒体从业史。他曾在 2011 年 4 月相继发出《湖南常宁市卫生局领导班子 20 人》《网曝耒阳财政局官员挪用国资 2000 万》等多篇重磅新闻。随后，湖南省常宁市对该市卫生局领导班子组织调查，6 名副局长被免职；耒阳市因财政局挪用国资案而牵涉出系列贪腐案，其中耒阳市副市长谢志春、耒阳市开发区管委会主任资春联被双规。2011 年 5 月，他又发表《法官工作日开警车去种田》，报道衡阳某法官在工作日带领法院 30 余名工作人员，开着警车去种田，引起网友广泛关注讨论，《人民日报》也于当年 6 月对此发表专题性社评。犀利辛辣的语言风格和略带愤青的世俗情绪，无疑使得他很对当下网民的胃口，辉煌的战绩迅速使其迅速聚集了数十万粉丝，并且跻身微博影响力排行榜前 40，被媒体称作“意见领袖”。

警方查明，2010 年以来，格祺伟利用其在网络上的影响力和在媒体圈的人脉关系，与少数媒体记者勾结，大量搜集党政机关、企事业单位和干部群众的所谓负面信息，长期以记者身份，打着“舆论监督”的旗号，以在网上曝光、进行负面炒作相要挟或以删帖为名，大肆进行敲诈勒索犯罪活动，金额动辄数万、数十万元。如制造衡阳市石鼓区政府请 200 余名黑社会强拆民居谣言，挑动民众对政府的不满情绪；传播长沙湘雅医院出动 80 余名保安对死者家属进行围殴谣言，引起社会恶劣影响等；并长期将政府官员、企业高管作为主要攻击对象，无中生有编造故事，恶意造谣抹黑中伤。

截至刑拘格祺伟时，警方共掌握其犯罪线索 200 多起，已初步查证 36 起，受害对象涉及全国 10 多个省市区的企业和干部群众，涉案金额达数百万元。记者也在采访中获悉，借助传言和掌握的所谓“把柄”，格祺伟还要挟地方官员，甚至试图插手项目审批和当地组织人事安排。

◆8 月 28 日，深圳警方公布破获了广东首宗网络推手歪曲捏造事实进行炒作的案件，抓获涉嫌在网上歪曲捏造事实，有组织地炒作舆论，扰乱社会秩序的两名犯罪嫌疑人。

两名嫌疑人谭某某和李某均为高中文化水平，无固定职业。2011年，两人本来是受人雇用的网络水军成员，发现网络炒作有利可图，于是通过夸张大胆的行为艺术，在网络上炒红自己，在网络推手中形成了一定知名度后，再通过发布网帖、QQ群信息等方式，向外推广网络炒作方案。他们以“七某营销策划公司”“泰某网络传媒公司”的虚拟公司名义，为他人制定网络炒作方案，并雇用网络水军形成网络舆论热点，歪曲捏造事实，以达到非法获利的目的。据警方公布的嫌疑人炒作报价单，其价格共分7个档次：从7500元到6万元不等。最低价格所提供的网络炒作服务是“策划事件一起，记者投稿5家”；最高的则是“策划事件一起，记者投稿5家，网络发帖1.5万条，网络软文发布60个网站，视频发布600篇，微博转发2万次”。该报价表还分别注明了网络发帖、视频发布的具体网站，各大门户网站及其视频网站均在其列。其中的支付方式指明是通过网络支付。

其中一单案例为，嫌疑人受委托，雇用一男扮成“伪娘”，在深圳闹市街头坐在马桶上吃汉堡包，并“控诉”广东省某市县级领导涉嫌贪腐。由于此事富有戏剧性，引起不少路人围观，部分不明真相的媒体还进行了报道。另一起案例为，嫌疑人受委托，通过电脑PS技术拼接一名村干部头像，在网上发帖称其求包养，在网络形成一定关注度。嫌疑人还雇用网络水军顶帖，增加网络关注度。

◆8月28日，据《大河报》报道，河南省自开展集中打击网络有组织制造传播谣言等违法犯罪的专项行动以来，两个月共查办涉网案件463起，批捕131人。比如8月10日，一篇题为《汤阴挖肾团伙猖獗》的帖子出现在汤阴某论坛：“云南有一批犯罪分子来到河南作案，主要手段是在玉米地附近埋伏，等小孩或妇女通过时，拖去玉米地麻醉后挖肾！”该谣言在网络上迅速流传，引起社会极大恐慌。安阳市公安局经过一周多的努力，成功侦破此案，抓获8名谣言散播者，其中治安拘留5人，罚款1人，训诫2人。

据河南网安总队长吴晓红分析，网络乱象主要表现在三个方面：一是网上虚假信息泛滥，一些有组织的网络推手进行网上炒作和散布虚假不良信息；二是网上跟风炒作盛行，所谓“意见领袖”“网络水军”大肆炒作各种热点，部分微博“大V”为博眼球、赚粉丝，转发甚至捏造不实信息；三是网络暴力问题严重，一些网民动辄对他人使用暴力语言谩骂，甚至人肉搜索，更有少数人假借举报求证之名，捏造事实对他人打击报复。

◆8月28日，安徽省砀山县公安局发布微博：“8月26日下午16时47分，310国道砀山段305km+140m处发生一起交通事故，事故共造成10人死亡，5人受伤。事故发生后，网民于和玉不顾事实，在其个人微博上发布‘事故造成16人死亡'的虚假信息，属散布谣言，我局依法对其作出行政处罚，并非刑事拘留。”

仅仅是将 10 人误说成 16 人，就被定性为“散布谣言”？该消息迅速引起网民极大关注，舆论哗然。一个只有 200 粉丝的官微短时间就收到超过 5000 条评论，几乎全是质疑的声音。有网民通过搜索，得知于和玉是事故现场附近高速公路工地打工的工人，于和玉的微博发布于 27 日 6 时 11 分：“昨天下午 310 国道砀山段发生车祸！死 16 人，婴儿也有！”于和玉在微博中称，肇事的是一辆超载的运沙土的货车，被撞的则是一辆客车，“县书记朱学亮、王怀齐不要群众拍照”，并质疑“为什么政府不加宽、不取直该路线？”同时他还进一步爆料，交警部门收了超载车辆的“保费”，导致不能严格执法，酿成事故。“交警四中队一个人说：是县委给他们要任务一个超重车！收 8 万元钱！全年的费用！不知真假。”

网民纷纷质疑砀山县公安局是否滥用职权。有网民说：“这是要疯的节奏？网民说错了死亡数字就要行政拘留？没死人、没事故说成有，这个叫作造谣；有这件事而数字不对，这叫作信息有误。死 10 个、伤 5 个，数错了有什么大不了的？按照这个路子，‘南京大屠杀纪念馆’该拆了吧？各地报经济增长数字的官员该毙了吧？”(@五岳散人)也有网民质疑打击谣言被一些地方政府夹带了私货：“抓了个常常造谣的秦火火，于是各地积极抓造谣，但是一扩大肯定闹笑话，仔细看看这些被地方抓的，大多数涉及地方利益，比如某官员、某企业等，当反谣言成为腐败分子、违法经营的保护伞时候，保护的就是违法的利益。三聚氰胺如果在现在，会不会也抓一批呢？”(@微剑)网民“@假装在纽约”调侃说：“打击网络谣言，人人有责，请从自己做起，检查自己的网名是不是有谣言的成分。我先自我批评一下，我是真的在纽约，说假装纯属造谣，等下我就把网名改了，请不要抓我。”一万多网民纷纷跟随调侃：“这几年没怎么长大。别抓我。”(@弟弟长大真高兴)“报告政府，我不是猪。”(@一头活猪)“我只砍过九年柴。”(@十年砍柴)著名学者陈尚君也愤而发表“白居易造谣”的微博：“白居易身为人臣，且长期在翰林院工作，仅凭在仙游寺听到的不实之辞，遂恶意编造《长恨歌》，诋毁先皇帝与先贵妃之形象：春寒赐浴，娇儿扶起，纯属想当然；从此君王不早朝，更属诽谤；宫中燃烛本有制度，白居易胡乱编造，连陈寅恪都看不下去，愤而批驳；至长生殿本窦太后祭殿，远得很，编得太离谱了。”

网民发布消息，怎样才能认定是传谣？北京市惠诚律师事务所律师王兴认为：“于和玉的行为并不是恶意传谣，也不是编造虚假恐怖信息。这种讯息不实是社会信息传播和言论表达中难免出现的情况。”砀山县公安局的行政处罚决定不合理，是因为他们“没有办法认定于和玉在恶意传播谣言，也不能证明他在故意扰乱秩序”。网民主观上并无恶意地发布与事实有出入的信息，且未造成影响，应当不予处罚。

很快，砀山县公安局就发布了道歉微博："各位网民：2013 年 8 月 29 日下午，我局认为对于和玉因发帖与事实不符作出的行政拘留 5 日的处罚不妥，现已撤销对其作出的行政处罚决定，并已对被拘留人员及其家属表示歉意，在此也特向各位网民表示歉意，请予谅解。"在这条道歉微博的留言中，很多网民表示这种知错就改的态度值得肯定。

◆8 月 28 日，河北省清河县公安局拘捕一名 20 岁女子赵某。该案起因于之前民警发现百度贴吧"清河吧"网民"宁 05021"发帖称："听说娄庄发生命案了，有谁知道真相吗?"该信息迅速被点击 1000 余次，网警认为此帖扰乱了社会公共安全秩序，引发民众恐慌，遂于 8 月 28 日将赵某行政拘留。

如果这样问一句都有罪，那以后谁还敢在网上发言？如果什么都得有了确定信息才能发言，那干脆将疑问句从现代汉语中取消算了。8 月 21 日，"@人民网舆情监测室"发布"人民微评"："河北女子网上询问'是否发生命案'被拘留事件，再次引发各界的忧虑。整治谣言是一件利网利民的好事，要警惕一些地方混淆概念、突破法律边界造成'捕谣比赛'，防止谣言定性的随意化与打击范围的扩大化。诚如'@广州公安'所云：'子产不毁乡校，打击造谣，若人人噤若寒蝉，显然是噩梦。'"此帖进一步普及了"子产不毁乡校"的典故："子产不毁乡校。出自《左传·襄公三十一年》。对于乡人聚会议政的乡校，然明主张毁掉，子产不同意，他说：'其所善者，吾则行之，其所恶者，吾则改之，是吾师也。'用今天的话来说，子产把乡校作为获取群众议论政事的反馈信息的场所，而且注意根据来自公众的意见，调整自己的政策和行为。"(@全国青联委员—蔡延云律师)

更有数千网民表达了对于打击谣言扩大化的忧虑："网谣早已成为公害，打击谣言受到绝大多数民众拥护。但如果'禁谣'运动让大多数民众感觉到是'禁言'运动，就是不成功的。所以当前需要把握三条：一是不要滥抓滥捕，避免白色恐怖；二是对造谣的官媒、官员也要抓一批典型；三是要旗帜鲜明地鼓励舆论监督，彰显党和政府开明形象。"(@御史在途)"上面一个精神，下面就扩大成运动，层层加码，滥捕滥抓，最后无以复加。"(@荣剑 2010)"打击网络谣言扩大化，很自然地让人想起'唱红打黑'，采取'文革式'的手段整治网络谣言，令人不寒而栗。好事情别办砸了。要懂法、要合法，要依法办事。"(@古风同志)

◆8 月 29 日，广州越秀警方作出通报，广州一网民在网络上虚构信息、散布谣言污蔑"狼牙山五壮士"，被警方依法行政拘留。27 日零时，新浪微博"拈花笑评 223"发帖称："老师袁腾飞拍'狼牙山五壮士'电影，编剧邢野去当地了解实情，村民说：这五人只不过是几个散兵游勇土八路，来村里后要吃要喝，稍不如意就打人。由于几个人手上有枪，村民们也不敢惹。后来有人想出了个办法，偷偷地把他们的行踪告诉了日本人。日本人就来围剿了。村民故意引五人往绝路上逃跑。"

该信息引起众多网民的转发及评论，造成了很坏的社会影响。笔者曾在该微博下跟帖提示，希望博主不要顶风作案，尽快删除谣言，可惜“拈花笑评 223”拒不理会。29 日 21 时许，越秀警方在越秀区文化里某居民楼将信息发布人张某抓获。张某承认自己虚构信息、散布谣言的违法事实，警方依法予以行政拘留 7 日。

◆8 月 29 日，《新京报》发表《先否后肯，“官谣”也有大忽悠》指出：网络谣言被人人喊打，但我们同样不能忽视官方释放的虚假信息——官谣。官谣的产生根源，莫过于是急于想撇清自身污点的某些单位或个人。新华社记者梳理出一些官方“先否后肯”的怪现象，希望能引起一些不注重多听、多看、多调查，遇事善于说谎、急于否认的相关部门重视。

事件 1：刘铁男被实名举报，能源局曾称污蔑。2012 年 12 月 6 日，罗昌平连发三条微博，实名举报刘铁男学历、经济等问题时，国家能源局回应称，上述消息“纯属污蔑造谣”，称：“我们正在报案、报警，将采取正式的法律手段处理此事。”2013 年 8 月 8 日，国家能源局原局长刘铁男被开除党籍，并被行政开除，涉嫌犯罪问题移送司法机关处理。

事件 2：夜店欢迎局长光临？官方称恶作剧。2013 年 5 月 22 日，一条题为“项城一官员高调现身郑州娱乐场所”的微博被疯狂转载。网上曝出“郑州夜店打字幕欢迎项城田局长”，项城市相关部门回应称，项城市田姓局长、副局长有六七位，但这些局长 21 日都没有到郑州出差。当地还回应称，可能是一场恶作剧。结果到了 28 日，当地称经过调查，事件主角为项城市工商局副局长田洪志，当事人被免职。

事件 3：视频揭穿治超办用拳“文明执法”。2013 年 3 月 20 日，广东佛山一货车被治超执法车拦停，司机称遭执法者殴打，但佛山交通部门打人者声称“绝对文明执法”。在得知执法者打人场景被货车上装的视频装置录下后，佛山治超办才处理相关责任人并以“因调查不足匆忙回应，以至于事实存在出入”为由道歉。

事件 4：官员现身不雅照，执法局否认是同事。2012 年 12 月，有网民发帖称，在两年前捡到的一张内存卡里发现几张不雅照，并称照片中的男子是涪陵综合执法局一吴姓公务员。涪陵综合执法局随后回复称：照片中的男子并非涪陵区综合执法局工作人员。结果 12 月 4 日事情出现逆转：当地称经调查核实，互联网流传不雅照片中的男性为涪陵区综合执法局文化执法支队干部吴某，并对其立案调查。

所谓“官谣”，是指官方向外界正式发布的虚假信息。官谣是相对于“民谣”而言的。同是造谣，官与民的结局大不一样。“民谣”生产者轻则拘留，重则判刑；官谣生产者往往毫发无损，至多向公众道个歉草草了结。

中国人民大学舆论研究所所长喻国明教授在接受《新京报》记者采访时指出，

官谣产生的主要原因是一些政府部门和单位在遇到危机时，为了撇清自己的责任、维护小团体或个人的私利，而采取说谎、瞒骗等方式来试图掩盖自身错误和问题。一般民众的撒谎、造谣，的确有不良的影响，但其能作用的范围有限，而且社会有更大的力量能去纠正这一谣言。在民间谣言中，"无影灯效应"会更为明显。官谣则不同。一个掌握着国家行政权力的机构如果有意来撒谎或者通过发布虚假信息来维护小团体的利益，这种危害将远大于缺乏根据以讹传讹的"民谣"。由于官谣的发布者以政府作为信源，从眼前来说容易对公众造成误导，从长远来说是对政府公信力的消耗。

作为国家行政权力的拥有者、占据公共资源的一些机构，具有信息占有上的优越性以及排他性的权力，要是有意撒谎，或者希望通过撒谎来实现自己的一己私利的话，公众很难对其所说的话进行核实。一方面，在缺乏其他信源求证，官方发布消息又难以服众的情况下，对于公众来说，事实真相就会更加扑朔迷离。本来官谣回应的就是公众对事实的质疑，而采取蛮横的欺骗、否认态度，不仅无法满足公众对于真相的渴求，反而会加深公众的疑虑和不信任；另一方面，发布官谣的官员，也就意味着他所掌握的行政权力和执政方式都背离了执政权力本身的运行方向。这对社会造成的危害将是十分重大的，更伤害了政府自身的公信力。

要恢复社会公信力，首先就应该从政府做起。政府部门要承担起最基本的社会责任，在任何情况下，不管对自己有利不是不利都能正视事实、不撒谎、不造谣，这是现代政府的起码作为和底线要求。在一个社会中有道德感召力，拥有社会公信力，也是政府有效执政和有效带动社会发展的一个最基本的保障。

治理谣言首先应该反思，是不是由于自己的不作为或者错误作为导致谣言越禁越传？自己在发布公开信息时，是否的确披露了事情的真相？希望通过欺骗、说谎的方式来掩盖事实，用官方的话语来为个人私利做掩护，只会激起更多的舆论反弹。

谣言成为我们社会的突出问题之一，与政府信息不够公开有关系。只有让各方面的消息来源都能够没有阻碍地流通于意见市场，真相和真理都越辩越明，谣言也就难以长时间内存在。官谣这种由政府发布的误导性信息，实际上就是某些部门负责人有意误导公众。如果某一个机构的领导为了个人的私利而利用公权力为自己背书的话，他这一行为本身就是违反公务员规范甚至是违法的，应当受到行政上的处罚、法律的制裁。

官谣往往不是个体行为，而是代表组织和领导向外界发布虚假消息。杜绝官谣需要进一步完善官员问责机制。首先，发布官谣的有关责任人应当受到与恶意散布民谣的老百姓一样的惩罚，这是最起码的要求。同样，对于发布不实信息的新闻发言人也是如此。权力的运行应该公开透明，这样所谓的官谣也就没有了产生的土壤。[①]

◆8 月 31 日，湖南省湘乡市公安局依法行政拘留虚构事实扰乱公共秩序的网民王某。8 月 3 日，湘乡市育塅乡发生了一起小车与摩托车相撞，摩托车驾驶员死亡的交通事故。但在交通事故处置中，湘乡民警依程序通知殡葬服务公司按规定用专用环保运尸袋装殓死者遗体转移保存，竟被死者未到场的堂兄肖某（网名“肖敏和三先生”）异化成了“车主勾结交警”“麻袋拖尸灭迹”的传言，通过微博向网民散布：“8 月 3 日晚，湖南省湘乡市花坪镇一辆私家车撞伤一名 15 岁小孩，车主勾结交警将受伤小孩装入麻袋欲毁灭现场，被附近村民及伤者家属发现后拦下，因交警将装有伤者的麻袋直接从车上扔下，引起围观村民愤怒围殴交警，所驾警车被村民扣下，受伤小孩因延误救治已经死亡。”

湘潭市公安局新闻中心证实：“肖敏在没有到现场了解事实真相的情况下为了引起媒体和网民的关注和重视，同时给政府施加压力，以此达到提高赔偿款的目的。他在江西省南昌市通过互联网微博编发了交警勾结司机毁尸灭迹，延误抢救致人死亡，司机酒驾以及交警将装有伤者的麻布袋直接从车上扔下等虚假信息，连续发布了 8 条不实微博制造谣言，并以手机发短信的方式要求同学帮忙转发微博，通过网络恶意传播造成了不良的社会影响。”8 月 5 日，在事故过去 30 个小时之后，双方家属达成和解协议，死者家属将死者遗体搬离现场，肖某也将之前所发微博全部删除。

事情本来已经平息，谁知一天之后却又发生了出人意料的变化。8 月 6 日，肖某的微博被拥有 12 万粉丝的网民王某“@悍匪 V”附图转发，随后开始在网上迅速发酵。该微博共获得了 16874 次转发、6832 次评论。打开“悍匪 V”的微博可以看到，在他发出的 1207 条微博中，其中 90％的微博都是转发，内容也大都以负面消息为主，且内容很吸引眼球，这让他在微博上拥有了 12 万的粉丝量。正是由于他的转发，已经在 8 月 5 日就达成和解的这起事件，却在 8 月 6 日之后成为了网上热门话题。8 月 7 日，感觉事件已经闹大的死者堂兄肖某主动来到公安机关自首，表示愿意接受处理，最终被公安机关行政拘留 5 天。而网民“@悍匪 V”的微博虽然只是转发，但是鉴于造成的影响较大，警方在 8 月 31 日对其实施了行政拘留。

◆9 月 1 日，镇江市新闻办公室发布微博，公布抓捕网络恶意散布丹徒区检察院检察长柳建华嫖娼的犯罪嫌疑人。此前数日，一则题为《实名举报：镇江市丹徒区检察院院长柳建华嫖娼被曝光》的帖子在各大贴吧广为传播，引起了江苏省镇江市警方的注意。举报人自曝身份为：“刘志伟，北京北科科创科技发展有限公

① 《杜绝“官谣”，需完善信息公开机制》，2013 年 9 月 7 日《新京报》。

司负责人。"帖称："在夏天这扫黄案件频发期间，江苏省镇江市丹徒区检察院院长柳建华嫖娼被曝光，已被停职。前段时间上海法官才出现的嫖娼事件，这人竟然顶风作案，还只是停职，难道要等到风头一过再次走马上任么！身为监督官员的检察院院长竟然知法犯法，请大家关注起来，天子犯法与庶民同罪，何况一个区检察院长？每一个有责任心的公民关注起来，转起来！"

随后镇江市相关部门对此展开了调查。9 月 1 日下午，镇江新闻办官方微博称："今天下午，在网上恶意散布丹徒区检察院检察长柳建华嫖娼的犯罪嫌疑人李某被我市警方从武汉抓获。李某 1986 年出生，武汉人，8 月 25 日，冒用网名'刘志伟'多次举报柳建华嫖娼，试图索取钱财。归案后，李某对犯罪事实供认不讳。"

◆9 月 4 日，《人民日报》"本报评论员"发表《把握好互联网这个"最大变量"》，其中提到："网络是个新东西，我们要用好，这已成为很多党员领导干部的自觉。但诸如'占领天涯'的雷语、热点面前当'鸵鸟'的应对、'反正我是信了'的辩白，说明轻网、厌网、怕网等心态也还相当普遍，对网上思想舆论工作不想抓、不敢抓、不会抓的问题十分突出。""对谣言盛行、谬种流布当然要依法亮剑，但也不能因噎废食，把婴儿和洗澡水一起倒掉；遏制网络活力，同样有违中央精神和时代潮流。宣传思想工作的正道，在于化解负效应、激发正能量，善于把网络活力转化为社会进步的动力，而不是任其异化为阻力和破坏力。"

◆9 月 19 日，《京华时报》发表《甘肃一初中生发帖涉嫌造谣被刑拘——警方称其扰乱公共秩序，另有 6 人虚构事实被处罚》称："前天下午，甘肃省张家川回族自治县初三学生杨某被警方以涉嫌寻衅滋事罪刑拘，杨某曾发微博质疑该县一名男子非正常死亡案件有内情。……杨某的父亲称，杨某今年 16 岁，在张家川镇中学上初三，前天下午被警方带走，警方认为他的儿子在网上发帖造谣，以涉嫌寻衅滋事将其刑拘。9 月 14 日中午，杨某在微博发布消息称，张家川'9·12'杀人案发生后警方不作为，且多次与群众发生争执甚至殴打死者家属。当晚，他再发微博，称警方强行拘留死者家属，与群众发生冲突。9 月 15 日晚，杨某又发微博称，钻石国际 KTV(案发地)的法人代表是张家川县人民法院的副院长苏建。"

20 日，甘肃省张家川回族自治县公安局发布《关于杨某涉嫌寻衅滋事一案的情况说明》："2013 年 9 月 12 日，张家川回族自治县张川镇人民西路一 KTV 歌厅从业人员高某非正常死亡……在高某死因未确定的情况下，杨某于 9 月 14 日中午在其微博、QQ 空间发布所谓高某死亡真相误导群众……当日，部分社会闲散人员转载、浏览杨某 QQ 空间信息后听信误导，纠集数十人在案发现场呼喊口号，散布关于高某死因的虚假信息，致使案发现场数百群众聚集，交通堵塞，现场失控，社会秩序严重混乱，严重干扰公安机关依法办案。一些社会闲散人员在死者家属的带领下打横幅到县行政中心闹访，后被我局劝离。……死因通报后，其家属对公安机关的结论无异议。但杨某仍于9月15日继续在其QQ空间、腾讯微博发布不实信息误导舆论。……据此,我局依法对杨某涉嫌寻衅滋事案立案侦查,并于9月17日将杨某依法刑事拘留。”

16岁的初中生杨辉成为“两高”对网络言论的司法解释后全国第一例因转发500次以上被刑拘的人,此案迅速引发全国舆论的轩然大波。对于警方的指控,杨某的父亲杨牛胡认为,杨某发布这些消息之前,县城的许多居民都知道这些消息,都在传播,杨某并非这些信息的制造者。他还提出,警方曾于9月18日在网上发布的通报中称:“死者家属主观臆断并利用他人炮制舆论散布死者高某系他人殴打致死并抛尸,以此误导群众,混淆视听,严重干扰公安机关依法办案。”也能证明杨某并非谣言制造者。

警方贸然出手拘捕一名初中学生,给了那些反对打击谣言行动的意见领袖一个绝好的反击机会,才让多吉的《打击谣言不能从娃娃“抓”起》成为热门名帖。自由派的意见领袖纷纷表态,认为张家川官方所为是打击网络谣言行动的扩大化,他们组织律师自费奔赴甘肃,要为这位英勇少年讨个公道。

张家川及其公安局迅速被推到了风口浪尖,很快,网络上就出现了一大批诸如《刘长江后台及背景》《张家川县委书记刘长江戴多块名表,民众质疑娱乐场命案》《张家川县委书记刘长江火箭提拔78名干部》《什么级别啊,张家川县委书记刘长江开会的架势》之类的网帖。张家川公安局局长更是遭到了网民的人肉搜索,网民认定张家川公安局长白勇强在秦州公安分局工作期间曾行贿5万元的法庭判决书也被发掘出来,县政府大楼也被指作“豪华”“有一种走在天安门广场的神气与豪迈”。

意见领袖“作家一天佑”质问说:“抗战时,有流亡学生问:诺大的中国居然容纳不下一张书桌? 而今,又有网友问:诺大的中国,居然容不下一个说真话的孩子?”另一位更著名的意见领袖李承鹏说:“史书一定会这么说的:为了让自己看上去更加正确,他们选择了世上最孤独的活法:一种思想、一种声音、一种沟通方式——抓人。为了进一步烘托强大的形象,他们派出几十个全副武装的警力,英勇合围,成功抓走一个‘造谣’的初三学生。”“十年砍柴”质疑说:“张家川警方刑拘16岁的杨某恐成骑虎难下之势。对这样的事,整治网络的司法解释的立法者难道没有充分预判? 法律给基层执法者的‘自由空间’越大,越可能成为滥用权力的趁手武器,用以整治冒犯官威者。难道是上面有意送给下面兄弟的‘劳教替代版’?”他们甚至发出了“救救孩子”的呼声。大批律师和记者云集张家川,竞相报道案情进展。

迫于舆论压力,张家川县已经失去了对于此案的决策权,9月22日,案件移交公安部处理,甘肃警方决定对其撤销刑事拘留,改为行政拘留7日。当晚11时

40 许，两位律师与张家川县公安局主管负责人言辞激烈争论了好几个小时。9 月 23 日凌晨 2 点，在耗走几乎所有记者后，杨辉终于获释，不满 7 天整。对于杨辉提前释放的原因，杨辉的辩护律师称，根据治安管理处罚法，已满 16 周岁不满 18 周岁，初次违反治安管理的，应当给予行政拘留处罚的，不执行行政拘留处罚。

接下来的舆论战就变得具有戏剧性了。9 月 23 日，张家川县委决定停止白勇强担任的县公安局党委书记、局长职务。据悉，1995～2005 年，白勇强在秦州公安分局工作期间，为了在工作中得到关照，曾以拜年等名义向上级送礼 5 万元。

由于杨辉事件代表着意见领袖抗击网络谣言整治行动的胜利，所以，一些自由主义知识分子不吝赞美地将杨辉拔高到了“英勇少年”“未来的希望”的地步，很显然，有些人想利用杨辉，打造一个新的“反体制少年英雄”。

另一方面，针对杨辉的不良记录也被网民扒了出来。有网民发现，2012 年 9 月，杨辉曾因盗窃摩托车被公安机关查获，由于不满 16 周岁未予处罚。另有网民认为，杨辉多次发布不实言论，是个真正的问题少年：“李天一和中学生杨辉都在少年阶段发展为人渣，但社会评判待遇不同，表面上是因为出身、社会地位差异，受到网民认可度也不一样，但这背后都有极端民粹思维作祟，体现的就是不愿依靠法制解决问题，而是上升到政治化，更愿意通过情绪泄愤的舆论来干涉结果，甚至以反智方式的宣扬来影响法律作出公正裁决。”(@An-Designer-yes)

◆9 月 25 日，针对“张家川事件”，《人民日报》发表评论文章《依法治网要警惕“歪嘴和尚”》，文章指出：“民间有个说法，‘经是好经，可惜让歪嘴和尚给念歪了’。‘两高’司法解释明确了网络诽谤、寻衅滋事等不法行为的适用条件，对一些法律模糊地带作了清晰界定，具有很强的现实针对性。它既是‘授权’，也是‘限权’，目的是告别依靠个人意志、行政命令的管控，将‘依法治网’进一步纳入‘依法治国’的框架。但少数地方的少数执法者未能准确把握这一解释的精神实质，滥用法律赋予的权力，甚至将其作为拒绝舆论监督的手段。这样的做法无疑是十分错误的。……在不少公共事件中，我们看到一些地方先是自信满满，后是灰头土脸；先是无所忌惮，后是紧急灭火，对党和政府的公信力造成伤害。究其原因，不外乎在‘土皇帝思维’的左右下，要么无视法律，要么曲解法律。在这个意义上，依法行政是执法者自身守法、公正审慎的必然要求，这是提升执政能力的重要一步，也才是真正对党和政府的公信力负责。”

◆9 月 26 日，湖南一官员发帖造谣被刑拘。2011 年 1 月，岳阳市住房和城乡建设局副局长罗某与当地力力渔馆老板有点过节，在网上以一个“荣家湾拾破烂的人”的马甲在网络散布“力力渔馆使用潲水油”的谣言。此帖一发，一些媒体纷纷转载，使渔馆的名誉扫地，生意也一落千丈。

当地技术监督部门依法对该渔馆进行突击检查，认为其食用油全部合格，并将结果在网上予以公布。但罗某又以“白发山人”等马甲在网上继续跟帖、顶帖，并散布“技术监督局被某某渔馆以 60 万元收买了”等谣言，不仅使这家渔馆使用潲水油的谣言没有被澄清，反而使渔馆背上了买通职能部门、弄虚作假的名声。渔馆原经营面积达 4000 平方米，此事发生后，二楼经营全部关闭，人员由 300 人减至 150 多人，年税收从每年 150 万元下降到 30 万元。临湘、汨罗、华容、云溪、长沙等力力渔馆连锁企业也被波及，除长沙外，连锁饭店全部亏损关门。

事发后，渔馆向属地派出所报案。但由于派出所网侦技术薄弱，此案一直没有侦破。2013 年 9 月以来，岳阳市公安局终将“网络黑手”罗某锁定拘捕。

◆9 月 28 日，北京市公安局公布，虚假信息编造者、知名“环保专家”董良杰因涉嫌寻衅滋事罪被依法刑事拘留。

董良杰新浪微博认证为“微鼻砷和重金属过滤技术、生物陶技术发明人，微陶环保联合创始人”。他本科就读于某农业大学，后以陪读身份到了美国夏威夷，自称在美期间攻读了美国某大学硕士学位，主修环境专业。2011 年，日本发生核污染事故，董良杰注册微博账号“环保董良杰”，自称“环保专家”“海归学者”，不断发布关于环境污染方面的话题和评论，粉丝很快涨到了 8 万。

为了进一步增涨人气，董良杰拜“大 V”薛蛮子为师，薛蛮子传授其微博要领：“不能太专业，要通俗化，现在流行标题党，容易吸引眼球。”在这一启发下，董良杰的“环保微博”变得更加语出惊人：“比如，鱼刺含汞高，会造成脑损伤，就说成‘吃鱼刺会导致脑残’；涉及不孕不育，说成‘断子绝孙’；畸形儿高发，说成‘生了小孩没屁眼’。”

董良杰在网上搜到一些学术论文，将其中一些未定论观点“嫁接”编造后发布。“环保专家”的名头加上“大 V”转发，不实言论迅速在网上扩散发酵，对环境污染疑虑、恐慌的情绪在网民中蔓延。2012 年 4 月，董良杰发布题为“自来水里的避孕药”的微博：“中国是避孕药消费第一大国，不仅人吃，且发明了水产养殖等新用途。避孕药环境污染可导致野生动物不育或降低再生能力。学者对饮用水里雌激素干扰物研究发现，23 个水源都有，长三角最高。”转发时还不忘附上一句“普通净水器是净化不了的”。薛蛮子随后立即转发，随后短短几小时内，这条微博被转发六七千次，多家媒体据此报道。后来虽然被证实为谣言，二人也很快删除了微博，但“自来水里的避孕药”引发了人们的恐慌，成为净水器企业的商机。

现实中，董良杰是苏州微陶重金属过滤科技有限公司创立人，该公司的业务其实就是做净水器、卖净水器。制造恐慌、制造恐惧是营销的一个有效手段，比如夸大肥胖、健康问题，售卖减肥药、健康食品，宣扬“房价一天天上涨，再不买就没有了”，迫使人们排队抢购房屋，都属于恐慌营销。

所谓“南京猪肉含铅超标”“惠州猪肝铜超标”等骇人听闻的博文都是经董良

杰一手炮制，再由薛蛮子转发推广的。为了追求轰动效应，董良杰还炮制了诸如“舟山人头发里汞超标”的微博，称当地人“世世代代的安全食品面临着新的污染挑战，尤其是金枪鱼、带鱼等高端鱼中含量更高”。薛蛮子转发微博时，也特意加上“舟山人吃鱼小心了”的评论。媒体引用微博内容刊发报道，扩大了该条微博的影响，引发了舟山人对当地生活环境和食品安全的极大恐慌，对当地渔业生产造成冲击。

对董良杰的微博，薛蛮子一般是直接转发，根本不管对错。2013年1月，薛蛮子扶持董良杰渐成气候，认为董良杰的净水器有市场潜力，于是介绍上海一家公司投资200万元，薛蛮子也成为董良杰公司的股东之一。获得这笔投资后，董良杰的产品投入量产，网上销售额每月超过10万元。[①]

其实早在2013年初，就有许多网民质疑过董良杰的身份和目的，如：“[剥剥‘环保董良杰’的皮]去年散布自来水有避孕药，今年春节联手水军都督和公益‘大V’，传播谣言制造用水恐慌，纯为净水机营销。他自称是美国MicroNose的CSO首席科学官，其实这个公司就他一个人，电话就是个手机号码（洛杉矶附近的），办公地点（旧金山附近）却是一家搞房地产信贷的。”（@海外阿Q）“还记得去年5月‘自来水有避孕药’的谣言吗？就是‘环保董良杰’散布当时就被揭露。他是米国http://t.cn/zOm0heu公司的CSO——首席科学官。这次春节期间利用官方休息信息不应期，联手水军都督和公益‘大V’，传播谣言制造用水恐慌，纯为净水机营销。”（@点子正）

◆9月29日，《新京报》发表“社论”《打击网络谣言需杜绝执法偏差》，针对国家整治网络谣言中的一些问题，提出了纠偏的意见：“互联网并非法外之地，为保护公民的名誉权、维护正常的社会秩序，打击网络谣言是必要的。然而让人遗憾的是，近期的基层执法中发生了多例偏差。比如，8月安徽砀山一网民，将当地一起10死5伤的特大交通事故说成‘16死’，竟然被当地警方以‘造谣’的名义处以行政拘留，引发网友强烈质疑，最终当地公安也承认处罚不妥。9月，更是发生了‘张家川初中生发帖案’，甘肃省张家川县一名16岁初中生杨某因为质疑当地KTV的一起死亡事件，被以涉嫌寻衅滋事罪刑拘，成为《解释》公布后‘第一案’。不久在公众、媒体的强烈关注之下，发帖少年被释放。如此草率的抓人放人，损害了司法公信，也损害了‘依法治网’的严肃性。需知道，打击谣言应在依法治国、依法行政的法治框架内进行，绝不是搞‘运动式执法’。就目前发生‘执法偏差’的个案来说，网民往往是把批评的矛头指向了政府及有关官员，这就要警惕个别基层政府或个别官员利用打击网络谣言的机会，狐假虎威、上纲上线趁机打压网络批评。”

---

① http://news.xinhuanet.com/photo/2013－09/29/c_125470013.htm.

社论认为："具体而言，必须以法律为依据，根据网民发言的主观动机（恶意造谣传谣，还是无意传播）所造成的社会损害来定责处罚：误传谣言，道歉删帖；损害他人名誉权的，承担民事责任；普通违法，承担行政责任；只有严重的违法，达到了'应受刑罚惩罚性'的犯罪行为，才需受到刑事追究。同时，基层政府、官员要'容得下尖锐批评'，执法应体现刑法的谦抑精神，更要杜绝以反谣言的名义，打压舆论监督。"

◆10 月 16 日，因涉嫌虚报注册资本罪、非法经营罪、寻衅滋事罪，云南边民文化传播有限公司法人代表董如彬（网名"边民"）被云南检察机关依法批捕。

根据董某的供述及大量证据，这位在"躲猫猫"等网络热点事件中表现活跃、头顶"云南省十大网络牛人之一"光环的网络名人，一边高举"为民维权"旗号，扮演意见领袖，一边却暗地纠集人马，频频捏造事实、制造热点事件疯狂敛财。

警方查明，2011 年以来，董某伙同他人承接、策划、组织操纵了一系列以攫取经济利益为目的、捏造事实的网上恶意炒作，非法获利数十万元人民币，涉嫌非法经营、寻衅滋事等犯罪。2011 年 6 月，他伙同他人虚报注册资本成立云南边民文化传播有限公司，主要从事非法交易，制造一系列恶意网络炒作。

董如彬的粉丝王某某（女，27 岁），因仰慕其"正义敢言"，专程投奔他，成为其公司一员。据王某某回忆："上班第一天，董如彬告诉我，宣威市一家火电厂存在污染问题，让我以村民的名义写一篇文章，说火电厂污染与附近癌症村的出现有重大关系。"原来，云南某房地产老板在宣威的一处楼盘销售不理想，归因于附近一火电厂。2013 年 1 月，董如彬获知此事后，主动向该老板表示，自己有经验，可通过炒作火电厂"污染"使其关停或搬迁。又如 2013 年 5 月，云南某公司副总经理钱某因不满法院对其一审判决，出资 8 万元请董如彬恶意炒作，以期影响二审判决。董某以已故云南机场原负责人刘某为"靶子"，在网上发布《云南航空界大佬之死：亿万家财尽付风流账》等帖文，污蔑刘某之死是"春药过量，马上风"等，质疑刘某生前有违法违纪问题。截至案发，董等人发布相关帖文 9 篇，被点击 91682 次，对受害人家属造成严重伤害。

警方介绍，董如彬为进一步提高所谓名望，想方设法迎合一些不良社会心态，在网上寻衅滋事，甚至不惜侵害国家利益和民族尊严。2011 年 10 月 5 日，两艘中国船只在湄公河金三角水域遭遇袭击，13 名中国船员遇害。案件侦查、起诉和审判过程中，董如彬长时间在网上编造散布虚假信息，发表大量严重歪曲事实的言论。据不完全统计，该案发生以来，董如彬共编造传播相关不实言论 443 条，仅其中 5 条虚假信息即被转发 4852 次、评论 4194 条，点击达 31.5 万次，混淆是非、扰乱视听、误导公众，造成恶劣的社会影响。据董如彬自己供述："炒作湄公河'10·5'案件，没有直接经济利益，只是认为不能不发声，因为云南主办此案，自己是云南著名网民，这些言论能引起网民更多关注，提升本人知名度。”

据董如彬供样，“边民公司”已经形成了一整套炒作模式：接受委托后，首先雇请或安排网络写手编造主帖；然后安排技术人员购买一些“马甲”、雇佣“水军”顶帖、跟帖；之后董本人适时发表评论，邀约一些“网络推手”和“知名博主”参与评论，使之成为网络热点，吸引传统媒体进行报道，迫使有关部门满足委托人诉求，达到非法获利的目的。

◆11月13日，《北京日报》发表《新浪微博处置10万违规账号》：“新浪微博近日以互联网的‘七条底线’为准则，对103673个发布违规信息的账号进行了处置。……在这10万余个发布违规信息、碰触‘七条底线’的账号中，发布不实信息的账号有1030个；进行人身攻击的账号最多，达到75267个；涉及骚扰他人的账号有14357个；涉及冒充、抄袭内容、泄露隐私及其他违规行为的账号有9246个；因发布低俗淫秽色情信息被关闭的账号则有3773个。根据新浪微博《社区公约》规定，对于发布不实信息的账号，除了进行标注外，还会根据转发次数进行不同程度的处罚。微博转发100次以上，账号将被禁言7天，禁被关注7天，并扣减信用积分5分；微博转发1000次以上，账号将被禁言15天，禁被关注15天，并扣减信用积分10分，情节恶劣或后果严重的，最重将被处以冻结账号的处罚。”

◆12月4日，北京警方成功摧毁北京口碑互动营销策划有限公司等6个公关公司勾结部分中介和网站工作人员，从事有偿提供删除信息服务的非法经营犯罪网络，抓获违法犯罪嫌疑人数十名，涉案金额1000余万元，其中19名犯罪嫌疑人已被检察机关批准逮捕。

口碑公司是以网络形象营销为外衣、以即时通讯工具为媒介、以网络非法删帖为手段、以虚假网络交易为掩护的非法经营公关公司，为了满足客户需求，直接联系或委托中介、其他非法网络公关公司间接联系网站工作人员，通过向相关人员行贿的方式，为其客户提供非法有偿删除负面信息服务。

经对口碑公司总裁杨某、法人代表李某审查，公司很重要一项业务就是通过信息网络有偿提供删除信息服务，每年公司营业额7000多万元。公司公关部和社会媒体化部负责联系各大媒体网站，分别负责新闻和论坛中有关负面信息删帖业务；监测部在网上监测到公司客户的负面信息后，将信息通过邮件方式发送到客户部对应的客户经理手中，再由客户经理反馈给客户联系人，双方协商是否需要在网上删除并确认价格。谈价格只是针对小客户和散户，大客户一般通过付月费或年费定期向公司缴纳网络舆情服务费，舆情服务包括舆情监测、新闻发布以及删除负面信息等。公司根据所删帖的网站不同、难度大小等因素确定价格，一般在几百到两三千元之间。

“两高”关于办理网络案件司法解释出台后，公司为掩人耳目，修改了与客户签订的合同，隐藏了原合同内“为客户网上出现的负面信息删除处理”等内容，仍顶风作案。据该公司员工交代，删帖时，公司先是直接找网站工作人员来操作，如果达不成交易就找中介来完成，找中介还有一个主要原因是为了规避风险。仅2013年1～9月，公关部用于支付公关中介和贿赂网站工作人员删帖费用就达47万余元。公司曾为青岛一企业负责人删除被曝光私建别墅的视频，“当时在多个网站进行删帖，删一条大约1500元，一共花了两三万”。

口碑公司公关部所有员工日常工作只有两项：一是为客户在网上发文；二是为客户在网上删文。公司给每个人一个QQ账号，内有各类网站资源的联络表，这个账号即成为每位员工每天工作离不开的“拐棍”。原先的删帖流程是，根据联系方式找到负面信息网站编辑等人的QQ号，与其商谈删帖费用，一般是500元左右删除一个帖子，这要比发一个帖子贵得多。双方谈好价格后，网站有关人员就会进行删除操作，同时会提供一个银行卡号或是淘宝账号，删帖确认后公司的财务部将钱打给对方。遇到不认识的网站或者找不到编辑等时，他们就会在公关群里“喊一声”，自然就会有中介冒出来接这个活儿。据交代，“目前公司有指令，删帖都要通过中介来完成。一般的帖子费用三五百元，自己可以解决，有的要价高，一两千元的我们作不了主，要上报总监，如果数额再大还要上报总裁，由他们签字后再进行删除”。某知名房产公司与口碑公司有合作协议，每个月有20条的负面信息删帖量。2013年8月份，该公司房产项目在网上有负面信息，公关部先后找了10多家网站帮助删帖，花了1.2万多元。

犯罪嫌疑人郅某（QQ号“米勒”）就是一名中介。郅某每天生活在QQ群里，用网名接单干活，帮助联系发帖和删帖并从中获利，每月帮助口碑公司联系删帖业务数十次，每次200～1000元。郅某认为一个中介的价值，体现在手里掌握的网站资源，说白了就是认识多少网站编辑人员。2013年8月底，一位昵称“苹果”的客户找他删除某网站一则关于酒类企业的负面新闻，他通过昵称“老大”的人删了，“苹果”付给他1200元，他付给了“老大”1000元。

警方查明，在利用互联网非法经营的犯罪网络中，牵涉到许多拥有删帖能力的网站工作人员，涉及数十家网站（包括一些主流网站）。赵某（QQ号“夜鹰”，东方网网络工程师）是此次抓获的20余名网站工作人员之一。据赵某交代，他负责东方网业务应用支撑，删帖对他来说并不存在任何技术上的问题，甚至是他日常工作的一部分。他有固定的工作和收入，而为朋友删帖，是想顺手挣点“零花钱”。他与“米勒”单线联系，每条价格200元，仅这一条线上2年多时间就获利3万多元。在被公安机关抓获的前一天，他还为“米勒”删除了5条信息。“内容火的不删，点击量大的不删，出现在网页重要位置的也不敢删，否则很容易被发现，会担很大风险。”赵某交代：“每天有很多人找上门来求帮忙删帖，不断的诱惑最终打破了底线。其实删帖也有正常途径，各个网站都会有客服人员专门负责受理投诉。如果认为某个帖子侵害了合法利益，可以与客服联系，并提供相关证据。一些人之所以花钱找人，可能还是渠道不通，想尽快删掉了事。"

北京市公安机关负责人表示，口碑公司等多个非法网络公关公司勾结一些中介和网站工作人员，实施非法经营犯罪，这是在"两高"关于办理网络案件司法解释出台后，警方侦办的一起典型的"以营利为目的，通过信息网络有偿提供删除信息服务"非法经营案件。网络社会也是法治社会，公安机关将依法打击各类网络违法犯罪，进一步净化网络环境，维护网络秩序，保护网民的合法权益。①

五、热点谣言分类

(一)食品安全谣言

食品安全是个现代性的问题。在没有"卫生""环保""绿色""有机"等诸概念之前，食品安全并不是一个严重的社会问题。即使有了这些概念，也还需要一个或几个公众事件来引爆群众的恐慌情绪。2008 年的三鹿奶粉事件、2010 年以来的地沟油事件，以及不断曝光的各种"毒大米"、苏丹红、塑化剂、瘦肉精、病死猪等，一次又一次地刺激公众脆弱的神经，社会上普遍弥漫着一股对于食品添加剂和食品生产方式、制作环境的恐慌情绪。

部分商人唯利是图、相关政府部门监管不力、城乡互不信任，消费者不知道什么是安全的、不知道什么是能吃的，有无奈的网友自嘲说："早上喝一杯三聚氰胺毒牛奶，吃两个硫磺熏白的毒馒头，夹根河南产瘦肉精猪肉火腿，切个苏丹红咸鸭蛋，来两口膨化粉做的面包。中午买条避孕药鱼，再买点牛肉膏牛肉炖点膨大西红柿，回到豆腐渣工程房，开瓶甲醇勾兑酒，吃个增白剂加硫磺馒头。饭后抽根高汞烟，晚上钻进黑心棉被窝。白天黑夜，渴了喝杯塑化剂饮料，饿了吃点塑化剂奶粉钙片。哇塞！中国人的生活太'幸福'了！"

食品安全事故频发，民众对于食品添加剂到了"谈虎色变"的地步，相应的谣言更是层出不穷，诸如兰州拉面使用的蓬灰中含有大量致癌物质砷、老酸奶可能是破皮鞋制成的、雪糕使用了对人体有害的食用胶、豆浆中含有对人体有害的豆浆精、顶花黄瓜是避孕药 2 号催生出来的、植物奶油是一种会损害人体健康的反式脂肪、猪饲料中的砷制剂会使人慢性中毒、喝可乐会导致死精不育，等等。甚至一些与食品相关的生活用具也受到谣言的攻击，诸如食用塑料袋打包食品会使生

① http://news.xinhuanet.com/legal/2013－12/04/c_118422283.htm.

殖器变短、易拉罐容易被鼠尿感染细螺旋体病毒、吃微波炉加热的食品可能致癌，等等。

谣言家借机生产了大量的“食品安全攻略”，这些所谓的“攻略”被网民视为生活宝典，拿了到处散发，诸如喝牛奶容易致癌、榴莲与啤酒同吃可能猝死、果汁不能与海鲜同吃、孕妇吃大闸蟹容易流产，等等。外资餐饮企业在谣言狂潮中受到的攻击远远超过同类的国内企业，著名的谣言有：肯德基为了降低成本培育无毛鸡和多翅多腿鸡、肯德基全家桶中含有荧光增白剂、麦乐鸡是用浸泡过氨水的鸡肉泥制成的、星巴克使用压碎的胭脂虫尸体代替饮料添加色素，等等。一些农副产品如香蕉、西瓜、柑桔、苹果等，都曾先后受到谣言攻击，如：称瓜贩为了使西瓜增重，用注射器往西瓜里注入糖精水或自来水；山东苹果套着农药袋长大，农药严重超标等。

◆2013 年 3 月 8 日，“@梅思繁 Ida”发布微博：“中国海关本周摧毁了将近 2 吨来自瑞典宜家的巧克力蛋糕。上海海关在这些蛋糕中检测出粪便成分。瑞典宜家已经撤回在全球 23 个国家出售的巧克力蛋糕。继欧洲马肉事件以后，这次直接奔向大便了…http://t.cn/zYn5JMD.”

其实所谓的“粪便成分”只不过是“大肠杆菌”而已，博主故意给出的是海外网站的新闻“China Destroys Nearly Two Tons Of Ikea Chocolate Cake, Saying It Violates Food Quality Standards”，其实该新闻的下端特别注明了上海质监局的网络链接。“粪便成分”让这条微博的转发数迅速超过 2.6 万，所以有网友调侃说：“果然是将大肠杆菌翻译成粪便成分更吸引眼球。”

◆2013 年 5 月，一则关于牙膏包装色的谣言突然遍布中文网络：“大家买牙膏请留心，注意牙膏管反面底部的颜色条，因为颜色条是有含意的。尽量选择绿色和蓝色。颜色共分 4 种——绿色：纯天然；蓝色：天然＋药物；红色：天然＋化学成分；黑色：纯化学。国内的儿童牙膏居然大多是纯化学的，真是不可思议！关注家人健康，大家立马转起来。”

11 月 22 日，南京市公安局江宁分局官方微博“江宁公安在线”辟谣：“这是谣言。那个颜色条是用来给封装设备封底定位用的，大部分牙膏都是用黑色的，因为黑色最好定位，国外的也是如此，和成分没任何关系。再说了，这世界上有不含化学成分的牙膏吗?”舒克牙膏研发中心总监陈敏珊也说：“这个颜色其实没有任何实际意义，它只是牙膏流水线灌装过程中的一个定位点。电子眼可以根据这个色标进行定位、裁剪、包装，确保软管上的图案在正视面不偏移。在颜色的选择上，设计人员一般会选择与软管主体色彩形成强烈反差的颜色，以方便机器识别。譬如，在红色底面上选择黑色的、在白底管材上选择蓝色的……任何颜色都没有特定意义。事实上牙膏就没有纯天然的。现在很多牙膏在生产过程中加入了一些天然提取物，但百分之百的纯天然是不可能的。”

◆打着美国或日本科学家旗号的“研究成果”最多，而且常常利用中国人的数字崇拜，生产各种劣质谣言。如这条所谓的“抑癌蔬菜排行”就是个不折不扣的数字谣言，这种数字根本就没法从统计学中得出，只能是闭着眼睛虚构出来的：“日本国立癌症预防研究所曾经公布的抑癌蔬菜排行：熟红薯 98.7%，生红薯 94.4%，芦笋 93.9%，花椰菜 82.8%，卷心菜 91.4%，菜花 90.8%，欧芹 83.7%，茄子皮 74%，甜椒 55.5%，胡萝卜 46.5%，金花菜 37.6%，荠菜 35.4%，苤蓝 34.7%，芥菜 32.9%，雪里蕻 29.8%，番茄 23.8%。”

◆中央电视台《经济半小时》2013 年 6 月 22 日播出《张家口：GDP 扬起的尘灰》，其中提到：“张家口，一个文化历史名城，一个环保部赞赏有加的城市，可是当记者沿着 110 国道前行，却陆续发现了煤场、矿山、采石场到处烟尘漫天。……村民们无奈地说，因为整天被煤灰包围，苹果里已经长了煤的基因，种出来都是黑的，根本就洗不掉。”

这些话被段子手们截出来，配上一张黑白苹果图片，在微博和论坛中大肆传播。有网民嘲笑说：“(1)看了配图照片，猜测污染源可能是柯达 D76。(2)苹果感染煤基因真是太不小心了，下次应该种到金矿边上。(3)亡羊补牢的是，要尽快看看煤有没有感染苹果基因。”(@熊小默)

◆近年来，一则题为《科学家终于找到牛奶致癌的确实证据！（不看会悔恨一辈子的文章）》在中文网络中得到数千万次的疯狂转发。网帖开篇即称：“科学家终于找到牛奶致癌的确实证据。美国国家癌症研究所最近的研究发现雌性激素、雄性激素和胰岛素的生长因子就是牛奶内的主要致癌物质。加拿大的肿瘤专家建议：除了那些发展中国家的儿童和营养不良的成人，一般人并不需要喝太多牛奶。”

在这篇天方夜谭式的网帖中，作者毫无例外地讲述了一批牛奶如何致癌的故事，同时还讲了一个“戒掉牛奶就能治愈癌症”的神奇故事：“英国地质化学家简·普兰特 50 岁的时候患乳腺癌，虽然经过无数次治疗，10 年间癌症总是不断回来与她作伴。……她回想起 30 年前到过中国，那时中国农村妇女不喝牛奶而几乎没有人患乳腺癌，从而得到启发，戒掉每天必吃的两盒酸奶，出乎她的意料之外，脖子上的肿瘤在 6 个星期之后奇迹般地消失了。普兰特教授是英国地质局的首席科学家，同事们目睹了她反复患病到痊愈的曲折过程。当同事们的亲朋好友患了癌症的时候，都纷纷来向她求援。普兰特教授通过改变患者的饮食和生活方式，使 60 多位癌症患者得到了痊愈。”

自从 2008 年三鹿集团“三聚氰胺奶粉事件”爆发之后，公众一直高度关注着乳制品的安全问题，有关乳制品的谣言也从未间断。这些关于牛奶的林林总总的说法，已经不止于“月经谣言”，而是时时刻刻都在传播的“日经谣言”。2008～2009 年的谣言还只是针对奶制品以及牛奶添加剂等问题。2010 年之后，谣言直奔牛奶本体而来，直接指向“中国人体质不适合喝牛奶”。到了 2011 年，谣言干脆说成“牛奶致癌”，也就是说，全世界人民都不适合喝牛奶了。

2013 年 5 月 27 日，“果壳网”发表辟谣文章《牛奶，你喝不喝?》，通过网络链接式的答疑，“一次性打包破解这些牛奶流言”：“(1)牛奶中的 IGF-1 致癌？答：迄今为止并没有证据说明 IGF-1 是致癌的原因。(2)解析牛奶致癌说——酪蛋白的谜团。答：目前的主流学术界没有有说服力的证据证明牛奶能增加或者降低癌症风险。(3)加工牛奶，连小牛都不能喝？对牛奶的加工，主要是高压均质化和高温灭菌，更不可能产生有害物质。(4)奶牛靠打激素来产奶吗？答：事实上是通过人工选择的方法，培育出产奶量大、泌乳期长的优秀奶牛品种，不是打激素。(5)牛奶越喝越缺钙？答：牛奶是不可多得的优质钙源，既有较高的含钙量，其中的钙质又很容易被人体吸收和利用。(6)牛奶中含有的天然反式脂肪酸有害吗？答：正常摄入量，其中的反式脂肪酸对健康没有影响。(7)与巴氏奶相比，常温奶的营养会有所损失吗？答：由于经过了更高温度的热处理，常温奶中维生素、可溶性蛋白等营养物质的损失确实比巴氏奶多一些，但是这些损失的影响并不大。(8)为什么牛奶会起皮？答：奶皮主要是脂肪上浮形成的，其中还有少量包裹脂肪的蛋白质。(9)豆浆可以代替牛奶补钙吗？答：豆浆的含钙量远不及牛奶。(10)冷藏保存的牛奶为什么不同季度保质期不同？可能是考虑到二、三季度气温较高，对奶的品质的影响比一、四季度稍大，厂家就为此制定了不同的保质期。(11)纯牛奶和酸奶谁的营养价值高？答：乳制品主要是提供钙质，牛奶和酸奶都不错。酸奶具有更多优点，能帮助消化和恢复肠道正常菌群，更易吸收。”

(二)社会治安谣言

大约从 2003 年开始，各大省会城市就全面铺开了“天网工程”的建设。如今，“天网工程”早已深入到了几乎所有的县市城镇，基本上实现了对于城区和部分乡镇的主要道路和路口、银行、学校、医院、商贸区、大型娱乐场所、进出城治安卡口等各类人口密集复杂场所的全面覆盖，为强化城市综合管理、预防打击犯罪和突发性治安灾害事故提供可靠的影像资料。事实上，近年来的治安和刑事案件都呈现出螺旋式下降的趋势（参见社会科学文献出版社《中国法制发展报告》年度书系。），可是，治安谣言却不降反升，可见治安谣言折射的并不是治安现状，而是网民对于治安问题的关注与恐惧。

有网民评论说：“冷漠的社会由冷漠的人建立，谣言为创造冷漠的人而努力。”（@清欢）冷漠的社会与冷漠的话语之间，有一种深相关的互动效应。人人互相戒备,互为陷阱,并且借助各种治安谣言,不断固化这一认识。

恐怖故事当真事,本质上反映了当代都市人对环境安全的焦虑。现实生活中,情绪容易失控的人群更容易化虚为实,将臆想的情节想象成现实的经历,而且大多不是有意为之,客观上起到了散布谣言的作用。

2011～2013年,有关单身女性遇劫匪的谣言突然暴增,其中单身女孩在地铁口遭遇陌生男子拉扯、意图绑架的谣言尤为盛行。诸如陌生男子在地铁中对年轻女性施放迷药,或者年轻妈妈帮陌生人照相,按了一下相机快门就发生晕眩之类的谣言,在全国各大城市均有流传。但是,据公安部门透露,至今没有查证到一起真实的案例,那些影响巨大的此类案例,经过警方调查,最终都只是证明了由于讲述人的过度紧张,将普通路人误认为劫匪。

◆2013年10月29日,新浪微博"江宁公安在线"截取了四则"一闻就晕"的谣言,并称之为"晕人谣言四大天王":

1.宝安紧急通知:大家一定要互相转告,现有大批人渣团伙步入宝安、福永、沙井、松岗、公明、石岩、龙华、观澜,他们有男有女,拿着香皂,到家里去推销,让你闻这香皂,闻到后一两分钟的时间,就晕过去了,他就把值钱的东西都拿走了。大家一定要转发到群里,并且告诉我们的亲人和身边的人!

2.多地区紧急通知:现有大批人渣(假冒执法人员)团伙步入家门,他们有男有女,拿着人口或计生普查表,到各家里去普查,让你填写表格或问答,一会儿或一两分钟的时间,就晕过去了,他就把值钱的东西都拿走了,而且还会把小孩带走!一定先告诉你家里的老人和孩子!求转发。

3.若是有人在路上接近你,向你推销干货、大蒜等产品,又建议你闻一下味的或者请你品尝时一定要注意了,"这不是蒜!那是乙醚蒜!"一种迷药类的东西,当你闻到它,你就会昏,然后他们就会拿走你的皮夹、你身上所有的值钱物品。

4.若是有人在路上接近你,向你推销福建安溪铁观音,又让你闻一下,你一定要注意不要上当。这不是铁观音,那是观音土,是一种迷魂药,一闻即晕,轻者抢财劫色,重者杀害后高价出售器官,非常残忍。现已在广东、河北、黑龙江、天津等省市出现,请马上转告所有亲人。

这种耸人听闻的谣言风行于各大中文网络,其中,公安微博充当了传谣的主力军之一。以上述"晕人谣言"3、4为例,这类谣言的传播者包括新浪微博之"微山公安""平安汝南""平安宁东""驻马店市板桥分局""三门峡东城分局治安大队""民警孟永新""昌大科院安全管理部"等。

◆谣言具有模仿效应。一旦出现一个流传广泛的的士谣言,接着就会出现一大批相应的的士谣言。2013年初,突然冒出一大批北京三元桥附近的的士谣言。关键是,这么多的受害人,被害手法如此一致,却没有一个报警。

1. 儿子和同学昨天晚上到北京，从机场坐机场快线到三元桥，然后打的士到中央美院，的士司机在半路说车没电了，让他俩下来推车，结果等他俩下来，司机就开车跑了，孩子的高考准考证、笔记本电脑、17000 元现金、厚衣服、画画用具等都被拉跑了。（@逸雪青山狮兄）

2. 昨天晚上 3 点左右在出租车上被抢劫，而且是正规出租车！本人昨天晚上从三亚到北京，然后凌晨 2 点多飞机到北京，下来坐了机场大巴到三元桥站下，下车之后随手拦了一辆出租车（三元桥那边有许多"趴活"的出租车）。上车之后，司机行驶到大郊亭桥高架上的时候，拿手机给家里打电话，然后说自己的手机停机了，故借我的电话打。在拨电话的时候，突然跟我说后备箱好像没关严，让我下车帮忙关一下。我当时因为特别困也没在意，就下车准备关后备箱，我刚走到后面，车子突然加速走了！包裹里的相机、镜头、电脑、在三亚给客户拍的片子全部没有了，价值近 8～9 万，请互相转告……晚上小心。（@摄影弋登）

◆治安谣言里面包含大量的经济谣言、金融谣言，金融谣言中又包含着大量与电子商业相关的谣言。这类谣言的泛滥说明了民众对于金融科技安全性的担忧和恐惧。如："[蹭 wifi 几分钟，3 万元不见了]据华声在线，银先生喜欢蹭网，20 日，他的银行卡被分 17 次转账或取现，共损失 3.4 万元，而事发前 1 小时，他曾用手机 wifi 登录网银。专家建议，钓鱼 wifi 确实可在 15 分钟内盗走密码，用户应尽量避免用手机浏览器登录网银，改用网银手机客户端（央视新闻）。PS：扩散周知！"（@当时我就震惊了）

尽管有少部分理性的网民对此表示了怀疑："网络传输的很多账号、密码信息都采用了 RSA 加密并且加密位数很高，保证有效期内无法破解。数学理论上都没有突破，计算机程序破解也就无从谈起。被盗的最大可能，一个是客户端和服务器端根本没加密，一个是密码过于简单被破解，还有就是密码被别人知道了。"（@史皮卜）"俺淘上宝是快 4 钻买家了，加上京东、亚马逊之类，网购的东西估计没有一万也有几千件了，以目前的银行防护体系，这种网银转账是不可能的，除非是贼喊捉贼，或者劫匪拿着刀逼你操作。"（@老李飞刃）但是，绝大多数网民看到类似的信息，还是持警示的态度表示认同："太傻了，钓鱼 wifi 蹭不得，密码、账号偷光光，公共 wifi 也不太安全。"（@Vincentiz）"我擦！这真叫占小便宜吃大亏啊！！！我乐了。"（@黑夜踏世界）从此类谣言的评论中看，70%左右的网民都是表示："太可怕了！""真不能贪小便宜！""大家注意了！"

◆近年来关于拐卖儿童的传闻特别多。2013 年 4 月 13 日，多名邯郸网民发布消息称："丛台区陵西大街与望岭路中南 100 米处，一个 3 岁半男孩从电动车后座被抢，请有小孩的家长看好子女。"（@中国 NQ）这种公然从电动车上抢孩子的传闻，迅速引发了邯郸市民的恐慌。有网民惊呼："这要是真的……邯郸的安全问

题已经是重中之重了……这好几天，不是杀人就是抢孩子……要不就是拐卖……天天出事……”(@Moscow-嘟嘟)

当天下午，“@邯郸公安网络发言人”官方微博就澄清了传闻：“经核实，4 月 13 日上午 9 时许，一女子在陵西大街与望岭路附近报警称孩子丢失，后在警方和群众的共同努力下孩子安全回到母亲身边，并未发生网传的孩子被抢的案件。请大家切勿听信、散布未经证实的信息，造成不必要的恐慌。”

◆大概是从鸦片战争以后洋人在天津建教堂开始，天津就一直盛传各种各样离奇的“丢孩子”的谣言。近几年来，“丢孩子”的谣言一直围着各大商场转悠。2013 年 5 月初，谣言转到了河东万达广场，有年轻妈妈在“天津妈妈网”发帖称：“刚刚听说河东万达丢孩子的事件，太可怕了，不知道是真是假，微信转载内容如下：今天跟朋友带孩子去淘气宝了，老公不知道，给我打电话时我们已经到了，老公告诉我，河东万达发生丢孩子的事件了。因为他在公安机关上班，都下通缉了，最近来了一帮人，专门跟着独自带孩子玩的妈妈或者老人，就是在后背拍一下，然后下药，趁机就把孩子抱走。老公说万达就是丢了一个小女孩，亏了当时小女孩的妈妈咬舌头清醒得快，立马报警，把万达所有的出口堵住，最后逮到一人。他们把小女孩带到卫生间，把孩子的头发剃了，带上帽子就要跑，最后被堵到了。亲们，要小心，不要自己带孩子去玩。就应该逮到罪犯，凌迟处死，千刀万剐，丢一个孩子会要了两家人的命的。”(@刘烨潼)

到了 6 月中旬，谣言又变成了在河东万达捉迷藏丢孩子：“孩子的妈妈、爸爸和孩子玩捉迷藏，一转眼就不见了。3 岁，她妈妈跑到一楼，拿着促销搞活动的话筒就开始喊，司机都跟着找也没找到……甭管怎么丢的，出门看好了是必须的，能多跟一个人就多跟一个人出去吧！”谣言借助微信、微博疯狂转发。

据河东公安分局相关负责人介绍，确有群众找到警方询问河东万达商业广场“丢孩子”的事情，但是：“我们找到分局刑侦支队五大队，这是我们的专业打拐队，自 2000 年以来，河东区就没有出现过一起丢失孩童的案件。”

◆有网友报料称，2013 年 6 月 26 日，安徽省太和县一位 24 岁怀孕 10 个月的准妈妈去医院孕检时，被人迷倒。该女子醒来后，发现腹中胎儿已经被盗走。6 月 29 日下午，有记者向太和县警方求证。警方称，已立案，并全力侦查此事。

6 月 29 日，该孕妇的丈夫张先生向媒体讲述详情。26 日上午，他的妻子滑某独自一人去太和县中医院进行孕检，出来后，突然觉得头晕目眩，接着便失去了记忆。一直到当日下午 3 点多，家人仍联系不上她，便四处寻找。“后来收到一个陌生人的短信，说大人平安，小孩被抱走。”张先生说，直到这时，他们才报警。当晚 10 时许，张某接到妻子滑某从阜阳汽车北站附近打来的电话，太和警方立即带领张某及其家属赶往阜阳并将其带回。滑某腹中的孩子去向不明，滑某后要求回家休息。

此案一经曝光，迅速引起恐慌，网民议论纷纷，有人质疑，也有人坚信，在年轻妈妈中间形成一股浓重的恐慌情绪。全国各大媒体也纷纷报道此案。案件很快引起公安部有关领导的重视。公安部打拐办主任陈士渠第一时间表示“将核查此事”。

警方介入之后，很快有了结果。6 月 30 日，太和警方称，经过进一步深入调查，所谓太和县滑某婴儿被盗案是滑某自导自演的一场闹剧。滑某根本没有怀孕，因担心事情败露，才策划了这起所谓婴儿被盗案。另据记者调查称，滑某是在怀孕 4 个月后发现胎儿畸形，于是将小孩打掉的，她一直瞒着家里人，最后瞒不下去了才导演这出闹剧。滑某面临的是治安拘留的处分。

结果一出，舆论哗然，媒体再次争相报道这出“闹剧”。有网民质疑媒体报道：“太和孕妇撒谎的背后，是媒体忙着帮忙造谣。如今真相一出，又忙着辟谣。可是为什么不关心一下这个孕妇为什么要撒谎？为什么怀孕 4 个月发现胎儿畸形之后，不敢告诉家人，而是自己偷偷打掉？为什么家人得知是男孩，这么欣喜若狂？为什么要自导自演？愚昧、被逼无奈？还是什么？但我猜想，她现在应该更绝望。”(@张小英 Sakura)也有媒体从业者说：“本来这只是一个家庭悲剧，她只想瞒过家人。得传谣媒体所赐，这事竟闹得人尽皆知，而且竟然只有她一人要受罚。对于不用承担任何责任的那些媒体同行们，我只有一个词送——无良。”(@石宴瑜)“一些记者就是想利用这个女人，炒作中国的社会治安差，炒作中国不适合人类居住，炒作自己的关注度。”(@木日)

这一事件充分说明了谣言的新闻价值：谣言固然可以用来大做文章；辟谣之后，还可用来大做一次文章；谣言过后，反思事件还可再做一系列文章。

◆2013 年上半年的社会治安谣言最为密集，一则题为《外出千万不要帮陌生人照相！骗局又升级了，太可怕了！》的网帖流传最广，但其中无一真实案例。

1. 一个目前较高级的骗局。这是真人真事，引以为戒哦。最早看到下面这条新闻时不以为然，但最近身边的朋友真的碰到了，就在身边！在上海！就在上周末！朋友夫妇带儿子去植物园，骗子趁朋友离开上厕所之际让他太太帮忙拍照，结果那个相机怎么都拍不清楚，还回去的同时他太太明显感觉神志开始不清，牢牢抱紧儿子后立刻给先生打电话，最终没让骗子得逞，太太失去意识 20 分钟，想想仍心有余悸。大家千万当心，独自带孩子出去的务必先管好孩子!!! 最近出现骗子让单独带孩子的家长帮忙照相，当家长拿着相机拍照的时候就会出现眩晕，然后孩子就被抱走了。沈阳出现两起了。请告诉周围的妈妈们！如果愿意，把这条信息发给你知道的群。现在丢一个孩子会要了一个家庭的命，请为了儿童转发！功德无量！举手之劳可能就会挽救一个家庭！

2. 开车的或有家人开车的一定要看，因为大多数人会这样做！这可不是笑话!! 您进到停车场,打开您爱车的车门坐了进去。您开始发动爱车并准备倒车离开。这时您会通过后视镜,看到您车的后挡风玻璃上有一张纸贴在中间。为此,您估计会停止倒车,并打开车门去拿下那张纸。当您走到汽车后面时,有准备的偷车贼就会突然冒出来,钻进您的爱车并且开跑。如果那贼更狠,还会倒车将您撞倒在地。相信您的钱包仍然在汽车里。那么现在偷车人有了您的汽车、您的住址、您的现金、您的银行卡和您家及公司的钥匙。您的整个身家已陷入被偷窃旋涡! 正确处置:如果您看见一张纸被贴在后挡风玻璃上并影响了您的视线,别管它,通过车子的左右两侧的后视镜立刻把车开走! 开出去一段路后,再下车去撕掉那张讨厌的废纸。希望您将它转给亲朋好友和认识的家庭,特别是女性司机!

3. 近日,社会上出现了一种最新骗术,具体的程序是:自称快递公司人员给诸位打电话(随机),告诉你有快递物品,但由于天气潮湿看不清具体地址、姓名,只知道电话,请你提供地址、姓名,然后真有快递公司投递人员上门送来物品(假烟或假酒),请你签收,由于人的本性,看到有东西送来,许多人便不问来处,随意签收。你一旦签收,随后就有电话告诉你:快递你已经收了,必须按他们给出的银行账户给他们钱,一般索要数万;如果你不肯给,便会有讨债公司或黑社会上门"砍人",现在不少人中招。

4. 危险的免费钥匙圈。有不法分子假冒推销员在加油站或停车场等地发免费的钥匙圈! 这个钥匙圈装有可让他们跟踪你的追踪芯片,请千万不要接受。他们会挑选看来较易下手的受害者,如果你接受了,你将陷入他们的圈套中。这个钥匙圈非常漂亮,很难抗拒不想要它,但记住你可能付出更大的代价,包括危及性命。请告知你的亲友们。

5. 紧急通知:对于 371、372 或 375 字头的电话号码不要接听、回复,因为会收取你 120~320 元费用,另外他们在 3 秒内可盗取你电话里的全部资料,他们是国外的犯罪集团,专门盗取别人的电话、银行卡资料! 请转给其他朋友。

6. 北京蒲黄榆物美门口总有一些拿着玩偶过来让你帮忙填表格的,当你拒绝时,他们会把玩偶凑到你面前让你亲一下,这时候一定要快速躲开,不要呼吸。如果事后感觉头晕发麻,旁边有 85 度面包房、肯德基,进去求救,用凉水洗把脸就清醒了,后面还有派出所也可以报警!

(三)爱心谣言

网络空间是一个基于现实的虚拟世界,一个公共的表演舞台。许多在现实生活中过着平庸而寡淡生活的网民,却热衷于在网上充当锄强扶弱的大侠,他们热血沸腾,充满正义和爱心,一面骂政府、咒贪官,挥舞舆论利器鞭挞社会丑恶,一面关注弱势群体，声援一切受污辱、受损害的下层民众，常常发布爱心言论，传播爱心故事。一般来说，男性网民更倾向于锄强，女性网民更倾向于扶弱，因此，女性网民更容易转发爱心谣言。

爱心谣言的核心总是有人陷入了一个特别的困境，如伤病、失踪、遗失重要物品等，请求网民救助，希望有钱的出钱，没钱的出力，没钱没力的帮着扩散消息。

一则关于"救助秦明河"的谣言，使用了一张令人揪心的被烫伤儿童的照片。真实的秦明河受伤害的故事发生在 2006 年，且早已得到救助，谣言则与时俱进，不断更新悲剧发生的时间，直到 2013 年，谣言还在盛传："秦明河，6 岁，在自家玩耍时不小心掉进火堆里，属 7 级烫伤。可怜的孩子，疼痛写满了他的双眼，急需资金救命，现在网友每转发一次，女婴的父母就可以得到 3 分钱(美金)的赞助。有爱心的网友请动动宝贵的手指转一下，多一人转发就多一分希望。"许多网民出于同情而转发，但也有部分发帖者纯粹是利用网民的同情心赚转发、赚粉丝、扩大微博影响力，如新浪网民"@方乐并不快乐"即借助该谣言赚取了 2 万多次转发。

爱心谣言是谣言新品种，传统乡土社会罕见此类谣言。谣言盛行的社会基础是"爱心"观念的普及以及社会关爱力量的壮大，因而本质上是社会进步的衍生物。谣言一般被视为贬义词，传谣行为也被视为一种负能量，但是，大多数爱心谣言的传播都是出于弘扬正能量的目的，事实上也在一定程度上起到了爱心传递和爱心表达的作用。

爱心谣言大概是 20 世纪 90 年代中期以来最风行的谣言品种之一。2010 年以来，此类谣言已经呈现逐年下降的趋势。当谣言被当作真相的时候，真相也被当作谣言处理了。爱心接力谣言的泛滥，在一定程度上伤害了那些真正需要爱心关注的弱势群体。

物极必反，2012 年起，爱心谣言已经开始变质变味，部分爱心谣言已经蜕变成了骗子用以骗取捐款和手机话费的诈骗谣言。另据相关报道，部分爱心谣言由于公布了"联系人"的电话号码，导致该号码的真实主人被反复骚扰，不得不关机、停机。

◆2013 年，以孩子被拐为名求助的爱心谣言大量出现。不少人信以为真，好心转发，殊不知这是一种新型的电信诈骗术，每转发一次，就是帮骗子多传播一次。

在这类诈骗微信中，孩子"走失"的地点遍布全国各地。例如："帮忙扩散，今天上午一个 3 岁多小女孩在上海浦东的怡园小区附近被人拐走了，小女孩能准确说出她爸爸的手机号码，从监控上看是被一个 40 多岁男人抱走了，现大人都急疯了。有知情者请告知，万分感谢！联系人赵先生 158××××8238，看到就转发吧，可怜天下父母心！"这类帖子细节俱全，十分逼真，但帖子中的手机号码却不是上海电话。此外，诸如“北京三中学生谢露走失”“牡丹江三中学生谢露走失”“景德镇三中学生谢露走失”“乐清虹桥镇三中学生谢露走失”等帖子中“谢露父亲”的电话号码都是同一个广西号码。此类帖子末尾都有同一个求转发的请求：“求扩散。如果看一眼懒得转的冷漠人也请求你伸出手指按 3 秒。希望尽快找回孩子！转一下愿孩子能平安回到妈妈身边。”

在微信朋友圈中还有形形色色的求助骗局。例如，在微博上被打击后又在微信上还魂的“四川甘孜藏族自治州石渠县西区长沙贡马乡小学急需 10 岁以下孩子的旧衣物”，所留电话为声讯吸费电话。爱心市民拨打“校长达洼电话”后，会听到语音提示“机主已关机，请留言，‘滴’声后收取通话费”，之后每分钟被收取 2 元多的高额话费。此外，曾在微博、微信上被大量转发的“内蒙古农大女生紧急求助 Rh 阴性 O 型熊猫血”“广西白血病高中生求助”等求助帖也被证实为诈骗帖。[①]

◆2013 年 3 月 16 日，影星舒淇发表一则爱心微博：“你知道吗？随意丢弃嚼过的口香糖，小鸟会误以为是小面包块儿去吃，因粘在喉咙里不能吃喝而渐渐地死去……如果你在乎，请转发……”

以舒淇超强的人脉，这条微博迅速获得了近 10 万的转发数。第二天，动物学博士“国家动物博物馆员工”微博辟谣称：“人类总低估动物的智商，而高估自己的智商，小鸟才没那么笨呢，那口香糖还没进入口腔就会先把它的嘴黏上，它才不会往里咽呢。”可是，这条专业微博总共只获得了 508 次转发，远远赶不上谣言的传播速度。网民“木日”调侃说：“你也低估演员的智商了。人家是为了表演爱心，争当公知，好积聚人气。谣言恰好具有这个功能。”

◆2013 年 7 月 6 日，演员吕丽萍发布一则爱心微博：“帮助转吧！求你了！李盟盟 21 岁，河南省开封县陈留四中学生，今年高考 565 分。因县招办失职，把她的志愿申请锁在柜子忘了提交，造成任何大学都上不成。河南省高招办回应，此事不予处理！李盟盟是农村孩子，为供其上学，妹妹辍学打工，父亲打工摔断了腿。你的一次转发也许就能帮她改变命运！试试能否创造奇迹！”此微博由于获得多名网络“大 V”的共同转发，两天之内就被转发 3 万余次。

事实上，李盟盟事件发生在 2010 年。李盟盟，河南省开封县陈留四中学生，2010 年参加高考。6 月 30 日，李盟盟在村中网吧填写了本科一二批志愿表。一本第一志愿郑州大学，二本第一志愿河南财经政法大学。由于计算机操作技能不熟，志愿表没有按规定在网络上正常提交。班主任让她翌日到县招生办办理提交手续，采取补救措施。7 月 7 日，李盟盟来到县招生办，按要求填写了志愿表，然而由于县招办微机操作员失误，把纸质志愿表锁在抽屉内。7 月底，李盟盟在网

---

① 《“孩子走失”系造谣骗话费》，2013 年 9 月 26 日《新民晚报》。

吧没有查到自己的录取信息。8 月 3 日，李盟盟父女来到开封县教育局询问情况。“一开始工作人员解释说是省教育厅的网络出了问题，后来多方打听，得知是县教育局微机输入员因为家里有急事，一忙，把盟盟的志愿表忘在办公室的抽屉里了。”

2010 年 8 月 18 日，一篇名为《开封县招办把我的大学梦毁了》的帖子在微博、人人等处被大量转发和评论，转发数万次，并登上微博热门状态和人人热门话题，引发全社会的关注和讨论！随后众多媒体也作出了报道。2010 年 8 月 20 日，在河南省招办的协调下，李盟盟被河南财经政法大学会计学专业录取。

此事本来只是偶然事件，且已圆满解决，但是从 2011 年起，每年高考录取工作结束后，这则消息就会再次出炉，有时还会更换主人公姓名。正如有网友指出：“吕丽萍不注明发生时间，在 2013 年大学录取时用旧闻当新闻，明显是恶意造谣，而且转发达 3 万多条，根据最新司法解释，请北京警方对恶意造谣的‘演员吕丽萍’依法予以严惩，不能因为她是名人就网开一面。”(@胡忠良 750)

(四)民族主义谣言

2012 年以来，中国的民族主义情绪明显高涨起来。2012 年先后发生了日本政府“购岛事件”，以及菲律宾军方制造的“黄岩岛事件”，领土争端唤起了中国人的许多不愉快记忆，民族主义情绪迅速高涨起来。汹涌的民众情绪唤醒了一大批民族主义谣言，9 月 15 日的“西安打砸日系车事件”，更是将这种情绪推向了极致。

所谓民族主义谣言，也即基于民族本位的谣言，通过我族与他族的矛盾，或双方民族性的对比、社会文化的对比，旨在强化民族斗志或者激发民族性改革的虚假历史或虚拟叙事。民族主义谣言主要分为四类：

一是通过虚构外国势力的敌对行为来激发中国人的仇外情绪。

21 世纪以来流行的民族主义谣言，以涉日谣言为多。中日两国一衣带水，可是，100 多年来的恩恩怨怨却不易化开。战争时期，彼此拼死相搏；和平时期，恐怕就只能靠谣言过过嘴瘾了。

◆比如从 2009 年开始，腾讯 QQ 群流传着一个“著名”的谣言：“今天日本大使来访腾讯公司。让腾讯阻止近日中国网民在网上对日本的诋毁，并骂中国人懦夫、不团结。腾讯断然拒绝，并和小日本打了一个赌，如果在 2 周内这个说说转发 200 万以上，日本人就得向中国人道歉，请朋友们为我们祖国加油转发吧！看见不转，你配做中国人吗!!! 大家上 QQ 转发吧。”

谣言从 2009 年一直传到 2013 年，天天都是“今天”，从腾讯 QQ 传到新浪微博，要求转发的数量也不断加码，最早是 200 万，然后是 300 万，2012 年就涨到了 400 万，转发请求也由“大家上 QQ 转发吧”变成了微博中的“请速转发”。转发理由也一再加码："中国人再不认真看看，中国就要遭到灾难了！国人醒醒啊!!!""请朋友们为我们祖国加油转发吧！这个没有任何奖励。纯粹是一种良知。请大家接力下去。"这种日本人和中国人打赌的故事是一种经久不衰的"程式性抗日套语"，中日之间每有摩擦，就会有人在网帖上声称，日本人和中国人打赌，如果某条信息能有多少转发或评论，日本人就道歉，否则如何如何。

◆2013年4月1日开始，一则号召共同抵制《贞子》3D电影的谣言在腾讯QQ、新浪微博以及各论坛广为传播："请大家5月13号别进影院，大家一起为《贞子》票房为零做努力！中国人拍的《金陵十三钗》在日本票房为零。小日本拍的《贞子》3D将于5月12日在中国大陆上映。而5月12日既是南京大屠杀纪念日，又是国难日。勿忘国耻！作为中国人，要让《贞子》票房为零。必须转起转起！中国13亿人能否转发1300万就看你的了。"有些谣言版本的后半部分还会加上一段"程式性抗日套语"："谁的群多，转一下，日本人说中国人是垃圾，不团结，今天腾讯公司和日本人打赌，如果在2周内转发超过200万个群的话，日本人就是垃圾。朋友们，必须转起转起!!! 中国13亿人能否转发1300万呢？就看你的了。爱国的就转发!! 是中国人的就转发!!!"

这是一则非常典型的民族主义谣言，事实上，5月12日并非《贞子》3D电影在中国的上映时间，而是在日本的上映时间，中国广电总局根本就没有允许该电影在中国上映。更令人汗颜的是，南京大屠杀纪念日根本就不是5月12日，而是每年的12月13日，5月12日是汶川大地震纪念日。但是，几乎所有转发的网民都没有这个常识，他们只会喊口号："抵制日本电影！""中国人不是好欺负的。国人们努力！"以及传播谣言。

二是通过美化他国政治或他国公民素质来抹黑国内政治、鞭挞中国国民性。

在这一类谣言中，被美化的国家及其国民主要是德国、美国、日本、英国。民族主义谣言对日本国民性表现出了极其矛盾的一面，部分网民极力丑化其自大、不认错的一面，另一部分网民又极力美化其文明礼貌、守规矩、讲秩序的一面。

三是通过对他国历史、文化的变形叙述来丑化、矮化他国形象。

◆我们还是以涉日谣言为例。对于日本的歪曲想象以及对于日本女人的意淫，是中国网民百玩不腻的无聊游戏，如《日本和服与姓氏的来源》："据说古时日本多战事，男丁少，人口急剧下降。为提高出生率，天皇下令男人可以随时随地和女人做爱。于是女人为了做事方便，就出门围条床单和背个枕头，久而久之就成了和服。生的孩子就以做爱地点为姓，于是便有了松下、井上、渡边、田中、山口、近藤、小泉等姓。这就是日本的和服和姓氏的来源考证。"(@中国微观察)

四是通过虚构的外交事件或海外舆论来自我麻痹、自我安慰或者自我贬低。

自"庚子事变"以来，中国人一直热衷于以"西人说"的名义发表自己对于中国以及中国人的看法,其中最著名的莫过于借拿破仑之口,预言了“中国是一头睡狮,一旦醒来将震撼世界”。

◆大概是受到“黄岩岛事件”的影响,近年来流传最广的外交故事是《菲律宾离中国也很近》:“1987 年,菲律宾总统访华拜会邓小平,谈到南沙主权问题时说:‘至少在地理上,那些岛屿离菲律宾更近。’邓小平抽了口烟,说:‘在地理上,菲律宾离中国也很近。’从此,南沙再无战事。”

这是一则受到无数网民膜拜和热捧的历史故事。谭旭彬为此策划过一个专题《邓小平没说“菲律宾离中国也很近”》,据其考证,这只不过是一则以讹传讹的老段子,1987 年根本就没有菲律宾总统访华。严肃媒体一般不敢引用这种毫无根据的历史故事,可是,2009 年 4 月 2 日的《南方都市报》却刊载了这则故事。此后,人民网和新华网也多次转载,如 2010 年人民网转载的《“最中国”的 9 句外交语录》中就有这一句,并且注明源自新华网,此后各大门户网站以及论坛、微博等都将其当作信史争相传播。当一则故事、笑话、段子被当成真实的历史传播的时候,事实上它已经是一则谣言了。在这则谣言的传播过程中,原有的一大硬伤“1987 年”被部分传播者修正成了“1988 年”,因为在 1988 年的 4 月 16 日,邓小平的确会见了前来中国访问的菲律宾总统阿基诺夫人。

◆2013 年 1 月 4 日,“21CN 历史”网站发表一篇题为《交通黄灯系中国人发明,发明者是爱迪生高徒》的网文。文中称:“1925 年,胡汝鼎先生年仅 20 岁,怀着科学救国的抱负,去了美国。在爱迪生的通用电气公司工作,是爱迪生的学生。1927 年,他发明变速电机和红绿灯转换时中间所出现的黄色,获得奖励。于是,红、黄、绿三色信号灯即以一个完整的指挥信号系统,遍及世界陆、海、空交通领域。那时候,汽车的发明日子也不长,交通指示灯也只有红、绿两种颜色。”匿名的网文作者还讲述了一个发明黄灯的小故事:“一天,胡汝鼎先生站在十字路口,等待绿灯穿马路。当见了绿灯后,他向前走去。可是一辆左拐弯的汽车呼地一声擦身而过,吓了他一跳。他就想:如何能使拐弯的车辆与穿马路的行人不冲突呢?他反复琢磨,终于想到了在红绿灯中加上一个黄色的信号灯,来指示有车辆要拐弯,提醒行人的注意,防止交通事故的发生。他向公司提出了自己的建议,得到了公司高层的首肯,也得到了爱迪生的夸奖。这样红黄绿三色信号灯,就以一个完整的指挥信号系统,遍及全世界交通领域了。那年胡汝鼎先生仅仅 22 岁。”

文章出来之后,迅速被一大批如中新网等官方网站及《城市晚报》《老年日报》《深圳晚报》《齐鲁晚报》等官方纸媒争相报道,认为这是一件为中国争光的好事。“果壳网—谣言粉碎机”当天就有网民“西州曲”发表《媒体称交通黄灯是中国人发明的……》驳斥了这一谣言:“现代电力交通灯是美国人发明的。1912 年在盐湖城,警察 Lester Wire 发明了第一个红绿双色交通灯。1914 年,James Hoge 设计的红绿交通灯上安装有蜂鸣器，在信号变换时发出警示。第一个三色四方向交通灯是密歇根州底特律的警察 William L. Potts 在 1920 年发明的。1920 年 10 月，在伍德沃和密歇根大街的交叉口，竖立起了一个交通塔，上面有 12 个灯，每方向 4 个，手动控制。也就是说，1920 年已经有三色交通灯了，而且和上面新闻里说的 1925 年才去美国的胡汝鼎没有任何关系的样子。”

也有网民指出，这很可能是一则钓鱼谣言，用来调侃 2013 年元旦起实施的公安部《机动车驾驶证申领和使用规定》。“新交规”规定闯黄灯扣 6 分，这一点饱受争议，网上掀起各种各样的声讨浪潮。1 月 6 日，公安部交管局专门下发通知，要求各地交管部门对目前违反黄灯信号的，以教育警示为主，暂不予以处罚。《交通黄灯系中国人发明，发明者是爱迪生高徒》的意图其实是想表达这样一个意思：“中国人发明了黄灯，影响了全世界，现在全世界都在用黄灯，中国却要取消黄灯了。”没想到这样一个调侃的恶搞，被多家网站当作给中国人挣脸的“历史真相”，拿了到处转发。

◆2013 年 6 月，中文互联网上盛行一则新段子：“一位美国上将举起 100 美元对军校学员说：‘这张美元不过是一张纸，成本不过几美分。可全世界必须用相当于 100 美元的产品来换这张纸。这合理吗？不合理。公道吗？不公道。为什么全世界能够接受？是因为你们的存在。你们保护的就是这张纸的价值。听懂了吗？’全场爆发出雷鸣般的回答：‘Sir，Yes Sir！’”

7 月 10 日，以捍卫红色文化、宣传毛泽东思想而著称的中央民族大学教师张宏良在新浪微博发布该信息，立即遭到专栏作家赵楚的猛烈抨击：“美国上将要是就这么个智商，我看全世界不知道多少人可以放鞭炮庆祝了。PS，你虽然是个副教授，好歹也是学术职务，你告诉我，这件事的原始出处在哪里？给你 10 天，你拿不出来，你自己宣布造谣，并向公众道歉。你拿出来，我跟你上乌有之乡。”

（五）名人谣言

俗话说，“枪打出头鸟”，“人怕出名猪怕壮”。所谓名人，一言一行都很容易成为公众关注的话题。一个乞丐就算倒在大街上都未必有人关心，可是，如果赵本山在台上摔个跟斗，当天就会有他倒地的照片出现在互联网上，说不定第二天的报纸还有关于他身体状况的专题报道。一个普通人就算站在大街上呼天抢地喊口号，至多也就被人当作精神病，可是，白岩松就算待在家里不出门，互联网上也是遍地“白岩松说”。这正应了陈凯歌对《新周刊》记者说的一句话：“我不在江湖，但江湖中有我的传说。”

所谓名人谣言，即与某位社会名人相关的虚假信息。这类谣言大致可以分为三类：

第一，假托的名人语录。借用社会名流的名义，生产或传播一些与自己观点相近的时事评论或社会评论。这类谣言往往借鸡生蛋，借名人的嘴，利用名人的社会影响力，说自己想说的话，讲自己想讲的故事。名人语录是目前中文网络最流行的一种名人谣言。这些名人语录不仅流传于互联网上，甚至进入了部分中学的考试卷。

常见的名人语录大致可以分为两类。一类是所谓的"心灵鸡汤"，多为生活感悟、处世哲学、社交指南之类，语录的假托主人多为文化界知名人士，或商界成功人士，各种署名乔布斯、易中天、周立波的"鸡汤"语录数不胜数。另一类是所谓的"社会批评"，多为对政治、经济、文化等各种社会现象的评论，而且多持批判态度，语录的假托主人多为著名学者、公共知识分子、时势评论员，就连小布什、希拉里之类的美国政治家也常常就各种各样的中国问题评头论足。

另有一批职业的"语录专家"，但凡老百姓自己想说的话，都可以假借他们的名义来说道。如被称为央视"四大鸡汤盆"的白岩松、崔永元、柴静、张泉灵，在公众眼中，他们富于正义感和同情心，他们的话语权力和智识水准要远远高于常人，那么，他们就有责任和义务针砭时弊、伸张正义。"语录专家"事实上充当了民间意志的代言人。许多人并不在意语录主人的真假，而只在乎语录是否说出了他们的心声，他们在乎的是语录的内容、观点和意义。

编造名人语录的文化传统恐怕可以一直追溯到春秋战国时期。孟子"言必称尧舜"，无非是说孟子动不动就拿尧舜来说事，可是我们知道，那些尧舜故事、尧舜语录基本上是孟子自己编出来的。古代思想家为了使自己的观点得到更多认同，常常借用前辈圣贤的文化影响力，假圣贤之名发声。这种现象从来不被视为造谣传谣，而是一种文化传统。

中国人讲理，好用成语、套语、格言、警句，敬仰先贤，崇拜权威，好夺他人之酒杯浇自己之块垒。名人语录固然与民众的权威崇拜有关，更与民众的社会诉求有关。"假语录"的背后，往往是民众的"真批评"。究其实质，名人语录就是试图假借名人的声望及其话语力量，起到改变社会现状的作用。

◆21 世纪头 10 年间，市场上出版了一大批所谓《哈佛图书馆墙上的训言》《哈佛校训》《哈佛家训》《哈佛家训全书》《哈佛励志书》之类的畅销书，借助哈佛文化进行励志教育。

2013 年 7 月 16 日，有读者在哈佛大学图书馆网站上留言，询问："我听说在哈佛图书馆的墙上有许多校训、格言、谚语或者训诫。我在哪里可以找到它们呢？"图书管理员 Deborah Kelley-Milburn 回答说："这似乎是一个谣言，在互联网上比较流行，特别是在中国。我们在哈佛大学图书馆的墙上没有张贴任何所谓校训之类的东西，作为哈佛大学图书馆员，Robert Darnton 教授也肯定地说：'哈佛下属的 73 个图书馆都没有这样的校训墙。'可参阅《华尔街日报》2012 年 11 月 15 日的《一代中国留学生从哈佛的玩笑中获得鼓舞》(A Generation of Chinese Students Draws Inspiration from a Hoax about Harvard)。"

◆自从 2013 年 6 月"斯诺登事件"出来之后，各种斯诺登披露的"秘密情报"就盛行于各类中文网络，这些所谓的"秘密情报"，矛头基本指向有三：美国政府、中国政府、中国官员。

1. 美国有良心的中情局人员——斯诺登，揭露美国现在正在对中国实施一个天大的绝密战略行动——美国对中国的转基因生物战争，10 年前就已经悄悄开始啦！转基因生物技术可以改变人类的正常基因！削弱人的体能和生育能力，消弱军队的战斗力！(@轻轻的一片云 1963)

2. 斯诺登今天公开爆料，中国官员在国外存款 4.8 万亿美元，约为 30 万亿人民币。中国又创造了许多的世界第一：贪官人数世界第一，贪官财产世界第一，外逃资金世界第一，官僚资本世界第一，奢侈品消费世界第一，相对贫困世界第一，贪污腐败世界第一。(@兔爸爸信耶稣)

3. 贺卫方意志顽强且谈吐坦率。他的法学思想，说到底就是一切以美国为宗，凡美国都是对的，中国须无条件看齐。美国私人拥有枪支，中国也要照着来……如果不是斯诺登之前的那个著名的解密的美国人公开了贺卫方是美国政府的保护对象，我会认为他是教条主义者。(@司马南)

第二，虚构的名人轶事。这一类谣言，多为"正能量"故事。能够成为这类故事主角的人，一般都是德高望重的文化名人，或者深受爱戴的公众人物。

比如《替学生看包的老头》："某年北大开学，一外地来的学子背着大包小包实在太累，把包放路边。正好看见一老人，就拜托他替自己看包，自己好轻装去办手续。近一小时后学生回来，老人还未离开。几日后开学典礼，学子惊讶地发现老人竟是北大副校长季羡林。可见，人格才是最高的学位。"这是一则广为传颂的名人轶事，故事的点睛之笔是最后一句话。故事主角是谁其实并不重要，可以是季羡林，也可以是吴树青，只要是名声好的老校长就行。

另一则假托知识名人的著名段子是《高等数学课的由来》："据说在 1669 年，牛顿在剑桥大学升为数学教授。当时学校资金紧张，包括牛顿在内，大部分教职工薪水已欠数月。为解决此问题，牛顿潜心研究创立了微积分，将一门名叫《高等数学》的新科目设为全校的必修课，并规定不及格者来年必须缴费重修直到通过。很快教师们的工资发了下来。"这么明显的一则开胃小段子，居然有大批网民信以为真，将之当作正史到处转发，"百度贴吧"的"昌邑吧""长葛吧"等，均以《还历史之真，这些你应该知道》《给大家普及一下历史知识》等为题发布了这则段子。许多网民评论道："为了一己私利，他居然做出了这种事情。"(@toffehuang)"牛顿！

最讨厌的就是你这类人了！跨领域折磨我们！”(@火星公主驾到)“我算是知道真相了！牛顿！如果我可以穿越回去，我一定把苹果换成榴莲！”(@嘿-咆哮体亲爱的)

第三，有关社会名流的假新闻。这类新闻多为“黑巫术”性质的谣言，一般会虚构一个突发事件，谣言主角遭遇去世、车祸、感染艾滋病等各种不幸，或身陷嫖娼门、吸毒门、诱骗门等。

◆2013 年 3 月 12 日下午，腾讯微博(@音乐小巷”发布新闻：“北京时间 3 月 12 日消息，在 83 版《西游记》中扮演孙悟空的演员六小龄童(章金莱)，3 月 12 日早上 8 点半病逝于浙江绍兴慈济医院，享年 53 岁。如果他给你的童年带去了无数欢乐，请默默转发，让更多人祝愿猴哥一路走好！”

该微博迅速引起疯狂转发，无数网民在网上表达了对于六小龄童的悼念。第二天早晨，新浪微博“六小龄童”发表声明辟谣，随后发布详细辟谣博客《如何遏制网络谣言?》：“我正在电视剧《新燕子李三》无锡片场拍戏，昨晚一直在拍夜戏，到今早 5 时多才回来，一大早我的太太以及一些熟识的媒体、朋友纷纷打电话、发短信/微信询问我是否安好，我立刻上网看到腾讯微博上有人发微博说我已于 4 月 12 日去世，还有不明真相的网民甚至是被权威认证的媒体、个人的微博跟风转发，那个首先造谣人的 QQ 号是 308880970，微博网址：http://t.qq.com/musicBang，或许他是为了增加点击率才作出此事，虽然现已删除，但腾讯还有很多微博在转发此消息。可能个别人认为我在为新戏炒作，但 3 月 8 日我刚在片场接受了全国 50 余家媒体的采访，没必要通过如此低劣的手段去宣传，请腾讯网站及网民朋友查一下谁是造谣者，我已委托著名律师陈旭先生全权处理此事，并保留法律诉讼的权利。1987 年我拍《西游记》时，播完前 11 集后因继续拍摄没有再播，也曾有谣传说我摔死了，那不属于恶意造谣，还是属于善意关注的，但现在这样的疯传完全是始作俑者无耻的诽谤。作为一个法治国家应该会有明文的法律界定！”

◆2013 年 11 月 11 日(该日期共有四个“1”，因此被当代网民称为“光棍节”)，新浪微博认证为“陕西省西安市商南县公安局刑事侦查民警”的网民“@张杨同学”爆料称汪峰和章子怡今天已领证结婚，引起网友对于“汪峰不能上头条”的又一片议论，有网友调侃说：“汪峰选在十八届三中全会即将闭幕的时候领证，他真是上不了头条的命。”不过，据新浪娱乐联系章子怡方面称：“领证纯属假消息，子怡此时正在上海拍戏，她和汪峰都是北京户口，若领证也肯定是在北京！”汪峰方面则言简意赅地回应了三个字：“假消息。”当然，也有网民揣测，明星的结婚消息和分手消息，一般都是经纪公司自己放出来的谣言。

揭明星隐私，看明星出丑，是普罗大众不可言传的娱乐心态。近现代以来，对名人的攻击谣言主要集中在绯闻方面，但是进入 21 世纪以来，明星绯闻逐渐常态化，一般性的绯闻已经吸引不了公众的注意，甚至整容、吸毒、车祸都得“有图有真相”，这一类的口传谣言早已失去传播价值。

2010年以来，热衷社会批评的网民明显分化为左、右两派，两派各造就了一批意见领袖，针对这些意见领袖产生了一大批攻击性的网络谣言，两派彼此都在攻击对方意见领袖收取了“某秘密组织”的活动经费、曾诱骗无知女性、身背历史污点，等等。正如奥尔波特《谣言心理学》所说：“一个候选人越是打心眼儿里不受欢迎，谣言攻击的焰火就会越猛烈，攻击他的竞选动机、他过去的生活、他的个人品质和未来的政治意图……虽然这些候选人性格各异，但诽谤的主题经常是相同的：不正当性关系、虐待妻子、酗酒，以及所谓的有黑人或犹太人血统。”著名女星范冰冰为诺基亚N9手机所做的广告，颇可用作社会名流的座右铭：“我经得住多大诋毁，就能担得起多少赞美。”

◆2013年11月20日，美籍华裔政治家、美国政府驻华大使骆家辉发表声明，将于2014年初辞职，回到美国西雅图与家人团聚。中文网络上迅速掀起一股关于大使辞职内幕的谣言竞猜活动，如：“港媒报道，骆家辉辞职起因是婚外情，且婚外情的女主角人在北京。消息人士说，北京方面或许早已掌握骆家辉的个人生活问题。截至发稿时止，西方媒体尚无报道，美国务院和骆家辉本人对这篇报道尚无回应。报道还指，尚不确定婚外情女主角是中国大陆籍还是美国籍，也无法确认两人相识的时间。”(@时评眉)

(六)政治谣言

人天生就是政治的动物，政治是人人都自以为懂，却又人人可望不可即的一种东西。政治像一只无形的手，它影响到我们每一个人的生活。政治与民众的这种若即若离的关系，为它披上了一层神秘的面纱，深深地吸引着广大民众尤其是中青年男性公民。

所谓政治谣言，也即与政治人物、政治事件以及政府决策、政府行为相关的谣言。政治谣言历来都是中国社会最盛行、最敏感的，也是世界史上最丰富、最引人注目的谣言品种。谣言家的政治诉求是政治谣言最强大的内驱力，虽然谣言的生产者和传播者可能各有各的诉求，但一般说来，只有既符合生产者诉求也符合传播者诉求或意愿的谣言，才能发展壮大为影响巨大的公共谣言。

当今中国社会正处于政治改革的攻坚时期，社会急剧转型，传统的社会平衡不断遭到破坏，如果配套的制度建设滞后，就会造成部分民众的既得利益受到损害，激发社会不满情绪，这样，政府的负面信息就会不断被放大，不能及时公开的事件就会不断引发争议。正因为如此，每一项改革的推进、政策的变化、大型工程项目(尤其是化工项目、环卫项目、征地项目)的落实，都有可能遭遇相应的谣言，有时甚至引发局部的社会动荡。

在中国，政治人物作为政治的符号和代表，其一举一动必然受到民众的广泛关注，不仅政治家的个人品质、升迁历史、执政理念、执政风格受到关注，其个人生活、性情爱好、家族成员、健康状况等，都会成为民众关心的话题。政治谣言常作为政治斗争的工具来使用，这是任何制度下的社会都难以幸免的通病。特别是在换届选举之前，不同的政治势力与利益团体往往会散布一些不利于对手的政治谣言，旨在丑化、矮化对手在选民中的形象，打压对手的政治威信。

关于一个不受欢迎的政治家病重或者去世的消息，每隔一段时间就会出现一次，比如有人看见大批的警察在某医院拉起了警戒线、某位政治家已经多日不出现在公众视线中，很快就会有人作出合情猜测，这种猜测只要存在一定的市场空间，就能得到迅速传播，并且在传播中得以坐实。接着就会有人作出更多的联想，将所有有利于该猜测的信息都附会到这一事件之下，直到这个政治家公开出现在新闻中，然后谣言中止，大家就像什么也没发生过一样。

总体来说，当代政治谣言主要有四类：一是揭秘内幕事件，如权斗、健康状况、家族、私生活等；二是抹黑政治工作或政府工程；三是攻击地方政府及其官员，以及官员插手的利益纠纷或恶性案件；四是重述历史事件，为历史人物或历史事件翻案。

以第二类为例，有一则抹黑计划生育工作的谣言称："听朋友说的，搞计划生育的人也到他们村里强行抱人。有个婴儿被一个女干部抱到半路，被小孩的爷爷发现了，他说，你今天偷我的孙女，我就要撕烂你的胯！后来那个娘们灰溜溜地跑了。"（@蒲荔子）谣言虽短，故事要素却很齐全：没有人性的计生政策、欺软怕硬的女干部、弱小无助的婴幼儿、神勇无比的老大爷、引人遐想的性暗示。谣言吸引了大批网民的转发，可是转发者并不真正了解农村计生工作，他们以为计生干部有权抱走已经出生的孩子，甚至相信女干部会单枪匹马进村抢孩子。

2012～2013 年，受王立军"叛逃事件"的影响，政治谣言几乎占据了中文网络谣言的半壁江山，而这些政治谣言大半始出于境外反华网站。网络已经成为东西方"后冷战"时代的新战场。虽然中国实行了网络管制，可是各种"翻墙"软件层出不穷，防不胜防。信息的流通已经让世界变得日渐透明，互联网成了东西方价值观的角力场，生产和散布各种有关政治事件和政治人物的网络谣言，已经成为西方"网战"的重要手段。

有学者为治理政治谣言开出了五副药方：第一，保障民生需求。最活跃的政治谣言都出在群众意见比较大的方面。政府应努力解决民众广泛关注的社会热点问题，让百姓有幸福感和安全感。第二，畅通信息交流渠道。各级政府应及时回应来自民间的各种质疑，让人们了解政治事件真相、消除怀疑心理和不信任感，有效挤压和缩小政治谣言生存空间。第三，及时辟谣。第一时间发出权威准确信息，用尽可能翔实、清晰的事实证据阐释事件的来龙去脉，澄清迷惑，消除政治谣言带来的焦虑、躁动和不安的心理状态。第四，建立完善的依法查实和惩处机制。打击网络造谣者要准、要狠，对其产生震慑作用。第五，提高民众的谣言免疫力。①

不过，单就政治谣言来说，最重要的恐怕还是放开信息管制、做好信息公开，而不是严厉打击。事实上，政治谣言因其损害现行政府的利益及威信，具有颠覆执政党以及削弱现行政府合法性的功能，因而历来都是各国政府严厉打击的对象，可以说几乎从未被忽视。可是，政治谣言就像弹簧一样，往往压力越大，弹力也越大。

◆2013 年 4 月 18 日，香港《大公报》刊登了一篇题为《北京的哥奇遇：习总书记坐上了我的车》的报道。报道称，家住北京远郊平谷区的的哥郭立新家中贴着一张"一帆风顺"的字条，这幅字是习近平总书记搭乘郭师傅的的士时写给他的。

据郭师傅介绍，3 月 1 日，习近平在北京乘坐出租汽车从鼓楼西大街附近前往钓鱼台大酒店，共行驶 8.2 公里，用时 26 分钟。媒体采访了搭载习近平的出租车司机郭立新。当日在出租车上他认出习近平之后，习近平表示"你是头一个把我认出来的司机"。车开到目的地，计价器显示 24 元，加 3 元燃油附加费，共计 27 元。司机表示不能要钱，但习近平说，"不行，这钱你一定要收下"。下车的时候，郭立新请习近平给他题个字。习近平用车上的一支圆珠笔，在发票背面写下"一帆风顺"四个字。郭师傅把题字放大了用镜框挂在家里的墙上，另外一份复印件则过胶后揣在怀里随身带着。郭立新说："我觉得这'一帆风顺'四个字，不仅仅是给我写的，更是写给所有出租车司机的。而作为普通老百姓，我们更是希望咱们国家和人民生活都能够顺顺利利，一帆风顺。"

报道出来之后，迅速引起媒体的广泛关注，成为当天各大网络媒体的头条。全国上下都在热议"总书记微服私访"。有媒体找到北京市交通部门，该部门向媒体记者表示"确有此事，相关情况都是真实的"。可是，交通部门所谓的"真实"事实上只能代表确实有个郭师傅说过这么一件事，他们根本不可能断定郭师傅说的是真是假。就算郭师傅所说都是真的，郭师傅也不可能知道所遇到的"总书记"是真是假。所以说，交通部门的证言根本就不能说明任何问题。

有媒体找到郭师傅，将"一帆风顺"几个字翻拍后传到网上。这张纸条让网民大跌眼镜，人们几乎一眼就能看出这是一个文化水平不高的人写出来的，因而很快就有人质疑："作为总书记，可能把字写成这样吗？"

---

① 参见姜胜洪：《网络谣言应对与舆情引导》，社会科学文献出版社 2013 年版，第 183 页。

果然，当天下午新华网就发布辟谣消息："4 月 18 日香港大公报刊登的《北京的哥奇遇：习总书记坐上了我的车》一文，经核实，此报道为虚假新闻。"不过，大批热衷"微服私访故事"的网民更愿意相信谣言而不是辟谣信息，他们坚定地认为新华网不敢承认事实，刻意隐瞒真相。我想，这些坚信谣言的网民，恐怕只有见到了习近平的真实题字之后，才会相信现实中的"微服私访故事"是不存在的。

◆2013 年 1 月 9 日，有网民发布："[重大信号：事情正在起变化]党中央喉舌新华社旗下新华网 2013 年 1 月 7 日发表毛泽东 1957 年关于反右斗争的文章《事情正在起变化》，而且来源于党中央机关报《人民日报》旗下的人民网。两大喉舌同时发表毛泽东的反右文章，非同一般。决意反共到底的右派们，苦海无边，回头是岸。链接：http://t.cn/hDJw3"(@赤江河)该谣言给出的链接是新华网页面。其实《事情正在起变化》一文早在 2004 年就已经上传到网页上了，可是，网页并未标出上传时间，而右上角显示的时间永远是打开网页时的时间，不明就里的人就会以为是当天放出来的信息。这种欺骗手法当天为该微博赢得了上千转发。

◆2013 年 12 月 28 日 12 时 20 分，国家主席习近平在北京市月坛北路"庆丰包子铺"吃午餐的照片被网民拍到，并上传到微博，引爆互联网。大家发现习近平排队买包子，还自己买单、端盘子、取包子。包子店店长贺媛丽对记者说，习近平点了六个猪肉大葱馅的包子、一碗炒肝、一份芥菜，一共消费了 21 元。

消息传出之后，迅速引发了网民对于习近平此举的谣言式解读，有网民呼吁："中国股民注意了！习大大向中国中小投资者预言中国经济……6 个大包子堆放在大盘子里说明大盘重回 6000 点，让全国人民有肉吃。炒肝是反问人民有钱不炒干什么用？芥菜是向人民暗示高层已介入，菜鸟股民不要怕。总计花了 21 元，告诫证监会 2100 点是底线。马上有钱！"(@财经杂谈—中国)也有网民解读为："在庆丰的包子、炒肝、凉菜、粥四个系列中，习先生点了其中三款，明确释放出'不要 zhou(周永康)了'的信息。"

◆关于历史人物的历史小故事，总是随着时代以及价值观念的变化而变化。一则邓小平访美的小插曲，先是用来讽刺卡特，受到广大中国百姓的欢迎："1979 年邓小平访美，时任美国总统卡特批评中国计划生育不讲人权，邓小平说：'那我们每年给你几千万人，如何？'卡特听后，沉默了。"

时过境迁，这则故事披上了"回忆录"的历史外衣，以谣言的面目重装现世了："1979 年邓小平访美，时任美国总统卡特批评中国计划生育不讲人权，邓小平说：'那我们每年给你几千万人，如何？'卡特听后，沉默了(中国版本)。卡特的回忆录：卡特总统听完后哈哈大笑：'我还是第一次看到一个国家的领导人，把国民当物品送来送去。'邓听后沉默了。"(@摆古论今)

（七）商业谣言

所谓商业谣言，简而言之，即与商业活动相关的谣言。在开放的市场环境中，天有不测风云，企业随时都有可能遭遇不可知的商业谣言。

多数商业谣言都是攻击性的，是企业或商家出于恶性竞争的目的，有意生产和传播一些不利于竞争对手的消息。这类谣言的一个显著特点是，常常使用商业手段来传播谣言，也就是说，谣言生产方往往会雇佣公关公司或网络水军来传谣。商品市场鱼龙混杂，不择手段者大有人在，要想杜绝谣言几乎是不可能的，我们能做的就是及早辟谣，有力还击，必要时尽力找出谣言源头，拿起法律武器，捍卫自己的权益。

但也有一些商业谣言是媒体或民众自发传播的，虽无明显的商业目的，却在事实上造成了商业影响。

谣言的商业功能可以是攻击性的，当然也可以是营销性的。“有很多无伤大雅的谣言还能实实在在地惠及一个行业。有些人说喝绿茶能防癌，结果很多白领开始喝绿茶，导致当年的绿茶销量翻了好几番。有一段时间日本人喜欢吃纳豆，因为坊间盛传纳豆能防癌，很多中国人也因此开始吃纳豆。这也使得一些企业从中获得了丰厚利润。喝绿茶、吃纳豆的确对人体有益，但益处显然被过度夸大了。”

正因为谣言具有营销的功能，所以有了“谣言营销”的概念。有学者认为，苹果手机的宣传就是成功运用谣言营销的案例：“关于苹果新产品的谣言从未间断，让人们对苹果的新产品更加期待，这正是苹果饥渴营销的核心手段之一。当谣言破灭时，人们又会愿意相信关于苹果的另一个谣言。因为这些谣言往往非常具体，包括产品型号、参数配置、具体的使用效果演示等。”

一般来说，营销谣言的传播群可以很吻合地对应谣言产品的消费群。信奉普洱防癌的人群也是普洱茶的消费群，信奉碘盐防辐射的人群就是碘盐的抢购者，同理，板蓝根的推崇者一般都愿意相信板蓝根可以防SARS。无论是营销谣言还是攻击谣言，都隐含着一个承诺或者一个威胁，这个承诺或者威胁总是和我们的现实生活密切相关。谣言误导人们改变其既有的消费走向：只有奉行谣言的消费理念，付出部分金钱的代价，才能换来长久的平安；相反，如果不奉行谣言的消费理念，则有可能导致严重的后果，甚至付出生命的代价。

正是这种对预期收益结构的评价，导致人们认为：相信谣言比不相信谣言能带来更高的预期收益，只要付出不大的代价，如购买碘盐、板蓝根，就能规避辐射、预防SARS，何乐而不为？反之，如果仅仅因为吝啬一点盐钱、药钱，却被辐射或染上SARS，那就亏大了。这也就是我们常说的“宁可信其有，不可信其无”。

商业谣言之所以影响巨大，就是因为谣言对于每一个具体的消费者来说，很容易就可以将之落实到行动中，不高的代价就能换来消灾、祈福的收益。所以说，哪怕是一则极其荒唐的商业谣言，受到这种危机应对策略的指导，仍旧可以引发大的社会动荡。

◆2013 年 3 月 3 日，新浪微博"@钢铁侠"贴出一张蒙牛酸牛奶的照片，照片显示该产品的生产日期为"2 月 30 日"（2 月没有 30 日），微博正文称："2 月 30 日，我们在休假，蒙牛却在为我们生产良心奶。"该微博迅速引发了超过 10 万次的超量转发。大批网民跟帖骂道："任何蒙牛的食品都不再购买了，神马东西。"（@红尘染了墨）"从不喝蒙牛的东西，去蒙牛的收奶站看过极恶心的，好多奶都过期变质，但也与好奶混在一起。"（@都妞妞儿）"蒙牛太让人感动了！牢记再也别买蒙牛。"（@西贝夫人姚鲁鲁）"蒙牛……蒙你没商量。"（@CC 有颗很强大的内心）"稍微接触这个行业的都知道蒙牛造假太厉害了，经常收到明天甚至后天的货。而且还不算路上的时间……"（@鱻犇骉犇）

但也有细心的网民将图片放大之后发现，该照片中完整的生产日期是"2012 年 2 月 30 日"，"@蒙牛乳业"2012 年 3 月 14 日曾有一则辟谣微博："近日有网友称买到'2 月 30 日'生产的蒙牛酸奶。蒙牛酸奶产品编码日期前须标注生产基地代码，而网传照片上只有 8 位生产日期，与蒙牛编码不同，并且照片上的包装系蒙牛旧版，并于 2011 年 12 月切换为新版包装，因此可以判断并非蒙牛产品。希望这位网友联系我们，以便查清来源。感谢大家的关注！"该微博还配置了真假蒙牛酸牛奶的对照图片，不细心的消费者很难看出两者之间的差别。

2013 年 3 月 3 日，"@蒙牛微客服"再次发布辟谣信息："针对某网友发布的'2 月 30 日蒙牛照'，蒙牛微客服提醒大家：该图为去年 3 月首发，当时蒙牛已报警并核实，照片内容为假冒蒙牛产品造谣信息，当事人已道歉并承担法律后果。我们重申：蒙牛酸奶产品编码为 13 位和 14 位，无 8 位生产日期情况，再次感谢大家的反馈与监督。"可是，这条辟谣信息总共只获得了 4012 次转发，不到谣言转发数的一个小零头。

（八）阴谋论

所谓阴谋论，是指人们将某些难以理解的公众事件归结于他人阴谋的一种思维方式。阴谋论通常会对事件原因作出一些令人惊奇的特别解释，这种特别解释不同于一般的解释，也不同于官方的权威解释，而是将事件解释为某种特别势力或特别利益集团秘密策划、实施的结果，认为这些事件其实是公众所意想不到的一种政治阴谋、商业阴谋或人事阴谋等。

阴谋论往往拿不出直接的证据，而是设想一个或多个可能的利益集团，通过拼凑各种细节表象，借助合情想象，推断出一个巨大的“阴谋”。阴谋论具有难以证伪的特点，阴谋论可以将任何变量之间的“弱相关”甚至“不相关”关系设定为对事态发展起决定作用的主要因果关系，因而从理论上说，任何一件自然发生的事件，都可以描绘成阴谋策划的结果。

阴谋论一旦形成且被公众所接受，就会迅速形成一股新的舆论力量，衍生出更多的“理由”。阴谋论者总是能够找到一些“异常”的蛛丝马迹来为自己的解释做注脚，他们还喜欢使用煽情的手法来传播这种解释，用以对抗官方的解释，甚至将官方视为阴谋行为的主使或默认者。

作为谣言的阴谋论总是迎合了部分公众的情绪性想象，因而还会得到这些公众的情绪性捍卫，在这种情况下，所谓的阴谋当事人很难自证清白——所有的官方解释、正面解释都是不可信的，因为这一切都是阴谋操纵的结果。

阴谋论是一种普遍存在的社会心理。在民间叙事中，只要存在缺失，就一定会形成“紧张”，每一个“紧张”都必须引进一种或多种解释来加以消解，因此，人们需要为那些难以理解的公众事件找到一个自己所能理解的合情解释。人们对于事件原委越是一知半解，对于信息的渴求越强烈，越有可能通过虚构和想象来重组事件的因果链条。阴谋论正是在这一点上为望梅止渴的公众描绘了一片茂盛的梅林，给他们提供了一个合情合理又有趣的答案，至少是部分地满足了公众对于事件“真相”的渴求。

“只要真相的复杂性超出了一些人的理解能力，阴谋论就永远有市场。”（@彭凯平）阴谋论不仅有市场，还很受欢迎，关于阴谋的故事往往富于传奇性、故事性、话题性，非常吸引“八卦受众”。历史上的阴谋论还常常被改编成小说和影视戏剧，经久不衰。

阴谋论为那些未知的、混乱的神秘事件重理了逻辑、重建了秩序，消除了世界不可知论的茫然感。阴谋论总是倾向于简单易懂、一点就透，“一切都是某某组织、某某人的秘密计划”很容易就能得到公众理解和接受。相反，“有些人是完全无法接受不可控、混沌、随机、概率、偶然这些概念的，在他们看来，这个世界的一切都应该有确定的理由和结果，一切都是线性的，一切都是可以解释的，一切都是有目的的，一切都是以利益来判断的，因此当一件事情无法找到确凿解释的时候，他们就只能接受阴谋论”（@骑桶人）。

一般来说，社会事件越复杂、越不透明，对事件的猜测越丰富，越有利于阴谋论的滋长。羽戈在《中国为什么流行阴谋论》中，总结了人们热衷阴谋论的五大根源：

一是行政不透明。最大的政治黑箱，无疑是宫廷，这是世界上最隐秘、诡谲、肮脏、变态的地方。无论古今，宫廷剧都是国人的至爱，这充分满足了无权者对权力的想象与意淫。不妨说，宫廷剧愈流行的时代，权力者与无权者的落差便愈分明。许多无权者特别善于以阴谋家的眼光与阴谋论的视角考量世事，一项政策出炉、一个县长落马、一首歌曲被禁、一家媒体被整肃，都被归结于高层的内斗与派系的分合。

二是酱缸文化。柏杨说："任何一个民族的文化，都像长江、大河，滔滔不绝地流下去。但因为时间久了，长江、大河里的许多污秽肮脏的东西，像死鱼、死猫、死耗子，开始沉淀，使这个水不能流动，变成一潭死水，愈沉愈多，愈久愈腐，就成了一个酱缸，一个污泥坑，发酸发臭。"中国特色的酱缸，主要成分包括"奴才政治、畸形道德、个体人生观和势利眼主义"，由此造就了自私、猜忌、疑惧、阴沉的国民性，这正构成了阴谋论的文化温床。

三是权谋经济。商场、职场被视作战场甚至丛林，"无商不奸"的观念深入人心。无论是一顿10块钱的沙县小吃，还是一宗数百亿美元的巨型并购案，都被阴谋论者解读为"有人在下一盘很大的棋"；无论生意场，还是成功学，阴谋论的暗黑气息无处不在。

四是阶级斗争与冷战思维。以当前国际形势为例，每有国际性的事件发生，总有人通过各种分析，将之归结为美国政府的阴谋。在这些人的头脑中，美国政府无所不能，全球事务事无巨细都被其玩弄于股掌之间；而矛盾一旦涉及中国，阴谋论总是认为中国被算计、受遏制了。阴谋论弥漫在我们生活的年代，竟使我们有些人生出了一种错觉，仿佛全世界都与中国为敌，到处都潜伏着亡我之心不死的阶级敌人，我们正处于前所未有的危机之中。

五是受害者心理。阴谋论者以弱者居多，弱者对阴谋论近乎病态的热爱，一方面出于自我安慰：受到了阴谋的毒害，我才沦落至此。另一方面，则以阴谋论为武器，反击强大的敌人：不能从正面击败强者，则尝试从侧面妖魔化强者。

◆以"我爸是李刚"而出名的河北传媒学院毕业生李启铭，因在河北大学撞倒两名女学生，致1死1伤，后以交通肇事罪被判有期徒刑6年。传闻李启铭曾在事故现场叫嚣："有本事你们去告我，我爸爸是李刚。"此事经媒体报道之后，"我爸是李刚"迅速成为当时全国最火的流行语，李刚也被网友封为了"四大名爹"之一。

2013年5月始，网络上突然流传李启铭已经出狱的消息，如腾讯新闻就称："近日微博上多位知名人士爆料称'我爸是李刚'的主角李启铭已经出狱。知情人透露，原本被判6年的李启铭，已经于近日出狱。把在看守所的天数算上，其服刑也不过2年半。李启铭于2010年10月16日在河北大学新校区醉酒驾车致人死亡，并称'有本事你们去告我，我爸爸是李刚'。2011年1月30日，李启铭被判处6年有期徒刑。"

该消息迅速引爆了公众的愤怒情绪，网民怒称："果然爸爸叫李刚！""到底是暗箱操作！明修栈道，暗渡陈仓！""要求彻查幕后交易！""为什么不敢公布出狱的消息?""大家转起来,转上 100 万条让他再回去!"

谣言扩散之后,5 月 3 日,"人民网—法治频道"最早辟谣:近日有网友爆料"'我爸是李刚案'的主角李启铭已经出狱",河北省监狱管理局今日上午向人民网记者回应称:经核实,目前,李启铭仍在监狱内服刑,未释放出狱。

◆2013 年 5 月 3 日凌晨,一名安徽籍 22 岁女青年在京温商城内坠楼身亡。8 日,其家属及部分同乡相互邀集到京温商城门前反映问题,并引发围观。妙龄女子深夜坠亡,此事很快就引发网民热议,出现大量谣言,导致 5 月 8 日一些不明真相群众在京温商城门口聚集,部分不法人员扰乱公共场所、交通秩序。

"天涯社区"一篇题为《北京京温 22 岁美女离奇密室跳楼案跟踪》的帖子,点击率达到 225 万次,共有 47111 条回复,几乎一边倒地质疑和声讨政府隐瞒真相。主帖开头就是一连串阴谋论的质疑:"你说一个密室里面就一个女孩和一群大男人,最后女孩跳楼死亡,你相信她是自杀还是他杀?5 月 3 号凌晨 4 点多在北京京温服装批发市场跳楼的那个安徽来京打工女孩袁利亚,就是在京温这个密室里面遇到这样的情况,警察何以能轻易定性为自杀?……警察早早地草率定性为自杀,可是却不能合理解释死亡前十几个小时死者的活动轨迹。朋友们没人相信这样一个乐观坚强的人会自杀,疑点重重,希望社会关注、真相大白。我们要求查看监控录像确认昨天她是否上班,却被警察以不是直系亲属为由遭到拒绝,既然是自杀,怕什么监控?下午 1 点她发给男友的微信说在京温上班,京温摊主及附近摊主却一致声称她没来上班,一个活人就是在京温失踪了一天一夜后'跳楼'的。……朋友们没人相信这样一个乐观坚强的人会自杀,疑点重重,希望社会关注,让事件早日真相大白。"网友提供的"疑问"还有:"(1)为什么从高楼'跳'下来竟然没有血迹呢?大胆人士推断,她是死后长时间才被人扔下楼的。(2)京温开门时间是早上的六七点钟,而该女子的死亡时间是早上的四五点钟,她是怎么进去的呢?还是说她根本就没有出去过呢?她在哪里呢?为什么没有上班却跟男友说在上班呢?死前的空白时间是在哪里呢?难道被人关起来了吗?(3)跟那几个保安是否有关呢?(现在很多人猜测是 5 个保安轮奸死者后将死者弄死,还扔下楼的的)"

关于参与"强奸"的保安人数,有 5 人说,也有 7 人说,网上纷纷传闻"据市场中的人透露,市场中已经有 5 个保安潜逃"。

经公安机关调查,犯罪嫌疑人彭某(系死者男友,网店经营者)在袁某自杀后,因对京温商城善后处置不满,利用互联网散布袁某离奇死亡的信息,煽动同乡帮助向商城"讨说法",导致袁某死因谣言在网上持续发酵,迅速蔓延。彭某制作了"父亲病重无主持,女儿惨死"等内容的横幅,组织老乡到商城门前聚集,实施扰乱公共场所秩序行为。此外,犯罪嫌疑人耿某(系袁某同学)积极协助彭某并利用互联网煽动、组织聚集滋事，在现场呼喊口号、制造影响。犯罪嫌疑人马某(系袁某同乡，网店经营者)为制造事端，在互联网上组建近千人的QQ群，发表不实言论，煽动呼喊口号，堵塞交通，扰乱社会秩序。犯罪嫌疑人汪某、胡某、万某(均系袁某同乡)等人利用互联网串联煽动、捏造事实、起哄闹事、扩大事端。马某供认，其听到有人议论京温商城坠楼安徽女青年是被人强奸后跳楼的，便在其微博上自行编写发布内容为"京温女孩被7名保安强奸，警察拒不立案"等博文。彭某等13名犯罪嫌疑人对各自违法犯罪行为供认不讳，现分别因涉嫌聚众扰乱公共场所秩序罪、寻衅滋事罪，经检察机关批准，被依法执行逮捕。

(九)恶搞谣言

恶搞原指网络上的一种恶作剧形式，尤其是图片或视频的恶作剧，后来泛指一切用滑稽、搞笑、整蛊等方式所进行的文字表达或图像表达。恶搞总是以一种颠覆性的姿态来提出自己的批评，以一种无厘头的方式来解构庄严的现实。进入21世纪以来，恶搞正日渐成为一种艺术形式或者说文化形式，风行于网络世界。

所谓恶搞谣言，特指那些在其传播过程中被部分民众信以为真的、荒诞的、恶作剧式的玩笑话。我们在生活中随时随地都会遇到爱开玩笑的人，多数人能够在第一时间分辨出哪些话是认真的，哪些话是搞笑的，但是，不同的生活经验和知识结构注定了总会有一些受骗者。这样的受骗者虽然不多，却也构成了谣言文化的一道风景。

恶搞行为在辨识力高的网民看来，就是一种富于智力含量的高级玩笑，他们可以出于娱乐心理将恶搞当作调节生活趣味的一种刺激方式，当作一则智力游戏，于是，他们会通过假意附和、添油加醋等方式加入到游戏之中，不断推进和完善恶搞内容。可是，在一些辨识力较低的网民看来，三人成虎，公众的推波助澜会让他们信以为真，错将恶搞当作新闻或者新知，甚至付诸实践。

◆2013年国庆节，"@人民日报"发布一条微博："今天，是祖国母亲的生日。11万人观看天安门升旗仪式，却留下近5吨垃圾，个人失德竟让国家形象蒙羞。遍地的垃圾是警醒：没有国民的强大，就难有中国的崛起；追求你自己的素质，就是争取中国的进步！"新浪微博著名意见领袖"@染香"趁机恶搞了一道数学题："[请国人好好算算数据]11万人留5吨垃圾，5吨＝5000千克，110000人÷5000千克＝220千克/人＝440斤/人，11万人看升国旗，难道每人扛了一袋约500斤的西瓜去的吗?"这道题迅速引发了网民的算术热潮，其中网民"王艳—博士猫"纠正道："高考数学满分的博士猫帮你算：110000人÷5000千克＝22千克/人＝44斤/人！哈哈，染香算术不及格哦！不过，即便如此，每人扛一袋约50斤的西瓜去看升旗也是吃饱了撑的。"许多网民都没能看出这则算法的荒唐之处，纷纷据此质疑中国国民素质。

也有许多网民发现了这一算法的错误，纷纷跳出来纠正这一算法："5吨的垃圾由11万人产生的，就没有人看出这里面的数据问题吗？正确计算：5吨÷11万=1万斤÷11万=1/11斤<1两，很正常嘛，但是乱扔就不对了，应该放在垃圾箱，问题是垃圾箱在哪？""@染香"的一条微博轻易就博得了近万条转发，博主不禁感叹道："你正儿八经地把数学题算对，反而没几个人当回事。大多数人都需要表现的机会，所以你必须算错，这样大家才都有表现的机会。"

◆原铁道部长刘志军被"双规"之后，关于刘志军以及高铁的谣言再度盛行。有网民发微博称："修高铁有何用！难怪铁道部长被双规，民国时期京沪铁路全程仅需8小时！不服气请去查当年历史档案和列车时刻表，别跟我说你丫不识字！"（@长安县令）

评论几乎一边倒地声讨腐败、声讨高铁、赞美民国时期的伟大成就，即便有网民指出"民国时期的京沪铁路指的是南京到上海的铁路"，但依旧无法阻止谣言的广泛传播，直到越来越多的网民参与到质疑的队伍之中，使得质疑成为主流，如："南京长江大桥是第一座跨越长江的大桥，既然以前没有跨江大桥，北京到上海的火车怎么走？"

◆2013年3月2日，由于华龙网转载一篇《痴情男生示爱竟用精液假冒洗面奶赠女生》的网文，迅速被腾讯新闻等网站再次转载，更被网民制成微博，爆红网络。该微博版本众多，但主要内容是一致的。

1. 近日，一名在校大学生由于将假冒洗面奶送给同系的一位女生，而被该女生及其家人报警送往派出所，经民警们耐心细致的教育，该名男子已经回到了正常的大学生活中。该事件对受害人的名誉造成了很大影响，一时间成为社会舆论争论的焦点。

2. 近日，一名在校大学生将假冒洗面奶送给一女生，当晚该女生拿洗面奶洗面，发现没有泡沫，且呈黏稠状，有股奇怪气味，一名经验丰富的室友表示这是男性精液。恼羞成怒的受害人当即报警，被抓获后肇事大学生表示"只是希望她用洗面奶时知道这是一个男人对她的执着"。

其实这则谣言最早于2009年9月6日，由网友发表在"百度贴吧—重庆吧"。原题为《赠送洗面奶竟是精夜，男子痴情让人深思》："华日报讯（记者黎毅成） 近日，一名在校大学生由于将假冒洗面奶送给同系的一位女生，而被该女生及其家人报警送往派出所，经民警们耐心细致的教育，该名男子已经回到了正常的大学生活中。该事件对受害人的名誉造成了很大影响，一时间成为社会舆论争论的焦点。据受害人曾某（化名）称，当晚她拿着刚刚收到的洗面奶进行洗面，突然发现洗面奶没有泡沫，而且呈黏稠状，有一股奇怪的气味。该受害人叫来同寝室的室友,马上就有一名经验丰富的室友表示这是男性的精夜。恼怒成羞的受害人打电话给了家长,并当即决定报警。警方当即出动,在大学附近的一家咖啡厅抓获了该名作案男子。据男子郭某交代,他赠送假洗面奶并非恶意,只是对受害人感情太深而无法表示的一种发泄。”

据百度搜索,所有的“华日报讯”仅发过这一条新闻,记者“黎毅成”的职业生涯也只写过这一篇报道。这显然是一则恶搞新闻,所谓的“华日报”和“黎毅成”都是虚构的名称。不过,即使荒唐如斯,还是引发了网民的大讨论,同情屌丝“作案人”和同情无辜“受害人”的网民都大有人在。“金羊网”“新民网”等官方网站未辨真假,均作了转载。

◆2013 年 7 月 18 日,有网友在湖北省襄阳市樊城区大庆西路发布微博:“刚刚在肯德基,忽然听到背后一个女声:‘老公,我要睡午觉了,起来再给你打电话。’我扭头,一妹纸靠在一个男人肩膀上打电话,我以迅雷之势掏出手机大声说:‘我在人民广场肯德基,就回来,先挂了。’然后提着东西赶紧走了。我现在想说:兄弟,我只能帮到这了!”(@专治澎湃 lh)

这是 2008 年以来“兄弟,我只能帮到这了”类型的网络段子的升级版。以前的此类段子,多为“我”帮助“兄弟”泡妞,如:“刚刚我趴在楼上阳台吃馅饼,听到楼下一对男女的谈话,男孩脸红地说:你能和我谈对象吗?女孩冷冷地说:只要天上掉馅饼,我就和你谈……我一听,顺势就把馅饼丢到了女孩头上……加油吧!小兄弟,只能帮你到这了!”“打了半天篮球,在水房洗洗手,一哥们在里面抽烟,突然一女孩走过来大声喊:‘×××你又抽烟!咱们分手!’那男的一脸惊讶和窘迫,我甩甩手上的水,从那男的手里把烟拿过来:‘我洗完了,还给我吧。’说完拿起来深深地吸了一口:‘谢谢了啊!’转身离开。哥们儿,我只能帮你到这了。”“有位哥们心情不好,昨晚就在哥们那儿喝酒,酒过三巡,哥们哭着跟我说他女朋友爸妈不同意他俩在一块儿,他俩在一块儿都五年了,感情很好,哥们哭得很伤心。我也不知道怎么安慰,临走的时候趁他不注意把他床头的杜蕾斯用针都扎了一遍。加油吧,哥们只能帮到这了。”

襄阳网友只是将这种“帮兄弟泡妞”的段子升级为“帮兄弟捉奸”,熟悉网络文化的网民,一看就知道这是讲笑话。比如,如果网友跟帖称:“事了拂衣去,深藏功与名!”“侠肝义胆尘与土,不废江河万古流。”“路见不平一声吼啊!! 天王盖地虎。”那就肯定是懂行的网友,知道这是段子,因为这是此一文类的标准回帖。

但总是有一些看不懂网络段子的生手,他们会把恶搞当真事。这则段子被新浪“大 V”“作业本”转发之后,居然被《楚天都市报》记者当成真实的“八卦新闻”进行了公开报道:“昨日,记者联系上网友‘@专治澎湃 lh’,得知他姓李。李先生说,昨日下午 1 时许,他在人民广场肯德基‘蹭凉’,突然听到身后一名女子打电话的声音，‘老公，我要睡午觉了，起来再给你打电话啊！’他回头一看，只见一名 20 多岁、穿着时髦的女子依偎在年轻男子身上打电话，桌上还放着刚点的食物。见此情形，他掏出手机故意大声说：‘我在人民广场肯德基，就回来，先挂了！’不过，由于担心引起争端，李先生迅速从侧门走了。昨日，这则微博在网上引起讨论。有网友表示：‘如此欺骗老公，我和小伙伴们都惊呆了！’并大赞博主是‘好人’。也有网友认为，不管电话里的‘老公’是男是女，这都是别人的隐私，最好别公开。”①

很显然，网友“@专治澎湃 lh”最早就是讲个段子，他甚至已经加上了标志为段子的后缀“兄弟，我只能帮到这了”。没想到微博被转发到 1 万多次，偏偏又遇上两个“菜鸟”记者信以为真，为了规避造谣受罚，只好将错就错，拿着段子当真事来解释了。

◆2013 年 8 月 21 日，与笔者同在青海格尔木参加会议的作家“曹谁”发布一张图片微博，图片中的“曹谁”倚靠在一根倒伏的胡杨木上，头项有一模糊的不明飞行物。微博正文称：“在格尔木胡杨林沙漠上空拍到飞碟。照片中是曹谁。拍摄者为刘宗迪博士。当时在场的有参加昆仑文化国际论坛的 60 多位国内外知名学者。”

笔者以及在场数人都恶作剧地以“证人”的身份转发了该微博，刘宗迪的转发评论说：“我作为拍摄者，看到照片中的不明飞行物之后被惊呆了，小伙伴们看到后也惊呆了！”“不明飞行物”引起了不少微博网友的好奇和猜测，但是作为在场的目击者，我们都知道所谓的“不明飞行物”，其实是一只恰巧飞过的牛虻，因为速度太快，模糊变形而已。会议结束后笔者回到北京，居然有许多朋友向笔者打听“沙漠飞碟”的事，他们当真了，至少是半信半疑。

（十）科技谣言

现代社会迷信鬼神的人越来越少。可是，去了旧迷信，来了新迷信，不懂科学却又迷信科学的人越来越多，因此，打着科学的幌子招摇撞骗就具备了与古代巫觋装神弄鬼同样的功效。科技迷信和鬼神迷信，本质上都是对不可知世界的畏惧，因为畏惧而迷信。科技谣言的诉求对象，正是这些畏惧科学的科学迷信者。一般来说，文化程度越低，对新兴的科学技术越迷信，越迷信也就越畏惧。迷信和畏惧是同一个问题的两种表现，也是谣言得以风行的心理基础。

所谓科技谣言，也即与科学知识或科技应用相关的谣言，有时表现为伪科学知识，有时表现为对科技新产品的歪曲、抹黑。每一项新兴科技成果的应用，都会带来产业结构的调整，对相关传统产业从业者、消费者的实际利益提出挑战。弱

① 《年轻女子餐厅大讲暧昧情话——网友：我和小伙伴们都惊呆了》，2013 年 7 月 19 日《楚天都市报》。

势的受挑战者一方，总是试图抵抗，谣言就是他们的抵抗手段之一。谣言家们很可能会利用这种社会情绪，故意生产一些科技谣言，从中牟取利益。谣言往往夸大或者想象、杜撰新科技产品所造成的各种荒唐、可笑、危险、恐怖的后果。谣言告诉人们，千万不要使用这些新科技产品，否则将给你们的生活带来意想不到的严重后果。

果壳网“谣言粉碎机”以科技谣言作为主要打击目标，该网站编辑认为，流行的科技谣言拥有“五大法宝”：

第一是有用。谣言常常以生活常识为切入点，迎合人们趋利避害的心理，如日本核危机时坊间谣传“吃碘盐防辐射”等。

第二是有趣。像“UFO 现身首都机场”这样的谣言，没有实质意义，却能成为人们的谈资，关键是有趣、好玩，因此也会风行一时。

第三是打着“科学”的旗帜进行伪装。谣言中的理论貌似科学，其实与主流科学格格不入。从 2001 年就开始流传的“维生素 C 和虾同食等于吃砒霜”就是利用了这点，谣言中搬出了五价砷、三价砷这样的化学名称，迷惑那些没有相关知识的信众。

第四是戏剧性的情节。谣言往往描述夸张、吸引眼球，比如“可乐罐上的鼠尿让广州一位妇女中毒致死”，如此稀奇的事件，吸引力十足，威力也大。

第五是宣称某种迫切的危险。谣言利用大众的恐惧心理和对亲友的关心来传播，诸如“经期洗头易致癌”“微波炉的危害”等也都是利用这一特质广为流传的。

此外，科技谣言还特别善于利用“通俗易懂”的生活常识来打比方，误导消费者相信谣言。比如笔者曾经在通州的一个“腹部减肥器”广场推销会上，听到推销员这样向在场的大爷大妈推销其产品：“大家知道，运动能够消耗脂肪。我们只要把这个减肥器裹在腹部，通上电，它就能自动振动，相当于由它来帮我们的腹部做运动。通过这种运动，就能把脂肪从腹部细胞中一点点震出来，然后，通过人体的新陈代谢，把它排出体外。减肥，就是这么简单！需要你做的，就是多喝水，把打出来的脂肪排出去。”这种打着科学旗帜反科学，通俗易懂的“伪科学”“假道理”，特别容易打动那些缺乏科学常识的老年受众。

◆9 月中旬，新浪微博“@黑客是这样炼成的”制作了一条长微博《手把手教你恢复被删资料！》，微博称：“很多人不小心将回收站的内容清空后，突然后悔了，想把已经清空的某个文件找回来。今天小黑就来给大家分享这一方法！”接着，长微博中图文并茂地演示了如何一步步进入不同的对话框进行操作，总共 16 个步骤。步骤虽然有点多，也比较复杂，但是比起文件被删的苦恼，这点步骤还是非常值得的。绝大多数网民看过之后的第一反应，都是将资料下载或加注转发，留着万一将来需要的时候用。可事实上，这是一出彻头彻尾的恶搞帖，该方法根本不可能恢复被删数据。

截至 2013 年 12 月，这条微博至少被转发数万次，很少有网民刚好用得着，几乎人人抱着“留存待用”的心理转发此微博。甚至“环球时报”“新闻晨报”“羊城晚报”“陕西都市快报”“河南农业大学”“郑州晚报”“兖州公安”等一大批官方“大 V”都加上了这样的按语进行转发：“[误删文件了？小编手把手教你恢复被删资料！]一不小心，删错东西，清空回收站了怎么办？别着急，只要你的电脑还没有运行磁盘整理，任何时候的文件都可以找回来。”

（十一）图片谣言

图片谣言成为新的谣言生长点。在谣言的口传时代是不会出现图片的，就算有人拿着图片来讲述谣言，也不可能一个接一个地将图片传下去。数字时代改变了谣言的形态结构，尤其是手机智能化以后，图片拍摄和传播成为了“举手之劳”的简易操作，信息传递已经不再限于文字描述的一元结构，而是进入了文字与音像相结合的二元结构。

由于图片信息更加直观易懂、信息更加集中，因此图文对照往往更具视觉冲击力和事实说服力。许多网民甚至会主动向信息发布者提出上传图片的要求，这种要求后来被浓缩成一句口头禅：“无图无真相。”

2010 年微博盛行以来，许多营销微博以及刻意经营微博的网络名人，都很善于利用各种图片处理软件，特别注意将自己的微博经营得图文并茂。基于“有图有真相”的认识，许多网民都将新闻图片视为信息可靠性的依据之一。往往一张新闻图片出来，短短数小时之内就被无数人转来转去，图片右下方的发布者水印，被覆盖了一层又一层。

谣言家本质上就是一些兜售谣言的谣言商贩，网民喜欢看到什么样的信息，他们就会生产什么、兜售什么样的信息。网民对于图片的信赖促进了谣言家们对于图片的利用，大量张冠李戴、移花接木、时空错乱、拼凑缝合的图片被用作谣言的注脚，甚至以一些虚假的图片为中心而虚构的故事，大量出现在互联网上。

针对图片谣言的大量涌现，许多辟谣的网民也开始利用谷歌和百度上的图片搜索功能，对网络图片的来源进行辨析和追踪，并出现一些技术打假的辟谣爱好者。可是，技术手段的普及并没有造成图片谣言的衰落，谣言家们迅速作出策略调整，他们只需在配图谣言后面加上一句“图片与内容无关”或者“图文无关”就可以了。如此一来，谣言就成为一种配图故事，堂而皇之地出现在网页上。

◆大约 2013 年 10 月间，一则 2010 年的段子再度流行，获得了数万转发，很多网民居然信以为真：“[美、日间谍船被逼急，中文标语很醒目：声纳无铜，捞走无用!]我沿海渔民找到一条好财路：打捞大大小小的美、日间谍船投放的声纳，然后当废品卖钱，收入不菲。经验丰富的渔民不打鱼了，满中国海找间谍船，专门靠间谍船发财。现在美、日间谍船一来，后面跟一屁股中国渔船，设备下水几分钟便杳无音讯……”(@军事小砖家)该段子总是会附上一张所谓美国间谍船的图片，图片不是很清晰，但是能看清船体上喷着 8 个大字，隐约为“声纳无铜，捞走无用”。

这则段子和图片最早于 2009 年 6 月 14 日出现在“宽带山社区”，题为《声纳无铜，掳走无用》，正文为：“美国电子侦察船前面放下拖拽式声纳，渔民就开始在后面捞，捞上来就割断连接线，回家卖钱去了。卖给政府可是不便宜滴，于是乎，老鼻子人看到这出发财的营生，鱼都不打了，满南海找美国间谍船，专门跟着美国间谍船发财。于是美国侦察船一来，后面就有一众中国渔船跟着，管你扔什么探测设备，只要下了水，就上去捞。在南海争议区域，他们也不敢开枪，连撞都不敢。这样的发财好买卖岂不是人见人爱？我就是没船，有了，我也去捞美国人的声纳。”6 月 17 日，这则段子和图片被网友转帖到了“华商论坛”，题为《声纳无铜掠走无用：美军这样教育渔民》，从此迅速走红，被网友转来转去转了近一年才逐渐消停。2013 年，微博段子手仅仅是将“掳走”换成“捞走”，就让段子变成了谣言，再次走红。

事实上，这张图片的原图为 2009 年 6 月 7 日“东方网”新闻《美海军 4 艘宙斯盾舰与东南亚 6 国在南中国海军演》中的资料图片“中国渔船与美国海军‘无瑕’号间谍船在南海对峙”，图中美舰船头只有一个编号“23”，后被中国恶搞网民加上了“声纳无铜，掳走无用”8 个大字，衍生出一则恶搞段子，接着有人相信了这则段子。

(十二)其他谣言

◆从 2012 年底到 2013 年初，腾讯 QQ 和微博都在传播一则病毒谣言：“刚刚收到的紧急通知如下：如果收到《钓鱼岛开战啦》的图片，请不要打开，立即删除。现在已经确认，这是比较极端的日本网络青年攻击中国人电脑，会使电脑丢失一切信息，请大家复制一下，发到各自群中，互相通知一下。已经有人上当。”甚至连山东省日照市公安局的官方微博“日照公安”都发布了紧急通知。

事实上根本就不存在这样一种所谓的带病毒的图片。但从新浪微博的跟帖评论来看，信谣和不信谣的网民大约各半。

◆2013 年 3 月 9 日，新浪微博“@mall-疯子”发布一则疫情谣言：“呼吁，我认识的人及认识我的人，近期尽量别去杭州游玩，我们这儿一对小夫妻年初九去杭州游玩回来后高烧不退，男 3 月 7 日病死在医院，连尸体都不准拿回家，女还在医院命不久矣，2 岁的小孩在五院。希望渺茫，祈祷医生们赶紧查出病因，救救那可怜的娃吧。”注册资料显示，该名网友的所在地是江苏苏州，约 38 岁。

疫情微博迅速被转发达到 2 万次，许多网友纷纷表示“吃惊”“害怕”。此后，该微博在扩散的过程中又衍化出大量的次生谣言，例如“病毒是 Umbrella 公司实验室发生事故后泄漏的”“杭州高速通道口已关闭禁止出城”等，更加剧了网民的恐慌情绪。同时还出现了病毒泄漏、封城等多条微博，造成了不良影响。

虽然谣言言之凿凿，但还是有细心的网友指出：“Umbrella 公司实验室发生事故造成病毒泄漏”明显是套用了电子游戏《生化危机》中的剧情，“Umbrella 公司”是该游戏虚构的，现实中并不存在的一个机构。此外，电影《生化危机 5》当时也正在杭州上映，谣言很可能是有人玩游戏或者看电影之后的恶搞。此外，“杭州绕城高速封口，一律只出不进，已经封城”等消息也很快被证实为谣言。杭州市卫生局核查之后，对此进行了辟谣。

3 月 17 日，“@mall-疯子”在微博上发出致歉声明：“本人 3 月 9 日发送的‘一对小夫妻去杭州游玩回来后高烧不退，男的病死在医院，女的还在医院，但也生命垂危’为谣言。对此，我非常后悔，对于给大家造成的伤害深表歉意。”随后，杭州警方发布消息称：已找到在网上捏造谣言、散布疫情虚假信息的江苏籍网民吴某、张某、施某和杭州某职高学生姚某。其中吴某、张某、施某为江苏苏州某企业职工。3 月 9 日，吴某在个人微博上发布了涉案谣言后，郑某、施某很快予以“友情转发”，随后姚某在传谣时虚构了许多细节。4 人都对在互联网上捏造、散布疫情谣言的违法事实供认不讳。

◆2013 年 3 月以来，不断有网民提醒菜市场出现了印着“中国儿童银行”的一元假币。3 月 21 日，新浪认证官方微博“@央视新闻”发布：“[警惕！菜市场现一元假币印‘中国儿童银行’]近日，不少沈阳市民称买东西时，收到面值为一元的纸钞假币，而因为面值小，所以当时并没有注意到，只是再次使用时，才发现钱是假的。而这些混在真币中找零的假币竟印着‘中国儿童银行’。提醒大家，不管多大面额的钱，咱都得注意点儿。扩散周知！”关于假币的警示迅速引起了许多网络“大 V”和官方媒体的关注，被成千上万次地转发。连同警示信息一同得到转发的，是一些能够以假乱真的纸币照片，照片的纸币上除了“中国人民银行”换成了“中国儿童银行”，其他图案几乎一模一样。

很快就有网民进行调查并上传了图片。在华北和东北等地区，广泛流传着一些与现行纸币图案相似的“玩具钞票”，但这种钞票无论从纸质、形制、大小、手感等方面均与真币有较大差别。比如，真币的百元钞票面积最大，一分钞票面积最小，可是，“玩具钞票”中一百元钞票和一分钞票是同样大小的，并排印成一联。一联“玩具钞票”中，从一百元币到一分币，全都像整版邮票一样串联在一起，可以折叠也可以分成单张撕开。因为是儿童玩具，所以票面印制非常粗糙。把这些钞票单张撕出来拍成照片，很容易让人误以为会以假乱真，但如果实际拿上手上，一眼就能看出是假币。要说菜市场流通着这种“玩具钞票”，几乎是不可能的事，除非是极个别的恶作剧买家遇到了糊涂蛋卖家。

其实，在现在的农村市场上，还流行着大量的与真币图案相同的“中国冥民银行”冥币，但是币面的金额、形制、大小都比真币大得多，其中百元面额的钞票都是成捆成捆地公开售卖，其印刷质量与“玩具钞票”也差不多。

当然，无论冥币还是玩具币，使用人民币的图案都是违法的，这是一个值得注意的问题。但是，要说这些假币被当成真币在市面上流通，已经造成了严重的社会问题，得“提醒大家，不管多大面额的钱，咱都得注意点儿”，不说是危言耸听，至少也是小题大作。

◆2013 年 4 月 6 日，海南网民“风海沙石”发布新浪微博：“今天在三楼吃饭撞上一个 H7N9 打饭服务员，丢了魂似的……哥转身就跑，手机、饭卡都不知道丢哪去了，三楼第一个窗口？各位同学请注意咯……我校也是海南省第一个 H7N9 病例……”发帖人系在校大学生，声称编造疫情谣言只是为了调侃，并无恶意。公安机关对其进行了教育训诫。

4 月 8 日，一位海南屯昌网民邵某称：“紧急通知：刚刚电视新闻已播出，暂时别吃牛肉或牛肉制品，因辽宁到海口 1570 头牛感染了炭疽杆菌。海口刚开完紧急会议。请尽量多通知亲朋好友，收到请转。”这一消息迅速蔓延、扩散。海口市政府和海南省农业厅就此事进行公开辟谣，证实上述信息系虚假信息。造谣者邵某被处以治安拘留 5 天的处罚。

◆大约在 2013 年 5～6 月，一则关于德国“叛国者”的陈辞在新浪和网易微博悄然流行。微博称：德国纳粹法庭以叛国罪判处马克·尼姆死刑。马克·尼姆在法庭的最后陈辞：“所有德国人都知道天快亮了，只有你们还在坚守黑暗。”纳粹投降的前一晚，年仅 21 岁的马克·尼姆在柏林被德军枪杀。按照他的遗愿，人们在他墓碑上写下这样一行字：“当你的祖国被独裁所统治，‘叛国罪’是对你最荣耀的评判。”

有网友辟谣称：“普及常识：马克·尼姆，不是德国名字；用英文和德文都无法搜索到这个帖子；用中文只能搜到一条，还是微博体。”（@鲍迪克）最后有网友站出来说：“这个我记得原版还是我做的钓鱼贴呢，不过我用的名字是马勒·戈比。这就被山寨了？”（@火山杨舰队大提督）

◆2013 年 7 月上中旬，连续强降雨导致中国四川省 90 万人受灾，其中都江堰 7 月 10 日发生大面积山体坍塌及泥石流，30 余人失踪，数百人被困。7 月 9 日开始，网友“山七二十一”在“天涯社区”发表题为《挖了镇水神兽，四川果然出事了！》的网帖：“不知有多少朋友还记得，今年初，成都在地下挖出一座千年石兽，当时网友就议论纷纷，不少人说那是李冰的镇水神兽，挖了全川都要出大事！这个夏天果然应验了！成都本城看海就不提了，周边有的郊县乡镇，据我所知十多年没见过洪水啥样了，今年，淹到2楼！我有个妹妹现在还困在学校！"网帖中附了一张"镇水神兽"的出土照片，照片说明为："就是这个东西，风水果然是破坏不得的！"该网帖随后被大量转载。

文中所指的"镇水神兽"，指的是2013年1月9日四川省成都市一考古现场出土的石兽。据考古学家介绍，这只石兽生于东汉之前，距今2000年，体重约8吨。四脚粗壮，背脊壮硕，屁股浑圆，头部略尖，四脚有蹄，身体两侧绘有祥云。据称该神兽是治水神兽，与2011年在天府广场南侧出土的"巍巍大汉"碑是邻居，曾居住在"蜀王府"内。

随后，该网帖被新浪网民"偃月刀之舞""杜立巴人""@Illuminati77"等发布到新浪微博。一天之内，该微博的转发量就超过了10万条，在整个中文网络上广为传播。

在"天涯社区"，网友们议论道："就是这个。当时好多人说李冰的镇水神兽挖不得，科学家说迷信，然后，十多年没见过洪水的地方，全淹了！""专家从来不会考虑百姓。祖宗流传下来的东西岂是无稽的？作为易的诸多分支之一，风水是有其内在道理的。这些不学无术的专家啊！""看了这个消息心里非常不舒服，泱泱大国几千年的文化已经被破坏了多少?！对文化没有传承保护之意，也没有信仰，没有敬畏之心，哪怕是图个好兆头也不应该去挖出来！叹息！难过！""1973年的时候就发现它了，当时没有挖出来，就地继续埋，时代跨进无坚不摧的开发商说话的年代，什么治水神兽，洗洗干净就搬到金沙遗址博物馆去日晒、风吹、雨淋了。""这种事还真不能不信，不晓得神兽放回去还有没有效果……""现代人个个愚蠢得认为人定胜天，对大自然缺少敬畏之心……"

在镇水神兽的谣言之后，北京电视台节目主持人"北京阿龙_lis"也生产了一则"火神石龟"的段子："北京隆福寺失火后重建时挖出两个大石龟，是当年刘伯温所埋，石龟挖出后被运走，从此隆福寺的繁荣一去不返，这事你听说过吧?"该微博也迅速引起近6000位北京网友的转发："隆福寺长大，真事儿。我姥姥当时跟我说这就把地气儿破了，修隆福广场时也挖出东西了，然后隆福寺就歇了。"(@广汇4号)

◆北京时间2013年7月7日凌晨2点28分，美国当地时间7月6日11点28分，韩亚航空214号班机在美国旧金山国际机场降落过程中发生事故，燃起大火。机上乘客和机组人员共307人，其中乘客291人，包括141名中国公民，其中有3名中国学生遇难。据目击者称，该航班执飞的波音777-200型客机最初降落正常，后因起落架出现异常，机尾着地，一些飞机部件脱落，飞机偏离跑道，起火燃烧。初步判断飞机是在着陆时发生坠落，引发机尾碰撞，导致事故发生。

7月8日，关于空难与“7”的关系的灵异谣言就生产出来了：“‘7’这个数字，从来没有像昨天一般黑色。7月7号星期7，韩国波音777客机在旧金山机场失事。两遇难女生王琳佳和叶梦圆的最后微博分别是‘go’‘444444’。没想到，这成了她们生命中最后的留言。小妹妹，一路走好！”(@年年有余就要吃多宝鱼)

7月9日，台湾某影视论坛将之发挥出一大堆关于“7”的灵异关联。有网友总结称：“此次旧金山飞机失事，有太多的巧合。执行飞行任务的是波音777，空难发生在7月7日星期7。航班编号7742，谐音7月7号死2，确实死了2个人。如果算上未登机的那名中国游客是142，即中国人要死2个。遇难两个女孩微博最后留着GO，444444，译过来即去死。6个4即着落后去死。太诡异！惊人的巧合。”(@mango2012zhang)

网友跟帖惊呼：“闲暇无事的快乐就是二追，追某穿越小说，追关键时刻，真的是北有郭德纲，南有马西屏，愣是把时事节目解说成双口相声：我跟你讲哦，宝杰，你知道吗，天‘数’已定……波音777、77人、7月7号，飞机编号7742，7月7号死了2人，OMG，原来飞机失事竟然和灵异相关。绘声绘色，西屏兄，服了你！”(@撒哈拉猫)

对照事故信息，明显可以看出造谣者在拼凑信息，如故意将美国时间7月6日换算成中国时间7月7日，为了凑飞机编号7742，故意把3名遇难者说成2名等。拼凑和曲解信息，是灵异谣言重要的小窍门。

◆2013年7月11日，网友“@goodwell-龚蔚”发布微博：“打雷下雨千万别去故宫，故宫能看见宫女是有科学依据的，因为宫墙是红色的，含有四氧化三铁，而闪电可能会将电能传导下来，如果碰巧有宫女经过，那么这时候宫墙就相当于录像带的功能，如果以后再有闪电巧合出现，可能就会像录像放映一样，出现那个被录下来宫女的影子。”

这本来是一条极其荒诞的恶搞信息，可是，一些网友对此进行了添油加醋的补充：“4年前一个大雷雨的黄昏，我在颐和园回廊的墙上明确看到过端着漆盒的宫女走过去，清人打扮。那天太诡异，我花了5小时才找到停在西角门的车，发动车的时候，车底下窜出一只兽，比猫小，比黄鼠狼大。”(@音乐剧女王影子)“真的假的啊？这也太神了！更加勾起小编去故宫看正版‘清宫戏’的念头，没准还能遇上甄嬛？亲们，有同去的么？”(@法制晚报)“你现在晴天去颐和园也看得到，好多呢，端什么的都有。”(@王小山)

经此传播，成千网友纷纷转帖道：“我小时候看过一个清宫藏宝的恐怖片就是说这个的。”“这么一说还真想去见识下。最近都在下大雨。”“昨天问了个在故宫上班的同学，他说确实遇到过灵异事件，在文渊阁。”“故宫正在组织相关技术部门利用人工闪电对宫墙视频进行解码、输出、整理、剪辑，不久将推出大型纪录片《宫墙秘事》，敬请期待。”“读中学的时候，我们物理老师就说过这个原理呢，让我们好生遐想啊。”“激发了我的探险欲望。”

◆2013年10月12日，“果壳网”发布《辟谣·十大最流行的生活谣言》，被包括“新华网”“人民网”“中新网”在内的各大微博账号热烈转载。

谣言1：宿便是健康杀手，排宿便保健康。宿便有多种危害，会压迫小肠绒毛的活力和弹性，发酵、胀气导致酸毒症，还会改变腹部和脊柱形状，让身材变形。

真相：“宿便”并非一个医学概念，它是被商家创造出来的概念，各种宣传中“宿便”的危害皆为夸大其辞的商业宣传。如果相信此说，而采用泻药来“排宿便”，会对肠道的功能造成影响，严重者可能造成酸碱紊乱、昏迷甚至死亡。

谣言2：酸性体质是百病之源。人体体液的pH值处于7.35～7.45的弱碱状态是最健康的，但大多数人由于生活习惯及环境的影响，体液pH值都在7.35以下，他们的身体处于健康和疾病之间的亚健康状态，这些人就是酸性体质者。

真相：“酸性体质”只是一个伪概念。人体的不同体液pH值也有所不同，比如胃液就是强酸性的。正常情况下血液的pH值在7.35～7.45。酸中毒和碱中毒都是必须接受专业治疗的严重疾病。短期内吃特定食物不可能改变正常的酸碱度。

谣言3：食物相克。一些常见的食物，比如柿子和蟹、虾和水果、豆浆和鸡蛋混在一起吃会相克，轻则导致身体不适，重则使人中毒。

真相：这些传说要么来自于人们对日常生活的不恰当总结，要么来自于对科学研究的夸大和误读。有科学家验证了坊间流传的数百种食物相克传说，无一成立。

谣言4：人的态度会影响食物。日本人江本胜的畅销书《水知道答案》称，同样的一杯水，分为两份，赞美其中的一份，咒骂另外一份，之后在显微镜下观察水分子的形状，发现前面的特别规整漂亮，后面的杂乱无章。

真相：水不可能对人类情绪进行感知和反应。江本胜宣传自己的“研究结果”有着明确的商业目的。他的公司正在出售一种“高能水”，这种水号称有着最完美的晶体结构，还可以延缓衰老，治愈疾病。这样的水自然价格不菲。

谣言5：孕妇需要穿防辐射服保护胎儿。日常生活中手机、微波炉、电脑等各种电器产生大量有害的辐射，有研究表明这些辐射会增加孕妇的流产可能，因此孕妇最好穿戴防辐射服。

真相：这条谣言故意歪曲了一些20多年前的研究结论。目前没有证据表明日常非电离辐射会导致孕妇流产、胎儿畸形，也不会导致新生儿出生体重过低。孕妇无需特别防护。

谣言 6：市场上有人造鸡蛋，能当乒乓球打。有奸商用明胶、色素、碳酸钙等化学原料制造假鸡蛋。假鸡蛋的“蛋黄”像橡皮一样有弹性，扔在地上甚至可以弹起来。

真相：橡皮蛋其实只是“不合格”的鸡蛋，并非人工制造的假鸡蛋。虽然研究数据表明其中有害物质的含量并不会对人体造成影响，但是仍然不建议大家食用。（按：“果壳网”这则辟谣过于想当然，笔者朋友黄永手上就有假鸡蛋的制作教程，而且当着诸位朋友的面做了一个，且在其微博“啤酒黄永”中公布了假鸡蛋照片。不过，这种假鸡蛋从外观上还是与真鸡蛋有差别，能一眼认出来）

谣言 7：维生素 C 可以治疗和预防感冒。健康栏目的专家们会特别强调要补充高剂量维生素 C，因为高剂量维生素 C 片有着预防和辅助治疗感冒的作用。

真相：没有任何现代医学研究证明维生素 C 可以预防和治疗感冒，这只是 20 世纪早期维生素 C 刚被分离纯化时诞生的诸多神话之一。

谣言 8：经期洗头易患癌、坐月子洗头一身病。有调查发现，多数的乳癌及子宫癌患者，在例假来潮时，洗头发、提重东西或产后不注意调养、吃冰冷食物，致子宫收缩不完全，应该排出的污血未排净，而残留在子宫之内，日积月累，使体内荷尔蒙分泌不平衡，长久累积而致癌。

真相：经期洗头洗澡、提重物、吃冷饮并不是禁忌，更不会因此患上癌症。产妇也应该保持个人卫生。

谣言：木瓜能丰胸。古籍记载木瓜有丰胸的效果，是因为其中的木瓜酵素和维生素 A 在起作用。木瓜酵素和维生素 A 能刺激女性荷尔蒙分泌，有助丰胸，木瓜酵素还可分解蛋白质，促进身体对蛋白质的吸收。

真相：木瓜酵素和维生素 A 都无法起到丰胸效果。中国传统的木瓜是指蔷薇科木瓜属的宣木瓜，而在水果摊上常见的却是番木瓜科番木瓜属的植物番木瓜，两者相差甚远。宣木瓜形态浑圆，在传统文化中就一直与女性特征相联系。之所以被认为存在丰胸的功效，很可能与“以形补形”的观念有关，但无论是传统医学文献还是现代药典，其功效都没有提到丰胸。

谣言 10：指甲上的月牙是健康晴雨表。健康人两个手的拇指必须有月牙，食指和中指应该有月牙，无名指可以没有月牙。双手要有 8～10 个月牙为最好。一般而言，拇指、食指、中指都有月牙，共 6 个月牙才算基本健康。

真相：指甲上的月牙只是指甲生长过程中形成的自然现象，虽然身体的某些变化可能改变月牙的大小，但用月牙的数量和大小来评判是否健康是不正确的。

“果壳网”是主要面向都市科技青年的社交网站，并提供有趣、主流的泛科技主题内容，是当代最著名的民间科普网站。该网站坚持粉碎科技谣言和传播趣味科学知识的理念，其中的“谣言粉碎机”和“流言百科”栏目，依托自身的专业科技编辑团队和来自各个领域的专业科技作者，辟除了一系列与公众生活息息相关甚至引发广泛社会关注的科技谣言。

果壳网负责人介绍说，某些生活谣言其实是营养保健品推广者制造的“伪概念”，而另一些则是受传统养生观念的影响，或是对正确科学知识的误读。另据北京市网信办网络信息服务管理处陈华表示，于 2013 年 8 月 1 日上线的“北京地区网站联合辟谣平台”已有多家媒体和门户网站参与。

2013年度中国民间信仰研究报告

王霄冰　周　波　林海聪*

在2012年的《民间信仰发展报告》中，我们对民间信仰的概念范畴、民间信仰与中国现当代社会思潮的关系、新世纪以来"非遗"保护语境下民间信仰的全方位复活、2012年民间信仰的实践与学术研究进行了较为系统的梳理。在2013年的发展报告中，我们除了继续从"发展动态"和"学术研究"两大方面出发，对2013年民间信仰的国家管理、社会实践和研究成果进行总结之外，还将围绕一些引人注目的社会话题，如"全能神"邪教组织、"王林事件""网络算命"、民间信仰的合法化、民间信仰与公益事业等，就民间信仰与当代的宗教、政治和社会的关系问题展开讨论。

一、2013年度民间信仰发展动态综述

2013年，民间信仰无论是在政府管理层面还是在社会实践层面上的发展都相对比较平稳。一方面，政府的宗教管理部门逐渐加强了对于民间信仰的管理和整治力度，一些地方因强势推行"三改一拆"等政策而出现了民间庙宇被大量拆除的现象；另一方面，又有许多民间信仰文化通过申报进入非物质文化遗产名录来取得合法地位，成为具有开发价值的地方人文资源。民间信仰研究在国家社科基金（含"西部项目"）立项课题中的比重比2012年有较为明显的减少，但在教育部人文社科基金立项课题中则略有增加。

（一）国家和政府部门对于民间信仰的管理工作

1. 国家的宗教政策与相关动态

2013年，国家在民间信仰的管理方面并未出台相关的专门政策。4月9日，国家宗教事务局在"2013年度新闻媒体跑口记者座谈会"上发布了2013年的工

* 王霄冰，中山大学中国非物质文化遗产研究中心教授、民俗学专业博士生导师；周波，中山大学中国语言文学系民俗学博士研究生；林海聪，中山大学中国语言文学系民俗学博士研究生。

作要点，包括以下六个方面："(1)从积极完成'两个专项'及社保工作、积极推进依法行政、规范宗教活动场所登记工作、研究宗教活动场所法人地位问题和推进宗教工作基础信息数据库建设几个方面来加强和创新宗教事务管理。(2)从开展涉藏涉疆工作、分类推进各教工作、加强宗教院校工作等方面积极推动各教重点工作。(3)通过深入开展和谐寺观教堂创建活动、深入开展'学习月'活动、支持宗教界开展公益慈善活动、重视宗教界爱国主义教育基地建设、继续推进项目建设来加强对宗教的正面引导和服务保障。(4)通过指导宗教界加强思想文化建设、加强宗教界人士的培养培训工作和推动宗教团体加强建设等方面推动宗教界加强自身建设。(5)通过进一步开展宗教对外交流和深化对港澳台交流来做好宗教方面的交流工作。(6)通过深入开展宗教调研活动、加大宗教工作培训力度和加强机关建设来提升宗教工作科学化水平。"从中亦可看出，民间信仰并未被列入该局的工作重点。国家宗教事务局副局长张乐斌在会上还特别希望媒体记者在报道宗教和宗教工作时"要采取积极稳妥的态度"。[①]

10月17～18日，部分省市贯彻《宗教事务条例》专题研讨会在江苏省无锡市召开。10月25～26日，国家宗教局2013年宣传通联工作会议在浙江舟山召开。12月17日，2014年全国宗教工作会议在北京召开。这些会议的议题并未直接涉及民间信仰，主要涉及近年来贯彻国宗局3、4、7号令等的情况[②]，宗教界贯彻落实党的十八大和十八届二中、三种全会精神，学习习近平总书记"8·19"重要讲话精神做好新形势下的宣传联通工作，掌握宗教话语权等，来自上海、浙江、福建、江西、湖北、四川、陕西、甘肃和江苏9省市的宗教部门相关处室负责人在会上"交流了近年来贯彻国宗局，开展宗教教职人员认定备案和加强宗教活动场所财务监管工作的情况"，并"就贯彻国宗局4号令，在宗教活动场所主要教职任职备案中存在的主要问题进行了研讨"。[③]

2. 地方政府继续推进对于民间信仰的管理

2013年，一些省市的宗教管理部门开展了对于民间信仰的调研工作，进一步摸索对于民间信仰进行规范化管理的模式。

湖南省对民间信仰的资源化与规范化管理。湖南省共有民间信仰活动场所1万余处，在近年规范管理探索中已登记827处。为了"加强民间信仰文化建设"，"使民间信仰成为和谐社会建设的重要资源"，湖南省宗教事务局根据民间信

---

① http://iwr.cass.cn/dsj/201306/t20130614_15027.htm.

② 即《宗教教职人员备案办法》(2007年起施行)、《宗教活动场所主要教职任职备案办法》(2007年起施行)、《宗教活动场所财务监督管理办法(试行)》(2010年起施行)。

③ http://iwr.cass.cn/xw/201310/t20131025_15744.htm; http://iwr.cass.cn/xw/201311/t20131101_15805.htm; http://iwr.cass.cn/xw/201312/t20131218_16121.htm.

仰地域性强、点多面广、神祇复杂、活动形式多样等特点，采取了以下管理举措："立规矩，严格场所登记；明责任，健全管理网络；重指导，强化自治管理；设条件，精心打造特色品牌；定标准，切实加强软硬件建设；搭平台，铸造净化心灵气场；重引导，奉献公益爱心；设机构，促进身心健康；树典型，弘扬优秀传统。"①

广东省继佛山市后，选择汕尾市作为民间信仰事务管理工作的试点单位。汕尾市民宗局为此专门制定了《关于加强民间信仰活动场所试点管理的意见》，"按照'抓大放小，循序渐进，依法管理，分级负责'的原则，对民间信仰活动场所实行登记管理，明确了场所须具备的具体条件和登记备案的具体程序；落实民主管理形式，要求试点的民间信仰活动场所管理组织应经民主推选并备案，严格履行职责；规定按照属地原则实行大型和跨行政区域的民间信仰活动备案管理，明确了不同规模活动的具体备案流程；落实责任追究制度，明确将依法追究利用民间信仰活动场所及其活动进行违法犯罪的行为"②。

福建省从 2008 年起开始实施监理民间信仰活动场所联系点的工作，并取得了较好成效。2013 年 11 月 12 日，福建省民族与宗教事务厅在福州长乐市召开"全省民间信仰活动场所联系点工作会议"，81 处省民间信仰活动场所联系点负责人和代表以及全省九设区市民宗局分管民间信仰工作的领导和处长、科长约百余人参加了会议。此次会议对经过审核同意纳入试点的 48 处场所予以授牌。同年 12 月，泉州市民族宗教局也召开了民间信仰活动场所联系点工作座谈会，各县（市、区）民族宗教局和省市两级 28 处联系点的负责人与会，会议传达了上述"全省民间信仰活动场所联系点工作会议"精神，总结推广民间信仰管理工作经验，积极探索民间信仰管理的新路子。据报道，"目前泉州市有 10 平米以上的民间信仰活动场所 6088 多座，民间信仰门类繁多，历史悠久，宫庙众多，活动频繁，对台交流尤为活跃"，并且泉州市还决定在 2014 年"将大幅扩大市、县级民间信仰活动场所联系点的范围，参照《宗教事务条例》进行规范管理，向全市民间信仰活动场所颁发登记证，解决试点场所银行开户问题；引导民间信仰场所根据自身特点，投身于公益慈善事业；积极支持关帝文化节、城隍文化节等民间信仰交流平台，加强民间信仰对台文化交流"。③

一些省市在推进民间信仰管理工作时把主要基调定在了"整治"方面。如 4 月中旬，江苏省南通市民族宗教局"由局长带队深入基层一线，专题调研农村乱建寺庙整治工作"，要求加强教育、强化责任、综合治理。浙江省民族宗教事务委员

① http://www.sara.gov.cn/ztzz/2013gzhy/jlcl_2013gzky/19057.htm.

② http://www.sara.gov.cn/dfgz/19927.htm.

③ http://www.fjmzzj.gov.cn/News_Info.aspx? ID=10130&TypeID=98; http://www.sara.gov.cn/dfgz/57791.htm.

会也于4月15日下达《关于开展涉及佛道教寺观管理专项治理工作的通知》，要求“从4月份起，在全省范围内开展涉及佛道教寺观管理专项治理工作”，并着重解决三类问题：“一是一些地方、企业和个人非法投资新建或承包寺观，借教敛财；二是一些非宗教活动场所雇佣假僧假道，非法从事宗教活动，违规设置功德箱，收取宗教性捐献，威逼利诱信众和游客，骗取钱财，以教牟利；三是一些依法登记的寺观尤其是处在风景名胜区的寺观，或被投资经营，或被作为企业资产上市，或强拉、诱导游客和信教群众花高价烧高香、从事抽签卜卦等。”山东省宗教局同样开展了佛道教寺观专项治理工作，称“共分类治理25处非宗教活动场所，清除各类非宗教活动场所私设功德箱94个”。①

3.“三改一拆”与民间信仰

2013年2月21日，浙江省政府办公厅发布了《关于在全省开展“三改一拆”三年行动的通知》，要求“将‘三改一拆’行动目标任务完成情况作为各级政府年度目标责任制考核的重要内容。省政府每年将下达具体年度工作责任书，实行每月上报工作进度、季度督查通报、年度实施考核等制度，考核结果与领导干部考核奖惩相挂钩。对‘三改一拆’工作不力的市、县(市、区)，将采取通报批评、新闻媒体曝光及组织处理等措施。省领导小组办公室要制订相关监督考核办法”。这种行政化的治理方法导致一些地方在拆改过程中出现了“一刀切”和莽进现象。由于民间信仰在传统上并无统一登记的习惯，其宗教场所也大多没有取得合法的建筑许可证，所以在这一运动中受到了强烈的冲击。如从7月底起台州市三门县“三改一拆”行动领导小组办公室首先“会同住建、国土等部门，协助乡镇，对全县范围内的庙宇进行了‘地毯式’排查登记”，“经仔细分析后，首先决定对八类宗教和民间信仰活动场所的违法建筑予以拆除，并制定《三门县各乡镇宗教与民间信仰活动场所违章建筑首次拆除行动登记表》，确定24处违建庙宇为第一批拆除对象，要求8月底前完成”②。

尽管报道者反复强调“拆除违建庙宇过程中没有发生一起冲突事件、一起上访事件”，得以“顺利平稳”地实现，但这种疾风暴雨式的整治办法还是令人忧虑，值得引起有关部门和社会各界的关注。正如宗教学者魏德东在博客中评论的那样：“对于拆除违章的教堂寺庙，应该持特别谨慎的态度。宗教违章建筑，既有一般违章建筑的共性，更有其特殊性。宗教建筑都来自信众的捐款，有深厚的群众基础，反映了民众的宗教生活需求。当我们拆除违建之后，群众的宗教生活该到

① http://www.sara.gov.cn/dfgz/20037.htm; http://www.zjsmzw.gov.cn/Public/NewsInfo.aspx?type=11&id=daf71998-a2da-43f9-8687-3e51fd3ce535; http://www.sara.gov.cn/dfgz/57585.htm.

② http://paper.taizhou.com.cn/tzrb/html/2013-09/11/content_497786.htm.

哪里满足呢？很显然，在拆除违建的同时，应该批准更多的合法的宗教建筑，以满足需求。"[①]

（二）省、市、自治区"非遗"名录中的民间信仰

2013 年，国家级"非遗"名录没有发生变化。一些省市公布了最新一批入围的"非遗"名录。

1 月 24 日，西藏自治区人民政府公布第四批自治区级非物质文化遗产（共计 101 项），其中与民间信仰有关的项目有 7 项，即西藏自治区藏医院申报的藏药甘露加持仪式、林芝地区的米林藏药加持仪式、那曲地区的那拉藏巴神山信仰习俗、山南地区的那若就岗节、日喀则地区的达堆日喀则节、林芝强曲节、拉萨的嘎玛堆巴（沐浴节）。[②]

5 月 7 日，山东省人民政府公布第三批省级非物质文化遗产名录（共计 62 项）和省级非物质文化遗产扩展项目名录（共计 21 项），在"民俗"大项下面增加了"民间信俗（东岳大帝与碧霞元君信俗、莱阳豆面灯碗信俗、东镇祈山祭仪）"一项，申报单位为泰安、莱阳、临朐三市。[③]

8 月 15 日，江西省人民政府公布江西省第四批省级非物质文化遗产名录（共计 118 项），其中民间信仰方面的项目（括号内为申报和保护单位，下同）有：青原东固二月二庙会（吉安市青原区）、泰和王家坊迎神赛会（吉安市太和县）、会昌赖公庙会（赣州市会昌县）、鄱阳管驿前晏公庙会、鄱阳张王庙会、鄱阳瓦屑坝祭祖（上饶市鄱阳县）、宜春中秋拜月（宜春市）和江西风水林习俗（宜春市宜丰县）。[④]

9 月 11 日，陕西省人民政府公布陕西省第四批非物质文化遗产名录（共计 80 项），其中"民俗"下增加了 5 项与民间信仰有关的活动，分别是：关中丧葬风俗礼仪（咸阳市渭城区文化馆）、麟游地台社火（麟游县文化馆）、太白高芯社火（太白县文化馆）、华山庙会（华阴市文化馆）、漫川古镇双戏楼庙会（山阳县文化馆）。[⑤]

9 月 18 日，上海市人民政府审批同意并公布第四批上海市非物质文化遗产代表性项目名录和上海市非物质文化遗产代表性项目扩展名录（共计 35 项，其中新入选项目 22 项，扩展项目 13 项），"民俗"类别下新增：圣堂庙会（浦东新区）。[⑥]

9 月 29 日，河北省人民政府公布了第五批省级非物质文化遗产名录项目，共

---

① http://blog.sina.com.cn/s/blog_3d25d0c90101j2z0.html.

② http://www.xizang.gov.cn/zfwj/64128.jhtml.

③ http://www.shandong.gov.cn/art/2013/5/20/art_3883_3379.html.

④ http://www.jiangxi.gov.cn/zfgz/wjfg/szfwj/201310/t20131010_923210.htm.

⑤ http://www.shaanxi.gov.cn/0/sxzb/7881.htm.

⑥ http://wgj.sh.gov.cn/wgj/node742/node752/u1ai85687.html.

包括 10 大门类 137 项(子项 152 项),其中“民俗”下新增 4 项民间信仰类项目:高邑水潼仙姑庙会(石家庄高邑县)、青龙山庙会(石家庄赞皇县)、平山王母祭典(石家庄平山县)、东岳祭典(石家庄井陉县)、涞水伶伦祭典(保定涞水县)。①

10 月 14 日,天津市人民政府批准市文化广播影视局确定的第三批市级非物质文化遗产扩展项目名录(共计 13 项),“民俗”类新增:大杨宝辇出会(东丽区)。②

10 月 22 日,湖北省人民政府批准公布了第四批省级非物质文化遗产名录,“民俗”类别新增:送寒衣(郧西县)与神农祭祀习俗(神农架林区)。另外,扩展名录的“民俗”类别下新增:双峰山庙会(黄梅县)。③

11 月 13 日,内蒙古自治区人民政府下发《内蒙古自治区人民政府关于公布第四批自治区级非物质文化遗产名录和自治区级非物质文化遗产名录拓展名录的通告》,“名录”中与民间信仰相关的项目有 3 项:苏尼特左旗文化馆申报的达拉拉嘎(五畜纳祥)、宝格德乌拉祭祀(新右旗非物质文化遗产保护中心)、哈图克太彻辰洪台吉祭祀(乌审旗民间文艺家协会)。

11 月 25 日,青海省人民政府公布第四批省级非物质文化遗产代表性项目名录(共 59 项),其中与民间信仰有关的“民俗”类项目有 4 项:朝青海湖习俗(海晏县)、湟中加牙“四月八”庙会(湟中县)、仲家龙王庙会(平安县)、茶卡盐湖祭湖(乌兰县)。④

12 月 3 日,山西省人民政府公布了第四批省级非物质文化遗产代表性项目名录(共计 50 项)和省级非物质文化遗产扩展项目名录(共计 41 项),其中与民间信仰相关的项目有 4 项,列入“民俗”项目:绵上天齐庙习俗(山西通洲集团灵宝旅游有限公司)、阳城蚕桑习俗(阳城县孙文龙纪念馆)、后稷祭祀(稷山县民间文艺家协会)。拓展名录中有 1 项:庙会(海潮禅寺庙会)(河曲县文化体育发展中心)。⑤

12 月上旬,云南省政府下发《云南省人民政府关于公布第三批省级非物质文化遗产名录的通知》(云政发[2013]148 号),公布 90 项省级非物质文化遗产名录。⑥ “民俗”类别中的民间信仰项目有:矻扎扎节(元阳县文化馆)、祭火习俗(阿细祭火,弥勒市文化馆)、阿卑节(金平县文化馆)、梅里神山祭祀(德钦县文化遗产

① http://hebfwzwhyc.cn/Show.asp? id=418&info=1166.

② http://www.tjwh.gov.cn/zwxx/zwgk/1310/131022-tjsr.html.

③ http://gkml.hubei.gov.cn/auto5472/auto5473/201311/t20131107_477679.html.

④ http://xxgk.qh.gov.cn/html/1664/259045.html.

⑤ http://www.shanxigov.cn/n16/n1203/n1866/n5130/n14752920/17683451.html.

⑥ http://www.ynich.cn/Article/ShowArticle.asp? ArticleID=1550.

保护所)、普洱祭茶祖习俗(普洱市文化馆)、祭署习俗(丽江市非物质文化遗产保护中心)、大香会(阳宗镇新街村民委员会和宜良县文化馆)、金殿庙会(盘龙区文化馆)。

12月6日,广东省政府发出《广东省人民政府关于批准并公布广东省第五批省级非物质文化遗产名录的通知》(粤府[2013]118号),批准省文化厅确定的第五批省级非物质文化遗产代表性项目名录(共计39项)及其扩展项目(共计28项),其中名录中的民间信仰类"非遗"增加2项:陈山香火龙习俗(江门市鹤山市)、重阳节"大神会"(清远市连州市)。拓展名录增加民间信仰类"非遗"5项:除了春节习俗(掷彩门)(广州市从化市)、庙会(大仙诞庙会)(佛山市南海区)、年例(吴川年例)(湛江市吴川市)之外,佛山市顺德区和广州市南沙区申报的观音信俗和南沙妈祖信俗被合并,扩展为"民间信俗",中山市黄圃镇和阳江市江城区申报的黄圃赛龙舟习俗与端午逆水赛龙舟被一起归纳到了"端午节"之下。[①]

综观2013年省级非物质文化遗产名录的增补情况,可见全国各省、自治区政府及其文化部门对非物质文化遗产的重视程度在不断增加。与此同时,民间信仰类的"非遗"项目也不断收入名录之中,直接反映了地方政府对民间信仰活动及其文化的积极态度。从名录增补的项目名称来看,大多数的民间信仰类项目被冠以"祭典""祭祀",不少省份还收入与信仰活动直接关联的部分"庙会"与节俗类项目,所有民间信仰项目都划分在"民俗"之下,这可以视为地方政府对民间信仰进行了"文化遗产"式解读和"传统文化"的再阐释,仅有部分省市采纳了国家"非遗"名录中的"民间信俗"这一概念来指称相关项目。这些情况都表明:地方政府尽量避免民间信仰或者民间宗教类话语进入"非遗"名录,带有去宗教化的脱敏感处理倾向,这一现象值得学者们去进一步审视其背后的文化逻辑。

(三)国家级课题中的民间信仰研究

据本课题组统计,2013年国家社科基金年度项目立项名单中与民间宗教、民间信仰有关的项目有31项,占总数的0.9%,与2012年相比减少0.4%;"西部项目"中的民间信仰研究为14项,占总数的2.8%,与2012年相比减少3.1%。教育部人文社会科学研究立项课题中的民间宗教信仰相关项目为28项,占总数的0.8%,与2012年相比增加0.3%。具体项目名称和负责人情况详见表1、表2和表3。

---

① http://www.gdwht.gov.cn/show.php? id=29861.

表1 2013年国家社科基金年度项目中与民间宗教信仰有关的项目一览表

序号	项目名称	负责人	工作单位	项目类别	学科分类
1	中国民间信仰与民间组织关系的田野研究	吴效群	河南大学	重点项目	社会学
2	商代人殉人祭习俗与羌人的种族及文化研究	唐际根	安阳师范学院	重点项目	考古学
3	儒学、儒教与儒家宗法集体主义研究	徐朝旭	厦门大学	重点项目	宗教学
4	宋代墓葬图像的文化与审美研究	徐习文	东南大学	一般项目	哲学
5	企业家信仰与组织绩效关系研究	谢作渺	中央民族大学	一般项目	理论经济
6	农村殡葬领域"公权"与"私权"平衡研究	汪俊英	河南行政学院	一般项目	法学
7	六朝丧葬与孝文化传统及其当代价值研究	王伟萍	广西财经学院	一般项目	民族问题研究
8	巫术文化视域下的汉画像和原始道教研究	张保同	南阳师范学院	一般项目	中国历史
9	地方神信仰与近世江南区域社会的形成研究	朱海滨	复旦大学	一般项目	中国历史
10	中国无神论传统的现代转型研究	陈林	南京大学	一般项目	宗教学
11	民国时期宗教法规的制定与实施研究	李继武	陕西省社科院	一般项目	宗教学
12	前苏联处理宗教问题的历史经验与教训研究	白虹	武汉工业学院	一般项目	宗教学
13	佛教中国化的民间与民俗向度研究	唐忠毛	华东师范大学	一般项目	宗教学
14	湘黔边区傩信仰的口述史研究	田红云	贵州师范学院	一般项目	宗教学
15	普庵教——佛教仪轨之民间传统研究	杨永俊	宜春学院	一般项目	宗教学
16	神仙信仰与六朝隋唐小说研究	程丽芳	河南师范大学	一般项目	中国文学
17	中国古代神怪小说传统的理论阐释	刘勇强	北京大学	一般项目	中国文学
18	《玛纳斯》史诗五个唱本传统诗章"阔阔托依的祭典"的比较研究	托汗·依萨克	中央民族大学	一般项目	中国文学
19	满族创世神话谱系及其历史演变研究	王卓	吉林省社科院	一般项目	中国文学

续表

序号	项目名称	负责人	工作单位	项目类别	学科分类
20	满族说部中的神话与史诗研究	杨春风	吉林省社科院	一般项目	中国文学
21	史诗《亚鲁王》的搜集整理研究	吴正彪	三峡大学	一般项目	中国文学
22	妈祖民俗体育文化及其产业化研究	刘青健	莆田学院	一般项目	体育学
23	土家族地区傩文化的数字化保护与传承研究	聂森	贵州师范学院	青年项目	民族问题研究
24	内蒙古和林格尔县新店子墓地综合研究	孙金松	内蒙古自治区文物保护中心	青年项目	考古学
25	蒙元时期墓葬研究	袁泉	首都师范大学	青年项目	考古学
26	四川盆地商周时期墓葬制度研究	于孟洲	四川大学	青年项目	考古学
27	达瓦宣教组织研究	沈毅	国家宗教事务局	青年项目	宗教学
28	湖南地区民间信仰的文化生态及保护研究	李琳	湖南文理学院	青年项目	宗教学
29	民俗宗教视域下敦煌写本中的时日宜忌文书研究	宁宇	兰州大学	青年项目	宗教学
30	风险社会视阈下农村民间信仰复兴研究	华智亚	上海政法学院	青年项目	宗教学
31	广西桂东南地区民间道经的整理与研究	朱展炎	四川大学	青年项目	宗教学
32	国家安全视域下当代中国新兴宗教问题研究	许宏	德州学院	青年项目	宗教学
33	宗教人类学视域下东南亚华人庙宇跨境文化互动研究	陈碧	玉林师范学院	青年项目	宗教学
34	汉画像石神话谱系研究	王倩	淮北师范大学	青年项目	中国文学
35	山西祭祀戏剧形态研究	王志峰	山西师范大学	青年项目	中国文学

表 2　2013 年度国家社科基金西部项目立项名单中的民间宗教信仰研究项目

序号	项目名称	负责人	工作单位
1	成吉思汗祭祀及其历史沿革研究	奇・斯钦	内蒙古社会科学院
2	康巴藏区宗教信仰与社会秩序的民族志研究	郭建勋	西南民族大学
3	藏传佛教在当代西藏农牧区的发展历史及其现状研究	格朗	西藏大学

续表

序号	项目名称	负责人	工作单位
4	侗族"鸡卦"文献的搜集整理研究	欧俊娇	贵州民族大学
5	青海多民族地区嘛呢信仰及其社会作用研究	李言统	青海师范大学
6	新时期海南宗族势力的兴起与治理研究	符泰光	琼州学院
7	古代两河流域宗教研究	张文安	陕西师范大学
8	西南彝族土主文化调查研究	王翼祥	楚雄师范学院
9	白族民间祭祀经文与敦煌佛经变文的比较研究	张云霞	大理学院
10	壮族麽教典籍整理与德译研究	李静峰	广西大学
11	柯尔克孜族四种宗教调查与研究	阿斯卡尔·居努斯	新疆社会科学院
12	土家族民间信仰与社会和谐发展研究	冯惠玲	湖北民族学院
13	中国帝陵神道文化研究	范景武	内蒙古工业大学
14	墓志视角下唐代非汉人的丧葬观念及其国家认同研究	裴恒涛	遵义师范学院

表 3　2013 年度教育部人文社会科学研究立项课题中的民间宗教信仰项目一览表

序号	项目名称	申请人	学校名称	项目类别	学科门类
1	甘肃宝卷念卷研究	刘永红	青海师范大学	规划基金	交叉学科/综合研究
2	江南地区近圣文化心理研究:基于孔氏南宗考察	周纪焕	衢州学院	规划基金	交叉学科/综合研究
3	敦煌丧葬文书辑注	刘传启	乐山师范学院	青年基金	交叉学科/综合研究
4	理论阐述与再构:闽台妈祖文化思想传播研究	吉　峰	莆田学院	青年基金	交叉学科/综合研究
5	社会变迁中藏族山神信仰与农牧社会秩序研究	才　贝	青海民族大学	青年基金	交叉学科/综合研究
6	民间丧葬祭祀演剧研究	孔美艳	山西师范大学	青年基金	交叉学科/综合研究
7	国家反邪教话语的跨学科研究	孙静怡	陕西师范大学	青年基金	交叉学科/综合研究
8	殷墟田猎卜辞综合研究	陈　絜	南开大学	规划基金	历史学
9	荐福与度亡——《陕西神德寺塔出土文献》研究	王雪梅	西华师范大学	规划基金	历史学
10	多民族丧歌唱本的互文性研究	郃科祥	西安工业大学	规划基金	民族学与文化学
11	仪式传统与国家认同:桂中壮族师公文化的历史人类学研究	覃延佳	云南大学	青年基金	民族学与文化学

续表

序号	项目名称	申请人	学校名称	项目类别	学科门类
12	中国人的信仰体系研究:历史与现实	刘云德	吉林大学珠海学院	规划基金	社会学
13	传统庙会与新农村文化建设:以浙江为个案	袁　瑾	杭州师范大学	青年基金	社会学
14	区域民间信仰与农村公共文化建设研究——以鄂东为例	钟祥虎	湖北师范学院	青年基金	社会学
15	“藏彝走廊”信仰民俗与音乐行为关系研究	杨曦帆	南京艺术学院	规划基金	艺术学
16	浙皖(南)地区昆曲酬神戏民间手抄本研究	李文军	浙江外国语学院	规划基金	艺术学
17	史诗《亚鲁王》音乐研究	梁　勇	安顺学院	青年基金	艺术学
18	音乐与空间:民间仪式音乐景观研究——以桂东瑶族度身、还愿、丧葬、婚庆为例	肖文朴	广西艺术学院	青年基金	艺术学
19	江南宣卷音乐民族志	李　萍	广州大学	青年基金	艺术学
20	民间宝卷与明清小说关系研究	张　灵	长沙理工大学	青年基金	中国文学
21	贵州少数民族傩戏傩文化普查与流变研究	龚德全	贵州民族大学	青年基金	中国文学
22	中国古代祈雨史	臧志攀	淮北师范大学	青年基金	中国文学
23	《聊斋志异》与民间叙事传统的关系研究	李丽丹	天津师范大学	青年基金	中国文学
24	宗教仪轨、民俗信仰与传统戏剧的关系研究	倪彩霞	中山大学	青年基金	中国文学
25	敦煌佛事文体与世俗礼仪文体对比研究	张慕华	中山大学	青年基金	中国文学
26	四川凉山彝族毕摩驱咒仪式与经书的抢救、保护和研究	蔡富莲	西南民族大学	规划基金	宗教学
27	中国古代的北斗信仰	朱　磊	山东大学	青年基金	宗教学
28	云南边疆民族地区多元宗教和谐关系研究	孙浩然	云南民族大学	青年基金	宗教学

从学科分布来看，从事民间信仰研究的学者多数分布在宗教学、社会学、民族学与文化学、艺术学、中国文学、历史学、考古学、民族学等领域，少数学者来自哲学、体育学和法学等学科，也有一部分课题运用交叉学科综合研究的方法研究民间信仰现象。

（四）小结

近 30 年来，民间信仰一直在努力游走于官方与学者之间，寻求两者的话语支持，以便将自身合法地呈现于公众场合。这种附属关系的产生一方面源于民间信仰的宗教体性及其知识体系未达成各方的共识，从民间信仰的概念术语到民间信仰的本质归属都未给出明确的答案，这就导致国家与学者对其定位呈现一定的混乱局面；另一方面则是因为自身的非制度化、零散化形象，以及民间信仰与医疗、节俗、巫术的关系又纷繁复杂，这就增大了在民间信仰与“落后”和“迷信”之间划清界线的难度。

从过去一年的发展现状来看，官方与学者对于民间信仰的态度逐渐趋于平稳、理性。就官方而言，国家和地方都开始设立管理民间信仰的机构，并且对民间信仰的日常管理与保护进行法治化，这些迹象都表明民间信仰开始向“正统化”靠近，国家与政府对其包容度增大。而且，民间信仰进入了由国家文化部主导的非物质文化遗产申报与评选活动中，也意味着民间信仰在某种程度上开始被国家视为“传统优秀文化”，其正面、积极的文化价值得到重视。学者们则通过申请国家课题、举办专题会议的形式努力为民间信仰“正名”和“去污名化”，尤其是通过“文化化”或者“民俗化”来降低民间信仰的“宗教”色彩，尽力去寻找民间信仰的和谐意义，从而为民间信仰与国家政府之间的良性互动与对话提供必要的理论支撑。

不过，官方将民间信仰纳入政府管理的体制之下，也意味着拥有了管辖权与选择权。换言之，官方有权对某一民间信仰是否为“好的”“优秀的”文化或者民俗对象进行判定，某种程度上也就削弱了民间信仰的多样性和独立性。而学者和地方精英们热衷于民间信仰的“文化遗产化”，固然给予了民间信仰拥有合法性的直接途径，但是由于“非遗”名单具有等级性，这也意味着纳入不同级别“非遗”名录的不同项目之后，民间信仰被重新分类，并且划分为“高/低”不同的文化价值，实际上也是有损民间信仰的整体性和文化的生产力。此外，民间信仰本身在社会发展的潮流之中也受到了现代化的挑战。“三改一拆”等政策工程之所以喜欢选择民间小庙作为整治对象，不仅因为传统民间信仰散漫的组织方式和非机构化的生存形态使得它们的合法性容易遭到怀疑，而且还因为它们的建筑形式和仪式行为或多或少地已与现代人的审美观产生了偏离，以至于很多人把它们当成是多余的存在。如何在保护传统文化的框架下把地方性的民间信仰真正变为人文资源，使其适应现代社会，为当代人的生活服务，是今后值得深入探讨的问题之一。

二、2013 年度民间信仰研究的学术动向

“民间信仰”因其行为内容的丰富、与地方性知识的关联性密切、为多学科交叉的研究领域，一直是学术界重点考察与探究的对象。2013 年也是民间信仰研究的丰收之年。我们以“民间信仰”“民间宗教”“信仰”“信俗”等为关键词，共检索到了 2013 年发表的期刊论文 263 篇，博士、硕士学位论文 11 篇，学术专著与会议论文集等共 33 本。以下仅就部分专著和论文进行介绍，其他的因篇幅关系恕不一一列举。

（一）专著与博硕士学位论文

陈勤建的《当代民间信仰与民众生活》是面向当下的理论著作，对于推动民间信仰本体论的研究具有重要意义。该书论述了当代民间信仰与民众生活的关系、当代民间信仰在民众生活中的内在机制、当代民间信仰在民众生活中的功能、当代民间信仰在民众生活中的地位等方面，并对当代民间信仰生活相进行了反思，体现了一位民俗学者对民间信仰的思考力度，既有相应的学术理论关照，也对民间信仰的政策管理与实践走向提出了独到见解。[①] 王宏刚、王海冬、张安巡、朱良锢合著的《新时期的民间信仰》，包括了有关上海、江西、福建、浙江、江苏、河南、辽宁、山东、陕西、甘肃、云南、吉林、内蒙古、黑龙江、台湾等地民间信仰现象的调查和研究，并试图阐述部分信仰现象的历史成因及当下状况，分析了它们的时代作用和发展前景。[②] 范丽珠、欧大年的《中国北方农村社会的民间信仰》分“研究方法篇”“传统篇”和“现代篇”三大篇，考察了中国北方农村传统社会中的民间信仰及其当代复兴现状，并且就民间信仰的研究价值、研究方法与研究范式进行了理论探索。[③]

华智亚的《龙牌会：一个冀中南村落中的民间宗教》，以实证研究的方法考察了中国河北范庄的民间宗教“龙牌会”，分析了其中的各种仪式活动、信仰观念和文化遗存。[④] 鲍江在《娲皇宫志：探索一种人类学写文化体裁》中，将传统地方志书写与民族志叙事相结合，进一步探讨娲皇宫地方群体内部文化观念上的差异性，可谓是一种人类学本土化的尝试。此外，作者还制作了名为《女娲奶奶的荣

---

① 陈勤建：《当代民间信仰与民众生活》，上海世纪出版集团 2013 年版。

② 王宏刚、王海冬、张安巡、朱良锢：《新时期的民间信仰》，黑龙江教育出版社 2013 年版。

③ 范丽珠、欧大年：《中国北方农村社会的民间信仰》，上海人民出版社 2013 年版。

④ 华智亚：《龙牌会：一个冀中南村落中的民间宗教》，上海人民出版社 2013 年版。

耀》的民族志电影作为该书的中篇，也是地方文化群体“发声”的一种呈现方式。[①]张猷猷的《求偶纪：“李木脑壳”的人类学研究》，以四川省北部的大木偶戏为研究对象，探讨木偶戏的神圣性、宗教性、亲缘性对木偶艺人的生活与内心世界演化之过程与影响。[②] 刘秀峰的《俗神叙事》从神圣叙事的角度对“陈靖姑”的民间传说进行了解读，同时还关注了陈靖姑传说的仪式展演情况及其传承人现状。[③]

台湾学者张珣主编的《汉人民众宗教研究：田野与理论的结合》是一本以海内外华人的民间信仰为研究对象的论文集，重点关注其在当下的发展与变迁，以及民间信仰作为无形文化资产的保护与地方产业化等问题。[④] 丁仁杰的《重访保安村：汉人民间信仰的社会学研究》是一本回访性质的研究，该书建立在焦大卫(David Jordan)研究保安村的经验材料基础之上[⑤]，同时考虑时间的向度，进一步追踪该田野点的聚落民间信仰现状，从而揭示中国汉人社会人群聚合与秩序重整的深层认知框架以及“地方性”民间信仰“超越地域”的内在能动力量。具体而言，作者重点强调了民间信仰核心“灵验”与“香火”这一组概念的象征结构与生产机制，并且试图以社会学式的研究来探讨民间信仰的基本命题与信仰变迁模式。[⑥]章毅在《理学、士绅和宗族：宋明时期徽州的文化与社会》一书中则特别设置专章讨论元明之际徽州地方社会理学的鬼神观，并且探讨了当地民间信仰的宗族化现象。[⑦] 叶涛、陈振华主编的《东岳文化与地域传统：2011’东岳文化蒲县国际论坛文集》为“2011 年东岳文化蒲县国际论坛”的成果论文集，收录论文 16 篇和部分部分，内容涵盖了东岳文化的历史源流与概念辨析、东岳信仰的民间变迁、地方文化中的东岳信仰及其发展现状、山西蒲县东岳庙研究的学术史回顾等，多方面、多角度地讨论了东岳信仰的文化内涵与现代价值。[⑧]

2013 年可谓是儒教及其民间化问题研究的丰收之年，国内外学者均有重要专著发表。徐朝旭等著的《儒家文化与民间信仰》是一部从多维视角研究儒家文化与民间信仰互渗关系的力作。该书主要以历史的梳理为主，吸收了当前民间信仰研究的一些重要观念与成果，从“大小传统”的角度来划分民间信仰与儒家文化

① 鲍江：《娲皇宫志：探索一种人类学写文化体裁》，社会科学文献出版社 2013 年版。

② 张猷猷：《求偶纪：“李木脑壳”的人类学研究》，知识产权出版社 2013 年版。

③ 刘秀峰：《俗神叙事：传承、流变与展演》，中国社会科学出版社 2013 年版。

④ 张珣主编：《汉人民众宗教研究：田野与理论的结合》，台湾“中央研究院”民族学研究所，2013 年 9 月。

⑤ [美]焦大卫：《神·鬼·祖先：一个台湾乡村的民间信仰》，丁仁杰译，(台北)联经出版事业股份有限公司 2012 年版。

⑥ 丁仁杰：《重访保安村：汉人民间信仰的社会学研究》，(台北)联经出版事业股份有限公司 2013 年版。

⑦ 章毅：《理学、士绅和宗族：宋明时期徽州的文化与社会》，香港中文大学出版社 2013 年版。

⑧ 叶涛、陈振华主编：《东岳文化与地域传统：2011’东岳文化蒲县国际论坛文集》，学苑出版社 2013 年版。

的分野，认为民间信仰与儒家文化之间是选择与创新并存的结果，两者呈现出一种相互渗透又相对独立的文化形态。作者还重点分析了三教融合对民间信仰的促进作用以及民间信仰中的儒耶对话。① 刘永华则在其新书《儒家礼仪与中国乡民》(*Confucian Rituals and Chinese Villagers*)中，通过对地方仪式专家"礼生"与他们的手抄本的研究，专门考察了闽西地区的儒家仪式，强调官方礼制框架的开放性为王朝礼仪向中国乡村下渗提供过了可能性，最终形成民间儒教，成为中国乡土文化中不可或缺的一部分。美国学者孙笑冬(Anna Sun)则对近代以来的儒教发展史进行了回顾，揭示儒教在当代社会文化变迁中的自我调整为"宗教"的现状，思考儒教成为"世界宗教"的原因，作者认为当代儒学复兴是儒家学者与国家权力互相妥协的结果。② 李华伟的《乡村基督徒与儒家伦理：豫西李村教会个案研究》对当下中国乡村社会中基督教与祭祖、葬礼等儒家文化之间的妥协与互动进行了考察，从而探讨社区内部道德伦理秩序的转变与乡村社区公共生活空间的变迁情况。③

在有关中国传统的祭祀仪制、祠堂庙宇、民间宗教文化的研究方面，张树国的《汉—唐国家祭祀形态与郊庙歌辞研究》，以《郊庙歌辞》及历代礼乐志中的正统雅乐作为研究对象，探讨国家祭祀形态与传统雅乐之间的关系。④ 郑丞良的《南宋明州先贤祠研究》则主要梳理了南宋时期明州地区的乡贤祭祀及其祠庙制度，尤其是关注到民间先贤信仰与先贤祠庙这一国家礼制之间的互渗关系。⑤ 宋兆麟的《巫与祭司》简要回顾了巫师的产生、发展、没落的历史过程。⑥ 关长龙的《敦煌本堪舆文书研究》一书主要探究唐五代的风水信仰原型。⑦ 刘祥光的《宋代日常生活中的卜算与鬼怪》探究了宋代各阶层在日常生活中的风水、卜算实践，以及由此产生的鬼魂思想。⑧ 郭辉的《民国前期国家仪式研究》一书主要考察了民国前20年间国家仪式的操演状况，探讨国家仪式的政治文化内涵，进而探寻国家仪式与政权合法性建构之间的复杂关系。⑨

民间信仰与古代文学的关系研究也有重大突破。黄景春与程蔷合著的《中国

---

① 徐朝旭等：《儒家文化与民间信仰》，人民出版社2013年版。

② Anna Sun, *Confucianism as a World Religion: Contested Histories and Contemporary Realities*, Princeton University Press, 2013.

③ 李华伟：《乡村基督徒与儒家伦理：豫西李村教会个案研究》，社会科学文献出版社2013年版。

④ 张树国：《汉—唐国家祭祀形态与郊庙歌辞研究》，人民出版社2013年版。

⑤ 郑丞良：《南宋明州先贤祠研究》，上海古籍出版社2013年版。

⑥ 宋兆麟：《巫与祭司》，商务印书馆2013年版。

⑦ 关长龙：《敦煌本堪舆文书研究》，中华书局2013年版。

⑧ 刘祥光：《宋代日常生活中的卜算与鬼怪》，台湾政治大学出版社2013年版。

⑨ 郭辉：《民国前期国家仪式研究》，社会科学文献出版社2013年版。

古代小说与民间信仰》分为上下编，上编“专书研究”以文学史上具有代表性的小说为对象展开研究，下编“专题研究”深入探讨中国小说史所体现出的特殊时代的神仙思想。整本书着墨于揭示古代小说与民间信仰之间显与隐的互渗关系，并总结了相应的互动模式，是该领域的一部力作。[①] 韩瑜的《唐代小说与唐代民间信仰》一书同样也认识到唐小说中类似的神灵信仰新面貌，即神灵信仰的世俗化倾向。[②] 吕书宝的《民俗信仰与双向认知：兼论古代文学典籍的定向解读》主要讨论了民俗信仰与文学表述之间的互渗关系及其双向解读的认知模式。[③] 高莉芬的《蓬莱神话》一书运用比较神话学的方法，由“蓬莱”想象的思维前提入手，汇整相关文献以及前人研究成果，梳理“蓬莱”意象的神圣秩序与宇宙系统。[④] 刘惠萍与陈器文则分别研究了伏羲神话与玄武神话传说与相应民间信仰之间互动互生的关系。[⑤] 姜南的《云南诸葛亮南征传说研究》一书从民族迁徙和族群关系的角度阐述了诸葛亮南征传说的流变传播过程、传说圈以及诸葛亮民间信仰等问题。[⑥]

旦正加的博士论文《文昌帝君信仰藏族化研究》（正文为藏文）则研究了汉人信仰中的“文昌帝君”在藏地的本土化传播历史。作者从文昌帝君的称谓及其相关仪式活动的文献记载入手，认为17世纪时文昌信仰已经成为贵德地区的藏族民间信仰了。结合唐卡、壁画、塑像及其经文、档案等文献资料，通过“文昌信仰”来关照汉藏两地的文化交流情况，可见该选题的独特与新颖之处。[⑦] 孙跃的博士论文《靖江做会讲经研究》研究了靖江做会讲经的源流、发展与传播，并且讨论经文中的宗教思想及其民间信仰的功利性。[⑧] 刘晓的博士论文《泰山庙会研究》以泰山庙会的历史与现状为研究对象，从民俗学角度对泰山庙会进行专题性的研究。[⑨] 庄恒恺的博士论文《多维视野中的福建祠神信仰研究》重点考察了祠神信仰与民众生活和社会控制的关系，在多维视野中探寻祠神信仰的真实图景。[⑩] 宛景森的博士论文《多元宗教文化视野下的“胜芳现象”研究》，以胜芳现存宗教为调

---

① 黄景春、程蔷：《中国古代小说与民间信仰》，上海文艺出版社2013年版。

② 韩瑜：《唐代小说与唐代民间信仰》，中国社会科学出版社2013年版。

③ 吕书宝：《民俗信仰与双向认知：兼论古代文学典籍的定向解读》，中国书籍出版社2013年版。

④ 高莉芬：《蓬莱神话：神山、海洋与洲岛的神圣叙事》，陕西师范大学出版社2013年版。

⑤ 刘惠萍：《伏羲神话传说与信仰研究》，陕西师范大学出版社2013年版；陈器文：《玄武神话、传说与信仰》，陕西师范大学出版社2013年版。

⑥ 姜南：《云南诸葛亮南征传说研究》，民族出版社2013年版。

⑦ 旦正加：《文昌帝君信仰藏族化研究》，中央民族大学博士学位论文，2013年。

⑧ 孙跃：《靖江做会讲经研究》，华中师范大学博士学位论文，2013年。

⑨ 刘晓：《泰山庙会研究》，山东大学博士学位论文，2013年。

⑩ 庄恒恺：《多维视野中的福建祠神信仰研究》，福建师范大学博士学位论文，2013年。

查对象，探究其多元宗教文化生态在当代的具体表现，分析各个宗教的社会功能。[①] 李高的硕士论文《城镇化进程中的民间信仰精英研究》以“信仰社会学”方法来探究民间信仰，以民间信仰精英为研究重点，试图探讨民间信仰之信仰关系及其结构功能。[②] 李安定的博士论文《人文纪录片中信仰仪式的美学变迁》以新时期的人文纪录片为研究对象，从“仪式思维”角度分析中国纪录片中政治信仰和生命信仰仪式的美学变迁。[③] 李宝杰的博士论文《区域—民俗中的陕北音乐文化研究》主要研究陕北的音乐文化，认为其与年节庆祝、婚丧礼俗、乡村庙会、民间祭祀等相伴而生，这种音乐文化的最鲜明之处，就在于它的民俗性职能大于艺术表现职能。[④] 罗文荟的博士论文《屈辞楚俗研究》主要是以屈辞这一先秦楚地文学为研究对象，充分利用文献资料，探讨屈辞中所记载的楚地民俗及其内涵，以期更好地理解把握民俗与文学的关系。[⑤] 林伟文的博士论文《台湾鸾堂宗教医疗文化研究》则详细探究了台湾儒宗神教的民俗医疗方式，及其背后所蕴含的多重、多角度、多面向的治心与治身的统合医学文化。[⑥]

(二)期刊论文

由于期刊论文数量较多，以下将分不同的主题进行介绍。

1. 民间信仰的一般理论与方法

2013 年，不少学者在前人研究的基础上对民间信仰展开了综合性的总结与分析，对民间信仰研究的学术专著进行了回顾，并对“民间信仰”概念术语进行了梳理与反思，取得了较为丰硕的成果。

阿部朋恒的《日本民间信仰研究回顾——以反思二分法的视角来看》着重梳理了日本学术界对“民间信仰”概念术语的建构过程及其观念变迁史，从而反观不同时期日本民间信仰研究的取向。该文指出将“民间信仰”与“宗教”二分化，然后视前者为实质主义的所指将存在极大的局限性，而应提倡阿萨德(Talal Asad)的观点，将“民间信仰”这一概念放置在特定的历史背景下加以把握，从而让“民间信仰”更加贴近百姓“生活”本身，通过研究的描述促使仪式与信仰之间达成和解。[⑦]

---

① 宛景森：《多元宗教文化视野下的“胜芳现象”研究》，中央民族大学博士学位论文，2013 年。

② 李高：《城镇化进程中的民间信仰精英研究》，华东师范大学硕士学位论文，2013 年。

③ 李安定：《人文纪录片中信仰仪式的美学变迁》，西北大学博士学位论文，2013 年。

④ 李宝杰：《区域—民俗中的陕北音乐文化研究》，南京艺术大学博士学位论文，2013 年。

⑤ 罗文荟：《屈辞楚俗研究》，中央民族大学博士学位论文，2013 年。

⑥ 林伟文：《台湾鸾堂宗教医疗文化研究》，北京中医药大学博士学位论文，2013 年。

⑦ [日]阿部朋恒：《日本民间信仰研究回顾——以反思二分法的视角来看》，刘正爱译，金泽、陈进国主编：《宗教人类学》第 4 辑，社会科学文献出版社 2013 年版，第 358～374 页。

柯若朴的《中国民间宗教的基本形态和传承方式》考察“民间宗教”的定义，并建构出一套与中国民间信仰相关的结构性基本元素，试图勾勒与之相关的宇宙观及“神学”，并揭示民间信仰在中国文化和社会中所扮演的角色。[①] 濮文起的《中国民间宗教试论》，结合历史与宗教哲学对“民间宗教”（“民间信仰”）的概念进行了阐释，重新认知民间宗教的品质与社会功能，从而客观公正地还“民间宗教”应有的地位。[②] 陈进国的《中华信仰版图的建构与民间信仰形态的发展》则是从中华文化的价值观及其信仰的象征符号与实物载体出发，从而描绘不同区域的整体性信仰谱系的“中华信仰版图”，突出强调中华信仰内在的“中华性”与“文化主体性”特征。上述学者对“民间信仰”从概念到政策、从观念到实践的立体性思考，对我们认知未来的民间信仰发展走向具有较大的理论意义。[③]

不少学者针对西方汉学界的民间信仰研究范式展开了讨论。华琛研究华南民间信仰时提出的“标准化”理论与范式，在中西方宗教人类学界影响十分深远，曾经一度引发西方学者的集中探讨。杜树海与徐天基分别对华琛及其相关学者的论述进行了梳理，并且结合中国宗教的经验反思了各方的修正观点，从而再度思考中国文化的统一性与地方文化群体的能动性与差异性之间的互动关系。[④] 鞠熙的《圣地之“圣”何来？——法国人类学研究空间神圣性的几个方向》则是从迪尔凯姆的“社会”与“仪式”概念出发，重新讨论“圣地”的空间神圣性之来源，认为其神圣性既来自于自然景观自身，也存在于信仰的社会实践活动之中，是一种历史的建构过程而非先验的存在，这一观点有助于我们对中国宗教圣地朝圣现象的探讨。[⑤] 王霄冰的《本土宗教研究的人类学视角——以儒家祭祀文化为例》通过分析三个儒家祭仪个案，特别强调了儒家祭仪不同于莫斯和于贝尔提出的三段式献祭模式，其间没有明显的“圣化”过程，而始终保持“中庸平和”的氛围。因此，她认为在研究中国本土宗教时“不能完全套用西方传统宗教学的理论框架”，“而需要具备人类学的比较意识和文化相对主义视角”。[⑥] 周大鸣则在《祭祀圈理论

① ［德］柯若朴：《中国民间宗教的基本形态和传承方式》，盛洋译，《文化遗产》2013年第6期。

② 濮文起：《中国民间宗教试论》，《世界宗教研究》2013年第1期。

③ 陈进国：《中华信仰版图的建构与民间信仰形态的发展》，金泽、邱永辉主编：《中国宗教报告（2013）》，社会科学文献出版社2013年版，第201～243页。

④ 杜树海：《中国文化的一统与多元何以达致？——中西学界有关神明“标准化”与仪式“正统行为”的争论》，《民俗研究》2013年第4期；徐天基：《帝制晚期中国文化的研究框架与范式——反思华琛的标准化理论》，《世界宗教研究》2013年第6期。

⑤ 鞠熙：《圣地之“圣”何来？——法国人类学研究空间神圣性的几个方向》，《世界宗教研究》2013年第5期。

⑥ 王霄冰：《本土宗教研究的人类学视角——以儒家祭祀文化为例》，金泽、陈进国主编：《宗教人类学》第4辑，社会科学文献出版社2013年版，第168～181页。

与思考——关于中国乡村研究范式的讨论》[①]一文中，将台湾学者研究地方社会文化史时提出的“祭祀圈”理论与施坚雅的“市场理论”、弗里德曼的“宗族研究模式”进行了比较，旨在提出一套适用于中国乡村研究的解释方法和整合性研究范式。

上述研究成果从本土研究经验的积累到西方理论的译介，说明有关民间信仰的一些基本问题在一定程度上得到了学者们的重视。但是，这些成果是否最终凝聚为学术界各方的共识，从而推动民间信仰领域的整体研究，还有待进一步考察。

2. 民间信仰的属性认知与合法化问题

周星的《民间信仰与文化遗产》，详细归纳了民间信仰之基本特点，进一步指出民间信仰在当代中国“合法化”的三条路径：“民俗化”“宗教化”以及非物质文化遗产保护运动中的“文化遗产化”。但是，作者也指出，在这些“去迷信化”的努力背后，尤其是“非遗化”的过程中，各方的思路仍然以迎合现代主流话语为主，实际上存在危险性：一旦主流话语发生重要变化，民间信仰极有可能会被重置于“迷信、低俗”的地位。[②] 在对民间信仰的属性认知方面，还有两篇较为重要的论文值得介绍。祝平一的《辟妄醒迷：明清之际的天主教与“迷信”之建构》，借助17世纪的天主教文献，重新梳理了汉语中“迷信”一词的形成及其内涵。作者认为“迷信”一词在中国的诞生与转化折射了近世中国人对信仰世界的重新认知。从观念史的角度把握“迷信”一词的具体历史文化意涵，确实有助于我们更好地理解不同历史时期国家宗教政策以及民间信仰发展的事实。[③] 林国平的《去巫化与正统化：民间信仰的生存和发展之路——以福建民间信仰为例》则以福建民间信仰为例，梳理历史中民间信仰“合法化”的两条发展路径：去巫化与正统化。该文的观点与周星论文所述的观点不谋而合。[④]

濮文起的《从“离异”到“归属”——正确看待民间宗教的合法性诉求》一文指出民间宗教具有“安善”与“离异”的双重性格，但是新时期的民间宗教多数教派已经改变与过去当局处于对立的离异性格，党和政府应该正视民间宗教主体主动提出“归属”党和政府管理的合法性诉求。[⑤] 浙江民宗委副主任陈振华的《浅议民间信仰活动的引导和管理》指出民间信仰是中国传统文化的重要组成部分，具有深

---

① 周大鸣：《祭祀圈理论与思考——关于中国乡村研究范式的讨论》，《青海民族研究》2013年第4期。

② 周星：《民间信仰与文化遗产》，《文化遗产》2013年第2期。

③ 祝平一：《辟妄醒迷：明清之际的天主教与“迷信”之建构》，《“中央研究院”历史语言研究所集刊》2013年第84本第4分册，第695～752页。

④ 林国平：《去巫化与正统化：民间信仰的生存和发展之路——以福建民间信仰为例》，《世界宗教研究》2013年第1期。

⑤ 濮文起：《从“离异”到“归属”——正确看待民间宗教的合法性诉求》，2013年4月2日《中国民族报》。

厚的历史渊源和社会基础，国家政府应该坚持依法管理，健全民间信仰社会化管理的机制，从而达到整合与重塑民间信仰的效果。① 王东的《城镇化进程中民间信仰活动管理策略》梳理了当代城镇化中民间信仰活动的新特色，认为民间信仰在城镇化进程中具有双重性，因此政府应该按照社会协同治理的理念，制定正确的民间信仰管理策略。② 刘颖与王艳秋的《关于民间信仰问题的理论政策思考》则通过梳理民间信仰与宗教、民间宗教及其民俗信仰之间的关系，来讨论民间信仰的宗教本质，分析其内在功能，从而提出政府对民间信仰的治理应以宗教法治化为框架，管理与服务相结合。③ 卢云峰的《走向宗教的多元治理模式》通过比较美国和我国台湾地区的实践分析国教模式、选择性管制模式和多元治理模式的优劣，提出当代国家对民间宗教与新兴宗教等宗教问题的治理应该与社会治理相结合，走向多元的宗教治理模式。作者还强调政府要重视宗教，应积极利用宗教，对内塑造国民性、凝聚共识。④

3. 民间信仰的田野调查与个案研究

张士闪的《村庙：村落叙事凝结与村际关系建构——冀南广宗县白刘庄、夏家庄考察》以“村运不合”的村落叙事为切入点，分析村落历史口述记忆，认为这种村际关系的建构是村民为防止恶性冲突而主动采取的疏离策略，体现出特定情境下社区和谐共处的另类智慧。⑤ 邓苗的《民间仪式与地方社会的多元互动——以温州老殿后杨府爷神诞为例》通过调查老殿后杨府爷诞辰活动中的仪式，揭示“地—人—神”系统中两两要素组合后所呈现的六种互动关系。⑥ 杨晓勤的《本主崇拜的村落记忆——对滇西南石龙村大黑天神信仰的个案考察》，从口头解释与仪式行为两个层面分析当地的石龙村本主崇拜，认为该村落记忆是村民依据现实的想象力对过去体验的一种选择性建构。⑦ 周大鸣与詹虚致的《祭祀圈与村落共同体——以潮州所城为中心的研究》是运用“祭祀圈”理论所进行的个案研究。⑧ 代

① 陈振华：《浅议民间信仰活动的引导和管理》，《中国宗教》2013年第11期。

② 王东：《城镇化进程中民间信仰活动管理策略》，《中国行政管理》2013年第10期。

③ 刘颖、王艳秋：《关于民间信仰问题的理论政策思考》，《理论界》2013年第9期。

④ 卢云峰：《走向宗教的多元治理模式》，《文化纵横》2013年第3期。

⑤ 张士闪：《村庙：村落叙事凝结与村际关系建构——冀南广宗县白刘庄、夏家庄考察》，《思想战线》2013年第3期。

⑥ 邓苗：《民间仪式与地方社会的多元互动——以温州老殿后杨府爷神诞为例》，《中原文化研究》2013年第3期。

⑦ 杨晓勤：《本主崇拜的村落记忆——对滇西南石龙村大黑天神信仰的个案考察》，《民俗研究》2013年第2期。

⑧ 周大鸣、詹虚致：《祭祀圈与村落共同体——以潮州所城为中心的研究》，《中国农业大学学报(社会科学版)》2013年第4期。

启福的《田野中的宗教——当地人的宇宙观察及宗教实践》通过对孟村的田野考察，强调宗教研究的自然维度，认为民间宗教不仅源于人们的生活实践，更是源于人们赖以生存的生态家园。[①] 还有一些学者则或以地方性民间信仰为研究对象，或者主要对某一仪式活动展开田野调查，主要探讨村落社会的文化秩序与村落政治的权力结构。[②]

张小军的《驯鬼年代：鬼与节的文化生态学思考》一文从鬼的文化生态分析入手，探讨了关于生命与关于社会的两种鬼文化生态。[③] 郭凌燕的《地域文化的悲情叙事——以汕尾陆丰地区鬼节为例》则认为，作为仪式展演的鬼节成为民众的一种集体记忆方式，表达着他们的悲悯情感和地域认同观念。[④] 秦淮的《山东财神节调查》则研究了山东半岛地区自市场经济以来产生的新兴节俗"财神节"。[⑤] 高有鹏的《洛阳古庙会考察》一文则对以河洛文明为重要内涵的神庙与民间庙会进行了考察。[⑥] 李向振的《庙会献戏与村民生活的表达——以安国药王庙会为个案》指出作为村落社会中"非常"态的生活事件，庙会及献戏活动更多表现为民俗参与者对生活体悟和理解的表达。[⑦]

刘昭瑞、李铭建的《乡村社会的一个边缘群体：三僚村的地理师》，以三僚村为田野点，感性描述了地理师的生存状态、知识传承模式、从业方式及其群体的社会身份。[⑧] 许钢伟的《试论乡人傩在黔东北的传承与变异》[⑨]则主要研究乡人傩在黔东北由沿门逐疫转变为冲傩还愿的过程。余粮才、孙金菊、张振伟、史经霞则对不同地区的民间信仰与民俗医疗进行了调查研究，主要探讨民俗医疗的运作机制与

---

① 代启福：《田野中的宗教——当地人的宇宙观察及宗教实践》，《世界宗教文化》2013 年第 1 期。

② 如魏程琳：《"祖荫"与"神佑"：村落社会的文化与秩序——赣南客家民间信仰的实践》，《世界宗教文化》2013 年第 6 期；杨玮：《民间信仰与区域社会空间秩序的建构——基于洪洞娥皇女英信仰的考察》，《西北大学学报（自然科学版）》2013 年第 2 期；卫小将、尚立富：《民俗宗教与村庄政治：山西义村"三官大帝"供奉之考察》，《民俗研究》2013 年第 1 期；徐天基：《村落间的仪式互助——以安国县庙会间的"讲礼"系统为例》，金泽、陈进国主编：《宗教人类学》第 4 辑，社会科学文献出版社 2013 年版，第 217～244 页；杨士范：《进香的象征性与对等交换逻辑：以沙鹿地区成衣业者之民间宗教之仪式过程为例》，《弘光人文社会学报》2013 年总第 16 期。

③ 张小军：《驯鬼年代：鬼与节的文化生态学思考》，《民俗研究》2013 年第 1 期。

④ 郭凌燕：《地域文化的悲情叙事——以汕尾陆丰地区鬼节为例》，《民俗研究》2013 年第 6 期。

⑤ 秦淮：《山东财神节调查》，《民间文化论坛》2013 年第 3 期。

⑥ 高有鹏：《洛阳古庙会考察》，《民间文化论坛》2013 年第 5 期。

⑦ 李向振：《庙会献戏与村民生活的表达——以安国药王庙会为个案》，《民俗研究》2013 年第 4 期。

⑧ 刘昭瑞、李铭建：《乡村社会的一个边缘群体：三僚村的地理师》，《文化遗产》2013 年第 3 期。

⑨ 许钢伟：《试论乡人傩在黔东北的传承与变异》，《文化遗产》2013 年第 6 期。

疾病知识体系、内在的身体观念。[①] 李世武的《巫术焦虑与艺术治疗：朝向少数民族艺术研究的新视域》以及《建房工匠匿物主祸巫术的源流及原理》分别就巫术与艺术的关系、建筑活动中的巫术源流进行了研究。[②]

在包括民间信仰在内的多元宗教研究方面，朱映占的论文《云南怒江丙中洛地区多种宗教并存现象的宗教经济学分析》，从历史和现实的角度分析云南怒江丙中地区各种宗教间竞争与合作的关系，认为它们共同形成了一个持续可供选择的宗教市场。[③] 黄建华的《神佛之间：广东四会阮梁二佛信仰考述》通过研究阮、梁二佛这种亦佛亦神的信仰，从而分析中国传统乡村社会中不同宗教之间界限模糊的现实。[④] 张泽洪的《中国西南少数民族梅山教的三元信仰》认为西南各族梅山教的三元信仰实际上受到了道教三元真君的影响，这是中华民族多元一体格局在宗教文化上的反映。[⑤]

基督教的民间化（民间信仰化）或者民俗化问题也是许多学者关注的焦点。汪长亮与刘黎的《台湾地区天主教对敬天祭祖传统的传承》指出台湾地区天主教对敬天祭祖的推行体现出中国基督教本土化的努力。[⑥] 段颖与唐晓峰的《2012年中国基督教概览和“全能神教”问题报告》一文认为中国基督教在乡村的急速发展与新中国严厉的民间宗教管理政策密切相关，基督教作为一个候补的信仰产品填补了这一信仰真空，但是民众对基督教的态度仍然是以民间信仰的功利模式来实践。虽然民间基督教同样重视伦理孝道，但是私设聚会点则助长了民间基督教的邪教化。[⑦]

在少数民族民间信仰与民间宗教方面，来自“藏学”领域的研究成果最为丰富。赵艳的《青藏高原藏族民间宗教信仰生态伦理意识的思考》从生态伦理的角度考察藏地多宗教融合的民间信仰现象。[⑧] 陈昌文、肖尧中的《绝对彼岸信仰对藏地“家园”的建构性探析》探讨了“绝对彼岸”信仰与藏地社会的“家园意识”的关联性。[⑨] 除此之外，神仙信仰及其“转山”这一特殊宗教朝圣仪式也是许多学者所

---

① 余粮才：《神圣时空下伏羲庙炙百病习俗的人类学阐释》，《西北民族研究》2013年第4期；孙金菊：《回族民俗医疗体系研究刍议——甘肃临夏回族自治州的田野调查》，《文化遗产》2013年第2期；张振伟：《身体与信仰：西双版纳傣族仪式治疗中的二元宗教互动》，《思想战线》2013年第2期；史经霞：《近代贵州少数民族地区宗教与医疗文化研究》，《宗教学研究》2013年第3期。

② 李世武：《巫术焦虑与艺术治疗：朝向少数民族艺术研究的新视域》，《民族艺术》2013年第2期；李世武：《建房工匠匿物主祸巫术的源流及原理》，《文化遗产》2013年第5期。

③ 朱映占：《云南怒江丙中洛地区多种宗教并存现象的宗教经济学分析》，《宗教学研究》2013年第3期。

④ 黄建华：《神佛之间：广东四会阮梁二佛信仰考述》，《地方文化研究》2013年第3期。

⑤ 张泽洪：《中国西南少数民族梅山教的三元信仰》，《宗教学研究》2013年第4期。

⑥ 汪长亮、刘黎：《台湾地区天主教对敬天祭祖传统的传承》，《世界宗教文化》2013年第6期。

⑦ 段颖、唐晓峰：《2012年中国基督教概览和“全能神教”问题报告》，金泽、邱永辉主编：《中国宗教报告(2013)》，社会科学文献出版社2013年版，第113～142页。

⑧ 赵艳：《青藏高原藏族民间宗教信仰生态伦理意识的思考》，《青海民族研究》2013年第3期。

⑨ 陈昌文、肖尧中：《绝对彼岸信仰对藏地“家园”的建构性探析》，《宗教学研究》2013年第2期。

关注的重要藏地文化现象。①

此外,周永健的《20世纪以来国内苗族传统宗教研究探析》对20世纪以来的苗族民间宗教研究进行了综述。② 徐赣丽的《侗族的转世传说、灵魂观与积阴德习俗》以当代侗族村寨里讲述的转世传说为切入点,探究传说产生背后的心理原因与转世灵魂观和积阴德习俗。③ 吴秋林的《中国土地信仰的文化人类学研究》则对贵州地区少数民族的土地信仰进行了田野调查。④

4. 民间信仰的历史文献研究

在这方面的研究成果中,对神灵信仰发生学意义的追溯、传播区域与路径的勾勒、信仰功能与文化变迁等方面探讨的论文较为丰富。这些研究主要是以文化研究的视角切入,或梳理了某一特定信仰的整体走向,更多的研究则专注于某一特定历史阶段的信仰状态与现象。同时,从各篇文章的学术立足点与研究方法来看,呈现出一种多学科交叉的研究特色。

李秋香的《论秦汉时期西王母信仰民俗的构建——兼论异地文化认同》揭示了秦汉时期西王母信仰及其信仰圈的形成对建构异地文化认同的功能。⑤ 叶涛在《泰山石敢当习俗纵横谈》中对泰山石敢当的源流、传播与流变及其文化功能与社会价值进行了整体性分析。⑥ 任志强与庞晓蒙的《狐魅崇拜的早期流变》主要梳理了中国狐仙文化的产生与叠加过程。⑦ 王章伟与林富士则对宋代的巫觋信仰及其新兴的文化特征进行了研究。⑧ 李从娜的《生态女性主义视角下的近代女神信仰》则另辟蹊径,从生态女性主义的角度对近代的女神信仰进行分析。⑨ 郭红在《明代的旗纛之祭:中国古代军事性祭祀的高峰》中指出虽然明代旗纛之祭发

① 赵利生:《仪式与秩序建构——对青海省互助县土族村落背经转山的民族学考察》,《西北民族研究》2013年第3期;张原:《神山与家屋——嘉绒藏人的神圣历史和社会结构》,金泽、邱永辉主编:《中国宗教报告(2013)》,社会科学文献出版社2013年版,第27～59页;完麻加:《森普神山崇拜及其社会整合功能》,《青海民族研究》2013年第3期;英加布:《域拉奚达与隆雪措哇:藏传山神信仰与地域社会研究》,兰州大学博士学位论文,2013年;周拉、夏吾交巴、炬华:《共享和谐——青海省循化县多民族、多宗教共同信仰阿尼夏吾神山现象分析》,《世界宗教研究》2013年第 期。

② 周永健:《20世纪以来国内苗族传统宗教研究探析》,《宗教学研究》2013年第2期。

③ 徐赣丽:《侗族的转世传说、灵魂观与积阴德习俗》,《文化遗产》2013年第5期。

④ 吴秋林:《中国土地信仰的文化人类学研究》,《宗教学研究》2013年第3期。

⑤ 李秋香:《论秦汉时期西王母信仰民俗的构建——兼论异地文化认同》,《世界宗教研究》2013年第5期。

⑥ 叶涛:《泰山石敢当习俗纵横谈》,《文化月刊》2013年第7期。

⑦ 任志强、庞晓蒙:《狐魅崇拜的早期流变》,《民俗研究》2013年第3期。

⑧ 王章伟:《〈清明集〉中的巫觋信仰问题》,《九州学林》2013年总第32期;林富士:《"旧俗"与"新风"——试论宋代巫觋信仰的特色》,《新史学》2013年第24卷第4期。

⑨ 李从娜:《生态女性主义视角下的近代女神信仰》,《民俗研究》2013年第2期。

展到顶峰，但是由于与民众日常生活关系并不密切，从而无法真正融入民间。[①] 关昕的《从明清北京东岳庙祀典看“小祀”制度的融通性》以作为“小祀”的北京东岳庙为个案，讨论明清礼制权宜性和融通性的特色。[②]

闫爱萍的《关公信仰问题研究的回顾与展望》详细梳理了20世纪以来有关关公信仰问题研究的文献，着重分析文献背后暗含的问题意识。[③] 郑文的《多面的他者：16～20世纪中叶西方视野下的萨满形象》主要研究16世纪以来西方世界对萨满的文化想象及其背后所蕴含的的社会思想。[④] 周郢的《明清之际的碧霞元君论——兼与彭慕兰先生商榷》一文梳理了大量的史料，重新追溯与还原明清时期碧霞元君的信仰状况，同时反驳彭慕兰对相关史料的错误描述及其误读。[⑤]

在民间宗教研究领域，杨德睿与庄德仁的两篇文章视角独特。杨德睿以田野调查为基础，对弘阳教创教以来的诉求主题变迁进行研究，更为重要的是，作者还指出当代弘阳教在吸收不同历史时期的诉求与阐释，重新建构宗教自身的神话叙事时，也开始了该民间教派的“通俗化”，即以消弭弘阳教创教之初的彼岸超越性为代价，转为彻底认同俗世的宗教。[⑥] 庄德仁在研究清代民间宗教后认为，民间宗教内部重视教徒的日常养生送死，通过教义来强化信徒彼此之间拟亲属的情感网络，而官方的打压产生“官逼民反”的反效果，更加强化了这种信徒之间的情感纽带，从而促使教徒认同与支持民间秘密宗教。该文的思考角度令人耳目一新，作者努力尝试摆脱过去对清代民间秘密宗教“功利”的认识，重新思考高压状态下民间宗教吸引信徒加入的正面因素。[⑦]

此外，李浩的《隋唐五代民间秘密宗教的开端》揭示了中古时期民间信仰的组织化对民间宗教发展与变迁的影响。[⑧] 王承文的《论唐宋岭南南部沿海的雷神崇拜及其影响：以唐人房千里所撰〈投荒杂录〉为起点的考察》主要是以唐人房千里《投荒杂录》中的相关记载为基础，探讨岭南南部沿海雷神崇拜形成的历史背景与信仰内涵，并分析了中央政府“神道设教”政策与岭南地区民间信仰之间的文化互

---

① 郭红：《明代的旗纛之祭：中国古代军事性祭祀的高峰》，《民俗研究》2013年第5期。

② 关昕：《从明清北京东岳庙祀典看“小祀”制度的融通性》，《宗教学研究》2013年第4期。

③ 闫爱萍：《关公信仰问题研究的回顾与展望》，《民俗研究》2013年第4期。

④ 郑文：《多面的他者：16～20世纪中叶西方视野下的萨满形象》，《民俗研究》2013年第3期。

⑤ 周郢：《明清之际的碧霞元君论——兼与彭慕兰先生商榷》，《史学汇刊》2013年总第31期。

⑥ 杨德睿：《从超验到通俗——弘阳教诉求主题变迁的研究》，金泽、陈进国主编：《宗教人类学》第4辑，社会科学文献出版社2013年版，第245～274页。

⑦ 庄德仁：《有情有义：清代民间秘密宗教情感史初探》，《东吴大学学报》2013年总第30期。

⑧ 李浩：《隋唐五代民间秘密宗教的开端》，《民俗研究》2013年第5期。

动。[①] 李镇的《文化的试探、协商与交融——以北宋时期洞庭湖区的风俗与信仰为中心》，主要是考察北宋时期洞庭湖区的风俗与信仰，并且揭示这一地域文化与中央权力扩展之间试探、协商与交融的历史过程。[②]

朱爱东的《民国时期的反迷信运动与民间信仰空间——以粤西地区为例》一文则梳理了粤西地区民间信仰在民国时期国民政府"反迷信运动"背景下的发展与变迁。[③] 赵彦民与韩朝建的《村落行政变迁下的信仰空间——以民国时期山东省历城县冷水沟村为个案》，利用满铁调查资料及其当代的口述资料，试图对民国时期华北村落政治结构与信仰空间的联动关系进行探讨，从而重新审视国家权力与地方社会之间文化网络的关系。[④] 王怡茹的《战争、传说与地方社会之信仰重构：以淡水清水祖师信仰为论述中心》旨在分析台湾"神明助战"传说的叙事脉络与文化内涵，探究清代清水祖师信仰的发展及其对清末淡水地方社会信仰重构的助推作用。[⑤] 汤芸的《神判中的讼争与教谕——以一个黔中屯堡村寨的降乩仪式为例》主要分析 1912～1914 年黔中地区屯堡村寨内与祖坟之争有关的一系列降乩仪式，讨论神判与司法共同构建地方"礼治秩序"的复杂同构关系。[⑥] 史蒂夫·史密斯(Steve A. Smith)的《地方干部面对超自然：中国的神水政治(1949～1966)》则对 1949～1966 年发生的"神水"谣言事件进行了梳理。该文指出共和国的历史同样不是单向度而是层累的，尽管民间信仰被新中国政权的意识形态视为"迷信"，但是地方干部并未将其视为建设国家的头等大事，同时由于地方干部同样生活在一致的文化信仰之中，因此往往在地方信仰事件中向民众妥协。此外，群众善于使用传统宗教元素来转译新的官方意识形态，从而促使民间信仰的宗教符号进入了官方政治文化之中，与日后全面的政治批判运动息息相关。[⑦]

还有一批文章专注于研究民间信仰的物质文化载体，尤其是作为人文景观的神灵宫庙。郑衡泌的《民间信仰神祠祭祀空间规模及其影响因素——以民国时期

① 王承文：《论唐宋岭南南部沿海的雷神崇拜及其影响：以唐人房千里所撰〈投荒杂录〉为起点的考察》，《"中央研究院"历史语言研究所集刊》2013 年第 84 本第 3 分册，第 387～452 页。

② 李镇：《文化的试探、协商与交融——以北宋时期洞庭湖区的风俗与信仰为中心》，《历史人类学学刊》2013 年第 11 卷第 1 期。

③ 朱爱东：《民国时期的反迷信运动与民间信仰空间——以粤西地区为例》，《文化遗产》2013 年第 2 期。

④ 赵彦民、韩朝建：《村落行政变迁下的信仰空间——以民国时期山东省历城县冷水沟村为个案》，《文化遗产》2013 年第 6 期。

⑤ 王怡茹：《战争、传说与地方社会之信仰重构：以淡水清水祖师信仰为论述中心》，《民俗曲艺》2013 年总第 180 期。

⑥ 汤芸：《神判中的讼争与教谕——以一个黔中屯堡村寨的降乩仪式为例》，金泽、陈进国主编：《宗教人类学》第 4 辑，社会科学文献出版社 2013 年版，第 84～103 页。

⑦ [美]史蒂夫·史密斯：《地方干部面对超自然：中国的神水政治(1949～1966)》，董玥主编：《走出区域研究：西方中国近代史论集粹》，社会科学文献出版社 2013 年版，第 366～392 页。

鄞县平原为例》对鄞县地区的民间信仰祭祀空间的分布及其规模进行了梳理，并且指明影响期发展的自然与人文因素。[①] 王方晗的《政治与遗产互动下的曲阜孔庙——以蒙元帝国前期孔庙的破与立为中心》通过梳理蒙元治下孔庙所经历的“破”与“立”，探讨该时期统治者的政治态度对文化遗产与儒家文化的影响与利用。[②] 王芳辉的《灵验的庙宇：从风水看妈祖信仰在广东的地方化》主要探讨风水观念对妈祖宫庙的建造及其灵验传说的影响。[③]

5. 民间信仰的相关叙事研究

吕微的《神话信仰——叙事实践的内容与形式》从博厄斯对西方神话的叙事出发，回顾建立在实践理性上的中国儒家神话，认为中国儒家的神话是一种关于理性信仰的普遍意义的、大宪章式的叙事。[④] 高海珑的《“三位一体”的火神——生活世界中的神话记忆模式研究》以及《豫北火神像记忆机制探讨》，以河南几个地区的火神神话为例，将地域社会中的神话作为一种文化记忆形式，探讨火神神话记忆模式在日常生活世界中的构成模式。[⑤] 田兆元的《龙王的文化属性与龙宫取宝故事研究》认为龙王故事的演变是中国龙神话吸收外来因素不断发展的结果，是其合逻辑的自然发展。[⑥] 韩高年的《〈山海经〉西王母之神相、族属及其他》从揭示《山海经》中西王母神相之原貌入手，弄清西王母神相，从而判断该神话的族属，探索这一经典神话的传播路径。[⑦]

李建德的《清刊本〈大梵先天斗母圆明宝卷〉析论》以《中国宗教历史文献集成·民间宝卷》之清刊本《大梵先天斗母圆明宝卷》作为研究对象，探讨该宝卷之体制以及所述内容的渊源，梳理其中小曲的特色，以期略窥清代的民间星斗信仰。[⑧] 白若思(Rostislav Berezkin)《谈宗教性讲唱文学在当代中国的传承与创造：以江苏省常熟市尚湖镇余鼎君“讲经宣卷”为例》以及《论历史人物崇拜与宝卷讲唱的关系——以中国江苏省常熟县的〈千圣小王宝卷〉为例》这两篇英文文献，则

① 郑衡泌：《民间信仰神祠祭祀空间规模及其影响因素——以民国时期鄞县平原为例》，《世界宗教文化》2013 年第 1 期。

② 王方晗：《政治与遗产互动下的曲阜孔庙——以蒙元帝国前期孔庙的破与立为中心》，《民俗研究》2013 年第 4 期。

③ 王芳辉：《灵验的庙宇：从风水看妈祖信仰在广东的地方化》，《民族艺术》2013 年第 2 期。

④ 吕微：《神话信仰——叙事实践的内容与形式》，《民族艺术》2013 年第 5 期。

⑤ 高海珑：《“三位一体”的火神——生活世界中的神话记忆模式研究》，《民俗研究》2013 年第 5 期；高海珑：《豫北火神像记忆机制探讨》，《文化遗产》2013 年第 6 期。

⑥ 田兆元：《龙王的文化属性与龙宫取宝故事研究》，《民间文化论坛》2013 年第 5 期。

⑦ 韩高年：《〈山海经〉西王母之神相、族属及其他》，《西北民族研究》2013 年第 2 期。

⑧ 李建德：《清刊本〈大梵先天斗母圆明宝卷〉析论》，《有凤初鸣年刊》2013 年总第 9 期。

主要研究了江苏省常熟地区“宣卷”这一宗教性讲唱表演及其历史人物崇拜现象。①

汤志波的《明清文学中的白眉神——兼论明清文言笔记在民间文学研究中的价值》,梳理明清文学中关于白眉神的记载,追溯白眉神在明清文学中的原型,探论明清文言笔记在民间文学研究中的价值。② 郭泮溪的《从布衣学者到地方保护神——胡峄阳传说与信仰演进轨迹探析》以胡峄阳由“人”到“神”的演进过程为个案,研究民间传说与民间信仰之间的互动,以及历史上社会底层民众的选择在造神过程中所起的作用。③ 刁统菊的《文化自觉与民间叙事的多样化传承——以山东寒亭寒浞信仰与口头叙事为例》一文指出在国家与社会这一框架之下,寒浞作为历史人物走进寒亭百姓的口头叙事乃至日常生活,在一个确定的地理区域里所获得和呈现的四个不同层面的形象印记。④ 吴震的《中国善书在近世日本的流衍及其影响——以中江藤树的宗教观为中心》认为在近世中日文化交涉史上,日本学者对中国善书进行重读与重构是实际是中国文化在日本“本土化”的必然现象。⑤

在少数民族的民间信仰叙事研究方面,叶舒宪的《〈亚鲁王·砍马经〉与马祭仪式的比较神话学研究》,以贵州麻山苗族丧葬仪礼场合中的口传叙事诗《亚鲁王》及其附带的《砍马经》为研究对象,从汉藏语系各族的比较神话学视角追根溯源,将该口头表演放置在在欧亚大陆马文化传播的时空背景下,从而认识天马神话的社会功能。⑥ 托汗·依萨克的《〈玛纳斯〉史诗多种文本之中英雄玛纳斯名字的特殊含义及其解析》则对柯尔克孜族民间信仰中的“玛纳斯”名称所指进行初步

---

① 白若思:On the Survival of the Traditional Ritualized Performance Art in Modern China:A Case of Telling Scriptures by Yu Dingjun in Shanghu Town Area of Changshu City in Jiangsu Province,《民俗曲艺》2013 年总第 181 期;白若思:On the Connection of the Cults of Historical Persons and Baojuan Storytelling:With “Baojuan of the Small King of Thousand Sages” of the Changshu Area of Jiangsu Province as an Example,《兴大人文学报》2013 总第 50 期。

② 汤志波:《明清文学中的白眉神——兼论明清文言笔记在民间文学研究中的价值》,《民间文化论坛》2013 年第 1 期。

③ 郭泮溪:《从布衣学者到地方保护神——胡峄阳传说与信仰演进轨迹探析》,《民间文化论坛》2013 年第 6 期。

④ 刁统菊:《文化自觉与民间叙事的多样化传承——以山东寒亭寒浞信仰与口头叙事为例》,《文化遗产》2013 年第 1 期。

⑤ 吴震:《中国善书在近世日本的流衍及其影响——以中江藤树的宗教观为中心》,《江南大学学报(人文社会科学版)》2013 年第 3 期。

⑥ 叶舒宪:《〈亚鲁王·砍马经〉与马祭仪式的比较神话学研究》,《民族艺术》2013 年第 2 期。

综合和进一步挖掘。[①] 李素娟与贾雯鹤在《壮族花婆神话与"求花"仪式的文学人类学解读》中一反神话的文学化、文本化研究路径，从人类学的角度重新思考壮族花婆神话与"求花"仪式中的花婆信仰观念、壮族传统灵魂崇拜等文化意蕴。[②]

6.民间信仰与戏曲、音乐、图像等的关系

陈志勇在戏曲与民间信仰方面用力颇深，2013年连续在《民族艺术》与《文化遗产》上发表了一系列重要论文，详细考察了中国戏曲行业戏神信仰的生成与变迁过程，尤其是南戏"戏神"田公元帅信仰与民间演剧之间的关系。[③] 周传志的《身体背后的社会：社会人类学视角下的台湾"宋江阵"研究》结合文献与田野调查对台湾"宋江阵"进行了研究，主要探讨作为身体文化展演的"宋江阵"与台湾宗族社会之间的关系。[④]

一些学者则努力挖掘民间工艺美术中的民间信仰元素，如田晓膺研究了墉城女仙服饰的设计符号，李莉则溯源了淮阳"泥泥狗"的本初文化内涵。[⑤] 杨玉君的《民俗画的解读与误读——以俄藏五鬼闹判图为例》一文通过追溯19、20世纪之交俄国旅人中国年画及其解读民俗画的过程，从而指明当时俄国知识份子对中国民俗画解读中的主观臆测及其与民间文化脱节的错误，为特殊历史时期的中外民俗文化交流史研究提供了新的资料。[⑥] 张珣的《妈祖造像与"标准化"问题讨论》主要研究神灵的造像艺术与民间信仰内部主体观念之间的动态关联。[⑦] 还有不少学者从图像的角度研究考古文献资料中的神像信仰及其背后的文化隐喻。[⑧]

7."非遗"保护语境下的民间信仰变迁研究

王霄冰与林海聪的《妈祖：从民间信仰到非物质文化遗产》，主要回溯与反思妈祖信俗从一种地方性民间信仰成长为人类"非遗"代表作的历史过程，揭示了不

① 托汗·依萨克：《〈玛纳斯〉史诗多种文本之中英雄玛纳斯名字的特殊含义及其解析》，阿地里·居玛吐尔地译，《民间文化论坛》2013年第4期。

② 李素娟、贾雯鹤：《壮族花婆神话与"求花"仪式的文学人类学解读》，《云南社会科学》2013年第5期。

③ 陈志勇：《戏曲行业"二郎神"信仰的生成与消歇》，《民族艺术》2013年第3期；陈志勇：《中国戏神来源及其信仰的群体特征》，《民族艺术》2013年第4期；陈志勇：《仪式与演剧：田公元帅信仰的戏剧人类学考察》，《民族艺术》2013年第6期；陈志勇：《南戏戏神田公元帅信仰变迁考》，《文化遗产》2013年第2期。

④ 周传志：《身体背后的社会：社会人类学视角下的台湾"宋江阵"研究》，《民俗研究》2013年第5期。

⑤ 田晓膺：《墉城女仙服饰"青""紫"设计符号的文化意蕴》，《宗教学研究》2013年第2期；李莉：《淮阳"泥泥狗"本原文化探析》，《民族艺术》2013年第2期。

⑥ 杨玉君：《民俗画的解读与误读——以俄藏五鬼闹判图为例》，《民俗曲艺》2013年总第181期。

⑦ 张珣：《妈祖造像与"标准化"问题讨论》，金泽、陈进国主编：《宗教人类学》第4辑，社会科学文献出版社2013年版，第149～167页。

⑧ 如沈泓：《祈福纳祥：民间美术中的神像信仰》，中国财富出版社2013年版；戴璐：《汉代艺术中的九尾狐形象研究》，《民族艺术》2013年第3期；于向东：《五代、宋时期的十八罗汉图像与信仰》，《民族艺术》2013年第4期；黄建淳：《汉代辟邪神兽的玉文化》，《淡江史学》2013年总第25期。

同历史语境下妈祖作为民间信仰所具有的文化再生产能动力，并且从不同时期国家政府对妈祖这一民间信仰的态度中，认识到国家政治和社会文化思潮与民间信仰之间的互动、互构及相互依赖关系。[①] 曹辉林的《文化旅游开发视野下的中国政教关系现状考察——以湘南、桂北地区的寿佛信仰为例》将宗教文化是视为一种旅游资源，认为寿佛文化开发模式是当代中国政教之间的协作与互利的模式。[②] 刘凤的《傩神庙复兴与民间艺术的"新传承"现象》，通过调查在民间力量和政府行为的互动之下江西省萍乡市石洞口傩神庙复兴后所形成的"非遗"保护之现状，探讨当代傩文化"新传承"现象及其结构。[③] 倪彩霞《韩国法圣浦端午祭申遗经验对中国的启示》一文，从韩国法圣浦端午祭申遗一事解析韩国端午祭的地方民俗传统以及"非遗"申报和保护的工作经验，从而思考我国非物质文化遗产保护与开发工作的展开模式。[④]

王加华的《被"私有化"的信仰：庙宇承包及其对民间信仰的影响——以山东省潍坊市寒亭区禹王台庙为例》则从"灵力经济"的视角讨论庙宇承包问题对民间信仰的神灵谱系与庙宇格局的影响，视角较为独特。[⑤] 梁永佳的《"叠写"的限度——一个大理节庆的地方意义与非遗化》指出，国家将大理白族"绕三灵"非遗化实际上是对大众宗教的一种"叠写"，但是这种"叠写"过于强调该节庆的原始生殖崇拜想象，反而局限了对地方含义的深度揭示。[⑥] 史静的《复兴中的继承与重塑——对天津妈祖祭典仪式的考察》通过对天津妈祖祭典仪式的考察，尝试揭示通过"非遗化"复兴民间信仰的过程中文化形式与文化空间的转型情况及其转型过程中遇到的困难。[⑦] 陈元贵的《非物质文化遗产视域下的文化展演——以徽州五福神会为中心的讨论》认为在"非遗保护"背景下，徽州五福神会的祭祀礼仪色彩早已淡化，展演性质和审美意味则被凸显，这是国家对于民间仪式的征召以及民间对于官方意识形态努力迎合的文化重构的结果。[⑧]

---

① 王霄冰、林海聪：《妈祖：从民间信仰到非物质文化遗产》，《文化遗产》2013 年第 6 期。

② 曹辉林：《文化旅游开发视野下的中国政教关系现状考察——以湘南、桂北地区的寿佛信仰为例》，《世界宗教研究》2013 年第 3 期。

③ 刘凤：《傩神庙复兴与民间艺术的"新传承"现象》，《民间文化论坛》2013 年第 4 期。

④ 倪彩霞：《韩国法圣浦端午祭申遗经验对中国的启示》，《文化遗产》2013 年第 2 期。

⑤ 王加华：《被"私有化"的信仰：庙宇承包及其对民间信仰的影响——以山东省潍坊市寒亭区禹王台庙为例》，《文化遗产》2013 年第 6 期。

⑥ 梁永佳：《"叠写"的限度——一个大理节庆的地方意义与非遗化》，金泽、邱永辉主编：《中国宗教报告(2013)》，社会科学文献出版社 2013 年版，第 127～143 页。

⑦ 史静：《复兴中的继承与重塑——对天津妈祖祭典仪式的考察》，《民间文化论坛》2013 年第 2 期。

⑧ 陈元贵：《非物质文化遗产视域下的文化展演——以徽州五福神会为中心的讨论》，《文化遗产》2013 年第 5 期。

8.港澳台地区、海外华人以及其他国家的民间信仰

综观这一研究领域，关于妈祖信仰的研究尤为丰富，如吴炀和、曲金良、谭世宝就对港澳台妈祖信仰的文化内涵与“非遗”化、宫庙管理等方面进行了详细论述。[①] 危丁明与范正义则分别研究了香港地区民间信仰的世俗化与台湾宫庙组织间的关系网络。[②] 林美容的《末端仪式：台湾汉人宗教仪式结构及其圆满观》对仪式的“末端”进行分析，认为汉人宗教仪式重视“末端”与民间信仰中的“圆满观”有关。[③] 郑素春的《台湾注生娘娘信仰之研究》综合古代文献与田野调查，探讨台湾注生娘娘信仰的源流演变情况。[④] 林富士的《当代台湾本土宗教的文化史诠释——童乩仪式装扮的新探》，不同于过去研究大都从社会层面着眼，本文则从童乩在仪式过程中的仪式装扮入手，讨论其本土宗教文化内涵的古今之变。[⑤] 此外，不少学者关注了两岸之间的民间信俗交流史，尤其是针对大陆移民文化影响台湾地区民间信仰这一现象展开研究。[⑥] 郑志明在《台湾民间信仰的研究回顾》一文中对台湾的民间信仰研究进行了较为全面的综述和整理，是一篇重要的总结性研究文献。[⑦]

还有不少论文介绍了海外的民间信仰和巫术。高福升、廉松心、具银我分别介绍了韩国的龙信仰、巫俗及关帝信仰进行了探讨。[⑧] 新里喜宣与小林宏至则对日本的妖怪文化、萨满教及其风水研究进行综述。[⑨] 沟口大助的《现代非洲妖术

---

① 吴炀和：《台湾地区妈祖庙的经营与管理》，《民间文化论坛》2013年第5期；曲金良：《海峡两岸妈祖文化遗产传承的比较与思考》，《民间文化论坛》2013年第5期；谭世宝：《从澳门看天妃（后）与妈祖信仰的名实演变》，《世界宗教研究》2013年第3期。

② 危丁明：《香港地区传统信仰与宗教的世俗化：从庙宇开始》，《世界宗教研究》2013年第1期；范正义：《台湾宫庙联谊组织研究——庙际关系网络的视角》，《世界宗教研究》2013年第3期。

③ 林美容：《末端仪式：台湾汉人宗教仪式结构及其圆满观》，《闽台文化研究》2013年第4期。

④ 郑素春：《台湾注生娘娘信仰之研究》，《辅仁宗教研究》2013年总第26期。

⑤ 林富士：《当代台湾本土宗教的文化史诠释——童乩仪式装扮的新探》，《世界宗教文化》2013年第4期。

⑥ 如林晓峰、邓文金：《深化两岸闽南民间信俗交流的对策》，《闽台文化研究》2013年第3期；洪馨兰：《“社官”信仰在广东蕉岭与台湾美浓的比较研究》，《民俗曲艺》2013年总第180期；张正田：《潮惠两裔客家人分布比例与新竹枋寮义民祭祀圈之关系》，《民俗曲艺》2013年总第180期。

⑦ 郑志明：《台湾民间信仰的研究回顾》，《世界宗教研究》2013年第1期。

⑧ 高福升：《韩国龙信仰形成的研究》，《民俗研究》2013年第3期；廉松心：《韩国巫俗的由来及其对外来宗教的影响》，《世界宗教文化》2013年第2期；[韩]具银我：《首尔的关帝庙和关帝信仰》，《宗教学研究》2013年第3期。

⑨ [日]新里喜宣：《日本的萨满教研究——成果与课题》，刘正爱译、陈进国校，金泽、邱永辉主编：《中国宗教报告(2013)》，社会科学文献出版社2013年版，第300～336页；[日]小林宏至：《日本人类学的风水研究》，张晶晶译、刘正爱校，金泽、邱永辉主编：《中国宗教报告(2013)》，社会科学文献出版社2013年版，第337～357页。

研究的发展——以非洲市场经济化及妖术现象为中心》，主要研究非洲妖术在市场经济化下的“平均化”与“积累化”之间的两义性力量，从而深入探讨民间信仰世界的民众对妖术概念创造及其妖术现象的文化内涵。① 还有一些则从比较宗教学的角度研究中国与外国宗教文化之间的关联性。②

(三)学术会议

与往年一样，一些学术单位通过组织会议、论坛的方式聚集学者们一起探讨民间信仰的相关问题。这里仅列举与民间信仰直接相关的研讨会信息，而事实上还有一些会议也涉及了民间信仰的相关议题，如每年 8 月份在青海举办的“中国昆仑文化国际学术论坛”等。

2013 年 5 月 7 日，中国社会科学院世界宗教研究所和北京东岳庙联合主办“东岳信仰与北京东岳庙学术研讨会”。与会专家学者围绕“东岳信仰与北京东岳庙”这一主题，将分别讨论东岳信仰与道教神谱、东岳信仰与封禅文化、东岳信仰与山岳崇拜、东岳信仰与地狱文化、东岳信仰与当代道德建设、东岳信仰的内涵与传播史、北京东岳庙庙史研究、北京东岳庙文物研究、道教的过去与现在等专题。③ 此次研讨会对于厘清东岳信仰的变迁史、社会功能及其当代文化价值具有积极意义。

6 月 11～15 日，中山大学中国非物质文化遗产研究中心举办了一场主题为“非物质文化遗产与民间信仰”的学术研讨会。该次会议集中讨论了地方民间信仰的个案研究、民间信仰的文化遗产化、民间信仰的概念、民间信仰与节俗的关系等问题。与会学者们认为，作为非物质文化遗产的民俗生活本身就与民间信仰可谓是一体两面的关系，“民间信仰”是不少非物质文化遗产民俗事象的内在驱动力和核心理念。然而，非物质文化遗产又带有国家机关的政治色彩，如何在文化与权力之间寻找平衡点，建构一种和谐发展的新型民俗文化保护模式，仍然有待于学者们进一步的思考与探索。

6 月 15 日，中国人民大学清史研究主办“新发现黄天道帛书与写经”学术研讨会。该会议向外界公布了该所副教授曹新宇在田野调查中最新发现的明清黄天道文献，其

---

① [日]沟口大助：《现代非洲妖术研究的发展——以非洲市场经济化及妖术现象为中心》，边清音译，金泽、邱永辉主编：《中国宗教报告(2013)》，社会科学文献出版社 2013 年版，第 283～299 页。

② 如邱雅芬：《东渡日本的“中国神灵”》，《文化遗产》2013 年第 1 期；叶舒宪：《中日玉石神话比较研究——以“记纪”为中心》，《民族艺术》2013 年第 5 期；徐祖祥：《中越跨境民族宗教生态发展的特点和规律》，《宗教学研究》2013 年第 3 期；白志红：《中缅边境佤族神话传说、资源与认同》，《民族艺术》2013 年第 6 期；高志英、王东蕾：《从王骥崇拜仪式看中缅傈僳族的多重认同演变》，《云南社会科学》2013 年第 5 期；李勇：《敬惜字纸信仰习俗在海外的传承与变迁——以新加坡崇文阁为例》，《世界宗教研究》2013 年第 2 期。

③ http://intl.cssn.cn/st/st_xsjl/st_xsjl_1282/201310/t20131025_575923.shtml.

内容包括 9 种罕见的大型彩绘帛书手卷和 40 多种珍贵的明清刊本和精抄本，另外还有大量符箓疏表、零散抄本、家谱等稀见史料。① 这批珍贵宝卷的出现，将为学界重新探讨明清秘密教派是否与晚唐、五代以来的摩尼教有关提供新的线索。

8 月 12～15 日，中国民协、山东省民协联合主办“民间信仰与传说暨妈祖文化”研讨会，会议主题是“妈祖文化、海洋文化、民间信仰与传说”。专家、学者围绕妈祖信仰传承、民间信仰与民间传说、口述历史重构、海洋文化研究、庙宇管理等主题进行了深入的研讨。②

9 月 8 日，福建莆田学院举行“海峡两岸妈祖文化”学术研讨会。来自海峡两岸的 40 余名专家学者围绕妈祖信仰史、妈祖文化产业与“非遗”保护、妈祖文化传播等话题进行了深入交流与探讨。③ 专家学者们从不同的立意立场，多视角地对妈祖信仰、妈祖文化进行了不同程度的挖掘与剖析。

9 月 28～29 日，南京大学中华文化研究院主办“中华民间宗教文化论坛”，论坛主题为“道在民间”。来自两岸及越南的 30 多位专家学者就中华民间宗教文化的历史传统、中华民间宗教文化的海外形态及现当代视野中的中华民间宗教文化等论题进行了深入的探讨。④

当代各种宗教界线日渐模糊，国际学术界开始放弃宗教与巫术的二元划分。还有一些会议的议题则将不同的宗教形式都视为“灵性资本”或者“宗教商品”，以“泛宗教”的角度进行讨论，实际上也涉及民间信仰的研究。美国普度大学中国宗教与社会研究中心、香港中文大学宗教与中国社会研究中心、华东师范大学宗教与社会中心、香港大学社会科学学院在 2013 年共同主办了“宗教、灵性资本与公民社会——第十届宗教社会科学研讨会暨中国宗教与社会研究项目报告会”。赵文词（Richard Madsen）教授在大会主题发言时提出，要充分重视中国宗教的社会属性。中国宗教更强调归属（belonging），而不是信仰（belief）。他认为，在中国，归属是宗教性的（religious），而信仰则是世俗性的（secular）。魏乐博（Robert P. Weller）教授则将演讲的主题放在了“多元性”（pluralism）上。他认为，人们通过记忆（memory）、拟态（mimesis）和隐喻（metaphor）这三种机制来建立身份认同和认识社会世界。华东师范大学的李向平教授的报告以长三角地区信仰调查的数据为基础，试图用关系主义方法论的视角，超越二元对立的思维困境，提出要建构神人关系及其信仰模式。⑤

---

① http://iwr.cass.cn/dsj/201307/t20130725_15272.htm。.

② http://www.changdao.gov.cn/cn/content/gov/gzdt/index_show.jsp? id=4990.

③ http://ptxyb.cuepa.cn/show_more.php? tkey=&bkey=&doc_id=873960.

④ http://iwr.cass.cn/dsj/201311/t20131129_16009.htm.

⑤ http://www.purdue.edu/crcs/itemMeetings/chineseVersion/annualConferenceC/2013C.html.

(四)小结

总体而言,学者们在神灵体系、庙宇空间、祭祀仪式、仪式专家、宗教经典及其图像等领域建构民间信仰的"宗教体系"之努力已经取得了较为丰硕的成果。但是,关于民间信仰本身概念的界定、民间信仰与宗教的关系、少数民族传统宗教的定位等具体问题上,仍然存在不少分歧与异议。从研究方法来看,多数的民间信仰研究以田野调查为主,主要关注一些较为特殊的仪式行为,对"日常生活"中的民间信仰研究带有一种"奇观化"与"风景化"的隐含态度,"民间信仰"的本体论关照仍显得不足。而且,有些学者有意无意地忽略了民间信仰的精神层面,这就导致部分研究将民间信仰当作了一种实在的资源,助长了外在力量对民间信仰进行"商品化"的掠夺。当"民俗"已经由"文化"转变成"生活"时,针对民间信仰这一民俗核心话题的研究似乎并未真正地转型。基于政教分离的原则,在非物质文化遗产与民间信仰的关系、民间信仰的管理与治理等公共性议题上的操作究竟应如何展开,民间信仰如何避免成为被地方权力所利用的物化工具,也有学者待进一步的研究与反思。

三、重点话题与相关讨论

在这一部分中,我们将针对一些近年来成为社会话题的信仰现象进行分析和讨论,探讨民间信仰与新兴宗教、当代的政治文化、公益慈善活动和社会心理之间的关系。

(一)"全能神":新兴宗教与民间信仰

近年来,随着宗教组织机构法人化与日常服务的商业化,一向被视为神圣的宗教符号与机构的声望有所衰减,信徒更倾向于关心日常生活的具体问题,"超越"的宗教色彩慢慢淡薄,整个世界的宗教发展都呈现出一种"世俗化"的趋势。中国五大宗教的发展也不例外。但宗教的"世俗化"是否就意味着民间信仰化?一些主张异端邪说的新兴宗教与民间信仰有何关联?它们之间又有着怎样的本质区别呢?

2013 年 1 月 30 日,江苏某地一位信奉"全能神"的徐姓女子,将女儿的患有精神疾病的同学管某带至自己家中,并劝其停用抗精神病药物,使得管某出现精神异常。徐某认为管某事被"魔鬼撒旦"附身,就用板凳砸管某头部,又用手掐其脖子、嘴巴,并唆使自己的未成年儿女帮忙用绳子勒其颈部,致使管某最终被勒死。这一事件引起了人们对于"全能神"这一异端邪教的关注。

“全能神教”由原“呼喊派”骨干赵维山创立于1989年，又称“东方闪电”“七灵派”“女基督派”“实际神”，名称的多样性一是可以混淆视听，二是增加神秘性。其前身“呼喊派”由于在政府的打击下逐渐衰落而衍生出许多新的派别以获取新的生存空间，如“灵灵教”“被立王”“主神教”“门徒会”等。“全能神教”的发起者为赵维山，而出现在前台的则是被神化为“实际神”的所谓“女基督”杨向彬，该女子名号很多，也使“全能神”教有了很多别称。生于1951年的赵维山是黑龙江省阿城市永源镇人，他创立的“全能神”教起于黑龙江，兴盛于河南省，进而流行于全国。所谓的“女基督”杨向彬患有精神分裂症，入教后成为赵维山所利用的宣传工具，其发病时所说的“神的话语”被收入该教经典《话在肉身显现》。2001年11月，《时代杂志》宣称，“全能神”在国内已有信徒达30万人。此外，日本、韩国、印度尼西亚、马来西亚等亚洲国家及美国、加拿大等欧美国家亦有不少信徒。其发展速度之快，令人震惊。“全能神”教打着基督教的旗号，对基督教教义进行曲解，形成了一套自己的理论体系。同时，该教的组织体系和教规非常严密，加强了对教徒的精神控制。组织体系自上而下设有“女基督”“大祭司”“圣灵所使用的人”“省级领导”“区级领导”“城乡领导”“小排领导”和“细胞小组领导”等；教规要求教徒无条件顺服“全能神”，积极献祭。[①] 2012～2013年，该教大肆宣扬所谓“末日论”，并以此为噱头骗取教徒捐赠财产、壮大成员群体。[②]

这种被基督教视为异端邪说的民间教派实际上是一种新兴宗教，其特点是模仿机构化宗教的组织形式和宣教方式，同时也吸收了民间信仰的一些观念和行为方式。例如“全能神”的所谓“末世”观念与民间信仰的“劫变”思想极为相似，而把精神病人当成是神的代言人的做法，也与萨满教中的萨满和民间的“神婆”一类人的经历与职能有着某种相似之处。然而与此相比，新兴宗教更多地还是吸纳了制度化宗教的内容，就“全能神”而言就是对基督教的模仿和利用。而“全能神”教严密的组织、严格的教规、强制性要求教徒奉献和其他一系列反社会、反人道的做法，则与以“弥散性”和世俗性为特点的传统民间信仰完全格格不入。因此我们认为，不能把这类带有邪教性质的新兴宗教看成是民间信仰的一部分。事实上，这类异端邪教之所以能够在农村以及文化层次较低群众中得以流传，恰恰是因为中国固有的民间信仰体系受到了破坏，一些民众在日常生活中的信仰需求不能得到满足，而正规基督教的抽象性教义和非本土化的礼仪特征，又使得一般中国信徒难以完全融入其中，所以才使得邪教趁虚而入，获得了广阔的市场。因此，如果要彻底根除异端邪教，我们一方面要深刻认识到它们的危害性，提醒民众对这些邪

① 《“全能神”邪教组织概况》，2013年3月20日《永州日报》；《全能神》，2013年11月27日《四平日报》。

② 李绍富：《江苏一女子信“全能神”为“驱魔”打死女儿同学被判无期》，2014年6月20日《现代快报》。

教提高警惕，产生防范意识，另一方面也要重新思考对待传统民间信仰的宗教政策，为民众提供真正健康的信仰空间。

（二）民间宗教信仰的合法化途径

民间宗教信仰要想在当代社会争取到自身生存与发展的空间，就必须通过正当的途径来确立其在当代社会的合法地位。合法化的途径基本上可以分为“宗教化”“民俗化（文化化）”与“遗产化”（节日化）三大类。

1. 宗教化

“宗教化”最常见的做法，就是将自身的组织注册在佛教或道教的名下，通过国家宗教管理机构的审批程序，从而成为登记在册并受到法律保护的宗教形式。罗祖教就是这方面的一个比较典型的案例，其在各省份的教派分支按照自身的发展需要以及地方文化特色分别加入佛教协会或者道教协会。另外一个案例则是福建莆田地区的“三一教”。“三一教”是由明代著名抗倭志士、思想家与气功家林兆恩于明嘉靖三十年(1551)创立的。“三一教”亦名“夏教”，以“道释归儒，儒归孔子”为教旨，主张儒、道、释归于一，即“三教合一”，这也是教名的由来。教主林兆恩熟谙阳明心学，以儒学为核心，同时吸收佛道思想，创教授徒，著书立说，使“三一教”的宗教性不断向民间宗教的方向发展。大约 17 世纪中叶，“三一教”始逐渐发展完备。“三一教”拥有自己的经典著作、教义、教主、组织、活动场所以及圣像崇拜，具备宗教的基本要素。作为地方性的民间宗教，它最初流行于莆仙方言区，即莆田、仙游两县境内以及惠安县北部、福清县南部地方，全盛时曾流行于福建、江西、浙江、湖北、安徽、南京、北京、河南、陕西、山东等地。明末清初，“三一教”通过兴化人及门徒漂洋过海经商和移民，传播到我国的香港、澳门、台湾和东南亚等国家。近代（清末至民国）以来，“三一教”还辗转传入欧美许多国家。[①] 虽然“三一教”在 1949 年之后未被政府认定为“反动会道门”，但是其宗教活动不可避免地走向低谷，直到改革开放以后才逐渐得到恢复。“三一教”在当代为取得合法化，积极向国家宗教政策靠拢，对教规、教义等都进行了改革。同时，该教积极加强与宗教管理部门、学者的沟通与交流，并通过其不懈的努力最终获得了莆田地方政府的认同。2006 年，莆田市设立了“三一教协会”，这是我国第一个针对民间教派创立的宗教协会，也是民间宗教被纳入国家宗教管理体系的一个标志性事件。

2. 民俗化（文化化）

河南范庄“龙牌会”的合法化过程，代表着一种民间信仰“文化化”的模式。[②]

---

① 参见林国平:《林兆恩与三一教》，福建人民出版社 1992 年版。

② 华智亚:《龙牌会:一个冀中南村落的民间宗教》，上海人民出版社 2013 年版，第 172 页。

范庄是河北省赵县的一个村子，1949年之前有10多座庙，但新中国成立后都消失不存，改革开放后，只有“龙牌会”被恢复。1979年，村民按照传统的会头制供奉龙牌，上书“天地三界十方真宰龙之位”，即俗称的“龙牌爷”，进行公开的祭祀活动。1983年，在改革开放后举行第一次搭棚办会，这种每年二月初一定期举办的庙会即为“龙牌会”。“龙牌会”在是以多神信仰为基础的民间组织，其核心行为是祭拜龙牌。组织结构上分为当家人、会头、帮会（筹备会、理事会）。

但是这种办会形式与其他民间信仰和庙会活动具有内在的一致性，很容易被政府部门视为“封建迷信”的活动。事实上，“龙牌会”在改革开放以前与其他民间信仰一样，都受到了官方的否定与打压。因此，当代组织者办会时一直在试图摆脱“迷信”的标签，以获取“龙牌会”的生存与发展空间。他们积极配合民俗学者的调查工作，促成了民俗学者的参与，并得到后者的指导和建议。民俗学者在研究文章与发言中的一些观点也逐渐变成了当地民众的说法，使“龙牌会”的文化内涵得以凸显。“龙牌会”的祭拜地点早期只是一个大棚，2003年建立了“龙祖殿”，同时运用“双名制”的政治艺术建立了一个“龙文化博物馆”，以此取得地方政府的支持，也进一步推动了范庄“龙牌会”的“文化化”。同时，当地也努力展开了将“龙牌会”申报为国家级非物质文化遗产的工作。在整个运作过程中，一方面，民俗学者、地方精英、普通信众等共同对“龙牌”以及“龙牌老爷”进行了重新的阐释，将“龙牌会”定位为一种崇拜中华民族祖先和图腾龙的活动；另一方面，弱化“龙牌会”的民间信仰色彩，突出强调“龙牌会”是“龙文化的活化石”，强调其公共文化属性，从而过滤掉了某些宗教信徒的声音。[①] “龙牌会”通过“民俗化”和“文化化”的途径取得在当代社会的合法地位，实际上也帮助了地方政府加强对民间宗教的管理。

3.遗产化（节日化）

2013年，周星在《文化遗产》上发表了《民间信仰与文化遗产》一文，明确指出民间信仰在当下的合法性前景：“文化遗产化”将最大可能地彰显民间信仰的“民俗性”“中华性”“公民性”，而且“非遗”名录中“信俗”“祭典”“传说”的某些用语实际上也在不同程度、不同语境下突出强调民间信仰的“宗教性”（对拥有“既定合法性”的五大宗教的被动“投诚”）以及“文化性”（彻底从“宗教”象限中摆脱“迷信”的标签，从而“去污名化”）。[②]

目前已有许多民间信仰事项通过申报进入了国家和省市各级的“非遗”名录，

---

① 参见高丙中：《知识分子、民间与一个寺庙博物馆的诞生》，《民间文化论坛》2004年第3期；王均霞：《范庄龙牌会：从迷信到公共文化的建构》，《楚雄师范学院学报》2010年第8期。

② 周星：《民间信仰与文化遗产》，《文化遗产》2013年第2期。

有的还被指定了传承人。但通过"申遗"来取得合法化的做法，往往以"换名"或改变原有信仰形式为代价，从而形成了国家主权下的一种"标准化"趋势，名录的程序化和等级化管理也不一定有利于民间信仰的自主发展，各种功利主义的利用和开发方式，也极有很可能"侵犯个人的权利、自由甚至幸福"，实际上变成是"对文化多样性的破坏"。[①] 况且，非物质文化遗产保护的"归类"模式，导致许多原来作为民俗生活整体存在的信仰形式在"申遗"时被人为地拆分到民俗、音乐、舞蹈、工艺美术、民间文学等不同的门类之下，使得民间信仰在非物质文化遗产语境下的研究和实践都呈现出碎片化的倾向。因此，我们必须重新思考，到底应如何理性地对待民间信仰和非物质文化遗产的关系问题，如何在"非遗"保护的语境下保证民众的信仰生活得以正常的展开。

（三）民间信仰与社会公益

民间信仰在传统社会中担负着服务大众福祉、维持地方社会力量平衡的重要功能。如明清时期流行的"善堂""善会"等慈善组织，以历史上为老百姓民做过好事的先贤或神仙为崇拜对象，以此号召民众行善，一边筹资集物，施行济困扶贫、修桥造路、抚孤恤寡、助残助学、救灾救难、收埋无主尸休、调解民间纠纷、敬惜字纸等善举。这样的民间慈善机构在当代已几近消亡，只在广东的潮汕一带还有所保留。

近年来，各地民间信仰主体在追求自身合法化权益的同时，也开始逐渐恢复民间信仰救世济民、服务社会的功能机制。李向平曾于 2012 年在《中国民族报》上发表文章指出："谈到宗教慈善事业，我们常以制度性宗教（通常说的五大宗教）为主。实际上，各地的民间信仰团体，同样也举办慈善公益事业，而且其社会效果也非常好。"[②]他在文中还举出了陕北黑龙潭民间信仰团体的活动作为例证。

黑龙潭位于陕西省榆林市榆阳区镇川镇，这里有一座修建于明朝正德年间的黑龙王庙，建筑雄伟，气象不凡，为"榆林八景"之一。每年的农历六月十三前后是黑龙潭庙会的会期，来自陕西各地乃至内蒙古、宁夏、山西的客商都纷纷云集，赶庙会的人也来自四面八方，络绎不绝。三天会期的香供可达 40 万元以上，交易物资达 200 多万元，是陕北最大的庙会。

黑龙王信仰的主体主要由红柳滩村等 9 个村落的民众构成。为了更好地服务社会、进行自我管理和对外合作交流，他们成立了黑龙潭管理委员会，同时形成

---

① ［日］樱井龙彦：《应如何思考民间信仰与文化遗产的关系》，陈爱国译，《文化遗产》2010 年第 2 期；［日］岩本通弥：《围绕民间信仰的文化遗产化的悖论——以日本的事例为中心》，吕珍珍译、王晓葵校，《文化遗产》2010 年第 2 期。

② 李向平：《民间信仰与公益事业》，2012 年 7 月 10 日《中国民族报》。

了一个统一的信仰社区。每年庙会期间，各村派人分担组织工作，他们利用庙会资金资助当地的水利工程，还创办了黑龙潭小学，设置面向教师和学生的奖励基金，帮助贫困儿童解决入学问题。该庙会还向政府捐助救灾面粉和肉等物资，赞助政府修建敬老院、修筑街道等。黑龙潭庙会自 1988 年创建以来，还在该园区相继修建了 5 个绿化区，形成了颇具规模的山地树木园，其中包括珍稀树种区、标本区、濒危树种区、良种示范区、经济林区等，总面积近 2000 亩。

黑龙王民间信仰社区的实践为我们提供了一个民间信仰实行内部自治和积极从事公益事业的成功范例。当然，这样的事例在全国各地还可以找到很多。一些庙宇不仅赞助社会公益事业，而且资助学术研究，例如北京东岳庙和中国民俗学会合作，自 2005 年以来连续举办"东岳论坛"，聚集国内外民俗学家，共同探讨当代民俗文化发展的热点问题，迄今为止已出版了多部学术论文集。

尽管有研究者也注意到，当代民间信仰庙宇所从事的公益事业大多受到政府的影响，和官方有着千丝万缕的联系，而不像制度化宗教那样带有"内生性"的行善动力。[①] 但我们以为，只要这种服务社会的举措能够变为一种习惯，形成一种行为模式，不管当事人的初衷如何，都是值得推崇和赞赏的。

（四）王林现象：民间信仰与政治文化

王林 1952 年生于江西省萍乡市，"文革"时被关进监狱。中间为了救两个杀人犯，越狱一次后被抓回加刑。1987 年左右，经过江西联合考察组的考察，提前出狱。之后，王林自称"气功大师"，以其特异功能而闻名。1989 年前后，他在南昌开办气功诊所，期间与大量官员的接触为其日后的发展奠定了基础。20 世纪 90 年代气功潮之后，大师们纷纷被拉下神坛。当时已成名的王林有着自己的生存策略。1994 年后消失在公众面前，隐居老家，低调经营着名声、财富和权势。

2013 年，他重新回到公众的视野。2013 年 7 月，因为与李连杰、赵薇、马云等明星的合影，官方媒体对其进行了揭露，《焦点访谈》以《"神功大师"的真面目》为题进行报道，《面对面》栏目采访了首报此事的《新京报》首席记者张寒。王林这一特殊人物突然进入公众的视野，并且开始被广泛关注和质疑。当事人王林因其"气功大师"的"神奇"，与官场、商界、演艺圈的良好关系而成为名人的这一现象，被媒体称为"王林现象"。

大师之谓大师，必有绝技。其能成为大师，不外乎以下几点：

(1)对气功现象与"特异功能"的崇拜仍然存在。隔空取蛇是王林的"绝活"。在网络流传的视频中，王林将一个空脸盆倒扣在地板上，并站在旁边"发功"，等他

---

① 陈德强：《近年来民间信仰社会公益事业研究述评》，《民间文化论坛》2012 年第 2 期。

再把手伸进倒扣着的盆子里时，里面就窜出一条蛇。王林表示这是他的念力在几秒钟内跑到山里抓了一条蛇并放进脸盆。除了神技表演，还需口口相传的传说为其烘托。一些既不能证明又不能证伪的传说，比如王林自费出版的画册里说自己当时给印尼总统苏哈托空手取毒瘤，还被印尼国防部长等请去治疗的传说，只能听当事人自己说了，旁人不明就里，甚至会产生佩服之感。

(2)信仰土壤。大师们的生存空间和动力何来？我们可以认为，中国数千年来形成的巫术文化是大师大行其道的原生土壤。尽管大师的神话一再被拆穿，但是大师却仍在不断的产生。有需求，就会有大师产生，历朝历代概莫能外。虽然看起来是笑话，但却是历史的事实。马云等名人以“好奇”为名进行的探访，其实也是对巫术神秘性的向往。官方与各路名人与大师的神秘性交往又使社会中下层产生了更多的想象。

(3)官场政治。“官场权力关系的高度紧张，干部个人精神压力无处缓解，势必造成巫术或迷信悄然盛行于内心，甚至与官场权力运作的潜规则整合起来。此乃单纯的政治思想教育工作难以奏效的深层原因所在。”[①]官员迷信源自中国根深蒂固的官场生态。干部升迁的不规范、公权力的缺乏监督使得大师与官员结为了朋友。2006 年，国家行政学院综合教研部研究员程萍完成的《我国县处级公务员科学素养调查与分析研究》，首次得到了有关官员信仰的实证数据。调查结果显示：县处级公务员自称相信“相面”这种迷信形式的比例最高，为 28.3%；自称相信“周公解梦”的比例排第二，为 18.5%；自称相信“星座预测”的比例为 13.7%；自称相信“求签”的比例为 6.0%。只有 47.6%的县处级公务员表示不相信迷信。[②] 这一组数据非常直接地显示出当代公务员在观念层次上对“信仰”的依赖程度。

(4)以经济为主导的地方文化产业开发。芦溪县武功山管委会曾经授予王林“武功山大师”称号，时任萍乡市政协主席、芦溪县县长、县政协主席、武功山管委会主任出席授牌仪式。授予王林“武功山大师”称号，“感谢王林大师对武功山开发的支持，并希望王林大师一如既往地支持家乡武功山的开发，利用他的声誉，为武功山多做宣传”。

“大师”同样有很多负面的新闻，比如非法行医、诈骗、冲昏、偷税、行贿、放高利贷、非法拥有枪支等，不一而足，那么王林现象会消失吗？中国人并非没有信仰，与西方的制度化宗教不同，中国式的信仰是对“‘超能力’和‘超名利’，对‘气功

① 李向平：《官场巫术与权力迷信》，《南风窗》2013 年总第 17 期。

② 高斌：《问题官员为何是“大师”的粉丝》，《领导之友》2013 年第 10 期。

大师’‘大救星’‘救世主’和‘超凡强人’的痴迷”[①]。这种当代信仰不得不从气功运动说起，而气功与新中国成立之前的民间宗教教派运动也有着密切联系。气功在 20 世纪 50 年代既已制度化，并从医学拓展到国防、体育、科学等各领域，作为中国文化传统的组成部分，气功完成了合法性建构。在各类宗教组织受到打击的情况下，气功披着合法性外衣不可避免地走向了巫术化和神秘化。王林现象不是新现象，而是官方与民间话语的长期共谋所形成的。如今社会各界仍对气功神乎其神的传说，趋之如进行的修炼，使“气功科学”的提法成为一种讽刺。从 20 世纪 90 年代对气功迷信与伪科学的揭露到如今“邪教”的命名，国家由支持到如今试图对气功团体和网络进行监管，气功的命运与气功大师的命运紧密联系在了一起。不管是作为宗教还是科学，如何看待气功和气功大师，仍是摆在官方和社会各界面前的重要问题。

大师王林在当下中国社会仍然很多，只是未被曝光而已。我们可以断言，“王林们”是不会消失的。“王林们”的弱势在于其随着官方话语和社会舆论而沉浮，缺乏自身的根基，只是投机主义者而已。在当今的社会环境下，其个人的道德和技术无法形成宗教组织，当然也不会得到允许。不过信仰的土壤和官场的政治只要还没有改变，在各取所需的情况下，他们仍将以“气功大师”之类的形式长期存在。

(五)“网络算命”:新媒体时代的民间信仰

廖祥忠在《何为新媒体?》一文中指出此概念至少可以追溯到 20 世纪 50 年代:“1959 年 3 月 3 日，马歇尔·麦克卢汉应邀赴芝加哥，参加全美高等教育学会举办的会议。会议的主题是‘与时间赛跑:高等教育新视野与要务’。麦克卢汉讲演的题目是‘电子革命:新媒体的革命影响’。”[②]“新媒体“只是一个相对的概念，“意味着技术的进步、传播语境的改变、传统话语权的解构和内容生产方式的转变”[③]。科技时代媒体形态日新月异，报刊、广播、电视等在某种意义上也可视为某一时期的新媒体，这些传播媒介处于并存状态。我们在这里仅就以数字媒体为主体的信息传播平台，即我们通常所谓的“网络”展开讨论。

当下“网络算命”在年轻人中十分流行。据报道，中国社会科学院和北京市在 2005 年联合开展的一项调查显示，现在的中学生相信星座与命运有关的占 70%，

---

① 方绍伟:《“王林事件”冷思考》，《检察风云》2013 年第 17 期。

② 廖祥忠:《何为新媒体?》，《现代传播》2008 年第 5 期。

③ 黄明:《经济危机催生日本网络算命热潮》，2008 年 12 月 17 日《人民邮电报》。

教师占 50%。[①] "网络算命"的形式五花八门,包括占星奇缘、十二星座解说、北斗星易学书、科学算命、网络测字、周公解梦等。有的网站 BBS 里的管理员自封为大师、教授、工程师、硕士、博士等。网络算命免费且易操作,其服务范围体现出传统加现代的特点,涵盖股市、房价、考试、恋爱、旅游等。这种虚拟空间的信仰与现实空间的民间信仰一样都是投信众所好,信众可以选择相信对自身有利的解释,有效地释放压力与困惑。

董向慧在分析青少年网络迷信现象时指出:"风险社会的来临为处于就业、择偶阶段的青年人带来了更多的不确定性,这促使青年人通过算命来克服自身的焦虑和对不确定的恐惧。与此同时,网络促进了算命活动的传播,使得算命活动更加隐秘和便利。为了迎合现代社会的价值观念,网络算命调整了传统的'强价值干预'模式,更加突出保护个人的隐私和尊重个体的选择,使得其更受青年人的欢迎。"[②]青少年对网络民间信仰的选择与接受来自他们个人的认知选择、从众心理、逆反心理、追求时尚等[③],如果一概进行指责,甚至建议让他们少接触网络,这都是不切实际的建议。网络算命虽然以青少年群体为主,但中国社会中个人与家庭的紧密联系使网络民间信仰的信息传播呈现出与传统民间信仰相反的传播方向,即由年轻一代向老一代进行传播。拥有网络知识的年轻人常常会被亲戚朋友要求用手机或电脑查询梦境的含义。与此同时,没有上网可能的亲友也会给出自己在民间社会所知道的相关解释。这种民间信仰现实与虚拟两种空间的信息互动也是一种非常有意思的现象,值得我们关注。

网络民间信仰亦与社会问题紧密地联系在一起。如富士康 13 条年轻的生命跳楼事件发生后,郭台铭请高僧做法事试图破解,虽然富士康解释说是为员工祈福,但在网络上的发酵使民间信仰有关的说法比如"找替身"成为非常流行的解释,亦使不少青年人对进入该企业充满了忧惧。[④]

在各种算命形式中,星座文化最受当代年轻人的青睐。据研究,星座文化"是在改革开放之后才进入中国的,属于亚文化。近年来它在我国的扩散传播愈演愈烈,被很多人尤其是青少年认可和接受,甚至出现种种令人不可思议的星座迷恋文化现象"[⑤]。当代的很多大学生都知道自己的星座以及该星座的特点,并借助星座知识来进行社会交往,解决爱情与工作中的困惑。大学生在聚会的时候,星

---

① 温红彦:《让青少年打好科学与无神论基础——关注青少年高科技迷信现象》,2005 年 4 月 20 日《人民日报》。

② 董向慧:《当代青年人热衷网络迷信的社会学分析》,《中国青年研究》2010 年第 6 期。

③ 周艳红:《对青少年网络迷信的分析与引导》,《中国青年研究》2006 年第 11 期。

④ 《跳楼频发,富士康请高僧做法事》,2010 年 5 月 12 日《南方都市报》。

⑤ 王柯瑾:《"星座文化"对大学生受挫行为合理化的影响研究》,东北财经大学硕士学位论文,2012 年。

座也是不可避免的话题。星座文化在他们的生活中扮演了着帮助个体寻求归属与认同的角色。当受到挫折时,个体将之归因于自己的星座与“命运”。“星座文化的十二星座划分使星座爱好者在心理层面上对于和自己所属的星座相同的人群产生一种天然的归属感和亲切感,同时与属于其他星座的人群产生区隔。”[①]新媒体的日新月异为星座文化的广泛传播创造了良好的条件,如手机、电脑、电视等各类平台对星座话题的频繁讨论,使其深入人心。娱乐产业的迅速成长,大众对偶像、明星的追捧,星座专家在综艺节目中的推波助澜,进一步促进了星座文化的发展。

目前对于新媒体时代的民间信仰的研究才刚刚起步,还没有形成一个成熟的研究范式和价值判断。不管怎样,我们认为,虚拟空间的民间信仰也同现实的民间信仰一样,有它存在的理由和拥护的群体,我们不能一概地将其视为网络迷信而加以口诛笔伐,而是应在对其信众群体和信仰动机进行深入细致的调查研究和分析之后再作出判断,并进一步探讨相应的管理或引导措施。

以上我们提出了一些现实性较强的民间信仰话题,其中也包括一些值得注意的问题,希望能够引起学界和有关部门的关注,以便加强这方面的研究和管理。总体而言,我们对民间信仰的未来走向可以保持审慎的乐观。一方面,政府对于民间信仰的态度相对比较开放,希望通过采取登记、授牌等管理措施尽量给予民间信仰以合法化的权益。学术界对于民间信仰的研究兴趣不减,不断有新的成果出现。非物质文化遗产保护的有关政策又为民间信仰文化的发展提供了十分有利的条件。另一方面,当代民间信仰的主体自身大多也能与时俱进,更加注重服务社会、造福民众的公益理念,积极参与到文化建设和旅游开发等地方工程之中,一些民间信仰形式如妈祖信仰还在努力推动两岸的和平文化交流中发挥着重要的作用。实践表明,民间信仰并非阻挡历史发展的迷信、落后的文化遗留物,而是与当代人的日常生活密切相关的民俗文化,无论是在过去还是今天,它们都是有着特殊的存在价值和现实功能的。

① 孙艺琳:《星座文化的商业化传播及其影响研究》,东北师范大学硕士学位论文,2012年。

2013年度中国民俗旅游研究报告

温莹蕾*

一、我国民俗旅游发展概况

(一)民俗旅游的相关概念

民俗旅游是指人们离开惯常住地,到异地去体验当地民俗的文化旅游行程。民俗文化作为一个地区、一个民族悠久历史文化发展的结晶,蕴含着极其丰富的社会内容。由于地方特色和民俗特色是旅游资源开发的灵魂,具有独特性与不可替代性,因而从某种意思上来讲,民俗旅游属于高层次的旅游。旅游者通过开展民俗旅游活动,亲身体验当地民众生活事项,实现自我完善的旅游目的,从而达到良好的游玩境界。目前民俗旅游的内容主要包括生活文化、婚姻家庭和人生礼仪文化、口头传承文化、民间歌舞娱乐文化、节日文化、信仰文化等。

(二)民俗旅游产品与服务

民俗旅游是引导旅游者对民族文化进行审美观光的旅游活动,有特定的旅游目标市场,具有民族地域性特征,具有审美观赏价值,具有民族文化内涵,是一个民族内在的文化底蕴。民俗就是民间风俗习惯,使广大劳动人民创造出来和传承的民间文化。根据旅游者的民俗旅游动机,可以将民俗旅游产品分为观光型民俗旅游产品、体验型民俗旅游产品、娱乐型民俗旅游产品和度假型民俗旅游产品。

我国的民俗文化旅游开展得异常红火,一批批独具特色的民俗村不断涌现。这些民俗村山清水秀,民风淳朴,文化底蕴深厚,人们在此可以品尝山野菜、烧烤等民间美食,也可以参与垂钓、扭秧歌等文娱活动,还能亲手采摘新鲜水果。恬静的山村、古朴的民居、清新的空气,带给游客返璞归真的全新体验。民俗旅游已经成为各大城市郊区假日经济的新亮点。一批昔日靠山吃饭的农户如今已经由传

* 温莹蕾,山东工艺美术学院建筑与景观设计学院副教授。

统种植业转入民俗旅游服务的新领域。

中国是一个多民族的文明古国，历史悠久，文化底蕴深厚。在数千年的生产实践、社会生活和历史变迁中，各民族形成了特色鲜明、独具魅力的风俗习惯和传统文化，也产生了各自的传统节日并被赋予了不同的含义，如藏族的藏历新年、维吾尔族的古尔邦节、傣族的泼水节、回族的开斋节等。春节、清明节、端午节与中秋节并称为汉族的四大传统节日。据统计，我国少数民族有民间节日1200多个，汉族约有500个。这些都是发展民俗旅游的优质资源。

（三）我国旅游业发展的社会经济意义

首先，2000～2013年，我国旅游业总收入年均增长高达15.5%，大大高于经济增长水平，2013年旅游业总收入相当于GDP的5.17%。其中国内旅游业发展尤为突出，2013年国内旅游人数达到32.5亿人次，国内旅游消费总额高达2.6万亿元，相当于GDP的4.6%。中国旅游业，特别是民俗旅游业，目前还处于迅速发展阶段，增长潜力仍然巨大。

其次，旅游业是一个与其他产业关联度非常高，综合带动性非常强的产业。在《国民经济行业分类》中的122个产业部门中有5个产业部门与旅游业有密切直接后向联系，8个部门与旅游业有较密切直接后向联系，80个部门与旅游业有直接后向联系。旅游业的综合带动系数超过5，也就是1元的旅游消费能够带来5元的总消费。旅游业作为先行行业，不仅能直接带动很多个产业发展，更为重要的是，旅游业的发展改善了自然环境和社会环境，为其他产业的发展奠定了基础。

再者，旅游业"轻、小、灵"，对于调整产业结构具有极大的作用。旅游业的发展主要依赖人的流动，相对于传统产业，对物的依赖较少。因此，旅游业能够在经济相对落后的地区，在较短时间内迅速形成规模。这些年云南、贵州等省的一些"老少边穷"地区正是利用这个特点，实现了旅游业的超前发展。因此，旅游业对于弥合贫富分化，实现共同富裕具有重要作用。旅游产品是多层次的，这使得旅游业既可让全民参与，又更具让富人花钱消费的倾向。旅游消费与汽车、房屋等一次性消费不同，可以多次重复进行，这在当前高收入阶层的边际消费倾向较低，内需不足的背景下，对经济的发展极为重要。

特别是在2013年，旅游业对于建设"美丽中国"具有极为重要的作用。优美的环境是旅游业赖以生存的基本条件，通过发展旅游业，越来越多的地区注重自然环境和人文环境的保护，落后的边远地区更注重对青山绿水的保护，破败的古村落重现往日的井然秩序，民族地区重新找回了民族自信，传统风俗得以延续。

(四)民俗旅游的发展与民俗文化之间的关系

文化是旅游的灵魂,是旅游最核心的要素之一。民俗作为民间传承文化,与人们的生活息息相关。文化与民俗的结合成为当今旅游业发展的必然。

民俗旅游是一种高层次的文化旅游,民俗旅游根植于民俗,但又不囿于民俗。如果脱离了民俗,民俗旅游就失去了本原,感受不到厚重的历史、原始的气息和别样的韵味;如果囿于民俗,民俗旅游就失去了活力,难以促进民俗文化的传承、保护和发展。

因此发展民俗旅游,在保持民俗"原生态""本真性",满足游客"求新、求异、求乐、求知"的同时,应当加大民俗文化搜集、挖掘、加工、整理力度。应保护和改善民俗文化存在、传承和发展的空间环境,使传统民俗文化在现实生活中传承延续、发扬光大,为现代旅游和传统文化注入新的活力,以实现传统文化和民俗旅游的和谐发展。

发展民俗旅游,必须把传承民俗文化、保护民俗文化、发展民俗文化作为重要内容和责任,并紧紧围绕这一内容来规划设计、推进实施。

一是保持"原生态",用"本土文化"净化民俗旅游。对现行的或拟推出的旅游项目和活动进行一次全面"筛查""体检",看是否符合当地民俗习惯,是否积极向上,是否有利于传统民俗文化的传承、保护和发展,取其精华,去其糟粕,为民俗旅游创造一个健康的环境和条件。

二是携手"乡村游",用"多样文化"助力民俗旅游。乡村民俗旅游是乡村旅游的重要组成部分,两者既密切相关又各有侧重。因此,除了以民俗事象吸引游客外,还应当让游客游览、参与、体验当地民众的现实生活和非地方传承的文化艺术,不断丰富民俗旅游的内容和形式,增强民俗旅游的吸引力和现场感知力。

三是聚焦"中国梦",用"美丽文化"提升民俗旅游。"中国梦"是民族的梦,也是每个中国人的梦。在这一历史进程中,民俗旅游应当树立高度的文化自觉和文化自信,视弘扬中华优秀传统文化为己任,切实承担起传承中华文明、传播先进文化、弘扬时代精神的重要职能,为构建和谐社会、增强民族凝聚力创造力加油助力。

二、2013 年度中国民俗旅游发展的背景分析

(一)法律法规的出台为民俗旅游发展提供坚实的制度保障

1.《中华人民共和国旅游法》通过。2013 年,中国旅游业发展迎来一个重要的历史机遇。2013 年 4 月 25 日,第十二届全国人大常委会第二次会议审议通过

了《中华人民共和国旅游法》，国家主席习近平签署第3号主席令予以公布。《旅游法》自2013年10月1日起施行。全国旅游行业迅速掀起宣传、贯彻《旅游法》的热潮，中国旅游业走上了依法治旅、依法兴旅的道路。这是凝结几代旅游和法律工作者辛劳、广受全国数千万旅游从业者和数十亿人次的旅游者瞩目的一件大事，反映了党中央、国务院对旅游业的高度重视，显示了国家把旅游业建设成为国民经济战略性支柱产业的坚定信心，必将对促进国计民生发展和建设旅游强国产生重大而深远的影响。

2.《国民旅游休闲纲要(2013～2020年)》由国务院办公厅颁布实施。2013年2月18日，中国政府网发布《国务院办公厅关于印发国民旅游休闲纲要(2013～2020年)的通知》，《纲要》明确提出到2020年职工带薪休假制度基本得到落实的目标，以此为扩大旅游消费的新契机，将进一步推动带薪休假制度的落实，推动有条件的地方制定鼓励居民旅游休闲消费的政策措施，进而提升旅游消费水平。纲要提出国民旅游休闲发展目标：到2020年，职工带薪休假制度基本得到落实，城乡居民旅游休闲消费水平大幅增长，国民休闲质量显著提高，与小康社会相适应的现代国民旅游休闲体系基本形成。纲要重点体现了提倡绿色旅游休闲理念、保障国民旅游休闲时间、鼓励国民旅游休闲消费、丰富国民旅游休闲产品、提升国民旅游休闲品质等五大亮点。

3.其他多方面的利好政策相继出台。2013年1月1日，“72小时过境免签”政策在北京执行，持有第三国签证和机票的外国人，72小时内可在北京游玩、住宿、就餐等。上海边检总站正研究落实将现在的48小时免签延长至72小时免签，并扩大48小时免签国家范围的政策。免签政策的实施将会进一步扩大入境游客比例。

(二)社会经济形势为民俗旅游发展奠定雄厚的物质基础

经过改革开放30多年的发展，我国的综合国力和人民群众的生活水平有了显著提升。2013年，面对极为错综复杂的国内外形势，党中央、国务院团结带领全国各族人民，深入贯彻落实党的十八大精神，坚持稳中求进的工作总基调，坚定不移推进改革开放，科学创新宏观调控方式，国民经济呈现稳中有进、稳中向好的发展态势。经核算，全年国内生产总值568845亿元，按可比价格计算，比上年增长7.7%，居民消费价格指数同比上涨2.6%。2013年，中国经济的主要特征是需求衰退周期逐渐转换为供给调整周期，并正由高速增长向中高速增长转换。伴随着这种增速转换，2013年中国经济的结构性调整特征十分明显。服务业增加值增速提高，伴随着结构转型，服务业进入了较快发展阶段有关。城镇化的快速推进、公共服务的日益完善和工业服务专业化的趋势等，为服务业的发展带来源源不断的动能，从而有利于推动服务业率先步入复苏之路。汽车消费、网络消费等都有明显增加，则是促使消费持续回暖的根本动力。

2013 年，我国已成为世界第二大经济体，人均 GDP 已超过 6000 美元，公共假期已有 115 天，达到了中等发达国家水平。解决了“有钱”“有闲”的问题之后，老百姓的旅游需求快速增长，旅游业进入大众化发展的新阶段。几个标志性的数字可以充分说明这一点：2013 年，我国旅游业保持健康较快发展，全年实现旅游总收入 29475 亿元，比上年增长 14%。国内旅游市场方面，2013 年，国内旅游人数 32.62 亿人次，比上年增长 10.3%；国内旅游收入 26276 亿元，同比增长 15.7%。入境游方面，2013 年入境旅游人数 1.29 亿人次，其中，入境过夜游客人数 5569 万人次；旅游外汇收入 517 亿美元，增长 3.3%。出境旅游方面，中国公民 2013 年出境总人数 9819 万人次，比上年增长 18%。其中，赴台人数 292 万人次，同比增长 11%。

与旅游业相关行业中，2013 年全年旅客运输总量 402 亿人次，比上年增长 5.6%，旅客运输周转量 36036 亿人公里，同比增长 7.9%；住宿和餐饮业总投资额为 6001 亿元，比上年增长 17.5%；年末全国文化系统共有艺术表演团体 2055 个，博物馆 2638 个，公共图书馆 3073 个，文化馆 3298 个。

当前我国仍将处于重要战略机遇期，国民经济持续健康发展的总体格局没有改变，城乡居民生活水平和质量不断提高、旅游消费需求蓬勃发展的趋势没有改变。

我国旅游业“黄金发展期”的支撑条件没有改变。“十一”黄金周和中秋小长假重叠，全国旅游市场再次火热。交通的便捷性和高速免费政策的实施让中长线旅游备受青睐，各旅游景区景点不论是游客人次还是旅游收入都大幅提升。

同时，旅游基础设施的根本性改善奠定了旅游业在新时期取得新成就的根本基础，旅游消费仍然会作为中央和地方大力培育的消费增长点。这些因素都为国内旅游的稳定增长提供了重要条件。京沪高铁的开通、哈大高铁、京广高铁全线的开通改变了中国的铁路运输格局。高铁建设加快，居民出行极为方便，从而使游客的行游比大大减小，增加了游客出游比例。

三、2013 年度中国民俗旅游发展综述

（一）发展特点

综观 2013 年，民俗文化旅游进入良性循环阶段，红色旅游景区、人文旅游景区以及民俗风情旅游景区的游客进一步增加。游客逐渐从注重娱乐和消费的低

品质旅游转向注重文化和教育的高品质旅游，周边旅游、省内旅游等短途旅游热度有增无减、而随着城乡居民收入增长、生活指数提升，选择出境游的旅客逐年增长，而入境旅游在提升旅游服务和品质的基础上，强调质量取胜，在全球经济低迷的形势下，中国旅游将成为世界旅游发展最迅速的国家之一，势必带动整个东亚地区的旅游发展。

1. 民俗文化旅游异彩纷呈，文化创意再兴高潮

在全球化背景下，民俗旅游已经成为全球化的一种表征，越来越成为人们娱乐休闲、摆脱生活压抑的一种方式。民俗风情旅游已经成为发达地区人们寻异猎奇的对象，是满足西方人对中国社会的想象之途径。民族国家内部地区间的经济文化差距日益凸显，也已经成为地区间文化想象的符号。据旅游研究者的说法，民俗旅游是一种高层次的文化旅游，由于它满足了游客“求新、求异、求乐、求知”的心理需求，已经成为旅游行为和旅游开发的重要内容之一。国内一次抽样调查表明，来华美国游客中主要目标是欣赏名胜古迹的占26%，而对中国人的生活方式、风土人情最感兴趣的却达56.7%。如此看来，民俗风情旅游不仅仅成为政府部门发展经济、吸引外资的重要文化资源，而且也已经成为满足西方人想象、“了解”中国人生活方式的一种途径。

2013年，全国各地在旅游产业和文化产业融合方面都作出了一定的探索，程度不同，实践效果也有相当差异。

2013年，东莞一场百对新人参加的客家传统婚礼掀开了“2013东莞旅游文化节”的序幕，传统客家婚俗、客家麒麟舞等民俗特色节目，集中展示凤岗休闲旅游和民俗旅游两大特色。在开幕仪式上，来自惠州、深圳等地的游客和市内近900名游客一起，见证了百对新人“跨火盆”“过米筛”“齐拜堂”“揭盖头”等客家风俗的全过程。南宁昆仑关民俗文化旅游节起源于民间重大庆典活动“关公磨刀诞”，与关公文化一脉相承，文化底蕴深厚，形式和内容丰富。2013年的民俗文化旅游节将围绕“祈福圆梦，守礼明责”这个主题，将凝聚在昆仑关上的爱国主义、民族团结精神和关公文化很好地结合起来，把昆仑关风景区真正打造成集爱国主义教育、民族团结进步、海峡两岸交流、文化旅游产业发展为一体的国家级旅游品牌。

2. 乡村旅游发展如火如荼，以人为本推进新型城镇化

乡村旅游是以农民为经营主体、乡村民俗文化为灵魂、城市居民为目标的一种休闲旅游形式。乡村旅游是社会主义新农村建设的重要模式，并创新性地提出旅游产业导向的社会主义新农村建设的概念。

在山东，乡村旅游被纳入全省重大发展战略，同新型城镇化建设等深度融合。游客期待在乡村“看得见山，望得见水，记得住乡愁”，这使自然生态、历史文化遗产保护能以乡村旅游为落脚点，乡村旅游成为最好的吸引物。通过发展乡村旅

游，微山湖红荷湿地再现“接天莲叶无穷碧，映日荷花别样红”的景象；烟台牟氏庄园等一大批历史文化遗产相继得到保护修复；沂源“六月六”伏羊节等 47 项民俗活动得以整理恢复，并在年初的“好客山东”贺年会上大放光彩。临沂市沂南县通过发展乡村旅游，提高城镇产业承载，以人为本推进城镇化。依靠乡村旅游，竹泉村人均收入增长了 3 倍，80％的劳动力实现了就地转型就业，实现了群众迁新居、企业建景区、政府兴产业的三方共赢。

北京市密云京郊旅游发展迅猛，处于全市京郊旅游的领先位置，荣获“全国休闲农业与乡村旅游示范县”“中国县域旅游之星”荣誉称号。2013 年上半年，实现民俗旅游综合收入 2.42 亿元，游客接待量 238 万人次。目前全县共有民俗村 82 个，民俗旅游专业合作社 73 家，民俗户 2537 户，高标准床位 1.5 万张，解决农民就业 5000 人，发展八种新型业态 49 个。干峪沟村开创以新兴休闲产业带动山区新农村建设的新模式。干峪沟古村落改造，将旅游业由观光型向度假型、体验型转型升级，开创以新兴休闲产业带动山区新农村建设的新模式。司马台村遵循“一个民俗村就是一个乡村酒店”的发展理念，全面提升民俗旅游接待水平，努力使村民真正过上基层组织新、管理模式新、生态建设新、居住环境新、致富方式新的“五新”生活。据统计，截至 2013 年底，北京乡村旅游接待户 1.6 万户，同比增加 708 户，从业人员 7 万人，同比增长 3.5％。接待乡村旅游人数 3750.9 万人次，同比增长 3.2％；乡村旅游收入 37.6 亿元，同比增长 4.5％。北京市旅游发展委员会认定市级民俗村 227 个，共 9970 户。民俗旅游业的发展已成为这些村镇重要的支柱产业。

3.民俗文化旅游投融资极度活跃

由于文化旅游项目发展既有政策支持，又有一定的经济效益，在房地产调控的政策背景下，国内很多地产企业开始以文化地产、旅游地产的名义拿地建设项目。目前房地产行业的前 100 名房企之中，至少已有 2/3 介入了旅游地产领域，除了华侨城、世茂股份、宋城股份、中坤集团等传统的旅游地产企业继续攻城略地外，招商、保利、万达、龙湖、金融街、雅居乐等知名房企也纷纷抢滩文化旅游地产市场。

中国现有至少有 6 家致力于打造全国影响力的文化旅游集团。在这几家集团中，华侨城集团已经在全国布局并开始运营文化旅游项目（华侨城度假综合体和欢乐谷项目），可以称为全国性文化旅游产业集团。其他几家文化旅游集团，如世界 500 强的万达集团，由房地产集团开始转型做文化旅游开发，目前其开发的长白山国际旅游度假区已经一期运营，其他的项目正在建设中，目前尚不能称为全国性文化旅游产业集团。金典集团的亚龙湾红树林度假世界、三亚湾红树林度假世界已经开业运营，其他项目正在建设中，也不能称为全性文化旅游产业集团。

西安曲江文旅集团是中国较早开发文化旅游的集团，但目前其项目仅局限在西安，不能称为全国性文化旅游集团。宋城集团上市后，其在业界的影响力大增，目前在三亚、丽江、九寨、泰安、武夷山等区域进行全国扩张，但项目都在建设中，目前也不能称为全国性文化旅游产业集团。灵山文化旅游集团发展战略明确提出成长为“中国著名文化旅游产业集团”，并开始在山东、上海、陕西进行品牌扩张。按照这几家集团的战略规划和布局，随着其开发的文化旅游项目的陆续建设完工，未来 5 年内，我国将出现至少 5 家以上全国性文化旅游产业集团。鉴于万达集团世界 500 强的实力，金典集团、宋城集团的全国布局规模，灵山集团的发展战略，5 年后中国旅游集团的企业规模、全国布局网络、品牌影响力将在现在 20 强的基础上呈现极大的飞跃。

文化旅游产业也是很多资源型城市重要的转型方向之一。比如山西，随着煤炭资源整合的顺利完成，全省的煤老板有巨量的补偿资金需要寻找新的投资领域。作为一个文化旅游资源大省，也为这些转型企业提供了很好的资源基础。经济的转型升级必将极大地推动旅游产业的大发展。据统计，山西全省已经有 215 家资源型企业开始向文化旅游转型，涉及资金 320 多亿元。

4. 民俗文化旅游与其他产业融合发展，新业态层出不穷

工业化、城镇化、农业现代化、旅游产业化依存互动，产业融合发展进入新阶段。

旅游与相关产业融合发展日益深化，旅游业外延不断拓展，内涵不断丰富，发展领域进一步扩大。旅游景区建设与产业园区、农业示范园区、示范小城镇和城市综合体建设紧密结合，在资源整合、规划衔接、招商引资、项目建设以及旅游业态、产品、市场、服务等方面融合交叉、相互渗透，在促进传统产业提升、推动产业结构调整中形成了产业大融合和大旅游发展新格局。旅游与文化、交通、金融、信息、科技、体育的融合发展迈出新步伐，一批旅游文化演艺产品走向市场。

各行各业真正围绕旅游业融合在一起，各种各样的新业态走向前台。上海有油轮旅游试验区，携程推出西沙群岛 5 日团队游，上海静安区有微旅游，这些新业态不仅是对传统旅游要素进行了整合，更是观念、资本、用地、要素、策划、市场、通讯服务的全面创新。

5. 民俗文化旅游市场、区域格局呈现多元化

过去东部发达地区一、二线城市是中国旅游业发展的主要力量。这两年，西部增长率超过了东部，三、四线城市都在迅速发展，旧的区域差距在缩小。通过网络的高速发展，打破了传统区域分割，跨区域旅游、长线旅游正在崛起。随着八项规定、“六项禁令”的出台，2013 年上半年三星级以上的饭店的平均出租率、客房收入以及餐饮收入均有所下降。而随着《旅游法》的出台，中国旅游迅速进入散客

时代，旅游越来越大众化。

同时，以国内旅游为主的新的市场格局已经建立起来，呈现出“双增一减”的趋势，基于国民消费的国内旅游市场增加，出境旅游市场增加，入境旅游市场相对回缩。这个数据的背后是全球消费力的重新配置和中国旅游者在全球范围内影响力的提高。

航空、高速铁路、高速公路形成了“三高”格局，推动了我国旅游业高速时代的到来。越来越多的城里人往乡村跑，城乡的互动游在不断推进。以至于城市旅游中越来越多乡村游，乡村旅游里有了城市一样的快捷服务。实际上提供了一种城市和乡村新的资源交换模式，旅游不仅成为新兴城市化的重要手段，而且也成为农村田园化的重要依托。

（二）问题分析

中国许多旅游城市面临基础设施建设滞后、服务水品不高、接待能力不足等问题，中国民俗旅游产业转型升级迫在眉睫。

1. 旅游单一化和低水平重复是民俗旅游业的重要制约因素之一

民俗文化是旅游可持续发展的一个重要因素，文化旅游是建立在旅游业的高度发达和旅游水平的高度提升的基础之上的，旅游要可持续发展必然要淘汰仅停留于现有资源的游览和观光，而是要走深度文化游之路。随着人民物质文明和精神文明水平的不断提升，游客不仅仅限于对一个地区的自然风景和名胜古迹的游览，而更突出于文化的熏陶。目前，文化旅游发展资源整合的能力较低，规划管理相对滞后，没有进行深度挖掘是一个制约因素之一。例如，著名的旅游景区西安“大明宫遗址公园”、红色旅游景区照金纪念馆、神木红碱淖、安康青木川等，虽具有浓厚文化底蕴，但文化旅游的衍生品较少，开发不足而影响旅游整体发展。

素有“天下第一滩”美誉的广西北海银滩不久前曾再次遭遇“垃圾围滩”——两天内连续几场 7 级大风给银滩带来了近 60 吨垃圾，“天下第一滩”几近变成“天下第一垃圾滩”。然而，“垃圾围滩”并非偶然，海南、福建、山东等多个省区的海滨城市，都面临这一尴尬。

2. 文化旅游产业体制机制不健全，产业发展环境需要进一步优化

目前民俗旅游的发展还存在体制机制不健全的问题，很多民俗旅游只重视初期开发，并未注重后期持续发展，因此民俗旅游体制机制还需要进一步的健全，民俗旅游所带动的文化产业发展还没有受到重视。而文化产业发展环境依然存在诸多乱象，许多旅游景区非法宰客、乱收费、诱导消费的现象屡禁不止，而旅游旺季有关部门没有相应的应对措施也是造成文化旅游乱象、产业发展环境差的重要原因。

近几年来，游客破坏旅游景区自然、人文景观的新闻也常见于报端。另外，长假期间各个景点人满为患，景区接待能力不足也让游客对旅游望而却步。

在中国许多旅游城市，黑导游的存在造成旅游秩序混乱，常常令游客对景区印象大减，景区秩序受到破坏。

中国许多旅游城市，尤其是中小型旅游城市，环境被污染、文物被破坏、旅游区管理混乱等问题突出，自然环境、游客素质以及景区管理水平等都是原因。

与旅游发达国家相比，中国还面临着旅游资源开发挖掘不够、旅游精品和高端项目不多、旅游产业规模不大、旅游品牌知名度不响、旅游市场竞争力不强等问题。

（三）发展趋势

1.“智慧旅游”将成为我国民俗旅游 2013 年新的增长点

旅游业作为现代服务业，其发展得到了信息技术的大力支持，随着旅游业与信息产业的不断融合，推动了旅游业向信息化、智能化、科技化的发展，其中最典型的代表是智慧旅游。智慧旅游的悄然来临，不仅得到政府部门的大力支持，也获得行业的广泛认同。2013 年 11 月 6 日，国家旅游局在其官网上公布了 2014 年中国旅游主题年的宣传主题为“美丽中国之旅——2014 智慧旅游年”。

智慧旅游与其他新兴旅游有着密不可分的联系，其发展将成为新兴旅游的又一个重要组成部分；智慧旅游是依托云计算、移动通信技术，通过物联网实现信息交换，以移动智能终端为操作和体验平台的新兴旅游；智慧旅游发展的最终目的是以消耗最低成本来实现资源共享、利益共赢、环境共建、社会共发展的正趋势。

智慧景区的建设是一个复杂的系统，地理信息系统、游客分流系统、物联网、电子商务平台、网上营销系统等都会在智慧景区建设中发挥重要作用。如此庞大的工程显然不能靠景区一家来完成。目前市场上已经出现一些能够提供相应技术解决服务的企业和平台，大量在线旅游企业可以为景区营销、票务预订等业务提供相应支持，各个景区的 APP 也不断出现，景区提高智慧水平的渠道在日益增多。景区应首先提高景区信息化基础设施，如提供可免费接入的 wifi，进而可以加强与在线旅游企业、信息技术企业及方案解决商的合作，寻求其对智慧景区建设的技术支持。对于整个景区行业的发展而言，提高景区的智慧水平还要重视区域内景区间的合作，重视景区与周边餐饮、住宿等企业的合作，为游客提供便利和独特性服务。

智慧旅游最终将催生旅游产业的“大变革”，要以大旅游、大资源、大数据、大产品、大服务、大管理的宏观视野来构建智慧旅游的发展体系和发展平台，全方位、全要素、全领域、全社会、全产业的数据整合集成和协同分享。

知名咨询机构预计2014年中国在线旅游市场交易规模将达到4580亿元,未来以两位数增长的国内旅游市场和逐年升温的出境旅游市场将继续为该领域的企业带来巨大的利润。

2. 注重开发民俗旅游产品的特色化、定制化与深度化

民俗旅游产品的设计,今后的趋势要实现多元化、特色化、定制化、深度化,提升价值,重视品牌效应,以赢得市场竞争力。首先需要运用市场细分策略,把游客按照年龄、性别、职业、文化水平及兴趣爱好等分成若干目标市场。根据各个目标市场的特点,针对性运用多种营销手段,通过网络、电话、广告等多种媒体手段进行宣传,形成一套合理的预订和销售系统,进而形成网状体系、整体性营销。

坚持民俗旅游产品的特色化,立足突出本土民俗文化资源特质,突出地域特色,保持原汁原味的民俗文化,营造身临其境的真实感,适当增加科技含量,突出项目的新、奇、特,提高民俗文化活动的娱乐性和参与性。

当今社会已经步入"微时代",即社会的构成单位越来越碎片化,人人都成为一个"自媒体"。这种情况下,社会的组织结构越来越扁平,传统的集中式管理已经不适应人的需要。对于旅游业而言,市场也在细分,也在碎片化,也在小众化。针对这种变化,旅游产品的开发,要有新的对策。其中,混搭型的旅游综合体是主要的发展方向,也就是旅游产品由"贪大"转向"求全",把旅游产品的功能尽量搭配全。只有功能混搭全面,消费链才能延长,收益才能增加。让游客既能看,又能吃,又能玩,又能住,又能买,那么收益一定能增加,体验一定是多元的。所以,混搭型的旅游综合体是民俗旅游发展的一个方向。

四、2014 年度中国民俗旅游发展的对策与建议

(一)民俗旅游向注重可持续发展的"战略型"方向发展

民俗旅游市场将从更加看重眼前效益的"战术型"向更加注重可持续发展的"战略型"方向发展。在各地旅游转型的过程中,首先应改变景区仅靠门票支撑的现状,其中一个途径是通过规模化发展,对旅游产业链上的关联产业,如住宿、餐饮、娱乐等项目进行优化整合,打造"大旅游"的发展格局,形成更为合理的盈利发展模式。其次,需要大刀阔斧改革的是各地的营销手段。业内人士建议,各地在进行旅游产品营销的时候,还需加大整合力度,打破地区、部门和企业界限,协调统一,形成合力,建立促销联盟,共同提升旅游整体形象。

今后,在战略规划上,我国文化旅游产业集团的发展和项目扩展,要以弘扬优秀文化为己任,打造文化旅游精品和人类文化旅游遗产,开发运营的每一个项目

都要力争成为当地的文化地标、产业(服务经济)引擎、城市名片和人才高地,要做到每建设一个精品文化旅游项目,就是对当地区域综合价值的一次提升。

创新商业模式,拓展空间布局能力。文化旅游产业集团要做大做强,必须要在全国布局,加快由区域性集团向全国性集团的转变,提升"就地服务能力"和"品牌扩张能力"。在全国扩张布局需要强大的资金支持。一是对于融资能力很强的大型集团可以采取合作开发的模式,如万达集团开发的长白山国际旅游度假区整体投资230亿,由万达、泛海、一方、亿利、用友、联想六大集团联合投资建设。二是对于成长性的文化旅游集团,可以编制商业计划书,吸引VC、PE投资。三是对于已有示范性项目并积累了文化旅游开发运营经验的文化旅游集团,可以借鉴酒店集团的发展模式,采取品牌输入或者委托管理的轻资产模式进行全国扩张。如灵山文化旅游集团已经采取智力入股、委托管理的模式在全国介入大型文化旅游项目开发。

当前文化旅游产业面临大发展的历史性机遇,推动文化旅游体制改革和文化旅游产业发展,需要通过现代金融要素的渗透,带动和促进各种资源优化组合、高效配置,激活文化旅游产业的活力。

(二)让城镇化洋溢人文气息,记住"乡愁",留住民俗

十八大提出建设新型城镇化以来,"城镇化"引起了各方的高度关注,并已成为中国社会发展的主流形态。而已是世界最大产业之一的旅游业,能够为旅游目的地带来消费市场并形成集聚,带动产业发展,在推动城镇化过程中起到推波助澜的作用。旅游业在城镇化改造的过程中对当地从地理环境到人文环境都起到了长期和深刻的影响。旅游城镇化即旅游发展推进城镇化发展的一个过程。旅游城镇化是旅游的发展带动人口、资本和物质等生产力要素向旅游依托地区积聚和扩散,从而带动城市地域不断推进和延伸。

城镇化并不仅仅意味着盲目的城市化和经济发展。本地的文化和生态需要得传承和保护。这与旅游经济中生态环境保护、文化保护的需求是完全一致的。以贵州的郎德上寨为例,该寨民族村寨文化并未随着旅游发展而消退,没有村寨景观和文化出现城镇化现象,也没有劳动力向中心城镇的大量转移。从郎德的成功经验可以看出城镇化不是意味着千篇一律化,旅游正是在保护本土文化和生态方面过程中起着重要的作用,它包括使城市规模扩大和使城市质量提高两方面的内容。

记住"乡愁",留住民俗。政府工作报告中说:"保护历史文化和自然景观,避免千城一面。"在新型城镇化发展进程中,更要注重保护古城,延续历史文脉,传承华夏文明。在城市各处,如广场、环城墙公园、水系两岸、街心花园等地设置休闲

活动场地，让民俗文化能够随处可见，把民俗文化进行集中展示，使历史文化薪火相传、发扬光大。让古城记得住“乡愁”、留得住市民、看得见民俗。

同时，在城镇化过程中，还要加大古村落的保护力度。在城镇建设中，一些具有浓厚文化传统和历史价值的古村落正在规划下和推土机的轰鸣中消失。今后在城镇建设中需要做好对古村落的保护工作。在城镇建设中一旦出现破坏、损毁古村落的行为，应依照相关法律法规进行惩处。同时，管辖村落的地方政府必须签署保护承诺书，地方官员作为指定责任人。古村落的保护情况作为政绩考核的一个指标。全面开展古村落遗产的调查评估，建立古村落名录制度，实行分类和分级保护。古村落的保护可分为 4 个类型：完整保护型，格局完整型，点、线、面保护型，点状保护型。对于不同的古村落类型，应充分借鉴有益经验，根据其具体情况制定相应的保护措施，严格落实，并请有关专家给予专业指导。

（三）提升民俗旅游产业的管理能力和人才素质

提升民俗旅游产业的能力，包括提升行业管理能力和人才素质，形成科学有效、有力度的产业综合协调机制。

不断丰富、创新民俗旅游模式，针对不同人群创新民俗旅游模式。中国已经进入老龄化社会，老年人越来越多地加入到旅游者的行列，老年旅游是民俗旅游的主力军。目前旅游机构和经营单位推出的旅游线路、旅游产品、旅游服务模式还不适应民俗旅游的发展，不方便老年旅游者的出行。在创新老年人旅游模式的同时，也需要创新中青年旅游者参与民俗旅游的模式，同其他旅游产品紧密结合，在结合中显现民俗旅游独特的魅力，让其感受到中华文化的博大精神，感受到中华民族共同精神家园的伟大魅力。

纵深营销，推出特色旅游产品。各地创新举措，强力开展宣传营销，推出特色旅游产品。比如 2013 年宜宾结合文化、民俗、宗教等特色资源，推出独具地方特色、游客参与性较强的娱乐项目，蜀南竹海的“熊猫大餐”、兴文石海的“全国山地户外运动技能大赛”、夕佳山景区的民间婚俗表演吸引了大量游客；巴中推出的“休闲养生之旅”“洞天探奇之旅”“米仓古道寻踪之旅”等旅游产品倍受青睐，重庆、西安、汉中、安康、陇南等外省游客也纷至沓来感受神奇的自然风光、悠久的文化遗产和独特的民族风情。

完善信息服务，积极引导消费。各地运用现场咨询活动、发放宣传手册、公布节庆活动、组织媒体专访等形式，进一步加强了直接面向游客的消费提示和出行信息服务。省旅游局加强了对外宣传报道的工作力度，及时收集编发全省假日旅游情况，通过旅游信息网向社会发布，积极引导消费，满足游客多样化和个性化的旅游消费需求。

五、2013 年度中国民俗旅游十大热点话题

2013 年度与民俗旅游有关的十大热点话题，是本课题组在广泛搜集 35 个省市区旅游活动资料的基础上，从社会关注度、社会影响力等方面评选而出的，部分结果参考了百度数据库和国家旅游局门户网站的统计数字。

（一）《旅游法》与休闲《纲要》推出，旅游的政策环境空前利好

《旅游法》是中国旅游法制化建设的里程碑。刚刚出台的旅游法，直面旅游发展的客观现实，突破传统、大胆创新、不拘一格、兼收并蓄，充分借鉴国内外立法经验，综合运用《经济法》《行政法》和《民事法》的法律规范，通盘整合旅游产业各要素和旅游活动全链条，构建了政府统筹、部门负责、有分有合的旅游综合协调、市场监督、投诉处理等监管制度，闯出了综合立法的一条新路。

《旅游法》针对旅游发展中的部门、行业和地区分割现状，按照市场经济和法制政府的要求，明确界定了政府公共服务和监督、行业组织自律、企业依法自主经营和旅游者守法的法律规范，既平衡了旅游者和经营者的责权利关系，又形成了"四位一体"市场规制的全方位格局，较好地解决了市场规则缺位问题。与此同时，加强对旅游市场中"零负团费"等经营陷阱的打击，解决了现有法规效力不强、覆盖不广、衔接不够的问题，为治理旅游市场秩序提供了强有力的法律依据，将旅游法制化建设提高到一个新水平。

《旅游法》是中国建设旅游强国的最坚实支撑。《旅游法》不仅着力完善了旅游市场规则，坚决维护市场公平竞争，而且从强化综合协调和完善支撑体系入手，确立了由各级人民政府建立旅游综合协调机制，有利于形成齐抓共管、综合促进的合力。在此基础上，《旅游法》所确定的若干制度和规范，在贯彻施行的过程中，可以按照"系统布局，重点推进"的思路，构建起支撑旅游业做大做强的"六大体系"，形成综合协调发展的旅游管理模式，更好地发挥市场配置资源的基础性作用，进一步解放和发展旅游生产力，推动旅游业全面、协调、可持续发展，加快中国实现旅游强国目标的进程。

《旅游法》是维护最广大旅游者利益的有力武器。充分满足和保障人民群众日益增长的旅游消费需求，是践行科学发展观"以人为本"思想的基本要求。《旅游法》吸纳了《消费者权益保护法》等相关法律和制度，根据旅游活动的特殊性，在政府公共服务、旅游经营规则、民事行为规范、各方旅游安全保障义务、旅游纠纷解决等各方面，在厘清旅游者与相关各方之间权利、义务的基础上，在维护各有关方权益总体平衡的前提下，更加重视和突出以旅游者为本，更加有力地保障了旅

游者的权益，为今后有效调整旅游业发展所引发的新型法律关系提供了法律依据。

经国务院批准，国务院办公厅日前正式发布《国民旅游休闲纲要(2013～2020年)》(以下简称《纲要》)，这既是旅游业发展历程中的一件大事，也是与广大百姓生活息息相关的重要事件，对我国经济社会发展具有深远影响。

《纲要》提出国民旅游休闲发展目标为：到2020年，职工带薪年休假制度基本得到落实，城乡居民旅游休闲消费水平大幅增长，国民旅游休闲质量显著提高，与小康社会相适应的现代国民旅游休闲体系基本建成。

《纲要》对国民生活方式和生活质量的关注，既是对人的基本权利的尊重，也充分显现了科学发展观"以人为本"的理念。《纲要》的颁布实施，不仅促进了国民休闲方式的发展，也反映了国家加快建成小康社会的国家战略和全局思维。

这两个重要法规文件的颁布，是中国旅游和休闲发展历程中的重要标志，具有重要的历史意义。

(二)国家旅游局确定2013年中国旅游日主题为"休闲惠民，美丽中国"，各地推出公益惠民措施

2013"中国旅游日"主会场启动仪式19日在重庆人民广场举行，2013年的主题是"休闲惠民，美丽中国"，主会场和全国各地的分会场举行了一系列旅游推介活动，不少景区、旅行社、酒店借势促销，纷纷推出优惠打折项目。有关方面在这一天推出多达6000余条的惠民措施，举办千余场活动，以吸引更多的百姓走上旅途，享受旅游带来的乐趣。值得关注的是，这些措施正加快走出"中国旅游日""一日游行情"。

"中国旅游日"主会场现场开展了旅游体验互动、旅游助残捐赠、旅游日主题邮品首发式、中国旅游日惠民手册赠送仪式、颇具浓郁民族风情的旅游文化表演互动等活动。重庆市旅游局相关负责人表示，5月19日～6月18日，重庆市50余家A级景区门票免费，50多家星级酒店、20多家温泉门票打折，几十家旅行社推出了旅游优惠线路套餐，各项优惠总价值超过了2亿元。在四川九寨沟风景区，来自世界各地的游客19日上午聆听当地百位民间琵琶弹唱传承人共同演绎的南坪曲子，九寨沟中国旅游日系列活动"美丽中国之旅，神奇九寨之行"拉开序幕。阿坝藏族羌族自治州副州长杨星介绍，2013年九寨沟"中国旅游日"系列活动侧重弘扬传统民俗文化。5月19～25日，九寨沟景区除了向游客提供更加丰富的文化体验外，还将在沟口生态广场开展系列民俗文化展演活动。浙江省"百城千景"旅游惠民活动19日在《徐霞客游记》开篇地、中国旅游日发源地浙江省宁海县率先启动。从19日开始，浙江全省近千个景区推出各项旅游惠民措施，时间贯穿全年，惠民人数预计超过 100 万人。

在国际旅游岛，三亚亚龙湾云天热带森林公园有限公司 5 月份凭海南身份证可享受 65 元特惠活动票；三亚柏盈热带兰花产业有限公司 5 月份海南居民半票入园。万宁市龙滚生态观光园 5 月 1～30 日针对散客五折优惠，针对市民七折优惠。以发展旅游大手笔领跑国内的浙江省，一举推出 1309 条惠民措施，包括举办“2013 浙江省百城千景旅游惠民活动”，出台浙江旅游惠民手册，推出近千景区、景点旅游优惠等。这些措施将走向“四季常青”。浙江省推出的四季主题旅游惠民活动，以“夏入海、秋上山、冬养心、春下乡”的主题形式，每季在全省分别举办一次大型主题活动。与四季主题游相关的惠民旅游景点线路预计超过 100 个景点。在广泛发动全省各相关景点后制作“2013 年浙江旅游惠民卡”，第一期 10 万张，面向浙江省各市县旅游集散中心，预期旅游惠民覆盖 100 万人。

“中国旅游日”要成为促进旅游消费契机，必须提高旅游性价比和服务水平。“更多国民参与，更高品质分享”，关键是旅游企业身体力行，投入“中国旅游日”，超越“5·19”。国内旅游企业大多推出“中国旅游日”活动，包括各种优惠措施、优质服务和公益活动。比如华侨城进一步强调服务至上理念，强调利用 3D 微信导游等新技术，以旅游法公布实施为契机，深化 2013“中国好服务”行动。

（三）中俄、中日旅游冷热不同，旅游政治、外交价值凸显

早在 2010 年，时任国家主席的胡锦涛与时任俄罗斯总统梅德韦杰夫在北京签署《中华人民共和国和俄罗斯联邦关于全面深化战略协作伙伴关系的联合声明》。声明指出：“双方商定互办旅游年，责成两国有关部门制定具体活动清单并确定举办日期。”2012 年新年伊始，胡锦涛和梅德韦杰夫在互致新年贺电中共同宣布启动中俄“旅游年”。为落实两国领导人关于互办“旅游年”的共识，中俄双方商定 2012 年在中国举办“俄罗斯旅游年”，2013 年在俄罗斯举办“中国旅游年”。双方商定，2012 年“俄罗斯旅游年”首先在中国启动。中俄双方在“俄罗斯旅游年”框架下成功举办各类活动 200 余项，其中许多活动为中俄旅游交流史上的首创：2012 年 7 月中旬，中方组织了 1100 多名中国游客访俄。7 月 19 日，千名中国游客齐聚莫斯科，参加了俄方举办的专场文艺演出。6 月，100 名中国记者赴俄采访，在为期 1 个半月的采访期间，中国记者走访了俄罗斯 20 余座城市；8 月 16 日，中国制作的 100 集旅游电视专题片《你好，俄罗斯》同时在各电视台及有关网络等媒体平台播出，引起了各界的极大反响；10 月初，应北京市政府邀请，50 个俄罗斯家庭 150 余人赴北京进行了民宿旅游交流活动，中俄家庭同吃、同住、同游览，受邀俄罗斯家庭全面领略了北京的魅力和中国文化。

中国“俄罗斯旅游年”的成功举办，加深了两国民众间互信和了解，也为 2013

年俄罗斯“中国旅游年”的举办奠定了良好基础。

2013 年 3 月 22 日，俄罗斯“中国旅游年”开幕式在莫斯科隆重举行，中国国家主席习近平与俄罗斯总统普京共同出席开幕式并致辞。习近平在致辞中表示：“中俄两国山水相连，是好邻居、好伙伴、好朋友。亲仁善邻，国之宝也”，“希望双方以举办旅游年为契机，把旅游合作培育成中俄战略合作的新亮点”。

2013 年，中俄“旅游年”框架内的活动内容丰富、形式多样。近 400 项活动中，中方活动 236 项，俄方活动 160 项。2013 年 5 月底至 6 月初，中方邀请 155 名来自俄罗斯各地的媒体记者来华进行“美丽中国之旅”采风活动。6 月 12～14 日，杭州爱乐乐团赴莫斯科、圣彼得堡交流演出，受到观众广泛好评。7 月 13 日，百名俄罗斯旅游商来华考察活动正式启动，120 名俄大中型旅游企业代表于 7～10 月期间赴国内各地考察中国优秀、丰富的旅游资源和更多的旅游线路和产品。7 月 10～15 日，第五届中俄青少年运动会在上海成功举办，中俄近 300 名青少年参加了比赛。6～11 月，由中国国际广播电台制作的“你好，中国”系列节目在俄罗斯多家广播、电视、平面和网络媒体播出。与此同时，中国各地也举办了形式多样的主题活动。

上述活动广泛宣传了我国旅游资源，促进了两国旅游交流和合作。据统计，2013 年 1～9 月份，中俄旅游互访总人数达 237 万。

中俄旅游的不断深入，有利于深化中俄全面战略协作伙伴关系。中俄是拥有传统友好关系的近邻，随着全面战略协作伙伴关系的确立，两国在政治、经济、能源、科技等方面加强合作，睦邻友好关系达到空前水平。中俄旅游资源和客源市场具有互补优势，旅游合作的基础和领域广泛。双方互办“旅游年”是继互办“国家年”“语言年”之后又一重大活动，将有利于加强两国旅游领域的深度合作，进一步提升全面战略协作伙伴关系。

同时，中俄旅游的深入发展还有利于提升元首旅游外交的影响力。随着中国国家形象和旅游竞争力的提升，旅游日益成为双边和多边合作的重要领域，成为国家元首外交的重要议题。中俄同是世界旅游大国，近年签订了“旅游合作协定”“互免团体旅游签证协议”等系列文件，双边旅游合作不断取得新成果。中俄互办“旅游年”则成为双边外交的重要活动，从岁末年初的互致贺电，到隆重举办开幕式，贯穿全年的重要活动，以及最后阶段的闭幕式等，两国元首及国家重要领导人都要亲自参与或过问，旅游年成为了密切两国关系的紧密纽带，元首旅游外交的影响力进一步显现。

与此鲜明对比的是中日旅游的“冬眠”。中日两国之间微妙的政治关系使得两国间的旅游交流也出现时冷时热的现象。中日两国间发生的任何一点摩擦，都有可能对两国间的旅游交流产生较大的负面影响。2010 年 9 月上旬发生的钓鱼岛撞船事件以及 2012 年 9 月的“购岛”闹剧发生后，日本政府的荒唐应对、右翼分子的一再生事，使得中日两国的国民感情产生自建交以来最严重的对立，两国关系进入“冰冻”期，双向交流规模出现迅速下滑。可以说，日本政府如果不拿出积极友好的外交态度，中日两国间的双向旅游交流就会频触障碍。

（四）新政下酒店餐饮业遇冷，产业结构调整势在必行

2013 年，中央“八项规定”和“六项禁令”的相继出台，引发了社会各行各业的关注。一些宾馆、酒店也在发生着悄然的变化，各种公务宴请的退订、团拜会的萎缩，都是新规定下改进作风、反腐倡廉、勤俭节约的直接反应。

随着中共中央改进工作作风、密切联系群众的“八项规定”出台，会议市场格局也由原来的政府主导转变为市场、企业主导，会议酒店、会议中心原有客源结构发生了变化。2013 年对于旅游饭店行业来说是不平凡的一年，整个酒店行业面临严峻考验，高星级酒店营业收入下降了 18%左右，这一年可以分为两个阶段：第一阶段是 2013 年的上半年，饭店行业人员对各种变化始料未及，出现了彷徨、不安、焦急的状况；在第二阶段，整个酒店行业开始慢慢冷静下来，面对现实，开始积极寻求转型升级和新的发展。

目前各大酒店纷纷采取应对措施，及时调整客源市场和产品体系，在重点关注企业和社团会议营销的同时，对酒店特有资源产品和非主流产品进行了开发与整合。比如山东大厦着力在六个方面改革创新：第一是打造品牌，实施品牌战略。即以餐饮品牌为主带动山东大厦整个格局的调整，通过树立品牌突破深度转型，走上科学发展的道路。第二是适度地发展集团化。即根据山东大厦的特点，以济南为中心、山东为主要区域，发展 5～8 家三星级、四星级酒店和 10 家以上连锁餐饮企业。第三是适度多元化经营，成立以公务用车为主的汽车租赁公司等。第四是着重提升酒店的科技含量，2014 年山东大厦拿出 700 万元进行高科技节能减排、环保方面的更新改造，打造中国酒店行业科技含量最高的产品。第五是狠抓服务质量，创造山东大厦的服务文化和服务特点。第六是打造主题文化酒店。山东大厦将全力打造以齐鲁文化为主题的文化主题酒店。

酒店行业近年飞速发展，现在确实存在产能过剩的问题。随着“国八条”出台，现在酒店业需要从原来粗放型管理改变为精细化管理。发展“一业为主，多业为辅”的产业形势。各地高星级酒店一方面积极采取措施，推出多项“厉行勤俭节约，反对铺张浪费”服务举措，杜绝“舌尖上的浪费”，另一方面则针对政务接待“瘦身”之后酒店经营实际，纷纷开动脑筋，想方设法开拓新的市场。多地旅游局及一些餐饮行政主管部门此时也发挥行业指导职能，积极组织各地高星级酒店的负责人召开会议，引导企业积极转变观念，调整思路，集思广益，群策群力，帮助企业拓

展市场。业内人士指出，中国的酒店业者要需博采众长，朝着更加智能化、数据化的方向发展，以满足未来“科技酒店，智慧旅游”的行业发展趋势。

(五)凤凰古城门票风波迭起，旅游长远发展值得思考

湖南著名景区“凤凰古城”因实行148元通票而处于舆论的焦点，致使景区门票作为近年来旅游行业挥之不去、愈演愈烈的公共事件，再度成为全社会的关注热点。

2013年4月10日，湖南凤凰古城开始实施捆绑售票，游客需要购买148元门票才能进去古城。政策实施后引发多方关注，游客人数骤减，当地个体商户受到很大冲击。4月11日，凤凰古城实行“一票制”。第二天，大批商户和当地居民因不满“一票制”政策关门歇业，聚集在古城北门码头附近，当时大批警察赶到现场维持秩序。从4月10日起，每一位进入湖南凤凰古城风景名胜区的游客，不论是否参观古城内的景点，都将收取148元门票费，这一政策引起了当地居民和游客的普遍质疑。

凤凰古城是一个城内仍有不少居民世代生活的古城社区，是一片具有公共属性的特色风貌景区，但其运营管理很大程度上已被商业逻辑和经济利益主宰，而地方政府正频频为企业“背书”。所谓的“保护古城”“规范市场”只怕都是一种幌子，以民取利、与民争利才是“圈城收费”的实质。不是游客不适应，而是资本太贪婪。当地部分政府官员面对舆论质疑，不但毫无愧色，反而坚称“规矩定了就该有其严肃性”，可见其法治观念与公民权利意识之淡漠。发展旅游业，地方政府不能定位于营利机构，参与市场，干预微观经济，而应该考虑整个行业的利益，注重市场管理，而不是成立公司直接从市场中谋利，更不应该动用权力以维护其收费的利益。

据中青舆情监测室统计，6天内，关注凤凰古城“进城费”的日均新闻数，从1000余条攀升至2300余条。日均微博数量从1.2万条攀升至8.4万条，近50万网民参与讨论，凤凰古城“进城费”已发酵为当日最热舆情事件。而中青舆情监测室对1000条网民留言进行抽样分析后显示，对“进城费”一事持否定态度的，占到91.3%。

作为涨价主要推手的当地政府，当好好反思这场本不该参与的价格干预带来的不良影响。

与过去一些景区自身提价不同，此次凤凰古城门票调价的主要推动者是当地政府，而非景区经营者。究其原因，不外乎是为了获得高额的门票收入，同时把一部分消费能力差的游客挡在门外，减轻古城的接待压力。然而结果是游客不买账，商家不满意。政府即便是赚了一点门票钱，可景区冷了，商家走了，就等于搬

起石头砸了自己的脚。

政府应是旅游市场监管者。过去古城景点无序开发、恶性竞争，黑导游追客拉客，形象损坏，古城环境破坏增大，这些问题暴露了有关部门在市场管理、规范方面的种种不足。对当地政府而言，当务之急是加强整顿环境、维护应有秩序、规范经营活动、维护游客权益，而不是简单地将票价一提了之。

近年来，我们始终强调要厘清政府与市场的关系，不越位、不缺位，将不该伸向市场的"手"缩回去。然而据报道，在实施"一票制"方案前，凤凰县政府就以土地入股占 49%股权的形式组建公司参与景区经营管理。每卖出一张 148 元的门票，政府就可以从中获得 60 元左右的收入。这样的参与，无疑与政府的职能相违背，与改革的方向背道而驰。

党的十八大报告提出，要进一步推进政府职能转变，地方政府理应积极予以落实，将其贯彻到执政理念中去。规范权力运行，管住管好政府该管的事，减少对微观经济活动的直接干预，才能提高宏观调控能力、公共服务能力和维护社会公平正义的能力。具体到凤凰景区，政府就该退居幕后，搞好旅游资源的推广与维护，让更多的游客享有"看风景的权利"，让更多的当地居民和商户发财致富，这才是一个现代政府应有的"作为"。

（六）"美丽中国之旅"成为中国旅游整体形象

2013 年初，国家旅游局正式确定"美丽中国之旅"为中国旅游整体形象，并印发《关于做好中国旅游整体形象"美丽中国之旅"推广工作的通知》，发布"美丽中国之旅"形象标识。它代表着中国博大精深的文化底蕴和极为富集的自然、人文旅游资源，代表着中国改革开放以来的经济建设之美、政治建设之美、文化建设之美、社会建设之美、生态文明建设之美，也代表着中国旅游业以生态文明为核心理念来引领和影响全球旅游业发展方向的努力。全国旅游行业在各种宣传推介和节事活动中，广泛宣传"美丽中国之旅"品牌形象。

"美丽中国"涵括生活之美、百姓之美、社会之美、环境之美，旅游则是体验美丽中国最好的载体之一。"美丽中国之旅"被确定为中国旅游整体形象，是旅游行业发挥自身优势，对十八大提出的建设"美丽中国"要求的主动和具体落实，契合了旅游业的特点。美丽无处不在，"美丽中国之旅"是对中国旅游准确、形象、全面且深刻的诠释。

一系列活动如约展开。2013 年 3 月 9 日，"美丽中国之旅，百万游客进义乌"启动仪式在义乌国际会展中心启动，40 多家旅行社代表和近 4000 名旅客参加了活动。

"美丽中国之旅——2013 中国海洋旅游年"宣传推广活动于 2013 年 4 月 10

日下午在澳门世遗景点议事亭前地举行。4 月 11 日，“美丽中国之旅——2013 中国海洋旅游年推介会”在香港举行。各地旅游部门在展板设计上费尽心思，内容涵盖中国各地文化精髓、风景名胜等，积极向观众推荐“美丽中国之旅”的经典线路和产品。

2013 年 4 月 13 日上午，“美丽中国之旅 · 2013 中国旅游品牌推广（上海）峰会”在上海光大会议中心举行。峰会联合国内百家主流媒体、旅行商、投资商共同参与，以“聚焦华夏精品，畅游美丽中国”为核心，深入发掘中国各地旅游品牌的特色与差异，在全国范围内遴选出中国特色旅游精品，并通过推介、报道等方式进行广泛宣传。

2013 年 8 月 19～24 日由国家旅游局组织策划，在全球各主要客源国巡回举行的“美丽中国之旅”国家级目的地品牌推广活动，先后在澳大利亚悉尼市、新西兰奥克兰市、澳大利亚布里斯班市举行。本次推广活动主题是宣传“美丽中国之旅”的国家旅游整体形象，推介 46 处世界遗产及精品文化旅游产品线路，展示中国作为世界旅游大国的迷人风采，吸引更多的澳洲游客到访中国。

为加强对“美丽中国”旅游形象的宣传推广，进一步提升中国旅游影响力，让新加坡民众更加深入、全面地了解中国的秀丽风光、深厚历史和浓郁的民族风情，促进新加坡赴华旅游客源市场的恢复和增长，国家旅游局驻新加坡旅游办事处于 2013 年 9 月 26～27 日，在新加坡规模和客流量最大的商城之一的滨海湾商城，举办了“2013 美丽中国之旅——中国旅游图片展”。展览共展出反映中国自然风光、人文历史、民族风情、旅游节庆、文化艺术等方面内容的精美图片 200 余幅。

（七）旅游投资融资极度活跃，产业发展格局悄然变化

地产投资商全面进入，旅游投资规模进入百亿级时代。在房地产市场严格调控的大背景下，近年来，地产商不断涌入旅游行业所带来的大笔资金给旅游发展注入了新的血液。所产生的积极影响主要分为两方面：一是巨额资金的注入，使旅游项目的规模逐渐大型化、综合化，旅游项目开发从亿级上升到十亿级甚至是百亿级。

2013 年以来，政府逐渐淡出，旅游投资领域民营企业主体地位日益上升。民间资本在旅游投资中的比重不断增加，综合效益不断提高。虽然中央和地方政府在旅游投资中发挥着主导作用，资源的控制和规划以及交通、基础配置的规划和决策都由政府主导，但旅游产业竞争性和经营性的典型特征使得政府的投入有所限制。因此，未来政府对于旅游的投入更多是引导作用，而民营企业集团则有望在未来的行业发展中获得更高地位，甚至，在长期发展过程中有望成为主导力量。多元化是旅游投资的大势所趋。近年来，在旅游投资领域还有一个显著的特点就

是多元化。

2013 年全年多个行业巨头加速布局旅游业，如复星入股地中海俱乐部和国旅总社、万达收购酒店和旅行社、阿里投资在路上和穷游网、京东发力综合旅游平台、苏宁易购上线酒店预付等。各巨头通过投资并购和拓展业务等方式布局旅游业，证明了旅游业未来的发展前景被普遍看好，同时也说明旅游已经越来越成为民众的刚性需求，而跨行业的合作、注资不仅使旅游行业内的竞争更加激烈，也令消费者的体验更加多元，选择更加丰富。

（八）网络成最主要的预订渠道，在线旅游呈现创新成长

随着互联网和智能移动终端的普及，旅游网站及其移动客户端已经成为游客最主要的信息查询和预订渠道。报告显示，九成以上的消费者选择通过旅游网站了解相关旅游信息及相关产品预订，手机客户端的使用比例更是增长迅猛，近四成受访者表示将通过移动终端预订相关的旅游产品，这个数字比一年前增长了10 倍。旅游网站是国民主要的预订渠道，预订的产品类型从机票、酒店加速向团队游、门票、租车、火车票等领域渗透。由于旅行预订服务与移动互联网具有天然的融合特性，无线旅游与团购消费、移动支付等应用紧密结合，将推动在线旅游行业加速渗透和快速成熟，2013 年是在线旅游企业深耕无线互联网市场的一年。

据有关研究报告显示，网络已经成为游客获取信息、进行产品预订、对旅行服务进行投诉的重要途径，四成以上国内游客已采用网站、BBS、论坛获取出游信息，入境、出境游客采用网络媒体的比重更高，分别达六成和五成以上，消费者对在线旅游消费习惯已逐步养成。

在线旅游企业发展迅猛。在第三次信息化浪潮的大背景下，信息技术革命深刻影响着旅游消费方式并重构了旅游商业链条，旅游信息化新兴业态不断涌现，旅游产业竞争格局发生剧烈变化，我国的在线旅游企业也迅速成长，携程、去哪儿、艺龙、芒果、同程、欣欣成为产业中坚。此外，除了庞大的旅游网站群体之外，旅游综合门户网站、旅游垂直搜索引擎，旅游网店、SNS、社会网络、微博等在线旅游营销渠道也得到了飞速发展。

2013 年景区门票成为各大电商争夺的新热点。来自携程的数据显示，2013 年携程门票产量增长超过 8 倍，增速远远超过行业水平，预订量已经达到数百万级别，其中来自手机 APP 的门票订单比例迅猛提升，成为最大的增长力量。2013 年全国 A 级景区超过 6000 家，接待游客超过 30 亿人次，全年门票销售总收入预计在 1300 亿～1400 亿元之间，但在线预订比例只有约 2%，市场仍处于起步阶段，将有巨大的增长空间。对于景区而言，加强与电商的合作，做好在线预订，不仅利于带来更多的客源，也是在旅游者消费行为逐渐发生转变形势下的必然应

对;大数据背景下,通过分析、了解预订者的需求,对于景区做好精准营销,为游客提供人性化和个性化的服务也大有裨益;就景区游客分流而言,在线预订也能发挥一定作用。

(九)游客不文明行为频繁曝光

2013 年 8 月,一则"30 多名中国游客欲顺走新加坡航班刀叉"的新闻引发热议。根据报道,一个赴新马泰的中国旅行团搭乘新加坡航空公司航班,30 多名游客在用餐后把不锈钢刀叉全部收入囊中。空姐发现后要求收回,但遭到拒绝。最后在领队说出"请你们不要给中国人丢脸好不好"的话后,游客才很不心甘情愿地把刀叉拿出来。此事再次引爆舆论对中国游客海外不文明行为的热议。

进入 2013 年以来,中国游客海外不文明行为频繁被曝光。据中新网记者不完全统计,2013 年以来,至少已经发生了 6 起引发公众广泛关注的不文明事件。其中包括:影星黄渤在太平洋岛国帕劳潜水时捞到"中华"烟盒、中国游客马尔代夫潜水捞珊瑚、中国游客在埃及神庙刻下"丁锦昊到此一游"、中国游客普罗旺斯为抢位置拍照而打架、中国游客在法国卢浮宫水池中泡脚等。

出境旅游近年来一直保持快速增长态势,但中国游客可能并没有文明出游的意识,也不了解外国人的生活习惯、文化差异等。这既有游客自身的素质问题,也有旅行社等机构的责任。不得不承认的是,屡屡遭到曝光的中国游客不文明行为已经对国人形象产生了负面影响,在"全球最差游客"调查中,中国游客往往"名列前茅"。乱扔垃圾、乱涂乱画、大声喧哗、随意插队、随地吐痰……种种陋习似乎成了中国游客独有的标签。

在"中国游客在法国卢浮宫水池中泡脚"新闻曝出后不久,中央文明委召开了提升中国公民出境旅游文明素质电视电话会议。2013 年 7 月 31 日,中央文明委在京召开提升中国公民出境旅游文明素质电视电话会议,强调要引导和推动人们强化出境旅游文明意识、提升文明道德素质。全国旅游系统与有关部门密切配合,认真做好宣传引导、制度建设、行业自律、合同规范、导游领队、旅游者教育引导等六项工作,与全社会一道共同提升中国公民出境旅游文明素质。国家旅游局连续在其官方网站发布了 6 条有关文明出游的通知,其中包括呼吁出境文明旅游的"公约"和"行为指南"。此外,国家旅游局还提出,"要把文明旅游纳入旅游合同之中",明确要求导游和领队负责监督游客的不文明行为,在境外旅游造成不良影响的,将追究领队和旅行社责任。

值得一提的是,中国的首部《旅游法》,专门对"文明旅游"进行了规定。《旅游法》第 13 条指出:旅游者在旅游活动中应当遵守社会公共秩序和社会公德,尊重当地的风俗习惯、文化传统和宗教信仰,爱护旅游资源,保护生态环境,遵守旅游文明行为规范。

中国人出境看世界，世界也在看中国，出境游客代表着中国形象。提升公民出境旅游文明素质，旨在全面提升我国公民文明素质，进而促进社会主义精神文明建设。旅游行业要起引领、提示作用，让每个游客从我做起，从点滴做起，展现文明中国、礼仪之邦的风采。

（十）2013 年史上最乱黄金周

2013 年黄金周，被人们称为“史上最乱黄金周”。九寨沟景区发生游客滞留事件，景区出动武警维持秩序，有近千旅客要求退票，游客甚至“攻陷”了售票处。云南香格里拉旅行社强制收取游客藏民家访费，声称是行政性变相收费，记者拒绝交费被导游强行拉下车。随后，游客到迪庆州旅游局投诉，却遭到执法人员辱骂，有游客拍摄录音，遭到了执法人员的威胁和辱骂，执法人员要求游客删掉，删不掉就拘留。“我说拘留你就拘留你，你侵犯了我的人权！像你这样的游客，我们是不欢迎的。”执法人员的一句“像你这样的滚蛋！永远不要来香格里拉！把你撵掉！”让全国人民对香格里拉导游千夫所指。庐山 180 元通票，不通逛遍所有景观要花 1792 元，让人们领教了庐山景区“票中票”的问题。2013 年 10 月 1 日，江苏淮安游客发现周恩来故居内展厅多块照壁均遭到大面积涂鸦，庭院内竹林的多棵竹杆横遭游人刻画。“九大坑爹景区”引热议，西双版纳也榜上有名，民俗风情成陷阱，游客常常稀里糊涂就被强拉入“洞房”，不把钱给够甭想出“洞房”。北京非法“一日游”假广告满天飞，真旅游无处寻。北京“一日游”中的虚假广告宣传、低价拉客、行程缩水、强制购物等问题非常严重。

每年的“十一”黄金周都会发生诸多乱象，2013 年因为正逢《旅游法》开始实施，被曝光的更多一些。其实这是一个老生常谈的问题，解决之道也需多方努力，这里面既有假日改革的问题，有规范旅游市场秩序的问题，也有如何改变景区经营模式的问题。